새로운 도서,
다양한 자료
동양북스
홈페이지에서
만나보세요!

www.dongyangbooks.com
m.dongyangbooks.com

홈페이지 도서 자료실에서 학습자료 및 MP3 무료 다운로드

PC

❶ 홈페이지 접속 후 **도서 자료실** 클릭
❷ **하단 검색 창**에 검색어 입력
❸ MP3, 정답과 해설, 부가자료 등 첨부파일 다운로드

* 원하는 자료가 없는 경우 '요청하기' 클릭!

MOBILE

* 반드시 '인터넷, Safari, Chrome' App을 이용하여 홈페이지에 접속해주세요. (네이버, 다음 App 이용 시 첨부파일의 확장자명이 변경되어 저장되는 오류가 발생할 수 있습니다.)

❶ 홈페이지 접속 후 ☰ 터치

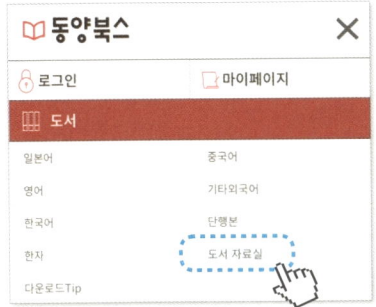

❷ **도서 자료실** 터치

❸ **하단 검색창**에 검색어 입력
❹ MP3, 정답과 해설, 부가자료 등 첨부파일 다운로드

* 압축 해제 방법은 '다운로드 Tip' 참고

미래와 통하는 책

가장 쉬운 독학
일본어 첫걸음
14,000원

버전업! 굿모닝
독학 일본어 첫걸음
14,500원

일단 합격하고 오겠습니다
JLPT 일본어능력시험 N3
26,000원

일본어 100문장 암기하고
왕초보 탈출하기
13,500원

가장 쉬운 독학
중국어 첫걸음
14,000원

가장 쉬운 중국어
첫걸음의 모든 것
14,500원

일단 합격 新HSK
한 권이면 끝! 4급
24,000원

중국어
지금 시작해
14,500원

영어를 해석하지 않고
읽는 법
15,500원

미국식
영작문 수업
14,500원

세상에서 제일 쉬운
10문장 영어회화
13,500원

영어회화
순간패턴 200
14,500원

가장 쉬운 독학
베트남어 첫걸음
15,000원

가장 쉬운 독학
프랑스어 첫걸음
16,500원

가장 쉬운 독학
스페인어 첫걸음
15,000원

가장 쉬운 독학
독일어 첫걸음
17,000원

동양북스 베스트 도서

THE
GOAL 1
22,000원

인스타
브레인
15,000원

직장인, 100만 원으로
주식투자 하기
17,500원

당신의 어린 시절이
울고 있다
13,800원

놀면서 스마트해지는 두뇌 자극
플레이북 딴짓거리 EASY
12,500원

죽기 전까지
병원 갈 일 없는 스트레칭
13,500원

가장 쉬운 독학
이세돌 바둑 첫걸음
16,500원

누가 봐도 괜찮은 손글씨 쓰는
법을 하나씩 하나씩 알기 쉽게
13,500원

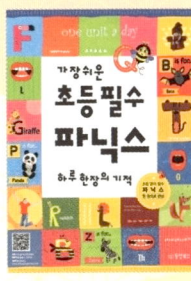

가장 쉬운 초등 필수 파닉스
하루 한 장의 기적
14,000원

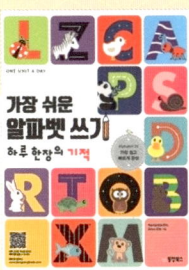

가장 쉬운 알파벳 쓰기
하루 한 장의 기적
12,000원

가장 쉬운 영어 발음기호
하루 한 장의 기적
12,500원

가장 쉬운 초등한자 따라쓰기
하루 한 장의 기적
9,500원

세상에서 제일 쉬운
엄마표 생활영어
12,500원

세상에서 제일 쉬운
엄마표 영어놀이
13,500원

창의쑥쑥 환이맘의
엄마표 놀이육아
14,500원

 동양북스
www.dongyangbooks.com
m.dongyangbooks.com

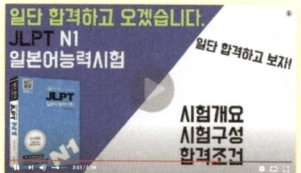

첫걸음 끝내고 보는

독일어
중고급의
모든 것

동양북스

첫걸음 끝내고 보는

독일어
중고급의
모든것

초판 1쇄 발행 | 2017년 5월 10일
초판 3쇄 발행 | 2021년 10월 25일

지은이 | 김미선
발행인 | 김태웅
편 집 | 김현아
마케팅 총괄 | 나재승
제 작 | 현대순

발행처 | (주)동양북스
등 록 | 제2014-000055호
주 소 | 서울시 마포구 동교로 22길 14 (04030)
전 화 | (02)337-1737
팩 스 | (02)334-6624

www.dongyangbooks.com
blog.naver.com/dymg98

ISBN 979-11-5768-254-6 13750

이 도서의 국립중앙도서관 출판예정도서목록(CIP)은 서지정보유통지원시스템 홈페이지(http://seoji.go.kr)와
국가자료공동목록시스템(http://www.nl.go.kr/kolisnet)에서 이용하실 수 있습니다.
(CIP제어번호:CIP2017009606)

머리말

독일어 초급 교재 『가장 쉬운 독일어 첫걸음의 모든 것』에 보내주신 독자들의 성원에 이 자리를 빌려 감사의 마음을 전합니다. 독일어 초급 공부를 마친 후에 문법 실력을 더욱 탄탄히 다지고 좀 더 깊이 있는 대화를 연습하려는 분들을 위해 이 책을 만들었습니다.

중급 수준의 외국어 회화에는 정확한 문법이 뒷받침되어야 한다는 생각으로 초급 문법을 보강하고 새로 중급 문법을 첨가하여 〈문법편〉을 강화했습니다. 또한 각종 시험을 대비하는 분들이 실력을 테스트할 수 있도록 각 과 마지막에 객관식과 주관식 연습문제를 덧붙였습니다.

〈회화편〉은 일상생활의 다양한 상황 속에서 필요한 어휘들을 중심으로, 자신의 생각을 보다 정확히 표현하는 연습이 될 수 있도록 구성했습니다. 대화 속의 문장과 표현에 대한 문법 설명과 〈문법편〉을 참고하면서 꼼꼼하게 대화를 이해하고 연습하시기 바랍니다. 〈회화편〉 마지막 과에는 독해 연습에 활용할 수 있는 짧은 동화 네 편을 넣었습니다.

〈회화편〉과 〈문법편〉 어느 쪽부터 시작해도 상관없지만 문법 지식이 부족하다고 생각하는 분들은 〈문법편〉을 먼저 시작하여 실력을 다진 후에 〈회화편〉 대화를 연습하시고, 회화 실력을 늘리고자 하는 분들은 〈회화편〉을 공부하면서 〈문법편〉을 참고하시기를 추천합니다.

독일어에 흥미를 느끼며 첫 걸음을 내디뎠던 독자 여러분이 넓고 깊은 독일어의 숲으로 걸어 들어가는 데 이 책이 작은 도움이 될 수 있기를 기대합니다.

책이 나오기까지 도움을 주신 분들에게 진심으로 감사드립니다.

2017년 4월
김미선

차례

문법편

이 책의 구성과 특징

회화

주제별, 상황별 기본 회화를 익힙니다.
자연스러운 대화 흐름에 따라 필요한
표현과 어휘를 배울 수 있습니다.
CD 음원을 활용해서 발음을 듣고 따
라하면서 공부해 보세요.

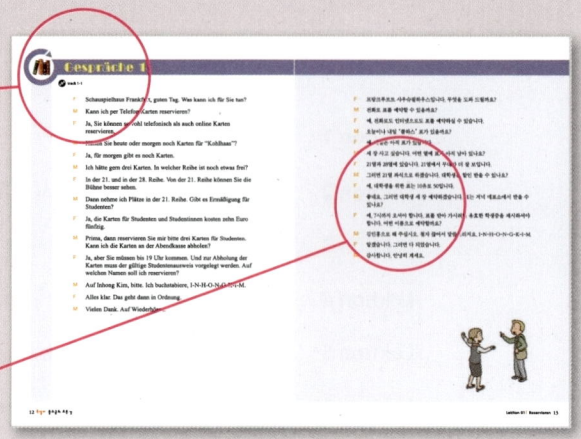

한글 해석

독일어 회화문의 해석을 바로 확인할
수 있도록 구성했습니다.

단어

각 페이지마다 새로 나온 단어와 중요
단어들을 소개했습니다. 본문과 함께
보며 문장에서 어떻게 쓰이는지 알아
보고, 꾸준히 정리해서 외우면 실력이
됩니다.

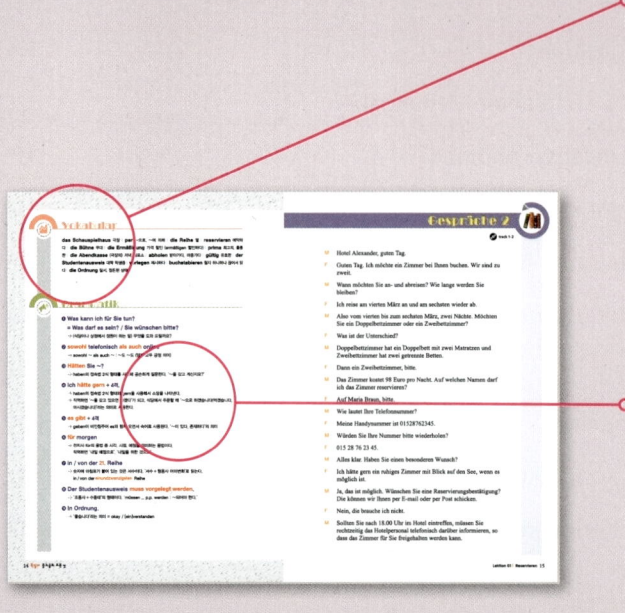

문법

회화문에 나온 문법과 표현을 설명했
습니다. 문법 예시나 유사 표현 문장
등 깨알같은 정보가 들어 있으니 꼼꼼
하게 공부해 보세요.

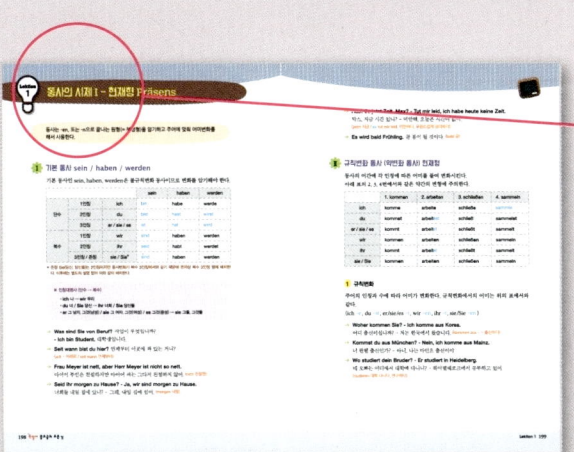

문법편

중급 이상 수준에서 꼭 알아야 하는 심화 문법을 소개합니다. 핵심만을 모아 정리했으므로 여기에 나와 있는 문법은 꼭 숙지하시길 바랍니다.

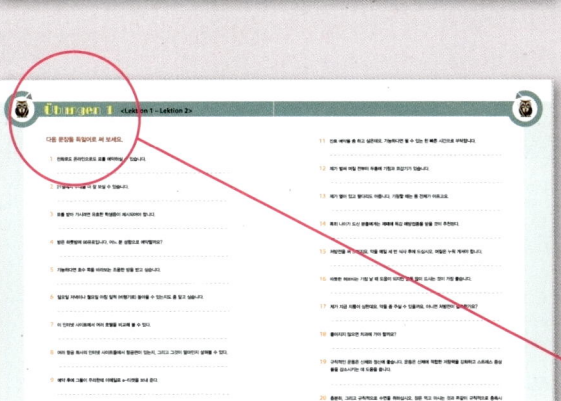

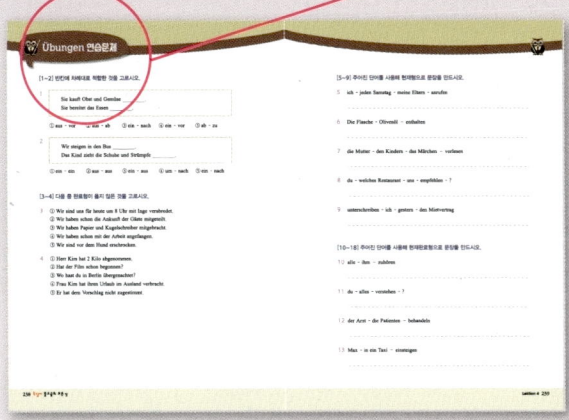

연습문제 회화편

연습문제 문법편

회화편 2과, 문법편 각 과마다 연습문제를 준비했습니다. 직접 독일어로 작문해 보고 다양한 유형의 문제를 풀어 보면서 실력을 확인해 보세요.

이 책의 활용법

1. 회화편

12가지 주제로 구성되어 있으며, 대화문과 함께 단어 정리는 물론 핵심 문법까지 꼼꼼하게 정리하였습니다. 일상생활과 관련된 내용부터 동화로 구성된 독해문까지, 뻔하지 않은 주제와 표현을 통해 재미있게 학습할 수 있습니다.

2. 문법편

이 교재는 실용 회화와 문법 모두를 담고 있어 더욱 효율적이고 체계적인 상호 학습이 가능합니다. 문법편에는 시험에 자주 나오는 문법과 실제 상황에서 자주 사용되는 문법을 정리하여 중급 레벨과 그 이상의 문법 실력을 쌓음으로써 독일어 실력을 향상시킬 수 있습니다.

3. 연습문제

회화편은 주관식 독일어 작문을 통해 문장을 통으로 암기하고 확인하는 연습을 합니다. 문법편에서는 주관식, 객관식 다양한 유형의 연습문제를 통해 학습한 내용을 얼마나 기억하고 있는지 자신의 실력을 확인할 수 있습니다.

4. mp3 + CD

남녀 원어민 성우가 녹음한 회화편의 음원을 mp3와 mp3 CD로 제공합니다. 대화별로 트랙이 나누어져 있어서 찾아서 듣기 쉽고, 실제로 원어민이 사용하는 자연스러운 속도로 녹음되어 있어서 실전 연습을 하기에 좋습니다.

5. 무료 동영상 강의

인터넷을 이용할 수 있는 곳이라면 언제 어디서나 수강이 가능하도록 무료 동영상 강의를 만들었습니다. 동양북스 홈페이지(http://dongyangbooks.com)를 방문하시면 누구나 언제든지 24시간 무료로 수강할 수 있습니다. 또한 스마트폰으로도 편하게 강의를 들을 수 있습니다. (m.dongyangbooks.com)

회화편

Lektion 01

Reservieren
예약하기

Gespräche 1

 track 1-1

F   Schauspielhaus Frankfurt, guten Tag. Was kann ich für Sie tun?

M   Kann ich per Telefon Karten reservieren?

F   Ja, Sie können sowohl telefonisch als auch online Karten reservieren.

M   Hätten Sie heute oder morgen noch Karten für "Kohlhaas"?

F   Ja, für morgen gibt es noch Karten.

M   Ich hätte gern drei Karten. In welcher Reihe ist noch etwas frei?

F   In der 21. und in der 28. Reihe. Von der 21. Reihe können Sie die Bühne besser sehen.

M   Dann nehme ich die Plätze in der 21. Reihe. Gibt es Ermäßigung für Studenten?

F   Ja, die Karten für Studenten und Studentinnen kosten zehn Euro fünfzig.

M   Prima, dann reservieren Sie mir bitte drei Karten für Studenten. Kann ich die Karten an der Abendkasse abholen?

F   Ja, aber Sie müssen bis 19 Uhr kommen. Und zur Abholung der Karten muss der gültige Studentenausweis vorgelegt werden. Auf welchen Namen soll ich reservieren?

M   Auf Inhong Kim, bitte. Ich buchstabiere, I-N-H-O-N-G-K-I-M.

F   Alles klar. Das geht dann in Ordnung.

M   Vielen Dank. Auf Wiederhören.

F	프랑크푸르트 샤우쉬필하우스입니다. 무엇을 도와 드릴까요?
M	전화로 표를 예약할 수 있을까요?
F	예, 전화로도 인터넷으로도 표를 예약하실 수 있습니다.
M	오늘이나 내일 "콜하스" 표가 있을까요?
F	예, 내일은 아직 표가 있습니다.
M	세 장 사고 싶습니다. 어떤 열에 표가 아직 남아 있나요?
F	21열과 28열에 있습니다. 21열에서 무대가 더 잘 보입니다.
M	그러면 21열 좌석으로 하겠습니다. 대학생은 할인 받을 수 있나요?
F	예, 대학생을 위한 표는 10유로 50입니다.
M	좋네요. 그러면 대학생 세 장 예약하겠습니다. 표는 저녁 매표소에서 받을 수 있나요?
F	예, 7시까지 오셔야 합니다. 표를 받아 가시려면 유효한 학생증을 제시하셔야 합니다. 어떤 이름으로 예약할까요?
M	김인홍으로 해 주십시오. 철자 끊어서 말씀드리지요. I-N-H-O-N-G-K-I-M.
F	알겠습니다. 그러면 다 되었습니다.
M	감사합니다. 안녕히 계세요.

Vokabular

das Schauspielhaus 극장 ∣ **per** ~으로, ~에 의해 ∣ **die Reihe** 열 ∣ **reservieren** 예약하다 ∣ **die Bühne** 무대 ∣ **die Ermäßigung** 가격 할인 (ermäßigen 할인하다) ∣ **prima** 최고의, 훌륭한 ∣ **die Abendkasse** (극장의) 저녁 매표소 ∣ **abholen** 받아가다, 마중가다 ∣ **gültig** 유효한 ∣ **der Studentenausweis** 대학 학생증 ∣ **vorlegen** 제시하다 ∣ **buchstabieren** 철자 하나하나 끊어서 읽다 ∣ **die Ordnung** 질서, 정돈된 상태

Grammatik

❶ Was kann ich für Sie tun?

= Was darf es sein? / Sie wünschen bitte?

→ (식당이나 상점에서 점원이 하는 말) 무엇을 도와 드릴까요?

❷ sowohl telefonisch als auch online

→ sowohl ~ als auch ~ : ~도 ~도 (양자 모두 긍정 의미)

❸ Hätten Sie ~?

→ haben의 접속법 2식 형태를 사용해 공손하게 질문한다. '~을 갖고 계신지요?'

❹ Ich hätte gern + 4격

→ haben의 접속법 2식 형태와 gern을 사용해서 소망을 나타낸다.

→ 직역하면 '~을 갖고 있으면 좋겠다'가 되고, 식당에서 주문할 때 '~으로 하겠습니다(먹겠습니다, 마시겠습니다)'라는 의미로 사용한다.

❺ es gibt + 4격

→ geben이 비인칭주어 es와 함께 오면서 숙어로 사용된다. '~이 있다, 존재하다'의 의미

❻ für morgen

→ 전치사 für의 용법 중 시각, 시점, 예정을 의미하는 용법이다.
직역하면 '내일 예정으로', '내일을 위한 것으로'.

❼ in / von der 21. Reihe

→ 숫자에 마침표가 붙어 있는 것은 서수이다. '서수 + 형용사 어미변화'로 읽는다.
in / von der einundzwanzigsten Reihe

❽ Der Studentenausweis muss vorgelegt werden.

→ '조동사 + 수동태'의 형태이다. 'müssen ... p.p. werden : ~되어야 한다'

❾ In Ordnung.

→ '좋습니다'라는 의미 = okay / [ein]verstanden

M   Hotel Alexander, guten Tag.

F   Guten Tag. Ich möchte ein Zimmer bei Ihnen buchen. Wir sind zu zweit.

M   Wann möchten Sie an- und abreisen? Wie lange werden Sie bleiben?

F   Ich reise am vierten März an und am sechsten wieder ab.

M   Also vom vierten bis zum sechsten März, zwei Nächte. Möchten Sie ein Doppelbettzimmer oder ein Zweibettzimmer?

F   Was ist der Unterschied?

M   Ein Doppelbettzimmer hat ein Doppelbett mit zwei Matratzen und ein Zweibettzimmer hat zwei getrennte Betten.

F   Dann ein Zweibettzimmer, bitte.

M   Das Zimmer kostet 98 Euro pro Nacht. Auf welchen Namen darf ich das Zimmer reservieren?

F   Auf Maria Braun, bitte.

M   Wie lautet Ihre Telefonnummer?

F   Meine Handynummer ist 01528762345.

M   Würden Sie Ihre Nummer bitte wiederholen?

F   015 28 76 23 45.

M   Alles klar. Haben Sie einen besonderen Wunsch?

F   Ich hätte gern ein ruhiges Zimmer mit Blick auf den See, wenn es möglich ist.

M   Ja, das ist möglich. Wünschen Sie eine Reservierungsbestätigung? Die können wir Ihnen per E-mail oder per Post schicken.

F   Nein, die brauche ich nicht.

M   Sollten Sie nach 18.00 Uhr im Hotel eintreffen, müssen Sie rechtzeitig das Hotelpersonal telefonisch darüber informieren, so dass das Zimmer für Sie freigehalten werden kann.

M	알렉산더 호텔입니다, 안녕하세요.
F	안녕하세요. 방을 하나 예약하고 싶습니다. 저희는 두 사람입니다.
M	도착과 출발 일자가 어떻게 되십니까? 얼마나 머무르실 건가요?
F	3월 4일에 도착하고 6일에 출발합니다.
M	3월 4일부터 6일까지, 2박이시군요. 더블베드룸을 원하십니까, 아니면 트윈베드룸을 원하십니까?
F	차이가 뭔가요?
M	더블베드룸에는 매트리스 두 개가 있는 더블베드 하나가 있고, 트윈베드룸에는 따로 떨어져 있는 두 개의 침대가 있습니다.
F	그러면 트윈베드룸으로 부탁합니다.
M	방은 하룻밤에 98유로입니다. 어느 분 성함으로 예약할까요?
F	마리아 브라운으로 해 주세요.
M	전화번호가 어떻게 되십니까?
F	제 휴대폰 번호가 01528762345입니다.
M	번호를 다시 한 번 말씀해 주시겠습니까?
F	015 28 76 23 45.
M	예, 되었습니다. 특별한 요청 사항이 있으신가요?
F	가능하면 호수 쪽을 바라보는 조용한 방이면 좋겠습니다.
M	예, 가능합니다. 예약 확인증을 받아 보시겠습니까? 이메일이나 우편으로 보내 드릴 수 있습니다.
F	아닙니다. 확인증은 필요 없습니다.
M	호텔에 오후 6시 이후에 도착하시게 되면 늦지 않게 호텔 직원에게 전화로 알려 주셔야 합니다. 그래야 손님을 위해서 방을 비워 둘 수 있습니다.

Vokabular

buchen 예약하다 | **anreisen** 여행하다, 도착하다 | **abreisen** 출발하다, 귀로에 오르다 | **das Doppelbett** 더블베드 | **der Unterschied** 차이 | **die Matratze** 매트리스 | **getrennt** 따로 떨어진, 따로따로 | **lauten** ～이라는 내용이다 | **der Wunsch** 소원, 요청 | **ruhig** 조용한, 고요한 | **der Blick** 전망, 조망 | **der See** 호수 (die See 바다) | **möglich** 가능한 | **die Bestätigung** 확인, 확인서 | **eintreffen** 도달하다, 도착하다 | **informieren** 통지하다 | **das Personal** 직원, 종업원 | **rechtzeitig** 알맞은 때에, 제때에 | **freihalten** 잡아 놓다, 비워 놓다

Grammatik

❶ zu zweit

→ 'zu + 서수'는 '～명이 그룹을 지어'라는 의미이다.
   예 allein 혼자, zu zweit 두 사람이, zu dritt 세 사람이

❷ am 날짜

→ '～일에'는 'am (= an dem) + 서수'로 나타낸다.
   예 am ersten 1일에, am zweiten 2일에 …

❸ von ～ bis (zu) ～

→ 'von ～ bis ～(～부터 ～까지)'는 시간적 의미나 공간적 의미 모두에 사용된다.
   예 von vier bis halb sechs 네 시부터 다섯 시 반까지
→ bis 뒤에 zu를 붙이기도 한다.
   예 bis zum Bahnhof 역까지

❹ Würden Sie Ihre Nummer bitte wiederholen?

→ würden은 werden의 접속법 2식 형태. 'Würden Sie ～?'는 '～하시겠습니까?'라는 의미로 공손한 화법으로 사용된다.

❺ Sollten Sie nach 18:00 Uhr im Hotel eintreffen, müssen Sie ....

→ 'Wenn S ... V., V + S ...' = 'V + S ..., V + S ...'
   wenn 문장이 주문장 앞에 위치할 때 wenn을 생략하고 '동사 + 주어 ...' 형태로 쓸 수 있다.
   위의 문장을 wenn 문장으로 써 보면 다음과 같다:
   Wenn Sie nach 18:00 Uhr im Hotel eintreffen sollten, müssen Sie ....
→ sollte는 sollen의 접속법 2식 형태. 여기에서는 '～하게 된다면 / ～하는 경우라면'이라는 의미로 사용되었다.

Gespräche 3

 track 1-3

(Im Reisebüro)

F   Guten Tag. Ich würde gern wissen, ob es am Donnerstag nach 18.00 Uhr Flüge nach London gibt.

M   Mit Lufthansa kann man sonntags bis freitags um 19.05 Uhr nach London abfliegen.

F   Um wie viel Uhr kommt die Maschine in London an?

M   Die Maschine kommt um 20.50 Uhr in London an. Es dauert etwa zwei Stunden.

F   Gibt es am Donnerstag noch freie Plätze?

M   Ich sehe mal nach, ob noch Plätze frei sind. ... Ja, Sie haben Glück, es sind noch Plätze frei. Für wie viele Personen?

F   Für mich alleine. Dann möchte ich auch noch wissen, ob ich am Sonntagabend oder am Montag früh zurückfliegen könnte.

M   Am Sonntagabend startet die letzte Maschine um 20.15 Uhr und montags ist der erste Flug um 6.30 Uhr am Flughafen.

F   Am Montag um 6.30 Uhr? Dann wäre ich erst gegen halb zehn im Büro. Aber ich glaube, das wäre nicht so schlimm, wenn ich noch vorher mit meinem Chef rede. Was kostet der Hin- und Rückflug?

M   Das macht hin und zurück 135 Euro.

F   In Ordnung. Kann ich mit Kreditkarte bezahlen?

M   Ja, natürlich. Ich brauche Ihren Namen, Ihr Geburtsdatum und Ihre Passnummer. Würden Sie mir bitte Ihren Reisepass geben?

(여행사에서)

F   안녕하세요. 목요일 18시 이후에 런던으로 가는 비행기 편이 있는지 알고 싶은데요.

M   일요일부터 금요일까지는 루프트한자로 19시 5분에 런던으로 출발하실 수 있습니다.

F   그러면 런던에는 몇 시에 도착합니까?

M   20시 50분에 런던에 도착합니다. 약 두 시간 걸립니다.

F   목요일에 아직 빈 좌석이 있나요?

M   좌석이 비어 있는지 확인해 보겠습니다. ... 예. 운이 좋으시네요. 빈 좌석이 있습니다. 몇 분이신가요?

F   저 혼자입니다. 그러면 일요일 저녁이나 월요일 아침 일찍 돌아올 수 있는지도 좀 알고 싶습니다.

M   일요일 저녁에는 마지막 비행기가 20시 15분에 출발하고, 월요일에는 공항에서 첫 비행이 6시 30분에 있습니다.

F   월요일 6시 반이요? 그러면 제가 9시 반쯤에야 사무실에 있겠네요. 하지만 미리 부장님과 얘기하면 그것이 그리 나쁘지 않을 것 같군요. 왕복 비행이 얼마입니까?

M   왕복 135유로입니다.

F   좋습니다. 신용카드로 결제할 수 있지요?

M   예, 물론입니다. 성함과 생년월일, 여권 번호가 필요합니다. 여권을 주시겠습니까?

Vokabular

der Flug, Flüge 비행, 항공 여행 | **abfliegen** (비행기가, 비행기를 타고) 출발하다 | **nachsehen** 확인하다, 검사하다 | **das Glück** 행운 | **letzt** 마지막의, 최후의 | **zurückfliegen** (비행기가, 비행기를 타고) 돌아오다 | **starten** 시작하다, 출발하다 | **erst** 최초의 / 비로소, 겨우 | **schlimm** 심한, 나쁜 | **vorher** 사전에, 미리 | **natürlich** 자연의 / 물론, 당연히 | **das Geburtsdatum** 생년월일 | **das Datum** 날짜, 연월일 | **der Reisepass** 여권

Grammatik

❶ **Ich hätte gern gewusst, ob es am Donnerstag nach 18.00 Uhr Flüge nach London gibt.**

→ 'nach 18.00 Uhr(18시 후에)'의 전치사 nach는 '~후에, ~뒤에'라는 시간적 의미를 갖는다. 'nach London(런던으로)'에서의 nach는 '~을 향해서'라는 공간적 의미로 사용되었다.

→ 'hätte gern ... p.p.'는 '~하고 싶었는데'라는 소망을 의미하며, 공손한 용법으로 사용된다.
   예 Ich hätte gern gewusst, ... ~을 알고 싶습니다.

→ ob은 '~인지 아닌지'라는 의미의 종속접속사이다. 종속문에서 동사는 후치한다.

❷ **sonntags bis freitags**

→ 하루에서의 때와 요일을 소문자로 쓰면서 –s를 붙여 부사로 사용한다.
   예 morgens = am Morgen / jeden Morgen 아침에, 아침마다
      sonntags = am Sonntag / jeden Sonntag 일요일에, 일요일마다

❸ **..., ob ich am Sonntagabend oder am Montag früh zurückfliegen könnte. / Dann wäre ich ... im Büro. Aber ich glaube, das wäre nicht so schlimm, ...**

→ 접속법 동사가 '추측, 가정'의 용법으로 사용된다. '... 내가 ... 돌아갈 수 있을는지', '그러면 내가 ... 사무실에 있을 것이다. 그러나 내 생각에는 ... 그것이 그리 나쁘진 않을 것 같다.'

(Im Reisebüro)

M Guten Tag, was kann ich für Sie tun?

F Ich möchte gern eine Reise buchen.

M Wissen Sie schon, wann Sie fahren wollen? Und haben Sie sich schon überlegt, wohin Sie fahren möchten?

F Ja, ich will im November mit meinen Eltern nach Spanien fahren. Können Sie mir eine Pauschalreise empfehlen?

M Wenn Sie mit Ihren Eltern reisen, möchte ich Ihnen den klassischen Badeurlaub auf Mallorca vom 5. bis zum 10. November empfehlen. Diese Reise kostet inklusive Flug und Hotel 210 Euro pro Person.

F Ist der Preis inklusive Halbpension?

M In dem Preis ist nur das Frühstück enthalten. Es gibt zurzeit andere günstige Angebote. Ich gebe Ihnen Prospekte.

F Danke. Wir haben noch Zeit. Zuerst möchte ich mit meinen Eltern reden. In einigen Tagen komme ich wieder.

(Zu Hause)

M Warst du heute schon im Reisebüro, um unseren Urlaub zu buchen?

F Nein, aber schau, ich habe im Internet nachgesehen und ein tolles Hotelangebot in Prag gefunden.

M Tatsächlich, lass mich sehen.

F Hier, auf dieser Seite kann man verschiedene Hotels vergleichen. Ich finde, dieses Hotel ist das beste Angebot in dieser Preisklasse.

M Gut. Können wir auch einen Flug im Internet buchen?

F Natürlich, wir können auf den Internetseiten der verschiedenen Fluglinien nachsehen, ob es Flüge gibt und wie viel sie kosten.

M Und von wo bekommen wir dann das Ticket?

F Nach der Buchung schicken sie uns ein e-Ticket per E-Mail. Das können wir zu Hause ausdrucken und alles ist erledigt.

M Oh, wie bequem! Dann brauchen wir nicht ins Reisebüro zu gehen.

(여행사에서)

M 안녕하세요. 무엇을 도와 드릴까요?

F 여행을 좀 예약하고 싶습니다.

M 언제 가실 것인지는 알고 계십니까? 그리고 어디로 가고 싶으신지 생각해 보셨습니까?

F 예, 11월에 부모님과 함께 스페인에 가려고 합니다. 패키지 여행을 하나 추천해 주실 수 있나요?

M 부모님과 함께 가신다면 11월 5일부터 10일까지 마요르카에서의 고전적인 온천 휴양을 추천해 드리고 싶습니다. 이 여행은 비행과 호텔 포함해서 1인당 210유로입니다.

F 그 가격에 두 끼 식사가 포함된 것인가요?

M 아닙니다. 아침 식사만 포함된 가격입니다. 지금 다른 좋은 상품들도 있습니다. 팸플릿을 드리지요.

F 고맙습니다. 아직 시간이 있으니 부모님과 우선 얘기해 보겠습니다. 며칠 뒤에 다시 오지요.

(집에서)

M 오늘 여행사에 휴가 예약하러 갔었어?

F 아니. 그런데 좀 봐, 인터넷에서 찾아보다가 프라하에 있는 좋은 가격의 호텔을 찾았어.

M 정말이네. 좀 보여 줘.

F 여기, 이 사이트에서 여러 호텔을 비교해 볼 수 있어. 내 생각에는 이 가격대에서는 이 호텔이 최고인 것 같아.

M 그래, 좋아. 비행기도 인터넷에서 예약할 수 있어?

F 물론이지. 여러 항공 회사의 인터넷 사이트에서 항공편이 있는지, 그리고 그것이 얼마인지 살펴볼 수 있어.

M 그러면 비행 티켓은 어디에서 받는 건데?

F 예약 후에 사람들이 우리한테 이메일로 e-티켓을 보내 줘. 우리가 그것을 집에서 인쇄할 수 있고, 그러면 다 처리되는 거야.

M 와, 진짜 편하네. 그럼 여행사에 갈 필요가 없구나.

Vokabular

sich etw. überlegen 숙고하다 | **die Pauschalreise** 패키지 여행 | **empfehlen** 추천하다 | **klassisch** 고전적인, 전통적인 | **das Bad** 목욕, 온천장 | **der Preis**, _e 가격 | **inklusive** 포함하여 | **die Halbpension** 두 끼 식사 제공하는 숙소 | **enthalten** 함유하다, 포함하다 | **zurzeit** 현재 | **günstig** 가격이 유리한 | **das Angebot**, _e 공급, 팔려고 내놓은 상품 | **der Prospekt**, _e 안내서, 팸플릿 | **zuerst** 맨 먼저, 우선 | **einige** 몇몇의 | **das Reisebüro** 여행사 | **nachsehen** 찾아보다, 검사하다 | **toll** 뛰어난, 멋진 | **tatsächlich** 사실의, 실제의 | **die Seite = die Webseite**, **die Internetseite** 사이트 | **verschiedene** 여러 가지의 | **vergleichen** 비교하다 | **die Preisklasse** 가격 등급 | **die Fluglinie** 정기항로, 항공회사 | **ausdrucken** 인쇄하다 | **erledigen** 마치다, 처리하다 | **bequem** 편안한, 편리한

Grammatik

❶ Wissen Sie schon, wann Sie fahren wollen?

→ 의문사가 이끄는 부문장에서 동사 후치.

예 Wann wollen Sie fahren? → Ich möchte wissen, wann Sie fahren wollen.

❷ Lass mich sehen.

→ lassen의 명령형. 직역하면 '나로 하여금 보도록 하라'가 되고, '내게 보여 줘'라는 의미이다. (= Zeige es mir.)

❸ Alles ist erledigt.

→ 'erledigen(마치다, 처리하다)'의 과거분사가 sein과 연결되어 있는 상태수동 형태 (sein + ... 타동사의 p.p.)이다. 직역하면 '모든 것이 처리되어 있다'가 되고, 구어체에서는 '완결된, 다 처리된'이라는 의미를 갖는다.

❹ Wir brauchen nicht ins Reisebüro zu gehen.

→ brauchen nicht / kein- ... zu Inf. : ~할 필요 없다

 참고 | **호텔 인터넷 예약에 사용되는 어휘**

Hotelsuche 호텔 찾기 **Reiseziel** 여행 목적지
Grund der Reise 여행 이유 **Geschäftsreise** 업무 여행 / **Urlaub** 휴가
verfügbare Zimmer 사용 가능한 방들 **Doppelzimmer** 2인실 / **Einzelzimmer** 1인실
Untergeschoss 지하층 **Ausstattung** 시설, 설비
Speisen & Getränke 식사와 음료 **Dienstleistungen** 서비스
24-Stunden-Rezeption 24시간 접수 **Gepäckaufbewahrung** 짐 보관
Anreise. Ab 15:00 Uhr 도착 (체크인) 15시 이후
Abreise. Bis 11:00 Uhr 출발 (체크아웃) 11시까지
Haustiere sind nicht gestattet. 애완동물은 허용되지 않습니다.
Haustiere sind gestattet. Möglicherweise fallen Gebühren an. 애완동물 허용됩니다. 비용이 발생할 수 있습니다.

Lektion 02

Beim Arzt und in der Apotheke

병원과 약국에서

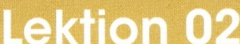

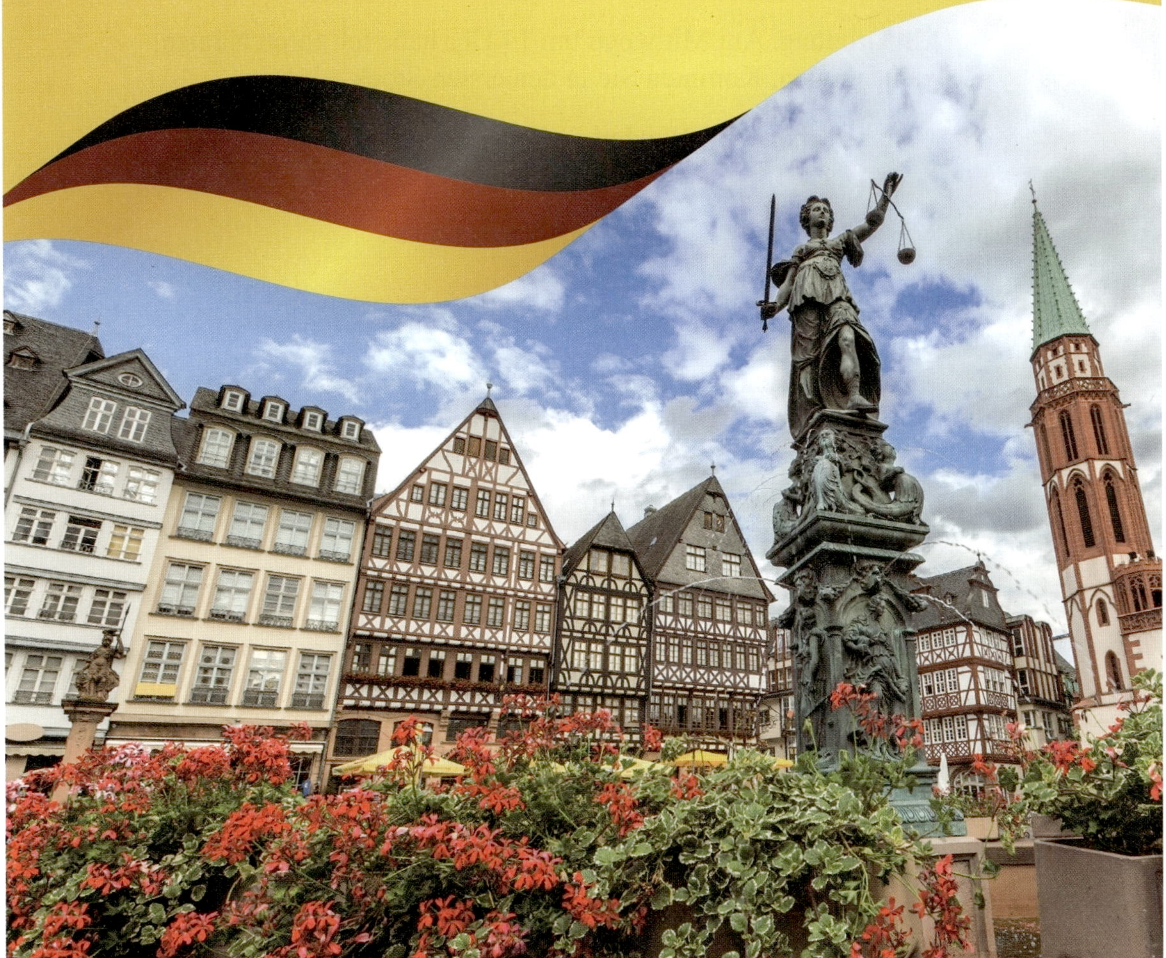

🎵 track 2-1

F   Praxis Dr. Schneider. Guten Tag, was kann ich für Sie tun?

M   Guten Tag, hier spricht Kim. Ich möchte gern einen Sprechstundentermin vereinbaren. Wenn es geht, so schnell wie möglich bitte.

F   Passt es Ihnen morgen um 10 Uhr?

M   Morgen um 10 Uhr? Das geht leider nicht. Geht es vielleicht morgen Nachmittag?

F   Moment mal. Ja, das ist möglich. Um 14 Uhr?

M   Gut. Dann komme ich morgen um 14 Uhr.

F   Wie ist Ihr Name, bitte?

M   Mein Name ist Inhong Kim.

F   In Ordnung. Am Mittwoch um 14 Uhr habe ich Ihren Namen eingetragen. Kommen Sie in den ersten Stock.

M   Danke schön. Auf Wiederhören.

F   Auf Wiederhören.

M   Ich möchte gerne einen Untersuchungstermin vereinbaren.

F   Waren Sie schon einmal bei uns?

M   Nein, noch nicht.

F   Dann trage ich erst mal Ihren Namen ein. Wie ist Ihr Name?

M   Mein Name ist Minho Park.

F   Wann wollen Sie zu uns kommen?

M   Kann ich heute einen Termin bekommen? Ich habe mir die Hand verbrannt.

F   Können Sie gleich kommen? Dann müssen Sie nicht lange warten.

M   Ja, gut, ich bin etwa in einer halben Stunde bei Ihnen. Danke schön.

F 슈나이더 박사의 병원입니다. 안녕하세요, 무엇을 도와 드릴까요?

M 안녕하세요. 저는 김이라고 합니다. 진료 예약을 좀 하고 싶은데요.
   가능하다면 될 수 있는 한 빠른 시간으로 부탁합니다.

F 내일 열 시에 괜찮으신가요?

M 내일 열 시요? 죄송하지만 안 되는데요. 혹시 내일 오후에 가능한가요?

F 잠깐만요. 예, 가능하네요. 두 시요?

M 좋습니다. 내일 두 시에 가겠습니다.

F 성함이 어떻게 되시지요?

M 김인홍입니다.

F 예, 됐습니다. 수요일 오후 두 시에 이름을 적어 두었습니다. 2층으로
   오십시오.

M 감사합니다. 안녕히 계세요.

F 안녕히 계세요.

M 진찰 시간 예약을 하고 싶은데요.

F 저희 병원에 오신 적 있나요?

M 아니요, 없습니다.

F 그러면 우선 성함을 좀 적겠습니다. 성함이 어떻게 되십니까?

M 박민호입니다.

F 언제 오시겠습니까?

M 오늘 진료 예약을 받을 수 있을까요? 제가 손을 데었습니다.

F 지금 바로 오실 수 있나요? 그러면 오래 기다리시지 않아도 되는데요.

M 예, 좋습니다. 30분 정도면 도착합니다. 감사합니다.

Vokabular

der Termin 기한, 예정일 | **vereinbaren** 협정하다, 약속하다 | **möglich** 가능한 | **passen** 맞다, 적합하다 | **der Moment** 순간, 시기 | **eintragen** 써 넣다, 기입하다 | **der Stock** 층 (= das Stockwerk / die Etage) | **erst mal** (구어체) 우선 좀, 우선 한번 = zunächst, erst einmal | **verbrennen** 그을리다, 화상을 입히다 | **gleich** 바로, 즉시

Grammatik

❶ Wenn es geht, so schnell wie möglich.
→ gehen이 '가다'라는 의미가 아니라 es(또는 das)를 주어로 하여 '가능하다, 되다'라는 의미로 쓰였다. 'Das geht leider nicht. / Geht es vielleicht morgen Nachmittag?'에서도 마찬가지이다.
→ so 형용사 wie möglich : 가능한 한 ~하게

❷ Moment mal.
→ '잠깐!, 잠깐만요!'라는 표현. 4격 부사구 'Einen Moment, bitte! (= Einen Augenblick, bitte!) 잠깐만요'라고 쓰기도 한다.

❸ Kommen Sie in den ersten Stock.
→ 독일어에서 건물의 1층은 das Erdgeschoss이고, der erste Stock(첫 번째 층)이 2층이다.

❹ Auf Wiederhören.
→ 전화 통화를 마칠 때 쓰는 인사말.

❺ Dann müssen Sie nicht lange warten.
→ müssen nicht ... Inf. : ~할 필요 없다

❻ Ich habe mir die Hand verbrannt.
→ 'sich die Hand verbrennen(손을 데다)'의 현재완료형.

❼ Ich bin etwa in einer halben Stunde bei Ihnen.
→ 전치사 in이 시간의 3격과 연결될 때는 '(현재를 기준으로) 얼마 후에'라는 의미가 된다.

 **참고** | **예약 연기, 취소**

Ich möchten den Termin ändern. (ändern 고치다, 변경하다) 예약을 변경하고 싶습니다.
Ich möchte den Termin bitte verschieben. (verschieben 미루다, 연기하다) 예약을 연기하고 싶습니다.
Kann ich den Termin auf Donnerstag verschieben? 예약을 목요일로 연기할 수 있을까요?
Ich muss (/ möchte) den Termin absagen. Ich kann leider nicht kommen. (absagen 취소하다) 예약을 취소해야 합니다(취소하고 싶습니다). 죄송하지만 갈 수가 없습니다.

(Krankenschwester - Inhong)

M   Guten Morgen, ich habe einen Termin.

F   Wie ist Ihr Name?

M   Ich heiße Inhong Kim.

F   Ok, ich habe Ihren Namen gefunden. Jetzt brauche ich Ihre Gesundheitskarte. (…) Nehmen Sie Ihre Gesundheitskarte zurück und warten Sie bitte noch einen Moment im Warteraum. Sie werden aufgerufen.

M   Danke.

(Ärztin - Inhong)

F   Guten Tag. Nehmen Sie bitte hier Platz. Also, Herr Kim, was fehlt Ihnen?

M   Ich habe schon seit Tagen Kopfschmerzen, Husten und Schnupfen.

F   Haben Sie auch Gliederschmerzen?

M   Ja, die Arme und die Beine tun mir auch weh. Beim Husten tut mir alles weh.

F   Dann möchte ich gerne im Ohr Fieber messen. 37,6. Das ist leichtes Fieber. Tut Ihnen noch etwas weh?

M   Der Hals. Ich kann auch nicht richtig sprechen.

F   Dann muss ich in den Hals sehen. Bitte machen Sie mal den Mund auf und sagen „aah". (…) Das schaut nicht so gut aus. Jetzt werde ich noch Ihre Lunge abhören. Bitte mit offenem Mund tief ein- und ausatmen.

(간호사 - 인홍)

M 안녕하세요. 진료 예약했는데요.

F 이름이 어떻게 되시지요?

M 김인홍입니다.

F 예, 이름을 찾았습니다. 환자분의 건강보험 카드가 필요합니다. (…) 카드를 다시 받으시고 잠깐 더 대기실에서 기다려 주세요. 이름을 부를 것입니다.

M 감사합니다.

(의사 - 인홍)

F 안녕하세요. 여기 앉으십시오. 어디가 좋지 않으신가요?

M 벌써 며칠 전부터 두통에 기침과 코감기가 있습니다.

F 관절통도 있으십니까?

M 예, 팔다리도 아픕니다. 기침할 때는 몸 전체가 아프고요.

F 그러면 귀에서 열을 좀 재겠습니다. 37.6도, 미열입니다. 또 어디 아프신 데가 있나요?

M 목이 아픕니다. 제대로 말하기도 어렵습니다.

F 그러면 목을 좀 봐야겠군요. 입을 벌리고 "아아" 해 보십시오. (…) 좋아 보이지 않네요. 폐 소리를 좀 들어 보겠습니다. 입을 벌리고 깊게 숨을 들이마셨다가 내쉬어 보세요.

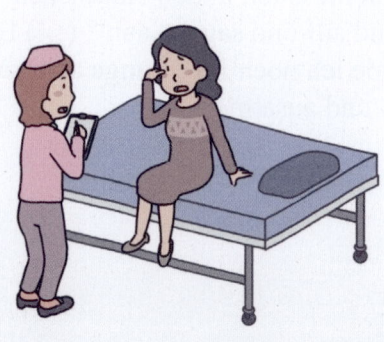

Vokabular

die Gesundheitskarte 건강보험카드(= die Krankenversicherungskarte) | **zurücknehmen** 되돌려받다 | **das Warteraum** 대기실 | **aufrufen** 호명하다, 호출하다 | **der Platz** 좌석, 자리 | **fehlen** 결여되다, 없다 | **die Kopfschmerzen** 두통 (통증은 보통 복수 사용) | **der Husten** 기침 | **der Schnupfen** 코감기 | **wehtun** 고통을 주다, 아프게 하다 | **der Hals** 목 | **richtig** 옳은, 제대로 | **das Ohr, _en** 귀 | **das Fieber** 열 | **messen** 재다 | **aufmachen** 열다 | **die Lunge, -n** 폐 | **abhören** 청진하다 | **offen** 열린 | **tief** 깊은 | **einatmen** 숨을 들이쉬다 | **ausatmen** 숨을 내쉬다

Grammatik

❶ Sie werden aufgerufen.

→ 수동태 현재 문장. 능동태로 쓰면 다음과 같다: Man ruft Sie auf.

❷ Nehmen Sie bitte Platz.

→ (= Setzen Sie sich bitte.)

→ Platz nehmen : 앉다 = sich setzen

❸ Was fehlt Ihnen?

→ fehlen의 의미에서 전의되어 '몸이 어디가 좋지 않으십니까?'라는 의미로 쓰인다.
Fehlt dir etwas? = Fühlst du dich nicht wohl? 너 몸이 좋지 않니?

❹ Beim Husten tut mir alles weh.

→ 동작을 나타내는 동사를 대문자로 써서 중성명사화하여 전치사 bei에 연결하면 '~할 때'의 의미가 된다.
예 beim Essen 식사할 때, beim Lesen 독서할 때

❺ Bitte mit offenem Mund tief ein- und ausatmen.

→ 동사의 부정형 형태로 명령형을 표현하기도 한다.
(= Atmen Sie bitte mit offenem Mund tief ein und aus.)

 건강 Tipp

Man sollte den Tag mit einem gesunden Frühstück beginnen und sich auch sonst gesund ernähren.
건강한 아침 식사로 하루를 시작하고 보통 때에도 건강에 좋은 음식을 섭취해야 합니다.

Man sollte Softdrinks und andere Getränke durch Wasser ersetzen. Wasser ist absolut lebensnotwendig. Trinken Sie rund 1,5 Liter Wasser jeden Tag.
청량음료와 다른 음료를 마시지 말고 물을 드셔야 합니다. 물은 생명에 절대적으로 필수적인 것입니다. 매일 약 1.5리터의 물을 드십시오.

Fettreiche Speisen schmecken zumeist besonders gut. Zuviel Nahrungsfett macht allerdings fett und fördert langfristig die Entstehung von Herz-Kreislauf-Krankheiten und Krebs. Halten Sie darum das Nahrungsfett in Grenzen.
지방질이 많은 음식은 대개 특별히 맛이 좋습니다. 식용지방을 너무 많이 섭취하면 당연히 살이 찌고 장기적으로는 심장순환계 질병과 암의 발생을 촉진합니다. 그러므로 식용지방 섭취를 제한하십시오.

Gespräche 3

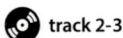 track 2-3

(Nach der Untersuchung / Ärztin – Patient)

F   Haben Sie schon irgendwelche Medikamente genommen?

M   Ja, ich habe mir in der Apotheke Grippentabletten gekauft, und ein Mittel gegen das Fieber.

F   Lassen Sie das mal lieber sein. Ich schreibe Ihnen hier etwas auf, das nehmen Sie bitte dreimal täglich nach den Mahlzeiten. Sie müssen ein paar Tage im Bett bleiben.

M   Aber das geht nicht. Sehen Sie, ich habe einen Ferienjob angenommen, ich muss zur Arbeit.

F   Wollen Sie schnell wieder gesund werden, oder hätten Sie lieber eine richtige Lungenentzündung? Ich schreibe Ihnen noch ein Attest für den Arbeitgeber.

M   Ja, das wäre nett. Wann könnte ich wieder zur Arbeit gehen?

F   Diese Woche nicht. Hier ist eine Krankmeldung für die Arbeit und ein Rezept für Ihre Medikamente. Kommen Sie am Freitag noch einmal zu mir in die Praxis. Dann sehen wir weiter. Trinken Sie viel Wasser.

M   Darf ich Tee trinken?

F   Heißer Kräutertee hilft bei Husten, aber trinken Sie am besten viel Wasser. Also gute Besserung. Auf Wiedersehen.

M   Danke schön. Auf Wiedersehen.

(진찰 후 / 의사-환자)

F 그동안 무슨 약 드신 것 있습니까?

M 예. 약국에서 감기약을 구입했고 해열제도 사 먹었습니다.

F 그것은 그만 드시는 것이 좋겠습니다. 여기 처방을 해 드릴 테니 매일 세 번 식사 후에 드십시오. 며칠은 누워 계셔야 합니다.

M 그럴 수가 없습니다. 제가 방학 아르바이트를 구했거든요. 일하러 가야 하는데요.

F 빨리 다시 건강해지고 싶습니까, 아니면 진짜 폐렴에 걸리고 싶은 겁니까? 고용주에게 제출할 진단 확인서를 써 드리지요.

M 예, 감사합니다. 언제 다시 일하러 갈 수 있을까요?

F 이번 주는 안 되겠네요. 여기 병결 신고서와 약 처방전입니다. 금요일에 한 번 더 병원에 오십시오. 그때 좀 더 보기로 하지요. 물을 많이 드시고요.

M 차는 마셔도 되나요?

F 따뜻한 허브티는 기침 날 때 도움이 되지만 물을 많이 드시는 것이 가장 좋습니다. 그러면 얼른 나으시길 바랍니다. 안녕히 가십시오.

M 감사합니다. 안녕히 계세요.

Vokabular

irgendwelch– 무슨, 어떤 | **die Apotheke** 약국 | **die Grippentablette**, **-n** 감기약 | **das Mittel**, **–** 수단, 약, 약품 | **aufschreiben** 적어 두다, 처방전을 쓰다 | **dreimal** 세 번 | **täglich** 매일 | **die Mahlzeit**, **–en** 식사, 끼니 | **der Ferienjob** 방학 아르바이트 | **annehmen** 받아들이다, 인수하다 | **die Lungenentzündung** 폐렴 | **das Attest** (의사의) 진단서 | **der Arbeitgeber** 고용주 | **nett** 친절한 | **die Krankmeldung** 병결 신고 | **das Rezept** 처방전 | **weiter** 계속해서, 이어서

Grammatik

❶ irgendwelche Medikamente

→ 'irgendein– (그 어떤, 아무 ...)'는 단수 앞에 오고, 복수 앞에는 'irgendwelch–'가 쓰인다.

→ 'irgend–'는 '불특정의 그 어떤'이라는 의미로서 'irgendetwas(어떤 무언가), irgendwo(그 어디엔가), irgendwer(그 어떤 누군가), irgendwie(어떤 식으로든)'처럼 사용되기도 한다.

❷ Lassen Sie das ... sein.

→ 직역하면 '그것을 있는 대로 두시오' 정도이고, '그만 두십시오, 하지 말고 그대로 두십시오' 같은 의미로 쓰인다. du에 대한 명령형으로 쓸 때는 sein 없이 'Lass das!(그냥 내버려 둬!)'라고도 한다.

❸ ein paar Tage

→ ein paar ~(복수) : 몇몇의 ~ = einige ~(복수) = mehrere ~(복수)

❹ Ich muss zur Arbeit.

→ 방향을 나타내는 의미가 확실할 경우에는 조동사 뒤에 '가다'라는 의미의 동사를 생략할 수 있다.
(= Ich muss zur Arbeit gehen.)

❺ Hätten Sie lieber eine richtige Lungenentzündung?

→ 소망을 나타내는 'hätte gern + 4격(~을 갖고 싶다)'에서 gern 대신 비교급 lieber가 들어간 문장이다.

❻ Ja, das wäre nett. Wann könnte ich wieder zur Arbeit gehen?

→ 공손한 화법으로 sein 동사의 접속법 2식 wäre, können의 접속법 2식 könnte를 사용했다.

❼ Trinken Sie am besten viel Wasser.

→ 'Es ist am besten, dass Sie viel Wasser trinken.'의 의미이다. gut의 최상급 'am besten.'

 참고 **병명**

die Allergie 알레르기 **der Durchfall** 설사 **die Erkältung** 감기 **das Fieber** 열
die Halsschmerzen 목 통증 **hoher Blutdruck** 고혈압 **der Husten** 기침
die Hysterie 히스테리 **die Kopfschmerzen** 두통 **die Kreislaufstörungen** 순환기장애
das Lendenweh 요통 **die Magenschmerzen** 위통 **die Rückenschmerzen** 등 통증
die Schlaflosigkeit 불면증 **der Schnupfen** 코감기 **das Übergewicht** 과체중
die Zahnschmerzen 치통

(In der Apotheke / Apothekerin - Mann)

M   Guten Tag. Ich habe ein Rezept von meinem Hausarzt.

F   Ja, geben Sie mir das Rezept, bitte. (…) Nehmen Sie diese Tabletten morgens und abends nach dem Essen und Sie nehmen von den Schmerztabletten drei Mal täglich bei Bedarf.

M   Entschuldigung, was heißt 'bei Bedarf'?

F   Das heißt, Sie nehmen die Tabletten nur, wenn Sie Schmerzen haben! Ich schreibe das auf die Packung!

M   Ja bitte!

F   Und Lutschtabletten, das ist gegen Halsweh. Sie lutschen alle drei Stunden eine Tablette, aber nicht mehr als 6 Tabletten pro Tag. Lassen Sie die Tablette auf der Zunge zergehen!

M   6 Tabletten am Tag?

F   Sie können auch weniger lutschen, aber nicht mehr als 6!

M   Okay.

F   Darf ich sonst noch was geben?

M   Das ist alles, danke.

F   Das macht 9,65 €. Danke, brauchen Sie eine Tüte?

M   Nein danke, es geht so. Ich brauche nur die Rechnung.

F   Bitte, und die 10,35 € zurück.

M   Danke, Wiederschauen.

F   Wiedersehen!

M   Ich habe jetzt starke Zahnschmerzen. Können Sie mir da etwas geben, oder brauche ich da ein Rezept?

F   Ich kann Ihnen ein Schmerzmittel geben. Da nehmen Sie bei Bedarf ein bis dreimal täglich.

M   Wenn das nicht besser wird, muss ich dann zum Zahnarzt gehen?

F   Ja, wenn das Schmerzmittel nicht ausreichend ist, dann müssen Sie zum Zahnarzt gehen.

M   Okay. Was kostet das?

F   Ich gebe Ihnen eine 10 Stück Packung. Das kostet drei Euro dreißig.

(약국에서 / 약사 - 남자)

M 안녕하세요. 여기 의사의 처방전입니다.

F 예, 처방전 주세요. (…) 이 알약들은 아침과 저녁 식사 후에 드시고 진통제는 필요할 경우에 하루 세 번 복용하세요.

M 죄송한데, '필요할 경우에'라는 것이 무슨 뜻인가요?

F 통증이 있을 때만 약을 드시라는 뜻입니다. 여기 봉투에 적어 드릴게요.

M 예, 부탁합니다.

F 그리고 여기 빨아 먹는 알약은 목 아프실 때 드시는 겁니다. 세 시간마다 하나씩 빨아서 드세요. 하루에 6개 이상은 드시지 말고요. 이 알약을 혀 위에서 녹여서 드세요.

M 하루에 여섯 개요?

F 그보다 덜 드셔도 되지만 6개 이상은 복용할 수 없습니다.

M 알겠습니다.

F 뭐 다른 것 더 드릴까요?

M 아니요, 그게 다입니다.

F 9.65유로입니다. 고맙습니다. 봉투 필요하신가요?

M 아니요, 됐습니다. 이대로 괜찮습니다. 계산서만 좀 주십시오.

F 여기 있습니다. 10.35유로 거스름돈 받으시고요.

M 감사합니다. 안녕히 계세요.

F 안녕히 가세요.

M 제가 지금 치통이 심한데요. 약을 좀 주실 수 있을까요. 아니면 처방전이 필요한가요?

F 진통제를 드릴 수 있습니다. 필요한 경우에 하루 1회 내지 3회 복용하십시오.

M 증상이 좋아지지 않으면 치과에 가야 할까요?

F 예. 진통제로 충분하지 않으면 의사에게 가셔야 합니다.

M 알겠습니다. 얼마인가요?

F 10개들이 한 통을 드리지요. 3.30유로입니다.

Vokabular

der Hausarzt 주치의, 가정의 | **die Tablette**, **-n** 알약 | **der Bedarf** 필요, 수요 | **die Schmerztablette**, **-n** 진통제 (= **das Schmerzmittel**, -) | **die Entschuldigung** 용서, 양해 | **die Packung**, **-en** 작은 상자, 갑 | **lutschen** 빨아 먹다 | **das Halsweh** 목 통증 | **die Zunge** 혀 | **zergehen** 녹다, 녹아 흐르다 | **die Tüte**, **-n** 봉지 | **die Rechnung**, **-en** 계산, 계산서 | **zurück** 되돌아, 뒤로 | **ausreichen** 넉넉하다, 족하다 | **ausreichend** 충분한, 족한 | **das Stück**, **_e** 조각, (몇) 개

Grammatik

❶ alle drei Stunden
→ 매 세 시간마다.
→ alle + 기수 + 복수 = jeder (/ jede / jedes) + 서수 + 단수 : 매 ~마다
예 alle vier Jahre = jedes vierte Jahr 4년마다, 4년에 한 번

❷ mehr als 6 Tabletten
→ mehr als ~ : ~이상 / weniger als ~ : ~이하

❸ Lassen Sie die Tablette auf der Zunge zergehen!
→ 사역동사 lassen + ... Inf. : ~하게 하다

❹ Wenn das nicht besser wird, muss ich ...
→ 여기에서 das는 전체적인 상황, 상태를 가리키는 지시대명사.

❺ Darf ich sonst noch was geben?
→ 상점에서 물건을 구입하고 난 후에 판매원이 하는 질문. 흔히 동사를 생략하고 간단히 'Sonst noch etwas?'라고 묻는다.

 건강 Tipp

Bewegen Sie sich regelmäßig. Regelmäßiger Sport ist gut für Körper und Seele. Sport hilft die körpereigenen Abwehrkräfte zu stärken und Stress-Symptome zu senken. 규칙적으로 운동을 하십시오. 규칙적인 운동은 신체와 정신에 좋습니다. 운동은 신체에 적합한 저항력을 강화하고 스트레스 증상들을 감소시키는 데 도움을 줍니다.

Schlafen Sie genug und regelmäßig. Schlaf ist ein Grundbedürfnis, das wir ebenso regelmäßig befriedigen müssen wie Essen und Trinken. Er ist die Voraussetzung für Entwicklung, Wohlbefinden und Gesundheit. 충분히, 그리고 규칙적으로 수면을 취하십시오. 잠은 먹고 마시는 것과 똑같이 규칙적으로 충족시켜야 하는 하나의 기본 욕구입니다. 잠은 발전과 편안한 상태, 건강의 기본 전제입니다.

Gönnen Sie sich mehr Sonnenschein! 햇빛을 좀 더 많이 쬐도록 하십시오.

Hören Sie auf zu rauchen! Wer auf Nikotin verzichtet, senkt Blutdruck, Infarkt- und Schlaganfallrisiko. Blutzirkulation und Lungenkapazität werden besser. 담배를 끊으십시오. 니코틴을 포기하는 사람은 혈압, 심장 발작 위험, 뇌졸중 위험을 감소시키는 것입니다. 혈액순환과 폐활량은 개선됩니다.

Besonders älteren Menschen wird empfohlen, rechtzeitig gegen Grippe zu impfen. 특히 나이가 드신 분들은 제때에 독감 예방접종을 받을 것을 추천합니다.

다음 문장을 독일어로 써 보세요.

1 전화로도 온라인으로도 표를 예약하실 수 있습니다.

_____

2 21열에서 무대를 더 잘 보실 수 있습니다.

_____

3 표를 받아 가시려면 유효한 학생증이 제시되어야 합니다.

_____

4 방은 하룻밤에 98유로입니다. 어느 분 성함으로 예약할까요?

_____

5 가능하다면 호수 쪽을 바라보는 조용한 방을 받고 싶습니다.

_____

6 일요일 저녁이나 월요일 아침 일찍 (비행기로) 돌아올 수 있는지도 좀 알고 싶습니다.

_____

7 이 인터넷 사이트에서 여러 호텔을 비교해 볼 수 있다.

_____

8 여러 항공 회사의 인터넷 사이트들에서 항공편이 있는지, 그리고 그것이 얼마인지 살펴볼 수 있다.

_____

9 예약 후에 그들이 우리한테 이메일로 e–티켓을 보내 준다.

_____

10 우리가 e–티켓을 집에서 인쇄할 수 있고, 그러면 다 처리되어 있는 것이다.

_____

11 진료 예약을 좀 하고 싶은데요. 가능하다면 될 수 있는 한 빠른 시간으로 부탁합니다.

12 제가 벌써 며칠 전부터 두통에 기침과 코감기가 있습니다.

13 제가 열이 있고 팔다리도 아픕니다. 기침할 때는 몸 전체가 아프고요.

14 특히 나이가 드신 분들에게는 제때에 독감 예방접종을 받을 것이 추천된다.

15 처방전을 써 드리지요. 약을 매일 세 번 식사 후에 드십시오. 며칠은 누워 계셔야 합니다.

16 따뜻한 허브티는 기침 날 때 도움이 되지만 물을 많이 드시는 것이 가장 좋습니다.

17 제가 지금 치통이 심한데요. 약을 좀 주실 수 있을까요. 아니면 처방전이 필요한가요?

18 좋아지지 않으면 치과에 가야 할까요?

19 규칙적인 운동은 신체와 정신에 좋습니다. 운동은 신체에 적합한 저항력을 강화하고 스트레스 증상들을 감소시키는 데 도움을 줍니다.

20 충분히, 그리고 규칙적으로 수면을 취하십시오. 잠은 먹고 마시는 것과 똑같이 규칙적으로 충족시켜야 하는 하나의 기본 욕구입니다.

Im Restaurant
레스토랑에서

Gespräche 1

 track 3-1

(Kellner - Frau)

M   Guten Tag! Haben Sie reserviert?

F   Guten Tag! Nein, wir haben keine Reservierung. Haben Sie noch einen Tisch für zwei Personen frei?

M   Wollen Sie drinnen oder draußen sitzen?

F   Draußen ist es zu kalt. Könnten wir einen Tisch am Fenster haben?

M   Es wird gleich ein Tisch frei. Würden Sie in zehn Minuten wiederkommen? Oder Sie können hier warten.

F   Wir möchten hier warten.

(Kellner – Frau / Mann)

F   Bringen Sie uns bitte die Speisekarte!

M1   Kommt sofort! Möchten Sie schon etwas trinken?

F   Ja, gerne. Ich möchte ein Glas Rotwein.

M2   Ich hätte gern ein großes Bier. Ein dunkles, bitte.

M1   Das werde ich Ihnen sofort bringen. (…) Hier sind die Getränke, bitte schön. Haben Sie sich inzwischen für ein Hauptgericht entschieden?

F   Ja, zweimal Hamburger mit Pommes, bitte.

M1   Tut mir leid, aber Hamburger ist schon aus.

F   Schade. Können Sie uns etwas empfehlen?

M1   Die Tagesmenüs unseres Koches sind das Schweinefleisch in Weinsoße und der Lachs auf Zitrone.

F   Dann nehme ich das Schweinefleisch.

M2   Für mich den Lachs, bitte.

(웨이터 - 여자)

M 안녕하세요. 예약하셨습니까?

F 안녕하세요. 아니요. 예약을 하지 않았는데요. 두 사람이 앉을 테이블이 있을까요?

M 안에 앉으시겠습니까, 밖에 앉으시겠습니까?

F 밖은 너무 춥군요. 창가 자리에 앉을 수 있을까요?

M 곧 자리가 빌 것입니다. 10분 후에 다시 오시겠습니까? 아니면 여기서 기다리셔도 됩니다.

F 여기서 기다리겠습니다.

(웨이터 - 여자 / 남자)

F 메뉴 좀 주세요.

M1 곧 옵니다. 먼저 음료 드시겠습니까?

F 네. 저는 적포도주 한 잔 하겠습니다.

M2 저는 맥주 큰 것 한 잔 하겠습니다. 흑맥주로 주세요.

M1 곧 가져오겠습니다. (…) 여기 주문하신 음료 나왔습니다. 주 메뉴는 결정하셨습니까?

F 예. 감자튀김 곁들인 햄버거 두 개 주세요.

M1 죄송하지만 햄버거는 벌써 다 떨어졌는데요.

F 유감이네요. 추천해 주실 만한 것이 있을까요?

M1 저희 주방장의 오늘의 정식 메뉴는 와인 소스 돼지고기와 레몬을 곁들인 연어입니다.

F 그러면 저는 돼지고기로 하겠습니다.

M2 저는 연어 주세요.

Vokabular

der Kellner, – 웨이터 | **der Kunde**, **–n** 고객, 손님 | **die Reservierung** 예약 | **die Person**, **–en** 인물, 인원 | **frei** 자유로운, 비어 있는 | **drinnen** 안에, 내부에 | **draußen** 밖에, 외부에 | **kalt** 차가운, 추운 | **wiederkommen** 다시 오다 | **warten** 기다리다 | **die Speisekarte**, **–n** 메뉴 | **sofort** 즉시, 당장 | **das Glas**, **¨er** 컵 | **der Rotwein** 적포도주 | **das Getränk**, **–e** 마실 것, 음료 | **inzwischen** 그 동안에, 그 사이에 | **das Gericht** 요리, 음식 | **das Hauptgericht** 주 메뉴 | **der Tagesmenü** 오늘의 정식 | **der Koch**, **–¨e** | **das Schweinefleisch** 돼지고기 | **die Soße**, **–n** 소스 | **der Lachs**, **–e** 연어 | **die Zitrone**, **–n** 레몬

Grammatik

❶ Draußen ist es zu kalt.

→ zu ～(형용사 / 부사) : 너무 ～한

예 Es ist schon zu spät. 시간이 너무 늦었다.

❷ Haben Sie sich inzwischen für ein Hauptgericht entschieden?

→ 'sich entscheiden für ～(～으로 결정하다)'의 현재완료형.

→ entscheiden – entschied – entschieden

❸ Hamburger ist schon aus.

→ 여기에서는 aus가 전치사가 아니라 sein 동사와 함께 쓰이면서 완료, 소멸을 나타낸다.

→ sein + aus : 끝났다, 다 떨어졌다

❹ der Tagesmenü

→ 레스토랑에서 매번 어느 하루에만 제공되는 비싸지 않은 '오늘의 정식'을 말한다.

(Kellner - Frau / Mann)

F   Guten Abend, wir haben einen Tisch reserviert.

M1   Auf welchen Namen ist die Reservierung?

F   Auf den Namen Jutta Junker.

M1   Ja, richtig. Folgen Sie mir bitte. Gefällt Ihnen dieser Tisch?

F   Ja, danke.

M1   Hier die Speisekarte, bitte schön. Möchten Sie schon etwas trinken?

F   Zwei Glas roten Hauswein, bitte.

M1   Gerne. (…) So! Ihr Wein, bitte sehr. Haben Sie schon gewählt? Was darf ich Ihnen bringen?

F   Ich möchte zuerst eine Gemüsesuppe und dann als Hauptgericht Kalbsteak mit Pommes frites, aber bitte ohne Bohnen. Geht das?

M1   Ja, natürlich. Wie möchten Sie Ihr Steak?

F   Ich möchte das Steak 'medium', also in der Mitte noch rosa.

M1   Alles klar. Und Sie? Was hätten Sie gern?

M2   Ich hätte gern ein Rindersteak mit Pommes. Ich nehme keine Suppe. Moment, könnte ich bitte Salat anstelle von Pommes haben?

M1   Ja, das ist möglich. Wollen Sie das Steak 'medium' oder 'gut durch'?

M2   Gut durch, bitte.

F   Das Steak schmeckt mir gut. Wie schmeckt dir das?

M2   Mein Steak ist ein bisschen zäh.

M1   Sind Sie schon fertig?

F   Wir sind fertig, danke.

M1   Dann bringe ich Ihnen Kaffee.

(웨이터 - 여자 / 남자)

F   안녕하세요. 저희가 테이블을 예약했는데요.

M1   어느 분 성함으로 하셨나요?

F   유타 융커로 했습니다.

M1   예, 맞습니다. 따라 오시지요. 이 테이블이 마음에 드십니까?

F   네, 감사합니다.

M1   여기 메뉴 있습니다. 먼저 음료를 드시겠습니까?

F   하우스와인 레드 두 잔 주세요.

M1   알겠습니다. (…) 자, 여기 와인입니다. 음식 고르셨습니까? 무엇을 드릴까요?

F   저는 우선 야채수프 주시고, 그 다음에 주 메뉴는 감자튀김을 곁들인 송아지 스테이크를 주시는데 콩은 빼 주세요. 될까요?

M1   예, 물론입니다. 스테이크는 어떻게 익혀 드릴까요?

F   스테이크는 미디엄으로, 가운데가 선홍색이 되도록 해 주세요.

M1   알겠습니다. 손님은요? 무엇으로 하시겠습니까?

M2   저는 감자튀김을 곁들인 쇠고기 스테이크로 하겠습니다. 수프는 먹지 않습니다. 잠깐만요. 감자튀김 대신에 샐러드로 할 수 있을까요?

M1   예, 가능합니다. 스테이크는 미디엄으로 하시겠습니까, 완전히 익힌 것으로 하시겠습니까?

M2   완전히 익혀 주세요.

F   스테이크가 맛있네. 너는 어때?

M2   내 스테이크는 약간 질겨.

M1   식사 다 하셨습니까?

F   예, 다 먹었습니다. 감사합니다.

M1   그러면 커피를 가져오겠습니다.

Vokabular

gefallen ~(3격) ~의 마음에 들다 | **der Hauswein** 하우스와인 | **wählen** 고르다, 선택하다 | **zuerst** 우선, 먼저 | **die Gemüsesuppe** 야채수프 | **das Steak**, –s 스테이크 | **das Kalb**, – ̈er 송아지 | **das Rind**, –er 쇠고기 | **die Bohne**, –n 콩 | **die Pommes frites** (Pl.) 감자튀김 | **die Mitte** 가운데 | **rosa** 장밋빛의, 담홍색의 | **der Salat** 샐러드 | **anstelle** ~(2격) ~ 대신에 | **schmecken** 맛이 ~하다, 맛있다 | **zäh** 질긴 | **fertig** 완성된, 끝난

Grammatik

❶ Auf welchen Namen ist die Reservierung? – Auf den Namen ...

→ 'die Reservierung auf den Namen ...(누구의 이름으로 예약)'이라고 할 때 'auf + 4격'으로 쓴다.

㉮ Das Auto ist auf den Namen (/ unter dem Namen) seiner Mutter gemeldet. 그 차는 그의 어머니 이름으로 등록되어 있다.

→ '누구의 부탁을 받아, 누구를 대신하여'라는 의미로 쓸 때는 'im Namen + 2격'으로 쓴다.

㉮ im Namen meiner Eltern 부모님의 이름으로 / im Namen des Volkes 민중의 이름으로

❷ Gefällt Ihnen dieser Tisch?

→ 'dieser Tisch'가 주어인데 Ihnen 뒤에 위치한 것은 인칭대명사와 명사가 이어서 나오는 경우에 격에 관계없이 대명사를 명사 앞에 두는 규칙 때문이다. 'Wie schmeckt dir das?'도 같은 경우이다.

❸ Wie möchten Sie Ihr Steak?

→ 레스토랑에서 손님에게 스테이크를 어느 정도 익히면 좋을지 묻는 것이다. 대답은 아래의 세 가지에서 고를 수 있다.

Ich will das Steak blutig / medium / gut durch.

(또는: kurz angebraten / in der Mitte noch rosa / durchgebraten)

겉만 살짝 익혀 썰었을 때 피가 흐르게 익힌 정도가 'blutig(레어)', 겉은 익었으나 속에 약간 붉은색이 남아 있는 정도를 'medium(미디엄)', 그리고 속까지 잘 익힌 것을 'gut durch(웰던)'이라고 한다.

❹ anstelle von ...

→ 'anstelle ~(2격) ~대신에'는 statt, anstatt와 비슷한 용법으로 2격이 연결되는 전치사이다.

'anstelle von ~(3격)'으로 쓸 수도 있다.

Gespräche 3

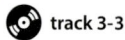 track 3-3

(Frau - Kellner)

F Entschuldigen Sie bitte, Herr Ober.

M Ja, was gibt es denn?

F Ich möchte mich beschweren. Das Fleisch ist in der Mitte noch gefroren.

M Entschuldigen Sie vielmals. Ich werde Ihnen selbstverständlich ein neues Gericht bringen.

F Ja, ich bitte Sie darum.

M Ich bringe Ihnen ein Glas Bier auf Kosten des Hauses.

F Das ist sehr nett.

F Herr Ober, der Salat ist nicht frisch. Und außerdem ist zu viel Essig drin.

M Oh, das tut mir leid. Ich bringe Ihnen sofort einen neuen.

F Was ist das denn? An meinem Glas ist noch Lippenstift.

M Oh, tut mir leid. Ich bringe Ihnen ein anderes.

F Können Sie nicht einmal die Gläser abspülen?

M Natürlich, es handelt sich um ein Versehen. Ich bringe Ihnen sofort ein neues Glas. Ich bitte noch einmal um Entschuldigung.

F Entschuldigung, aber mein Kaffee ist fast kalt.

M Oh, tut mir leid. Ich bringe Ihnen sofort einen neuen.

F Ich habe einen Milchkaffee bestellt und keinen Espresso.

M Oh, das tut mir leid. Ich bringe Ihnen sofort den Milchkaffee.

F Haben Sie unsere Bestellung vergessen? Wir warten schon dreißig Minuten.

M Oh, tut mir leid. Ich frage sofort in der Küche nach.

(여자-웨이터)

F 웨이터, 여기 좀 와 주세요.

M 예, 무슨 일이십니까?

F 항의를 좀 하고 싶은데요. 고기가 가운데가 얼어 있습니다.

M 정말 죄송합니다. 당연히 새 음식을 가져다 드리겠습니다.

F 네, 부탁합니다.

M 맥주 한 잔 서비스로 가져다 드리겠습니다.

F 감사합니다.

F 여기요, 샐러드가 신선하질 않네요. 게다가 식초가 너무 많이 들어갔어요.

M 아, 죄송합니다. 즉시 새 것으로 갖다 드리겠습니다.

F 이건 대체 뭡니까? 내 잔에 립스틱이 묻어 있네요.

M 저런, 죄송합니다. 다른 잔을 갖다 드리겠습니다.

F 컵을 좀 깨끗이 닦을 수 없나요?

M 당연한 말씀입니다. 실수가 문제입니다. 당장 새 잔을 가져오겠습니다. 다시 한 번 죄송합니다.

F 실례지만 제 커피가 거의 식어 있습니다.

M 아, 죄송합니다. 새 커피를 갖다 드리겠습니다.

F 저는 에스프레소가 아니라 밀크커피를 주문했는데요.

M 죄송합니다. 밀크커피를 갖다 드리겠습니다.

F 우리 주문을 잊으셨습니까? 벌써 30분이나 기다리고 있는데요.

M 아, 죄송합니다. 즉시 주방에 물어보겠습니다.

Vokabular

entschuldigen 용서하다 | **die Entschuldigung** 용서, 양해 | **sich beschweren** 불평을 제기하다, 항의하다 | **gefroren** 얼어 있는 | **vielmals** 진심으로, 특별히, 매우 | **selbstverständlich** 물론, 당연히 | **bitten** 부탁하다 | **die Kosten** (Pl.) 비용 | **nett** 친절한 | **der Lippenstift**, **-e** 립스틱 | **abspülen** 깨끗하게 씻어내다 | **das Versehen** 실수 | **es handelt sich um** ~ ~이 문제이다, ~이 중요하다 | **außerdem** 그밖에, 게다가 | **der Essig** 식초 | **drin** (= darin) 그 안에 | **fast** 거의 | **die Bestellung** 주문 | **vergessen** 잊다 | **nachfragen** 문의하다, 조회하다 | **der Milchkaffee** 밀크커피 | **bestellen** 주문하다

Grammatik

❶ Entschuldigen Sie bitte.

→ 사과의 의미보다는 위의 대화들에서처럼 '실례지만, 죄송하지만 ...'이라는 의례적인 인사로 많이 사용된다.

❷ Ich **werde** Ihnen ... **bringen**.

→ werden ... Inf. : 미래시제. 약속이나 의도를 미래형으로 표현할 수 있다.

❸ Was gibt es denn?

→ 'Was gibt es (denn da)?'는 구어체에서 'Was ist (denn da) los? (대체 무슨 일이야?)'의 의미로 쓰인다.

❹ Ich bitte Sie **darum**.

→ bitten jn. um ~ : 누구에게 ~을 부탁하다.
→ 전치사 뒤에 사물이나 개념을 나타내는 대명사가 연결되는 경우에는 'da(r) + 전치사'를 쓴다.

❺ auf Kosten des Hauses

→ auf Kosten 2격 (또는 von 3격) : ~의 돈으로, ~의 손해로

(Frau - Kellner)

F   Herr Ober! Wir möchten zahlen, bitte!

M   Ich komme gleich. (…) Hat es Ihnen geschmeckt?

F   Ja, danke. Alles war sehr gut. Nur der Fisch war ein bisschen zu salzig.

M   Oh, das tut mir leid. Zusammen oder getrennt?

F   Zusammen, bitte.

M   Also, zweimal Hauswein, einmal Rindersteak, einmal Lachs und einmal Kaffee. Das macht zusammen 44 Euro.

F   Das Mineralwasser fehlt. Was kostet das?

M   Sie haben recht. Es kostet 1,50 Euro. Das macht alles 45,50 Euro.

F   50 Euro. Stimmt so!

M   Vielen Dank für das Trinkgeld. Ich wünsche Ihnen noch einen schönen Tag!

F   Danke. Gleichfalls.

F   Wir möchten zahlen. Alles zusammen, bitte.

M   Einmal Käsekuchen, einmal Obstkuchen und drei Kännchen Tee. Alles zusammen 30 Euro, bitte.

F   Ich glaube, Sie haben sich verrechnet. Wir haben zwei Kannen Tee bestellt, nicht drei.

M   Ja, stimmt. Ich habe Ihnen noch eine leere Tasse gebracht. Tut mir leid. Dann 24 Euro, bitte.

(여자 - 웨이터)

F   웨이터, 계산하겠습니다.

M   곧 갑니다. (…) 음식은 맛있게 드셨습니까?

F   예. 다 좋았습니다. 다만 생선이 약간 짰습니다.

M   저런, 죄송합니다. 계산은 다 함께 하시겠습니까, 따로 하시겠습니까?

F   한꺼번에 해 주세요.

M   그러면 하우스와인 두 잔, 쇠고기 스테이크 하나, 연어 하나, 커피 하나.
       합해서 44유로입니다.

F   미네랄워터가 빠져 있네요. 얼마지요?

M   맞습니다. 1.50유로입니다. 그러면 다 합해서 45.50유로입니다.

F   50유로입니다. 그대로 됐습니다.

M   팁 감사합니다. 좋은 하루 보내시기 바랍니다.

F   감사합니다. 좋은 하루 되세요.

F   계산하겠습니다. 다 한꺼번에 해 주세요.

M   치즈케이크 하나, 과일케이크 하나, 그리고 차 세 포트. 다 합쳐서
       30유로입니다.

F   잘못 계산하신 것 같은데요. 저희는 차를 세 포트가 아니라 두 포트
       주문했었습니다.

M   아, 맞습니다. 제가 빈 잔을 하나 더 가져다 드렸지요.
       죄송합니다. 그러면 24유로입니다.

Vokabular

zahlen 지불하다 | **alles** 모든 것 | **salzig** 짠 | **das Salz** 소금 | **zusammen** 함께, 다 합쳐서 | **getrennt** 따로, 분리해서 | **fehlen** 부족하다, 결여되다 | **recht** 올바른, 정확한 | **stimmen** 맞다, 적중하다 | **das Trinkgeld** 팁 | **wünschen** 바라다, 기원하다 | **gleichfalls** 마찬가지로 | **der Käsekuchen** 치즈케이크 | **der Obstkuchen** 과일케이크 | **glauben** 믿다, 생각하다 | **der Tee** 차 | **sich verrechnen** 잘못 계산하다 | **die Kanne** (차) 포트, 주전자 | **das Kännchen** 작은 포트 | **leer** 비어 있는

Grammatik

❶ Hat es Ihnen geschmeckt?

→ 'es schmeckt jm. (누구에게, 누구가 느끼기에 맛이 좋다)'의 현재완료형.

→ 대답은 'Ja, es hat mir gut geschmeckt.' 정도로 한다. 특별히 맛있었을 경우에는 'hervorragend / ausgezeichnet' 같은 단어를 사용할 수 있다.

❷ Das macht zusammen 44 Euro.

→ 하나의 가격이 아니라 두 개 이상의 가격을 합쳐서 얘기할 때는 kosten이 아니라 machen을 쓴다.

❸ Sie haben recht.

→ '당신 말이 맞습니다.'라는 의미. 'Du hast recht. : 네 말이 맞아.'

→ recht를 대문자로 'Sie haben Recht.'라고 쓸 수도 있으나 소문자로 쓰는 것이 더 통용된다.

❹ Stimmt so!

→ '계산할 때 지불해야 할 금액에 팁을 붙여 주면서 '그대로 맞습니다. 나머지는 팁입니다.'라는 의미로 쓰는 말이다. 독일에서 팁은 합계 금액의 10퍼센트 정도를 주는 것이 보통이고, 100유로가 넘는 금액에 대해서는 5퍼센트 정도의 팁을 준다.

❺ Danke. Gleichfalls.

→ 인사를 주고 받을 때 '당신에게도 마찬가지입니다'라는 의미로 'gleichfalls / ebenfalls'를 쓴다. 관용적인 표현으로 암기해 두어야 한다.

　　예 Schönes Wochenende! – Danke, gleichfalls. 좋은 주말 보내시길. – 고맙습니다, 좋은 주말 되세요.

❻ 맛을 나타내는 형용사

→ süß 달콤한, scharf 매운, salzig 짠, bitter 쓴, sauer 신, fett 기름진

Lektion 04

Auf der Bank und auf der Post

은행과 우체국에서

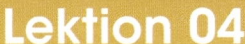

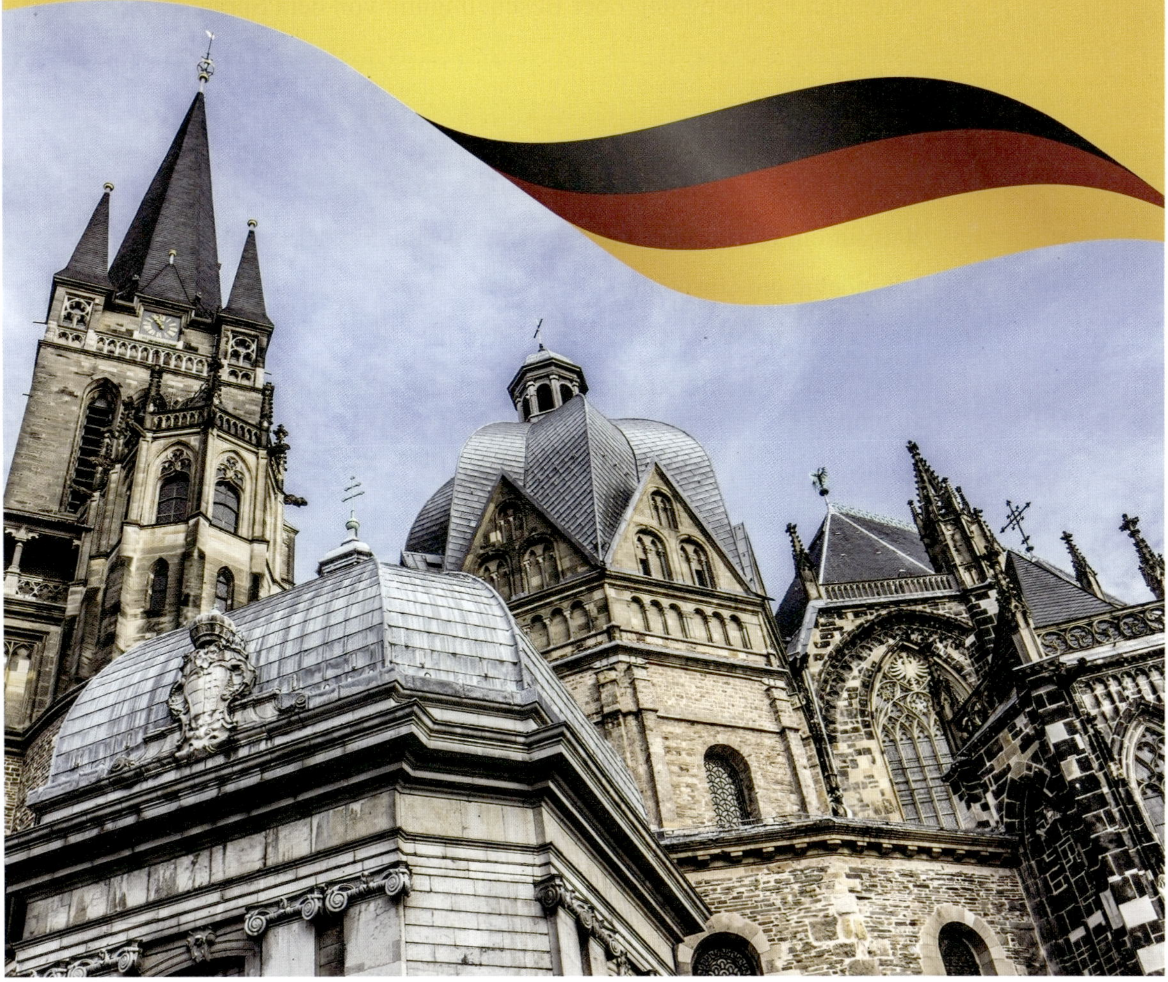

Gespräche 1

track 4-1

(Beim Akademischen Auslandsamt)

F   Wie kann ich ein Konto eröffnen?

M   Es gibt verschiedene Arten von Konten, z. B. Girokonto oder Sparkonto. Die Studenten eröffnen normalerweise ein Girokonto.

F   Warum ein Girokonto?

M   Für die Miete brauchen Sie ein Girokonto. Sie müssen die Miete für Ihre Wohnung oder Ihr Zimmer normalerweise per Überweisung bezahlen. Das Girokonto für Studenten wird in fast allen Banken angeboten. Für Studenten ist es meistens kostenlos oder nur mit geringen Gebühren.

F   Muss ich persönlich zur Bank gehen?

M   Ja, das geht schneller. Sie müssen die erforderlichen Dokumente mitbringen, Pass, polizeiliche Anmeldung und Studentenbescheinigung oder Bescheinigung von dem Sprachkurs.

(Auf der Bank)

F   Guten Tag, ich möchte gerne ein Konto eröffnen.

M   Was für ein Konto möchten Sie? Ein Sparkonto oder ein Girokonto?

F   Ich möchte ein Girokonto.

M   Das kostet fünf Euro Gebühren im Monat.

F   Okay. Kann ich mit der Bankkarte auch am Geldautomaten Geld abheben?

M   Natürlich. Haben Sie Ihren Reisepass oder Personalausweis dabei?

F   Ja, bitte schön.

M   Ich brauche noch ein paar Angaben von Ihnen. Können Sie bitte dieses Formular ausfüllen?

F   Ja, gerne.

M   Das ist erledigt. Sie bekommen innerhalb von acht Tagen Ihre EC-Karte. Sie können sofort über Ihr neues Konto verfügen, also Geld einzahlen oder überweisen.

(외국인 학생 행정 사무처에서)

F   은행 계좌를 어떻게 개설할 수 있나요?

M   계좌에는 여러 종류가 있습니다. 예를 들어 지로계좌와 예금계좌가 있지요. 대학생들은 보통 지로계좌를 개설합니다.

F   왜 지로계좌인가요?

M   방세를 내기 위해서 지로계좌가 필요합니다. 보통 집세나 방세를 계좌이체로 지불해야 합니다. 대학생을 위한 지로계좌는 거의 모든 은행에서 제공됩니다. 대학생에게는 대개 무료이거나 약간의 수수료만 있습니다.

F   제가 직접 은행으로 가야 하는 건가요?

M   네, 그게 더 빠릅니다. 필요한 증명서들, 즉 여권, 거주 신고, 학생증이나 어학 코스 증명서를 가져가셔야 합니다.

(은행에서)

F   안녕하세요, 계좌를 개설하고 싶은데요.

M   어떤 계좌를 원하십니까? 예금계좌인가요 지로계좌인가요?

F   지로계좌를 개설하겠습니다.

M   지로계좌는 한 달에 5유로의 수수료가 있습니다.

F   예. 은행 카드가 있으면 현금자동인출기에서도 돈을 인출할 수 있나요?

M   물론입니다. 여권이나 신분증 가져오셨나요?

F   예, 여기 있습니다.

M   몇 가지 사항이 더 필요합니다. 여기 이 서식의 빈칸을 기입해 주시겠습니까?

F   네.

M   이제 다 되었습니다. EC카드는 일주일 안에 받게 되십니다. 새 계좌는 즉시 사용하실 수 있습니다. 즉 돈을 입금하시거나 이체하실 수 있습니다.

Vokabular

akademisch 대학의 | **das Amt** 관청 | **das Konto, Konten** 구좌 | **eröffnen** 개설하다, 개시하다 | **verschiedene** 몇몇의 | **die Art, -en** 종류 | **z. B. = zum Beispiel** 예를 들면 | **normalerweise** 보통의 경우에 | **warum** 왜 | **die Miete** 집세, 방세 | **die Überweisung** 계좌이체 | **überweisen** 계좌이체하다 | **bezahlen** 지불하다 | **anbieten** 제안, 제공하다 | **kostenlos** 무료로 | **gering** 적은, 소량의 | **die Gebühr, -en** 요금, 수수료 | **persönlich** 개인적인, 직접 | **erforderlich** 필요한, 필수의 | **das Dokument, -e** 문서, 증거 서류 | **mitbringen** 가지고 가다 | **polizeilich** 경찰의 | **die Anmeldung** 신고, 신청 등록 | **die Bescheinigung, -en** 확인, 증명서 | **der Sprachkurs, -e** 어학코스 | **der Geldautomat, -en** 현금자동인출기 | **abheben** 인출하다 | **der Personalausweis** 신분증명서 | **dabeihaben** 휴대하다 | **die Angabe, -n** 진술, 보고, 신고 | **das Formular, -e** 서식 | **ausfüllen** 채우다, 기입하다 | **verfügen (über~)** 소유하다, 사용할 수 있다 | **einzahlen** 입금하다, 예금하다

Grammatik

❶ verschiedene Arten von Konten

→ eine Art (von) ~ : ~의 일종, 일종의 ~
→ verschiedene Arten von ~ : 여러 종류의 ~

❷ Das Girokonto ... wird in fast allen Banken angeboten.

→ 수동태 현재 문장. 'werden ... p.p.'

❸ Sie müssen die benötigten Dokumente mitbringen

→ benötigen의 과거분사 형태가 명사를 수식하는 형용사적 용법. 이런 경우 타동사의 과거분사는 '~된, ~되어진'과 같은 수동적 의미를 갖는다.

❹ Was für ein Konto möchten Sie? – Ich möchte ein Girokonto.

→ 'was für ein- ... : 어떤 종류의 ...?'은 미리 정해진 것 없이 어떤 종류나 특징을 묻는 열린 질문이다. 대답할 때는 명사가 부정관사와 함께 온다.

❺ polizeiliche Anmeldung

→ 독일에서 의무적으로 해야 하는 거주신고, 또는 거주신고서를 의미한다. 정해진 기한 내에 주민센터 (Bürgeramt / Einwohnermeldeamt)에 신분증을 가지고 가서 신고해야 한다.

track 4-2

F   Ich möchte gerne Geld überweisen.

M   Sie können das am Automaten oder bei uns am Schalter machen, aber am Schalter müssen Sie für unseren Service bezahlen.

F   Ich mache das gleich bei Ihnen.

M   Füllen Sie bitte das Formular aus. Vergessen Sie nicht den Namen, die Kontonummer und die Bankleitzahl des Empfängers. Unterschreiben Sie da unten bitte! (…) Danke, hier ist Ihr Überweisungsbeleg. Danke schön. Auf Wiedersehen.

F   Ich habe meine Bankkarte verloren. Ich möchte die Karte sperren lassen.

M   Ich brauche Ihre Kontonummer oder Ihren Personalausweis. Wo und wann haben Sie die Karte verloren?

F   Jemand hat irgendwie meinen Geldbeutel gestohlen. Heute, aber ich weiß nicht genau, wo ich es verloren habe. Vielleicht im Kino oder in der U-Bahn.

M   Wir sperren das Konto sofort. Alles in Ordnung. Sie brauchen sich keine Sorge zu machen.

F   Danke schön, und ich möchte eine neue Karte bestellen.

M   Innerhalb von zehn Tagen erhalten Sie die neue Karte.

F	돈을 계좌이체하고 싶습니다.
M	자동인출기에서 하실 수도 있고 여기 창구에서 하실 수도 있습니다. 창구에서 하시면 서비스에 대해서 수수료를 지불하셔야 합니다.
F	바로 창구에서 하겠습니다.
M	여기 서식을 기입해 주세요. 받으시는 분의 이름과 계좌 번호, 은행 고유 번호를 잊지 말고 적어 주십시오. 여기 아래에 서명해 주세요. (…) 감사합니다. 여기 이체 영수증입니다. 안녕히 가세요.

F	제 은행 카드를 잃어버렸습니다. 카드 결제를 차단하고 싶습니다.
M	계좌 번호나 신분증이 필요합니다. 언제 어디에서 잃어버리셨습니까?
F	누군가 어떻게 했는지 제 지갑을 훔쳐갔습니다. 오늘인데 어디에서 잃어버렸는지는 정확히 모르겠습니다. 아마 극장이나 지하철에서 잃어버린 것 같습니다.
M	계좌 결제를 즉시 차단하겠습니다. 다 되었습니다. 걱정하실 필요 없습니다.
F	고맙습니다. 그리고 새 카드를 신청하고 싶은데요.
M	열흘 안에 새 카드를 받으실 겁니다.

Vokabular

der Schalter, – (우체국, 은행의) 창구 | **der Service** 서비스 | **die Bankleitzahl** 은행 고유 번호 | **der Empfänger**,– 수신인 | **unterschreiben** 서명하다 | **unten** 아래에 | **der Beleg**, –e 증거 서류, 영수증 | **sperren** 차단하다, 봉쇄하다 | **jemand** 누군가가 | **der Geldbeutel** 지갑 | **irgendwie** 어떤 식으로든, 여하튼 | **stehlen** 훔치다 | **genau** 정확한 | **die U–Bahn** 지하철 | **die Sorge** 근심 | **innerhalb** ∼ 이내에, ∼ 내부에

Grammatik

❶ am Automat**en** oder **bei uns** am Schalter
→ Automat는 약변화명사라서 단수 3격 자리에 '_en'을 붙였다. 약변화명사는 단수 1격을 제외한 단수 2, 3, 4격과 복수 모든 격에 '_en'을 붙인다.
→ 'bei + 사람'은 '그 사람의 집에, 그 사람의 회사에, 그 사람이 있는 곳에' 등의 의미를 갖는다. 여기에서 'bei uns'는 '우리가 있는 곳에서', 즉 'am Schalter(창구에서)'와 같은 의미이다.

❷ Ich möchte die Karte sperren **lassen**.
→ 카드 출금을 차단하는 것은 은행에서 하는 일이기 때문에 사역동사 lassen을 쓴다.

❸ Ich weiß nicht genau, **wo** ich es verloren **habe**.
→ 의문사로 이끌어지는 부문장에서 동사 후치.

❹ Sie **brauchen** sich **keine** Sorge **zu** machen.
→ brauchen nicht / kein– zu Inf. : ∼할 필요 없다
→ sich(3) Sorge (um ∼) machen : (∼ 때문에) 걱정하고 있다

❺ innerhalb von ∼
→ 'innerhalb + 2격'은 공간적 의미 '∼ 내부에', 시간적 의미 '∼이내에' 둘 다 가능하다. 'innerhalb von 3격'도 같은 의미이다.

Gespräche 3

F   Guten Tag! Ich würde gerne 200 Euro von meinem Konto abheben.

M   Dann füllen Sie bitte dieses Formular hier aus und unterschreiben Sie.

F   Bitte schön.

M   Ich brauche Ihren Personalausweis bitte! (···) Alles in Ordnung, hier ist Ihr Ausweis. Zweihundert Euro, welche Geldscheine wollen Sie?

F   Zehn Zehn-Euro-Scheine und fünf Zwanzig-Euro-Scheine, bitte.

M   Hier ist Ihr Geld. Danke!

F   Ich möchte gerne Geld abheben.

M   Haben Sie eine EC-Karte mit Geheimzahl?

F   Ja, die habe ich.

M   Dann geht es schneller, wenn Sie den Automaten nehmen.

F   Wo ist bitte der nächste EC-Automat?

M   Am Eingang da vorne stehen die Geldautomaten.

Möchten Sie am Geldautomaten Geld abheben?

— Führen Sie Ihre Karte ein.

— Geben Sie Ihre Geheimzahl ein und drücken Sie die Taste "Bestätigung".

— Wählen Sie den gewünschten Betrag. Oder geben Sie den Betrag an.

— Bitte warten.

— Entnehmen Sie Ihre Karte und dann das Bargeld.

F   안녕하세요. 제 계좌에서 200유로를 인출하고 싶은데요.

M   그러면 이 서식에 기입하시고 서명하십시오.

F   여기 있습니다.

M   신분증이 필요합니다. (…) 다 되었습니다. 여기 신분증 받으세요. 200유로, 어떤 지폐로 받기를 원하십니까?

F   10유로 열 장과 20유로 다섯 장으로 부탁합니다.

M   여기 있습니다. 감사합니다!

F   돈을 인출하고 싶은데요.

M   비밀번호가 있는 EC카드 갖고 계신가요?

F   네, 갖고 있습니다.

M   그러면 현금자동인출기를 이용하시는 것이 더 빠릅니다.

F   가장 가까운 EC 자동인출기가 어디 있나요?

M   저기 앞쪽 입구에 자동인출기들이 있습니다.

현금자동인출기에서 돈을 인출하고 싶습니까?

– 카드를 넣으십시오.

– 비밀번호를 입력하고 '확인' 버튼을 누르십시오.

– 원하는 금액을 선택하십시오. 또는 금액을 지정하십시오.

– 기다리십시오.

– 카드를 꺼내고 현금을 받으십시오.

Vokabular

der Geldschein, –e 지폐 | **der Schein**, –e 빛, Geldschein의 약칭 | **die Geheimzahl** 비밀번호 | **schnell** 빠른 | **nah** 가까운 | **der Eingang** 입구 | **vorne** 앞쪽에 | **einführen** 안으로 넣다, 도입하다 | **eingeben** 입력하다 | **drücken** 누르다 | **die Taste** 버튼, 키 | **die Bestätigung** 확인, 확인서 | **der Betrag** 액수, 금액 | **angeben** 정하다, 표시하다 | **entnehmen** 끄집어내다 | **das Bargeld** 현금

Grammatik

❶ Welche Geldscheine wollen Sie?

→ 'Welch–(어떤)'은 구체적으로 정해진 것, 이미 알고 있는 몇 가지 가능성 가운데 선택을 묻는 제한적인 질문이다. 여기에서는 Geldscheine가 복수 4격이므로 welche로 쓴다.

❷ zehn Zehn–Euro–Scheine / fünf Zwanzig–Euro–Scheine

→ 'Zehn–Euro–Schein(10유로 지폐)'는 Zehner, 'Zwanzig–Euro–Schein(20유로 지폐)'는 Zwanziger라고도 쓴다. (Zwanziger는 '20대의 남자', Dreißiger는 '30대의 남자'라는 의미도 있다.)
예 Hast du mal einen Zwanziger für mich? 나에게 20유로 한 장 줄 수 있니?

❸ Haben Sie eine EC-Karte ...? – Ja, die habe ich.

→ 여기에서 die는 앞에 나온 'eine EC-Karte'를 받는 지시대명사이다. 정관사 형태의 지시대명사는 주로 문장 처음에 쓰이며 인칭대명사보다 강조된 형태이다.
예 Kennst du den Mann da? – Ja, ich kenne ihn. / Ja, den kenne ich.

❹ der nächste EC-Automat

→ nah 가까운 – näher 더 가까운 – der / die / das nächste, am nächsten 가장 가까운
→ 최상급이 명사를 수식하는 경우에는 정관사와 함께 쓰인다.

❺ Wählen Sie den gewünschten Betrag.

→ 타동사 wünschen의 과거분사가 형용사로 사용되었다. '요청되는 금액', 즉 '당신이 원하는 금액'을 의미한다.

(Auf der Post)

F   Ich möchte dieses Päckchen hier nach Korea verschicken. Wie viel kostet das?

M   Es kommt auf das Gewicht an. Legen Sie das Päckchen auf die Waage hier.

F   Was kostet bitte eine Postkarte nach England?

M   90 Cent.

F   Ich habe drei Postkarten. Ich hätte gerne drei Marken zu 90 Cent.

F   Ich habe meinen Brief schon fertig frankiert. Ist der ausreichend frankiert?

M   Ich wiege ihn. Nein, er ist ein bisschen schwer. Bei Sendungen außerhalb Europas ist es teurer.

F   Wie viel muss ich noch zahlen?

M   Ein Euro fünfzig, bitte.

F   Ich möchte den Brief nach Korea verschicken. Darin sind wichtige Dokumente.

M   Dann empfehle ich Ihnen, den Brief als Einschreiben zu versenden.

F   Könnten Sie mir den Unterschied zwischen einem einfachen Brief und einem Einschreiben erklären?

M   Mit einem Einschreiben können Sie dafür sorgen, dass der Brief sicher gegen Unterschrift zugestellt wird. Der Brief wird persönlich an den Empfänger übersendet, Sie bekommen den Rückschein als Beweis dafür.

F   Dann möchte ich den Brief als Einschreiben verschicken.

(우체국에서)

F   이 소포를 한국으로 보내고 싶습니다. 얼마인가요?

M   무게에 따라 다릅니다. 소포를 저울 위에 올려 놓으세요.

F   영국으로 보내는 엽서는 얼마인가요?

M   90센트입니다.

F   엽서 세 장이 있는데요. 90센트짜리 우표 세 장 주세요.

F   제 편지에 우표를 붙여 왔는데요. 충분히 붙인 것이 맞나요?

M   무게를 재 보지요. 아니요. 무게가 약간 더 나가네요. 유럽 외부 발송물의 경우에는 약간 더 비쌉니다.

F   얼마를 더 내야 하나요?

M   1유로 50센트 주시면 됩니다.

F   이 편지를 한국으로 보내고 싶습니다. 중요한 증명서가 들어 있습니다.

M   그러면 편지를 등기로 보내시기를 추천합니다.

F   보통 편지와 등기 사이의 차이를 설명해 주실 수 있을까요?

M   등기로 하면 편지가 안전하게 주소로 배달되도록 하실 수 있습니다. 편지가 개인적으로 수신인에게 배달되고 고객님은 증명으로 수령확인서를 받습니다.

F   그러면 편지를 등기로 보내겠습니다.

Vokabular

das Päckchen 작은 소포 | **verschicken** 발송하다, 보내다 | **die Briefmarke**, – 우표 | **das Gewicht** 무게 | **die Waage** 저울 | **die Postkarte**, –n 엽서 | **fertig** 완료된, 끝난 | **frankieren** 우표를 붙이다 | **wiegen** 무게를 달다 | **die Sendung**, –en 발송, 발송물 | **teuer** 비싼 | **nötig** 필요한 | **das Einschreiben** 등기, 등기우편 | **versenden** 발송하다, 보내다 | **der Unterschied** 차이 | **einfach** 단순한, 간단한 | **erklären** 설명하다 | **sorgen** 돌보다, 배려하다 | **die Unterschrift** 서명 | **zustellen** 송달, 교부하다 | **persönlich** 개인적으로, 직접 | **übersenden** 보내다, 탁송하다 | **der Rückschein** 수령확인서 | **der Beweis** 증거, 증명

Grammatik

❶ Es kommt auf das Gewicht an.

→ 비인칭 동사 es kommt auf ~ an : ~이 중요하다, ~에 달려있다

❷ Ich habe meinen Brief ... frankiert. Ist der ... frankiert?

→ 'frankieren(~에 우표를 붙이다)'라는 타동사가 앞 문장에서는 현재완료형으로, 두 번째 문장에서는 상태 수동으로 사용되었다. 'sein + ... 타동사의 p.p.'는 '~되어 있다'라는 의미의 상태 수동.

❸ ... können Sie dafür sorgen, dass der Brief ... zugestellt werden.

→ 'sorgen für ~ : ~을 돌보다, 마련하다'.

→ dass로 이끌어지는 부문장이 전치사 für의 목적어로 연결되었다. 이 경우에 전치사에 da(r)를 붙여 연결시킨다.

예 davon, dass ..., darüber, dass ...

❹ Der Brief wird persönlich an den Empfänger übersendet.

→ 'übersenden(보내다, 탁송하다)'의 수동태 현재형. übersenden의 과거분사는 übersendet, übersandt 둘 다 가능하다.

다음 문장을 독일어로 써 보세요.

1 저희는 예약을 하지 않았는데요. 두 사람이 앉을 테이블이 있을까요?

_____

2 곧 자리가 빌 것입니다. 10분 후에 다시 오시겠습니까? 아니면 여기서 기다리셔도 됩니다.

_____

3 그 사이에 주 메뉴는 결정하셨습니까?

_____

4 제가 슈만 이름으로 테이블을 예약했습니다.

_____

5 스테이크는 어떻게 익혀드릴까요? – 완전히 익혀 주세요.

_____

6 수프는 필요 없습니다. 감자튀김 대신에 샐러드로 할 수 있을까요?

_____

7 항의를 좀 하고 싶은데요. 고기가 가운데가 얼어 있습니다.

_____

8 샐러드가 신선하질 않네요. 게다가 식초가 너무 많이 들어갔어요.

_____

9 우리 주문을 잊으셨습니까? 벌써 30분이나 기다리고 있는데요.

_____

10 음식은 맛있었습니까? – 다 좋았습니다. 다만 생선이 약간 짰습니다.

_____

11 잘못 계산하신 것 같은데요. 저희는 커피 한 잔이 아니라 두 잔을 마셨습니다.

12 은행카드를 가지고 자동인출기에서 돈을 인출할 수도 있습니까?

13 필요한 증명서들, 즉 여권, 거주 신고, 학생증을 가져가셔야 합니다.

14 당신의 몇 가지 진술이 더 필요합니다. 이 서식을 기입해 주시겠습니까?

15 제 은행 카드를 잃어버렸습니다. 카드를 차단하고 싶습니다.

16 누군가 어떻게 했는지 제 지갑을 훔쳐갔습니다. 오늘인데 어디에서 잃어버렸는지는 정확히 모르겠습니다.

17 제 계좌에서 200 유로를 인출하고 싶습니다. 10유로 열 장과 20유로 다섯 장으로 부탁합니다.

18 그러면 이 서식에 기입하시고 서명하십시오.

19 자동인출기를 이용하시면 더 빠르게 됩니다.

20 이 편지를 한국으로 보내고 싶습니다. 중요한 증명서가 들어 있습니다.

Freizeit und Hobby

여가 시간과 취미

Gespräche 1

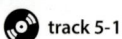 track 5-1

F   Was ist dein Hobby?

M   Hobby? Ich habe keine Zeit für ein Hobby. Muss man unbedingt ein Hobby haben?

F   Ich glaube, besonders für die modernen Menschen, die immer unter übermäßigem Stress leiden, ist das Hobby nötig und nützlich. Denn das Hobby kann einen vom Stress befreien und einem die neue Kraft fürs Leben geben.

M   Ich bin abends sehr müde, nachdem ich tagsüber viel gearbeitet habe.

F   Du hast wenigstens am Wochenende Zeit. Was machst du am Wochenende?

M   Eigentlich weiß ich nicht, was ich in der Freizeit tun soll. Ich verbringe das Wochenende mit Schlafen, Fernsehen oder Internetsurfen. Was machst du in der Freizeit?

F   Ich fahre oft mit dem Auto oder mit dem Zug irgendwohin, sei es in ein kleines Städtchen in der Umgebung oder ans Meer. Mal allein, mal mit Freunden.

M   Du bist ein lebendiger und aktiver Mensch, glaube ich.

F   Fährst du nicht gern Fahrrad?

M   Eigentlich fahre ich mit dem Fahrrad zur Arbeit. Aber mein Fahrrad ist sehr alt, ich will ein neues kaufen. Aha! Ich habe ein Hobby. Wenn ich Lust und Zeit habe, koche ich abends so richtig. Kochen ist auch ein Hobby, nicht wahr?

F   Natürlich.

F   너는 취미가 뭐니?

M   취미? 나는 취미 가질 시간이 없어. 반드시 취미를 가져야 하는 거야?

F   특히 항상 과도한 스트레스에 시달리는 현대인들에게는 취미가 필요하고
     유익하다고 생각해. 취미가 사람들을 스트레스에서 벗어나게 할 수 있고
     생활할 수 있는 새로운 힘을 줄 수 있으니까.

M   나는 낮에 일을 많이 하고 나면 저녁에는 아주 피곤해.

F   최소한 주말에는 시간이 있잖아. 주말에는 뭐 하는데?

M   사실 나는 여가 시간에 무엇을 해야 할지 모르겠어. 주말은 잠을 자거나
     텔레비전 시청, 인터넷 서핑하면서 보내. 너는 여가 시간에 뭘 하니?

F   나는 자동차나 기차를 타고 자주 어딘가로 가. 주변의 작은 도시든 아니면
     바다로든. 때로는 혼자, 때로는 친구들과 함께.

M   너는 참 활기차고 활동적인 사람인 것 같다.

F   자전거는 즐겨 타지 않니?

M   사실 자전거로 출근해. 그런데 자전거가 낡아서 새 것을 사려고 해. 아하!
     나도 취미가 하나 있다. 기분 내키고 시간 있을 때면 저녁에 제대로 요리하곤
     해. 요리도 취미겠지?

F   당연하지.

Vokabular

das Hobby 취미 | **undedingt** 무조건 | **übermäßig** 과도한, 과다한 | **nützlich** 유익한 |
befreien 벗어나게 하다 | **die Kraft** 힘, 능력 | **müde** 피곤한 | **tagsüber** 낮 동안 내내, 종일 |
angestrengt 긴장한, 힘든 | **wenigstens** 최소한 | **die Freizeit** 여가시간 | **verbringen** (시간을)
보내다 | **schlafen** 자다 | **fernsehen** TV시청하다 | **surfen** 서핑하다 | **irgendwohin** 그 어딘가로 |
die Umgebung 주변, 주변 지역 | **das Meer** 바다 | **lebendig** 생생한, 활력있는 | **aktiv** 활동적인 |
die Lust 기분, 욕구 | **kochen** 요리하다

Grammatik

❶ Das Hobby kann einen vom Stress befreien und einem die neue Kraft fürs Leben geben.

→ 위 문장에서 einen, einem은 man의 4격과 3격형으로 볼 수 있다. man은 1격으로서 주어로만 사용
되고 3격과 4격은 einer의 3격, 4격 형태인 einem, einen을 사용한다.

❷ Ich bin abends sehr müde, nachdem ich tagsüber viel gearbeitet habe.

→ nachdem이 이끄는 부문장의 시제는 주문장 시제보다 앞선다. 주문장이 현재이면 nachdem 문장은
현재완료가 된다.

❸ Eigentlich weiß ich nicht, was ich in der Freizeit machen soll.

→ 의문사 was가 이끄는 부문장이 wissen 동사의 목적절 역할을 한다. 부문장에서는 동사가 후치한다.
예 was soll ich machen? 내가 무엇을 해야 할까?
　　– Ich weiß nicht, was ich machen soll. 나는 무엇을 해야 할지 모르겠어.

❹ sei es in ein kleines Städtchen in der Umgebung oder ans Meer

→ sei es A oder B : A이든 B이든 간에 = sei es A, sei es B

❺ mal allein, mal mit Freunden

→ mal ..., mal : ... 때로는 ..., 때로는 ... = bald ..., bald ...

M   Was ist Ihr Hobby?

F   Ich fotografiere gern.

M   Was fotografieren Sie am liebsten: Menschen, Gebäude oder Landschaften?

F   Ich fotografiere am liebsten Landschaften. Am Wochenende gehe ich raus mit meiner Digitalkamera.

M   Haben Sie viele Fotos zu Hause?

F   Ja, aber die meisten Fotos sind auf dem Computer gespeichert.

M   Wie oft sehen Sie sich diese Fotos an? Wem zeigen Sie Ihre Fotos?

F   Ich sehe selten die Fotos, nachdem ich sie einmal gespeichert habe. Aber die Fotos, die mir gut gefallen, drucke ich selbst aus oder lasse sie ausdrucken. Manchmal schenke ich sie meinen Freunden.

M   Sehr schön. Heute sieht man überall Leute, die sich selbst fotografieren. Selfies machen ist in. Machen Sie gern Selfies?

F   Nein, ich fotografiere mich selbst nicht gern und lasse mich selbst nicht gern fotografieren. Und Sie? Fotografieren Sie gern vielleicht?

M   Ja, ich mache gern mit meinem Handy Fotos von meinem Hund. Mein Handy ist voll von Fotos von ihm. Darf ich Ihnen die Fotos zeigen?

F   Ja, bitte. Ach, wie süß! Ich halte auch einen Hund. Er ist schon alt und gebrechlich, deshalb habe ich heute schon Angst vor dem Abschied.

M   Ja, ein Abschied ist immer traurig.

M	당신은 취미가 무엇입니까?
F	저는 사진 찍기를 좋아합니다.
M	사람이나 건물, 풍경 중에서 무슨 사진을 가장 즐겨 찍으시나요?
F	저는 풍경 사진을 가장 즐겨 찍습니다. 주말이면 디지털카메라를 가지고 밖으로 나가지요.
M	집에 사진을 많이 갖고 계신가요?
F	네. 하지만 사진 대부분은 컴퓨터에 저장되어 있지요.
M	이 사진들을 얼마나 자주 보게 되나요? 사진을 누구에게 보여 주나요?
F	한번 저장하고 나면 사진을 보는 일이 드물지요. 하지만 제 마음에 드는 사진들은 직접 출력하거나 출력을 맡겨서 가끔 친구들에게 선물합니다.
M	멋지네요. 요즘은 어디에서나 자기 자신을 사진 찍는 사람들을 보게 됩니다. 셀프카메라가 유행이지요. 셀프카메라를 즐겨 찍으시나요?
F	아닙니다. 저 자신을 찍는 것은 좋아하지 않습니다. 사진 찍히기도 좋아하지 않고요. 당신은요? 혹시 사진 찍기를 좋아하십니까?
M	예, 저는 휴대폰으로 제 애완견 사진 찍기를 좋아합니다. 제 휴대폰은 애완견 사진으로 가득 차 있지요. 보여 드릴까요?
F	네. 아, 정말 귀엽네요. 저도 개 한 마리를 키우고 있어요. 개가 벌써 나이가 많고 노쇠해서 벌써부터 이별이 두려워집니다.
M	그렇지요, 이별은 항상 슬픈 법이지요.

Vokabular

fotografieren 사진 찍다 | **das Gebäude** 건물 | **die Landschaft**, **–en** 경치, 풍경 |
speichern 저장하다 | **sich etw. ansehen** 구경하다, 관람하다 | **selten** 드문, 드물게 | **drucken**
인쇄하다 | **manchmal** 가끔, 때때로 | **überall** 도처에, 사방에 | **der Hund**, **–e** 개 | **süß** 달콤한, 귀여
운 | **gebrechlich** 허약한, 노쇠한 | **halten** 유지하다, 잡다, (애완동물을) 키우다 | **die Angst** 불안, 두려
움 | **der Abschied** 작별 | **traurig** 슬픈

Grammatik

❶ Ich fotografiere am liebsten Landschaften.

→ gern의 최상급 am liebsten.
gern – lieber – am liebsten

❷ ... die meisten Fotos sind ... gespeichert.

→ viel – mehr – der / die / das meiste.
→ 복수 1격 Fotos를 수식하기 때문에 die meisten으로 어미 변화.
→ sein ... 타동사의 p.p. : 상태 수동.
... sind ... gespeichert. : 저장되어 있다

❸ Ich sehe selten die Fotos, nachdem ich sie einmal gespeichert habe.

→ nachdem이 이끄는 부문장의 시제는 주문장 시제보다 앞선다. 주문장이 현재이면 nachdem 문장은
현재완료.

❹ Aber die Fotos, die mir gut gefallen, drucke ich selbst aus oder lasse sie ausdrucken ...

→ 'die Fotos, die mir gut gefallen' die Fotos를 수식하는 복수 1격 die가 이끄는 관계문.
→ lassen ... Inf. : ～하게 하다, ～하도록 허락하다
→ 'ich drucke selbst aus'는 직접 출력하는 것이고 'ich lasse ... ausdrucken'은 출력하는 곳에
부탁해서 출력하도록 하는 것을 말한다.

❺ Selfies machen ist in.

→ 'Selfies machen'은 동사의 부정형 형태가 주어로 사용된 것.
→ 'in'이 sein 동사와 연결되는 경우에는 '인기가 있다, 유행하고 있다'는 뜻이다.

M Was machst du gern am Wochenende?

F Ich mag die Berge und versuche auf die Berge zu steigen, sooft es meine Zeit erlaubt.

M Was ist der Vorteil beim Bergsteigen?

F Beim Bergsteigen werden fast alle Muskeln beansprucht und trainiert, vor allem Beine, Arme, Rücken und Bauch. Wenn man auf dem Gipfel steht, ist alles vergessen, dann herrscht pures Glücksgefühl. Dort kann man das Gefühl genießen, die Aufgabe bewältigt zu haben und nach viel Anstrengung am Ziel angekommen zu sein. Außerdem beobachte ich in der frischen Luft die Natur und genieße die Schönheit der Landschaft. Auf den Bergen hat jede Jahreszeit ihre eigene Schönheit. Was ist dein Hobby?

M Meine Hobbys sind Lesen und mit Freunden ausgehen.

F Wie oft liest du in der Woche?

M Uhm... einmal am Wochenende vielleicht.

F Was waren denn deine letzten Bücher, die du gelesen hast?

M Äh..., ich kann mich nicht erinnern.

F Und was heißt für dich 'mit Freunden ausgehen'?

M Ach, ich liebe meine Freunde, deswegen treffe ich mich oft mit ihnen. Wir setzen uns in eine Kneipe und unterhalten uns über verschiedene Sachen.

F Bier trinken und unterhalten, das machen aber viele und bezeichnen das nicht unbedingt als Hobby.

M 너는 주말에 뭘 즐겨 하니?

F 나는 산을 좋아해서 시간이 허락하는 한 자주 산에 가려고 하지.

M 등산의 좋은 점이 뭔데?

F 등산할 때는 거의 모든 근육이 사용되면서 단련되지. 특히 다리, 팔, 등과
배가. 정상에 서 있을 때는 모든 것을 잊게 되고 순수한 행복감을 느끼게 돼.
그곳에서는 과제를 해결했다는 느낌, 힘들어서 목적지에 도달했다는 느낌을
즐길 수 있어. 그밖에도 신선한 공기 속에서 자연을 관찰하고 자연 풍경의
아름다움을 즐기지. 산에서는 계절마다 고유한 아름다움이 있어. 너는 취미가
뭐니?

M 내 취미는 독서, 그리고 친구들과 외출하는 거야.

F 일주일에 얼마나 자주 책 읽는데?

M 음……. 아마 주말에 한 번 정도.

F 최근에 읽었던 책들은 뭐였니?

M 에에……. 기억나지 않아.

F 그리고 '친구들과 외출한다'는 것은 너에게 무슨 의미니?

M 난 친구들을 좋아하고, 그래서 자주 친구들과 만나. 우린 술집에 앉아서 여러
가지 문제들에 대해서 이야기를 하지.

F 맥주 마시면서 이야기하는 것, 그건 그런데 많은 사람들이 하는 일이고 그런
것을 무조건 취미라고 칭하진 않지.

Vokabular

versuchen 시도하다 | **erlauben** 허락하다 | **der Vorteil**, −**e** 장점 | **der Muskel**, −**n** 근육 | **beanspruchen** 요구하다, 사용하다 | **trainieren** 단련하다 | **der Gipfel** 산봉우리 | **herrschen** 지배하다 | **pur** 순수한 | **das Gefühl** 감각, 감정 | **genießen** 누리다, 즐기다 | **bewältigen** 극복, 성취하다 | **die Anstrengung** 노력, 수고 | **das Ziel** 목적지 | **beobachten** 관찰하다 | **die Landschaft** 풍경, 경치 | **die Jahreszeit**, −**en** 계절 | **eigen** 고유의, 특유한 | **sich erinnern** 기억하다 | **deswegen** 그렇기 때문에 | **sich treffen** (**mit**) ～와 만나다 | **sich setzen** 앉다 | **sich unterhalten** 환담을 나누다 | **die Kneipe** 주점 | **bezeichnen** ～라고 칭하다

Grammatik

❶ ..., sooft es meine Zeit erlaubt.
→ 'sooft(～할 때마다)'로 이끌어지는 종속문. (동사 후치)

❷ ... werden fast alle Muskeln beansprucht und trainiert, ...
→ werden ... p.p. und p.p. : 수동태 현재.

❸ ... ist alles vergessen
→ sein ... 타동사의 p.p. : 상태 수동. 직역하면 '모든 것이 잊혀 있다.' ('모든 것을 잊게 된다'는 의미)

❹ Dort kann man das Gefühl genießen, ... bewältigt zu haben und ... angekommen zu sein.
→ 'zu 부정형'이 das Gefühl을 수식하는 형용사구의 역할을 하고 있다. '... p.p. zu haben'과 '... p.p. zu sein'은 완료 부정형의 형태. (... 했다는 느낌)

❺ Meine Hobbys sind Lesen und mit Freunden ausgehen.
→ 'mit Freunden ausgehen(친구들과 외출하는 것)'이라는 동사의 부정형이 sein 동사의 보어로 사용되었다. 동사의 부정형이 형태 변화 없이 그대로 주어나 보어로 사용될 수 있다.

❻ ... deine letzten zwei Bücher, die du gelesen hast?
→ Bücher를 수식하는 복수 4격 관계대명사 die로 이끌어지는 관계문.

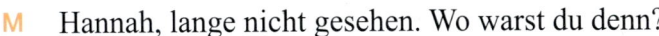
M   Hannah, lange nicht gesehen. Wo warst du denn?

F   Ich habe eine Reise gemacht.

M   Schon wieder eine Reise? Du warst im August in Japan und im letzten Monat in Madrid. Wo warst du denn diesmal? Mit wem?

F   Eine Freundin von mir, die in Rom lebt, hat mich eingeladen. Ich habe dort viele Fotos gemacht. Komm mit nach Hause, wenn du jetzt Zeit hast. Ich zeige dir die Fotos.

M   Ja, gern.

M   Wie war das Wetter in Rom?

F   Ich hatte Glück. Es war nicht so kalt.

M   Wie kannst du so oft verreisen? Ich beneide dich. Beim Reisen kannst du etwas Neues erleben oder lernen, nicht wahr?

F   Ja, durch die Reisen lerne ich eine neue Welt kennen. Ich kann sehen und erleben, wie andere Menschen an einem anderen Ort leben. Dadurch bekomme ich mehr Verständnis für die anderen Menschen. Wenn ich einmal Zeit und Geld genug hätte, würde ich mich gern in einem fremden Städtchen im Ausland etwa ein Jahr aufhalten.

M   Wie traumhaft! Wer ist denn der Mann, mit dem du viele Fotos gemacht hast? Ihr seht so glücklich zusammen aus.

F   Das ist keine kurze Geschichte. Ich habe ihn auf einer Party kennengelernt. Er ist ein sehr netter Italiener. Er kommt in zwei Wochen zu mir zu Besuch. Da stelle ich ihn dir vor.

M 한나, 오랜만이다. 어디 갔었니?

F 여행 다녀왔어.

M 또 여행을? 8월엔 일본에 갔었고 지난달에는 마드리드에 갔었잖아. 이번에는 어디 갔었어? 누구랑?

F 로마에 사는 한 친구가 나를 초대했어. 거기에서 사진 많이 찍었거든. 지금 시간 있으면 같이 집에 가자. 사진 보여 줄게.

M 그래, 그러자.

M 로마에서 날씨는 어땠어?

F 운이 좋았지. 그리 춥지 않았어.

M 어떻게 너는 그렇게 자주 여행을 할 수 있니? 부럽다. 여행할 때면 새로운 것을 체험하고 배우게 되겠지?

F 그래. 여행을 통해서 나는 새로운 세상을 알게 돼. 다른 곳에서 다른 사람들이 어떻게 사는지 볼 수 있고 체험할 수 있지. 그것을 통해서 다른 사람들에 대해 좀 더 이해심을 갖게 되고. 시간과 돈이 충분하다면 언젠가는 외국의 낯선 어느 도시에서 1년쯤 체류하고 싶어.

M 꿈같은 얘기네! 그런데 이렇게 같이 사진 많이 찍은 이 남자는 누구니? 너희 둘이 같이 행복해 보이네.

F 짧은 얘기가 아니야. 파티에서 알게 되었는데 아주 친절한 이탈리아 사람이야. 2주 후에 나를 방문하러 올 거야. 그때 너한테 소개해 줄게.

Vokabular

lange 오래 | **die Reise** 여행 | **wieder** 다시 | **einladen** 초대하다 | **zeigen** 보여주다 | **oft** 자주 | **beneiden** 부러워하다 | **erleben** 체험하다 | **kennenlernen** 알게 되다 | **der Ort** 장소, 곳 | **das Verständnis** 이해, 이해심 | **fremd** 낯선, 외국의 | **das Städtchen** 소도시 | **das Ausland** 외국 | **sich aufhalten** 머물다, 체류하다 | **traumhaft** 꿈같은 | **kurz** 짧은 | **die Geschichte** 이야기, 역사 | **der Besuch** 방문, 손님 | **vorstellen** 소개하다

Grammatik

❶ Mit wem?
→ mit가 3격 지배 전치사이므로 wer의 3격형 wem 연결. 4격일 경우에는 wen.

❷ Eine Freundin von mir, die in Rom lebt, hat mich eingeladen.
→ Freundin을 수식하는 여성 1격 관계대명사 die. 주문장의 중간에 들어간 관계문.

❸ Es war nicht so kalt.
→ 날씨, 시간 등을 나타내는 문장의 비인칭 주어 es.
예 Es ist sehr heiß 날이 매우 덥다. Es ist jetzt zwei Uhr 지금 두 시이다.

❹ Ich kann sehen und erleben, wie andere Menschen an einem anderen Ort leben.
→ wie로 이끌어지는 부문장(어떻게 ...하는지)이 sehen과 erleben의 목적절 역할을 한다.

❺ Wenn ich einmal Zeit und Geld genug hätte, würde ich mich gern ... aufhalten.
→ 접속법 2식 현재, 미래에 대한 비현실 소망. '내가 ...을 갖고 있다면, ... 하고 싶은데...'

❻ Wer ist denn der Mann, mit dem du viele Fotos gemacht hast?
→ '전치사 + 관계대명사' 위의 문장을 두 개의 주문장으로 풀어보면 다음과 같다:
Wer ist denn der Mann? Du hat mit dem Mann (/ mit ihm) viele Fotos gemacht.

❼ Da stelle ich ihn dir vor.
→ 3격과 4격 대명사가 이어져 나올 때 어순은 '4격 + 3격'이다.

Reise und Urlaub

여행과 휴가

 track 6-1

F   Wir fahren nächste Woche in Urlaub.

M   Wohin wollt ihr fahren?

F   Wir haben uns für Spanien entschieden. Mein Mann wollte eigentlich nach Italien, aber ich wollte nach Spanien fahren. Meine Schwester war letzten Sommer in Barcelona, sie hatte dort sehr schöne Zeit. Sie war von der Schönheit und Erhabenheit der Sagrada Familia ergriffen. Und sowohl das Picasso Museum und das Miró Museum als auch die Menschen dort haben ihr sehr gefallen. Die Spanier sollen so offen und aufgeschlossen sein.

M   Was findest du im Urlaub besonders wichtig?

F   Die Landschaft, das Essen, die Unterkunft, die Sehenswürdigkeiten und der Preis, das alles ist mir wichtig.

M   Du bist ein sehr anspruchsvoller Mensch. Es wäre nur gut, wenn ich jetzt verreisen könnte.

F   Wann kannst du Urlaub machen?

M   Das hängt davon ab, wann ich mit meinem Projekt fertig bin.

F   Wann ist dein Projekt abgeschlossen?

M   Das kann ich noch nicht genau sagen. Hoffentlich bald!

F   Du arbeitest immer zu viel.

M   Ja, es ist so anstrengend, dass ich fast jede Nacht von meiner Arbeit träume. Ich muss mich wirklich vom Stress der letzten Wochen erholen. Spätestens in einem Monat könnte ich auch in Urlaub fahren. Ich wünsche euch schöne Reise und tolle Erlebnisse.

F   Danke, wir hoffen so auf gutes Wetter.

M   Ich drücke euch die Daumen!

F 우리는 다음 주에 휴가 가.

M 어디로 가려고 하는데?

F 스페인에 가기로 결정했어. 남편은 사실 이탈리아에 가고 싶어 했지만
   내가 스페인에 가고 싶었거든. 언니가 지난여름에 바르셀로나에 갔었는데
   그곳에서 멋진 시간을 보냈어. 사그라다 파밀리아 성당의 아름다움과
   장엄함에 감동했지. 피카소 박물관과 미로 박물관도, 그리고 그곳의 사람들도
   언니에게 아주 마음에 들었어. 스페인 사람들은 솔직하고 마음이 열려
   있다고들 하더라.

M 너는 휴가에 있어서 무엇을 특히 중요하게 생각하니?

F 경치, 음식, 숙소, 관광명소, 가격, 모든 것이 내게는 중요해.

M 너는 아주 요구 사항이 많은 사람이구나. 나는 그저 지금 여행을 갈 수만
   있다면 좋을 텐데.

F 너는 언제 휴가 갈 수 있는데?

M 프로젝트를 언제 끝내는지에 달려 있지.

F 네 프로젝트가 언제 완결되는데?

M 아직 정확히 얘기할 수 없어. 제발 빨리 끝나기를!

F 너는 항상 일을 너무 많이 해.

M 그래. 너무 힘들어서 거의 매일 밤마다 일에 대한 꿈을 꿀 정도야. 정말 지난
   몇 주 동안의 스트레스에서 좀 회복되어야 해. 늦어도 한 달 안에는 휴가 갈
   수 있을 거야. 너희들 좋은 여행 되고 멋진 경험하기를 바랄게.

F 고마워, 날씨를 좋기를 바랄 뿐이야.

M 행운을 빈다!

Vokabular

die Schönheit 아름다움 | **die Erhabenheit** 고상함, 장엄함 | **die Architektur** 건축 | **die Kunst** 예술, 미술 | **ergriffen** 충격 받은, 감동한 | **aufgeschlossen** 마음이 열린, 붙임성 있는 | **die Unterkunft** 숙소 | **die Sehenswürdigkeiten** (Pl.) 구경거리, 명소 | **abhängen (von)** ~에 달려있다 | **anspruchsvoll** 요구하는 바가 많은, 까다로운 | **fertig** 끝난, 준비된 | **abschließen** 끝마치다 | **hoffentlich** 바라건대 | **anstrengend** 힘들게 하는 | **träumen** 꿈꾸다 | **sich erholen** 쉬다, 회복되다 | **spätestens** 늦어도 | **toll** 멋진 | **drücken** 누르다 | **der Daumen**, – 엄지손가락

Grammatik

❶ sowohl das Picasso Museum und das Miró Museum als auch die Menschen dort haben ihr sehr gefallen.
→ 'sowohl ~ als auch ... : ~도 ...도' 양쪽 모두 긍정.
→ 'gefallen jm.(3격) : ~(누구) 마음에 들다'의 현재완료형 문장.

❷ Die Spanier sollen so offen und aufgeschlossen sein.
→ 조동사 sollen의 용법 중 소문이나 간접적 지식. '~ 라고들 한다'

❸ Es wäre nur gut, wenn ich verreisen könnte.
→ 접속법 2식. '만일 ~라면 ~할 텐데'라는 현재에 대한 비현실 화법.

❹ Das hängt davon ab, wann ich mit meinem Projekt fertig bin.
→ wann으로 이끌어지는 부문장이 'abhängen von ~ (~에 달려있다)'에서 von의 목적절 역할을 한다. '언제 ...하는지, 그것에 달려 있다'

❺ ... es ist so anstrengend, dass ich ... träume.
→ 'so 형용사, dass ... : 너무 ~해서 ...할 정도이다, ...할 정도로 그렇게 ~하다'

❻ Ich drücke euch die Daumen!
→ 'jm. die / den Daumen drücken(누구의 성공을 빌어 주다)'를 직역하면 '누구에게 엄지손가락을 눌러 주다'가 되겠는데 일상어에서 어떤 사람의 성공을 빌어 줄 때, 원하는 바가 이루어지도록 빌어 줄 때 쓰는 관용어이다.

M   Ich will eine Reise machen. Zuerst einige Tage in Bergen auf Rügen, und dann nach Berlin und Dresden.

F   Wirklich? Ich war noch nie auf Rügen. Die Kreideküste auf Rügen soll wunderschön sein. Ich kenne die Küste durch das Gemälde "Kreidefelsen auf Rügen" von Caspar David Friedrich.

M   Ja, das Gemälde ist sehr berühmt. Ich fahre auch zum ersten Mal auf Rügen.

F   In Dresden war ich mehrmals, denn meine Tante wohnt dort. Was willst du in Dresden machen?

M   Da werde ich mir die Bauwerke wie den barocken Zwinger und das Residenzschloss sowie die Museun ansehen.

F   Ja, Dresden ist vor allem eine Kunst- und Kulturstadt.

M   Und ich möchte die Spezialtitäten der Stadt unbedingt probieren. Ich probiere immer an einem Urlaubsort ein traditionelles oder beliebtes Essen.

F   Dann kann ich dir ein Restaurant in der Stadtmitte empfehlen. Machst du diesmal keine Gruppenreise?

M   Nein. Wenn man eine Gruppenreise bucht, dann ist schon alles mit dabei, die Hotels, der Flug, ein Reiseleiter undsoweiter, man muss sich um nichts kümmern. Aber das hat einen Nachteil. Man kann nichts selbst aussuchen.

F   Das stimmt.

M   Früher wollte ich möglichst viel sehen und viel erleben. Aber diesmal würde ich gern langsam reisen und nicht so viel unternehmen.

M 나는 여행을 하려고 해. 우선 뤼겐 섬 베르겐에서 며칠, 그 다음에 베를린과 드레스덴으로 가려고.

F 정말? 난 뤼겐 섬에 가 본 적이 없어. 그곳의 백악 해안이 정말 아름답다고들 하던데. 나는 카스파 다비드 프리드리히의 그림 '뤼겐의 백악 절벽'을 통해서 그곳을 알고 있어.

M 그래, 그 그림 유명하지. 나도 뤼겐에 처음 가는 거야.

F 드레스덴에는 몇 번 가 봤어. 이모가 거기 사시거든. 드레스덴에서는 뭐 할 거니?

M 바로크식 츠빙거궁전과 레지덴츠궁전 같은 건물들과 박물관들 구경할 거야.

F 그래, 드레스덴은 무엇보다 예술과 문화의 도시지.

M 그리고 그 도시의 특별한 음식은 꼭 먹어 보고 싶어. 나는 휴가지에 가면 항상 전통 음식이나 인기 있는 음식을 먹어 보거든.

F 그러면 내가 시내에 있는 음식점 하나 추천해 줄 수 있어. 이번에는 그룹 여행을 하지 않니?

M 응. 그룹 여행을 예약하면 호텔, 비행, 여행 안내원 등등 모든 것이 다 준비되어 있어서 아무것도 신경 쓸 필요가 없지. 하지만 한 가지 단점이 있어. 아무것도 직접 고를 수 없다는 거야.

F 그래, 맞아.

M 예전에는 가능한 한 많은 것을 보고 체험하고 싶었어. 하지만 이번에는 천천히 여행하고 그렇게 많은 일을 벌이고 싶지 않아.

Vokabular

die Kreide 백악, 백묵 | **die Küste** 해안 | **das Gemälde** 그림 | **berühmt** 유명한 | **das Bauwerk**, **–e** 건축물 | **barock** 바로크 스타일의, 바로크 시대의 | **die Residenz** 관저, 저택 | **das Schloss** 성 | **sowie** ...도 역시, 아울러 | **die Kunst** 미술, 예술 | **die Kultur** 문화 | **die Spezialtität**, **–en** 특색, 명물 | **probieren** 시도해보다, 시음, 시식하다 | **traditionell** 전통적인 | **beliebt** 인기 있는 | **die Stadtmitte** 도심 | **die Gruppenreise** 그룹 여행 | **dabei** 거기에, 그 때에 | **der Reiseleiter** 여행안내원 | **undsoweiter** 등등 | **nichts** 아무것도 ∼하지 않다 | **sich kümmern (um)** 돌보다, 신경 쓰다 | **der Nachteil** 단점 | **aussuchen** 찾아내다 | **früher** 예전에 | **möglichst** 가능한 한 | **unternehmen** 단행하다, 행하다

Grammatik

❶ in Bergen auf Rügen
→ Rügen이 섬 이름이기 때문에 전치사 auf를 쓴다.
예 auf der Insel 섬에서, auf die Insel 섬으로

❷ Ich war noch nie auf Rügen.
→ sein동사의 과거형 war를 사용해서 '어디에 가 보았다'고 표현한다.
예 Warst du schon einmal in Berlin? 베를린에 가 본 적 있니?
– Nein, ich war noch nie dort. 아니, 그곳에 가 본 적 없어.

❸ Die Kreideküste ... soll wunderschön sein.
→ sollen의 용법 중 소문이나 간접적 지식 '∼ 라고들 한다'.

❹ ..., denn meine Tante wohnt dort.
→ 'denn(왜냐하면 ∼이기 때문이다)' 뒤에 오는 문장은 '주어 + 동사'로 정치한다.
→ denn이 의문문 안에 올 때는 '그런데, 대체'의 뜻을 갖는 부사의 역할이다.
예 'Was ist denn los? 대체 무슨 일이 있는 겁니까?'

❺ ..., man muss sich um nichts kümmern.
→ 조동사 müssen이 부정의 뜻을 갖는 nichts와 연결되어 '∼할 필요가 없다'라는 의미가 된다.
'müssen nicht / kein– Inf. : ∼할 필요 없다'

❻ möglichst viel
→ möglichst 형용사 원급 = so 원급 wie möglich : 가능한 한 ∼하게

❼ Früher wollte ich sehen und viel erleben.
→ 조동사 'wollen(∼하고자 하다)'의 과거형은 wollte이고, 'möchte(∼하고 싶다)'의 과거형도 wollte를 사용한다. 따라서 wollte는 문맥에 따라 '∼하고자 했다', 또는 '∼하고 싶었다'로 해석될 수 있다.

Gespräche 3

 track 6-3

M Guten Tag. Kann ich hier einen Prospekt oder eine Broschüre für die Stadtführungen von Berlin haben?

F Ja, natürlich. Bitte schön. Hier finden Sie Informationen über die Stadtführungen.

M Wo können wir uns denn anmelden?

F Hier können Sie sich anmelden. Sehen Sie, zum Beispiel die Berlin City Tour führt zu den wichtigsten Sehenswürdigkeiten der Berliner Innenstadt. Das ist ideal für alle, die in kurzer Zeit Spuren der abwechslungsreichen Geschichte Berlins erleben möchten.

M Wie lange dauert die Führung und wie viel kostet die?

F Die Führung dauert zweieinhalb Stunden und kostet 99 Euro für bis zu 10 Personen.

M Wir sind zu dritt. Das ist zu teuer für uns. Außerdem haben wir heute den ganzen Tag Zeit. Wir möchten uns alles in Ruhe ansehen, die Stadt, die Kunstgalerie und die Museen ... Gut, wir müssen uns das noch einmal überlegen.

F Dann können Sie den Stadtrundfahrtbus nehmen. Der kostet zwanzig Euro pro Person. Man kann bei der Stadtrundfahrt beliebig oft an bestimmten Bus-Haltestellen ein- und aussteigen.

M Können wir an jeder Haltestelle aussteigen und wieder einsteigen?

F Ja, Sie können die Fahrt nach Belieben an den rund 20 Stationen unterbrechen und später in einen anderen Bus wieder einsteigen und die Fahrt fortsetzen.

M Das passt zu uns. Wir nehmen den Bus. Können wir hier Tickets kaufen?

F Ja, sechzig Euro, bitte. (…) Hier sind Ihre Tickets. Direkt vor dem Gebäude können Sie die Haltestelle finden. Nehmen Sie den roten Doppeldeckerbus. Auf Wiedersehen!

M   안녕하세요. 베를린 도시안내관광에 관한 안내서나 팸플릿을 여기에서 받을 수 있나요?

F   네, 물론입니다. 여기 있습니다. 여기에서 도시안내관광에 관한 정보를 찾으실 수 있습니다.

M   등록은 어디에서 할 수 있나요?

F   여기에서 접수하실 수 있습니다. 보세요. 예를 들면 베를린 시티투어는 베를린 시내의 가장 중요한 명소들로 안내합니다. 이것은 짧은 시간 안에 베를린의 변화무쌍한 역사의 흔적을 체험하고 싶은 모든 사람들에게 이상적이지요.

M   안내는 얼마나 걸리고 가격은 얼마입니까?

F   두 시간 반 걸리고 열 명까지 99유로입니다.

M   저희는 세 사람입니다. 그것은 우리에게는 너무 비싸네요. 게다가 저희는 오늘 하루 종일 시간이 있습니다. 저희는 도시와, 미술관, 박물관 등등 모든 것을 편안히 구경하고 싶습니다. 다시 한 번 생각해 봐야겠습니다.

F   그러시면 시내일주 버스를 타실 수 있습니다. 이것은 1인당 20유로입니다. 시내일주를 하면서 정해진 버스정류장들에서 마음대로 여러 번 타고 내리실 수 있습니다.

M   모든 정류장에서 내릴 수 있고 다시 탈 수 있는 건가요?

F   네, 약 20개의 정류장에서 마음대로 진행을 중단했다가 나중에 다른 버스에 다시 타서 계속 하실 수 있습니다.

M   그것이 저희에게 적합하네요. 그 버스를 타겠습니다. 여기에서 티켓을 살 수 있습니까?

F   네, 60유로입니다. (…) 여기 티켓입니다. 바로 건물 앞에서 정류장을 찾으실 수 있습니다. 빨간색 2층 버스를 타십시오. 안녕히 가세요!

Vokabular

die Stadtführung, **–en** 도시안내관광 | **der Prospekt**, **–e** 안내서, 설명서 | **die Broschüre** 팸플릿 | **die Information**, **–en** 정보, 자료 | **sich anmelden** 등록, 접수하다 | **führen** 이끌다, 안내하다 | **ideal** 이상적인 | **die Spur**, **–en** 자취, 흔적 | **abwechslungsreich** 변화무쌍한 | **dauern** 지속되다, (시간이 얼마) 걸리다 | **die Führung**, **–en** 지도, 안내관광 | **die Rundfahrt** 일주여행 | **beliebig** 임의로, 마음대로 | **bestimmt** 특정한 | **die Bus–Haltestelle**, **–n** 버스정류장 | **einsteigen** 타다 | **aussteigen** 내리다 | **das Belieben** 의향, 판단 | **die Station**, **–en** 정류장, 정거장 | **unterbrechen** 일시적으로 중단하다 | **die Fahrt** (차량을) 타고 가기 | **fortsetzen** 계속하다 | **passen** 적합하다, 맞다 | **direkt** 곧장, 즉시 | **der Doppeldecker(bus)** 2층 버스

Grammatik

❶ Das ist ideal für alle, die in kurzer Zeit ... erleben möchten.

→ alle를 가리키는 복수 1격 관계대명사 die가 이끄는 관계문.

예 alle 모든 사람들, viele 많은 사람들, einige 몇몇 사람들

❷ zweieinhalb Stunden

→ ein halb ∼(단수) : 2분의 1 / eineinhalb ∼(복수) : 1과 2분의 1 / zweieinhalb ∼(복수) : 2와 2분의 1

❸ Das ist zu teuer für uns.

→ zu + 형용사 / 부사 : 너무 ∼한

→ 위의 문장에서 für uns를 전치사 없이 3격으로 쓸 수도 있다: Das ist uns zu teuer.

❹ Außerdem haben wir heute den ganzen Tag Zeit.

→ 'den ganzen Tag(하루 종일)'이 때를 나타내는 4격 부사구로 사용되었다. 형태는 4격이지만 의미는 부사적으로 해석된다.

❺ an jeder Haltestelle

→ 'jeder / jede / jedes(개개의, 모든)'은 정관사처럼 어미변화하며 단수에만 사용된다. 여기에서는 Haltestelle가 여성 3격형이므로 jeder.

M Guten Tag, ich habe ein Zimmer reserviert. Mein Name ist Neumann.

F Herzlich willkommen, Herr und Frau Neumann! Hatten Sie eine angenehme Fahrt?

M Ja, wir hatten schönes Wetter, es ist heute ein wunderschöner klarer Wintertag. Trotzdem bin ich jetzt müde. Könnten Sie uns bitte das Zimmer zeigen?

F Natürlich. Sie haben die Wahl zwischen einem Zimmer mit Aussicht auf das Meer und einem ruhigeren Zimmer mit Balkon nach hinten.

M Ach, da entscheiden wir uns für das Zimmer mit Meerblick.

F Wie Sie wünschen. Hier sind die Schlüssel. Kann ich Ihnen mit dem Gepäck helfen?

M Nein, danke. Wir haben nur dieses Gepäck hier. Das kann ich selber tragen. Ich möchte gern wissen, ob die Internetverbindung im Zimmer möglich ist.

F Ja, auf allen Zimmern ist der freie Internet-Zugang möglich. Hier ist das Passwort. Auf dem Nachttisch neben dem Bett liegen die Fernbedienungen für den Fernseher und die Klimaanlage. Und auf dem Tisch steht das Telefon. Wenn Sie nach draußen telefonieren wollen, wählen Sie eine „Null" vor. Wenn Sie die „Eins" wählen, sind Sie mit der Rezeption verbunden. Falls Sie neue Handtücher wünschen, lassen Sie die benutzten Handtücher einfach auf dem Boden liegen. Das Zimmermädchen wird sie dann austauschen.

M Danke schön. Und wann kann man frühstücken?

F Das Frühstück wird von 7.30 bis 10.00 Uhr im Restaurant im ersten Stock serviert. Dann wünsche ich Ihnen einen schönen Aufenthalt.

M 안녕하세요. 방을 예약했는데요. 제 이름은 노이만입니다.

F 진심으로 환영합니다. 편안한 여행 하셨습니까?

M 예. 날씨가 좋았습니다. 오늘은 정말 아름다운 청명한 겨울날이네요. 그런데도 제가 지금 피곤하군요. 방을 보여 주실 수 있겠습니까?

F 물론입니다. 바다 쪽을 바라보는 방과 뒤쪽으로 발코니가 있는 비교적 조용한 방 중에서 선택하실 수 있습니다.

M 바다를 바라보는 방으로 주세요.

F 그렇게 하겠습니다. 여기 열쇠입니다. 짐을 들어 드릴까요?

M 아닙니다. 여기 이 짐뿐입니다. 제가 직접 들 수 있습니다. 방에서 인터넷 연결이 가능한지 알고 싶은데요.

F 예, 모든 방에서 무료로 인터넷 연결이 가능합니다. 여기 패스워드입니다. 침대 옆 협탁 위에 텔레비전과 냉난방 장치를 작동하는 리모컨이 있습니다. 그리고 탁자 위에 전화가 있습니다. 외부로 전화하실 때는 0번을 먼저 누르시고 1번을 누르시면 프런트와 연결됩니다. 수건이 새로 필요하실 경우에는 사용하신 수건을 그냥 바닥에 놓아 두세요. 그러면 메이드가 교체해 드립니다.

M 감사합니다. 아침 식사는 언제 할 수 있나요?

F 아침 식사는 7시 30분부터 10시까지 2층 레스토랑에서 제공됩니다. 그럼 편히 머무시기 바랍니다.

herzlich 진심으로 | **willkommen** 환영받는 | **angenehm** 기분 좋은, 쾌적한 | **klar** 맑은, 청명한 | **trotzdem** 그런데도 | **müde** 피곤한 | **die Wahl** 선택 | **die Aussicht** 전망, 조망 | **ruhig** 조용한 | **hinten** 뒤에 | **der Blick** 바라봄, 전망 | **der Schlüssel**, – 열쇠 | **das Gepäck** 짐, 수하물 | **tragen** 나르다 | **die Verbindung**, –en 연결 | **der Zugang** 접근, 출입 | **das Passwort** 패스워드 | **der Nachttisch** (침대 옆) 협탁 | **die Fernbedienung**, –en 리모컨 | **die Klimaanlage** 냉난방 장치, 에어컨 | **die Rezeption** 인수, 접수대 | **verbinden** 연결하다 | **das Handtuch** 수건 | **der Boden** 땅, 바닥 | **liegen** 놓여 있다 | **das Zimmermädchen** 호텔메이드 | **austauschen** 교환, 교체하다 | **das Frühstück** 아침 식사 | **servieren** 손님을 접대하다 | **der Aufenthalt** 체재, 체류

 Grammatik

❶ Trotzdem bin ich jetzt müde.
→ 'trotzdem = dennoch(그런데도, 그럼에도 불구하고)'는 부사이므로 그 뒤에서 '동사 + 주어'로 도치된다.

❷ Ich möchte gern wissen, ob die Internetverbinung ... möglich ist.
→ 'ob(~인지 아닌지)'가 이끄는 부문장이 wissen의 목적절로 사용되었다.

❸ ... auf allen Zimmern ist ... möglich.
→ '모든 방에서 ... 가능합니다.' 'das Zimmer'의 복수는 Zimmer, 복수 3격형이기 때문에 여기에 _n이 붙는다.

❹ Wenn Sie die "Eins" wählen, sind Sie mit der Rezeption verbunden.
→ 부문장이 주문장보다 앞에 위치하면 주문장은 '동사 + 주어'(... , sind Sie)로 도치된다.
→ 'sind ... verbunden(연결되어 있다)'는 'sein + ... 타동사의 p.p.' 형태의 상태 수동.

❺ Falls Sie ... wünschen, lassen Sie die benutzten Handtücher ... liegen.
→ 'falls(~의 경우에, ~라면)'은 wenn과 비슷한 의미이다. 'im Fall, dass ...'로 쓸 수도 있다.
→ 'lassen ... liegen(놓인 채로 두다)'는 사역동사 lassen 뒤에 동사 부정형이 연결된 형태이다.

❻ Das Zimmermädchen wird sie dann austauschen.
→ 'werden ... Inf.' 미래형.

❼ Das Frühstück wird ... serviert.
→ 'werden ... p.p.' 수동태 현재형.

다음 문장을 독일어로 써 보세요.

1 특히 항상 과도한 스트레스에 시달리는 현대인들에게는 취미가 필요하고 유익하다.

_____

2 취미가 사람을 스트레스에서 벗어나게 할 수 있고 생활할 수 있는 새로운 힘을 줄 수 있다.

_____

3 사실 나는 여가 시간에 무엇을 해야 할지 모르겠다. 주말은 잠자거나 텔레비전 시청, 인터넷 서핑하면서 보낸다.

_____

4 저는 풍경 사진을 가장 즐겨 찍습니다. 주말이면 디지털카메라를 가지고 밖으로 나가지요.

_____

5 사진 대부분은 컴퓨터에 저장되어 있다. 한번 저장하고 나면 사진을 보는 일이 드물다.

_____

6 내 마음에 드는 사진들은 직접 출력하거나 출력을 맡겨서 가끔 친구들에게 선물한다.

_____

7 나는 나 자신을 찍는 것은 좋아하지 않고 사진 찍히기도 좋아하지 않는다.

_____

8 산에서는 계절마다 고유한 아름다움이 있다.

_____

9 나는 친구들을 좋아하고, 그래서 자주 친구들과 만난다. 우린 술집에 앉아서 여러 가지 문제들에 대해서 이야기를 한다.

_____

10 여행을 통해서 나는 새로운 세상을 알게 된다. 다른 곳에서 다른 사람들이 어떻게 사는지 볼 수 있고 체험할 수 있다.

_____

11 그가 1주 후에 나를 방문하러 온다. 그때 그를 너한테 소개해 주겠다.

_____

12 그녀는 건축과 미술에 관심이 있다. 그녀는 지난 여름에 바르셀로나에 갔었는데 그곳에서 멋진 시간을 가졌다.

_____

13 스페인 사람들이 그녀에게 아주 마음에 들었다. 그들은 매우 솔직하다고들 한다.

_____

14 나는 언제 휴가 갈 수 있을지 아직 얘기할 수 없어. 그것은 내가 프로젝트를 언제 마치는지에 달려 있지.

_____

15 나는 휴가지에 가면 항상 전통 음식이나 인기 있는 음식을 먹어 본다.

_____

16 그룹 여행을 예약하면 호텔, 비행, 여행 안내원 등등 모든 것이 다 준비되어 있어서 아무것도 신경 쓸 필요가 없다.

_____

17 우리는 오늘 하루 종일 시간이 있다. 우리는 도시와, 미술관, 박물관 등등 모든 것을 편안히 구경하고 싶다.

_____

18 바다 쪽을 바라보는 방과 뒤쪽으로 발코니가 있는 비교적 조용한 방 중에서 선택하실 수 있습니다.

_____

19 방에서 인터넷 연결이 가능한지알고 싶습니다. – 예, 모든 방에서 무료 인터넷 연결이 가능합니다.

_____

20 수건이 새로 필요하실 경우에는 사용하신 수건을 그냥 바닥에 놓아 두세요. 그러면 메이드가 교체해 드립니다.

_____

Verkehrsmittel

교통수단

 track 7-1

F Ich habe Fotos aus Griechenland mitgebracht. Sehen Sie das Foto. Im Hintergrund können Sie die Akropolis sehen.

M Ich war auch vor zwanzig Jahren in Griechenland, als ich noch Student war. Wir, meine Freunde und ich, sind mit dem Zug nach Thessaloniki gefahren, das ging durch Jugoslawien und hat fast zwei Tage gedauert.

F Wieso denn? Mit dem Flugzeug geht es doch viel schneller.

M Schneller geht es. Aber damals hatten wir nicht viel Geld. Und die Zugreise selbst ist ein Teil des Urlaubs. Wenn man mit dem Zug fährt, kann man die Landschaft genießen.

M Wie fahrt ihr nach Paris? Mit dem Auto oder mit der Bahn?

F Wir nehmen einen Nachtzug. Das ist viel bequemer als die lange Autofahrt. Wenn wir in Paris ankommen, mieten wir ein Auto.

M Entschuldigung, wissen Sie, wie ich von hier zum Stadtmuseum komme?

F Natürlich. Sehen Sie da drüben die Bushaltestelle? Nehmen Sie dort den Bus 22 und fahren Sie bis zum Botanischen Garten. Das dauert etwa 15 Minuten. Dort fahren Sie weiter mit dem gelben Bus nummer 3. Bei der zweiten Haltestelle sind Sie schon direkt vor dem Museum.

M Vielen Dank!

M Können Sie mir bitte helfen? Ich suche das Kunsthaus.

F Ja, es liegt nicht so weit, aber Sie müssen etwa eine Viertelstunde zu Fuß gehen.

M Das macht nichts! Könnten Sie mir bitte den Weg beschreiben?

F Gern. Gehen Sie von hier geradeaus die 'Bahnhofsstraße' entlang bis zur Ecke 'Alte Straße'. Dann gehen Sie nach rechts bis zur Lessingstraße. Dort können Sie wahrscheinlich das Kunsthaus sehen.

F 제가 그리스 사진들을 가져왔습니다. 여기 이 사진 좀 보세요. 배경에 아크로폴리스가 보이지요.

M 저도 20년 전에 아직 대학생이었을 때 그리스에 갔었어요. 친구들과 저는 기차를 타고 테살로니키로 갔었지요. 유고슬라비아를 통과해서 거의 이틀이 걸렸어요.

F 대체 왜요? 비행기를 타면 훨씬 더 빨리 가는데요.

M 빨리는 가지요. 우리는 그때 돈이 많지 않았어요. 그리고 기차 여행 자체가 휴가의 한 부분이지요. 기차를 타고 가면 경치를 즐길 수 있어요.

M 너희들 파리에 어떻게 가니? 자동차로? 아니면 열차 타고 가니?

F 우리는 야간기차를 탈 거야. 자동차를 오래 타고 가는 것보다 그게 훨씬 편해. 파리에 도착하면 차를 렌트할 거야.

M 실례합니다. 여기에서 시립박물관으로 어떻게 가는지 아시나요?

F 물론입니다. 저기 버스정류장 보이시지요? 저기에서 22번 버스를 타고 식물원까지 가세요. 약 15분 정도 걸립니다. 그곳에서 다시 버스 3번을 타세요. 두 번째 정류장이 바로 박물관 앞입니다.

M 감사합니다.

M 좀 도와주실 수 있을까요? 쿤스트하우스를 찾고 있는데요.

F 예, 멀지 않습니다. 그래도 15분 정도 걸어가셔야 합니다.

M 괜찮습니다. 길을 알려 주실 수 있을까요?

F 그러지요. 여기에서 반호프슈트라세를 따라서 직진해서 알테슈트라세 모퉁이까지 가세요. 거기에서 우회전해서 레싱슈트라세까지 가세요. 그곳에서 쿤스트하우스가 보이실 겁니다.

Vokabular

mitbringen 가지고 오다 | **der Hintergrund** 배경 | **fast** 거의 | **wieso** 왜? | **damals** 그 당시에 | **der Zug** 기차 | **der Teil, -e** 일부, 부분 | **die Bahn** 궤도, 열차 | **der Nachtzug** 야간열차 | **mieten** 세를 얻다, 렌트하다 | **das Stadtmuseum** 시립박물관 | **drüben** 저쪽에 | **botanisch** 식물학의 | **der Garten** 정원 | **weiter** 계속 | **die Viertelstunde** 15분 (4분의 1시간) | **der Fuß** 발 | **der Weg** 길 | **beschreiben** 묘사, 설명하다 | **geradeaus** 똑바로 | **die Straße** 도로 | **entlang** ~을 따라서 | **die Ecke** 모퉁이, 구석 | **rechts** 오른쪽에 | **wahrscheinlich** 아마

Grammatik

❶ **Ich war auch vor zwanzig Jahren in Griechenland, als ich noch Student war.**
→ als는 '~했을 때(일회적 과거)'를 나타내는 종속접속사.

❷ **Das ist viel bequemer als die lange Autofahrt.**
→ 비교급 + als ~ : ~보다 더 ...하다
→ 'noch / (noch) viel + 비교급' 비교급 앞에 noch, viel이 오면 강조되어 '훨씬 더 ~하다'라는 의미가 된다.

❸ **Entschuldigung, wissen Sie, wie ich von hier zum Stadtmuseum komme?**
→ wie로 이끌어지는 부문장이 wissen의 목적절 역할을 하고 있다. '어떻게 ...하는지 아십니까?'

❹ **Sie müssen etwa eine Viertelstunde zu Fuß gehen.**
→ 'zu Fuß gehen(걸어가다)'와 같은 숙어는 암기해야 한다.
　'zu Bett gehen = ins Bett gehen(잠자리에 들다)'도 마찬가지.
→ eine Stunde 한 시간, eine halbe Stunde 30분, eine Viertelstunde 15분 (Viertel 4분의 1)

❺ **Das macht nichts!**
→ '상관없습니다.'라는 의미의 숙어.

❻ **... geradeaus die 'Bahnhofsstraße' entlang bis zur Ecke 'Alte Straße'.**
→ entlang은 4격 명사의 뒤에 오는 전치사. '4격 + entlang : ~을 죽 따라서'
→ bis zu + 3격 : ~까지

F   Guten Tag, was kann ich für Sie tun?

M   Ich möchte einen Wagen mieten, aber ich habe nicht gebucht. Kann ich einen sofort mieten?

F   Ja. Möchten Sie einen Großwagen oder einen Kleinwagen? Ich habe hier gerade einen Mercedes C200.

M   Der ist zu groß. Ich hätte gern einen Kleinwagen, einen Polo oder Golf. Haben Sie so etwas?

F   Ja, wir haben einen Golf. Der hat eine Automatik-Schaltung und eine Klimaanlage. Und wie lange möchten Sie ihn haben? Wo möchten Sie den Wagen zurückgeben?

M   Ich möchte den Wagen in drei Tagen, also am Samstag in Berlin zurückgeben.

F   Wenn Sie drei Tage das Auto mieten, kostet das 147 Euro. Ich brauche bitte Ihren Personalausweis und Ihren Führerschein. Vielen Dank. Sie können mit einer Kreditkarte oder bar bezahlen.

M   Ich zahle mit der Kreditkarte. Bitte schön.

F   Danke. Hier ist der Mietvertrag. Würden Sie ihn bitte durchlesen und hier unten unterschreiben?

M   Hier, bitte schön. Gibt es auch ein Navigationsgerät im Auto?

F   Ja. Bitte, Ihr Schlüssel. Der Wagen steht auf dem Parkplatz hinter dem Haus. Überprüfen Sie ihn doch bitte vor dem Wegfahren. Und wenn Sie ihn wieder zurückbringen, achten Sie bitte darauf, dass der Tank voll ist.

M   Alles klar. Vielen Dank.

F   Gern geschehen. Gute Fahrt!

F	어서 오십시오. 무엇을 도와 드릴까요?
M	차를 렌트하고 싶은데 예약은 하지 않았습니다. 바로 차를 렌트할 수 있나요?
F	예. 대형차나 소형차, 어떤 것을 원하십니까? 여기 마침 메르세데스 C200이 있는데요.
M	그건 너무 크네요. 저는 폴로나 골프 같은 소형차를 원합니다. 그런 것 있을까요?
F	네, 골프가 한 대 있습니다. 그 차에는 자동변속기와 에어컨이 있습니다. 얼마나 렌트하실 건가요? 그리고 어디에서 반납하고 싶으신가요?
M	사흘 후에, 그러니까 토요일에 베를린에서 반납하고 싶습니다.
F	차를 사흘 동안 렌트하시면 147유로입니다. 신분증과 운전면허증이 필요합니다. 감사합니다. 신용카드나 현금으로 결제하실 수 있습니다.
M	신용카드로 결제하지요. 여기 있습니다.
F	감사합니다. 여기 계약서입니다. 읽어 보시고 여기 아래 서명해 주시겠습니까?
M	여기 있습니다. 차 안에 내비게이션도 있나요?
F	예. 여기 열쇠입니다. 차는 건물 뒤 주차장에 세워져 있습니다. 출발 전에 차를 살펴보시기 바랍니다. 반납하실 때는 연료 탱크가 가득 차 있는지 유의하십시오.
M	잘 알겠습니다. 감사합니다.
F	별 말씀을요. 좋은 여행 되시기 바랍니다.

Vokabular

mieten 세를 얻다, 렌트하다 | **der Großwagen** 대형차 | **der Kleinwagen** 소형차 | **die Automatik** 자동제어장치 | **die Schaltung** 회로체계, 변속기 | **zurückgeben** 돌려주다, 반환하다 | **bar** 현금으로 | **der Personalausweis** 신분증 | **der Führerschein** 운전면허증 | **der Vertrag** 계약, 계약서 | **durchlesen** 끝까지 다 읽다 | **das Navigationsgerät** 내비게이션 | **der Parkplatz** 주차장 | **überprüfen** 검사하다, 점검하다 | **achten** 유의하다, 주의하다 | **der Tank** 자동차 연료 탱크 | **voll** 가득 찬 | **geschehen** 발생하다, 행해지다

Grammatik

❶ Ich hätte gern einen Kleinwagen.

→ 'hätte (haben의 접속법 2식 형태) gern + 4격'은 '~을 갖고 싶다, 먹고 싶다, 마시고 싶다' 등의 소망을 나타내는 표현으로서 레스토랑, 상점 등에서 '~으로 했으면 좋겠다'는 의미의 공손한 용법으로 사용한다.

❷ Haben Sie so etwas?

→ 'so etwas(그런 어떤 것, 그런 것)'은 solches와 같은 의미이고 구어체에서는 줄여서 'so was'라고도 사용한다.

❸ ... wir haben einen Golf. Der hat eine ...

→ 여기에서 der는 앞에 있는 명사 einen Golf를 받는 지시대명사이다. 자동차는 남성이기 때문에 남성 1격 der. 인칭대명사 er보다 지시적 의미가 좀 더 강하다.

❹ Würden Sie ihn bitte durchlesen und ... unterschreiben?

→ 'Würden Sie ... Inf.?(~하시겠습니까?)'은 공손한 용법으로 사용된다.

❺ ..., achten Sie bitte darauf, dass der Tank voll ist.

→ dass로 이끌어지는 부문장이 'achten auf ~(~에 유의하다)'에서 전치사 auf의 목적어로 쓰였다. 이런 경우 전치사 da를 붙여 'da(r)전치사 ..., dass ...'로 쓴다.

❻ Gern geschehen.

→ 직역하면 '즐겁게 이루어진 일입니다.'가 되겠는데, 'Danke schön.'에 대한 대답으로 '천만에요, 별 말씀을요.' 정도의 의미로 쓰인다.

Gespräche 3

track 7-3

M   Ich fahre am Wochenende nach Paris.

F1   Wie fährst du nach Paris? Mit dem Zug oder mit dem Bus?

M   Nein, ich fahre mit meinem Auto.

F1   Hast du einen Führerschein?

M   Ja. Man kann ab 18 einen PKW-Führerschein machen. Ich bin schon 20.

F1   Braucht man keinen internationalen Führerschein, um ins Ausland zu fahren? Wenn du zum Beispiel in Korea fahren möchtest, musst du einen internationalen Führerschein mitnehmen.

M   Den braucht man nicht in EU-Mitgliedstaaten. Seit Anfang 2013 wurde der neue EU Führerschein in allen Mitgliedstaaten eingeführt. Auch mit einem älteren gültigen deutschen Führerschein darf man auf den Straßen innerhalb der Europäischen Union fahren.

F2   Mein Onkel hatte einen älteren Führerschein. Er sagte, dieser wurde bei einer Verkehrskontrolle in Amsterdam nicht akzeptiert. Der Polizist hat den EU-Führerschein verlangt.

M   Aber das ist nicht korrekt. Die EU-Mitgliedstaaten haben sich dazu verpflichtet, die nationalen Führerscheine gegenseitig anzuerkennen.

F1   Es gibt keine Grenzkontrolle und ihr habt den Euro als gemeinsame Währung. Ich beneide euch um die grenzüberschreitende Freiheit.

M	주말에 파리에 갈 거야.
F1	어떻게 가는데? 기차 아니면 버스 타고?
M	아니야, 내 차로 갈 거야.
F1	너 운전면허 있어?
M	그럼. 18세부터 승용차 운전면허를 딸 수 있는데. 나 벌써 스무 살이야.
F1	외국으로 가는데 국제 면허증 필요하지 않니? 예를 들어 네가 한국에서 운전하려고 하면 국제 운전면허증을 지참해야 하는데.
M	EU 회원국 안에서는 국제 면허증 필요 없어. 2013년 초부터 모든 회원국에서 새로운 EU 면허증이 도입되었거든. 예전에 갖고 있던 유효한 독일 면허증을 가지고도 EU 내의 도로들에서 운전할 수 있고.
F2	내 삼촌은 예전 면허증을 갖고 있었는데 암스테르담에서 교통 검문할 때 이 면허증이 받아들여지지 않았다고 하던데. 경찰이 EU 면허증을 요구했대.
M	하지만 그건 옳지 않은 거야. EU 회원국들은 국가 면허증을 상호간 인정하기로 약속했어.
F1	너희는 국경 통제도 없고 공동 통화인 유로화를 갖고 있지. 국경을 초월하는 너희들의 자유가 난 부러워.

Vokabular

eigen 자신의, 고유의 | **der Führerschein** 운전면허증 | **ab** ~부터 | **der PKW (Personenkraftwagen)** 승용차 | **das Ausland** 외국 | **der Mitgliedstaat**, –en 회원국 | **einführen** 도입하다 | **gültig** 유효한 | **die EU (die Europäische Union)** 유럽연합 | **der Verkehr** 교통 | **die Kontrolle** 통제, 검사 | **akzeptieren** 수용하다, 받아들이다 | **verlangen** 요구하다 | **korrekt** 올바른 | **sich verpflichten** 확약하다, 의무를 지다 | **gegenseitig** 쌍방의, 상호의 | **anerkennen** 인정하다 | **die Grenze** 국경, 경계, 한계 | **die Grenzkontrolle** 국경세관검사 | **gemeinsam** 공동의, 공유의 | **die Währung** 화폐, 통화 | **überschreiten** 넘어가다, 넘어서다 | **die Freiheit** 자유

Grammatik

❶ Braucht man ..., um ins Ausland zu fahren?

→ um ... zu Inf. : ~하기 위해서
→ ins Ausland : 외국으로, im Ausland : 외국에

❷ ... wurde der neue EU Führerschein ... eingeführt. / ..., dieser wurde ... nicht akzeptiert.

→ 'wurde ... p.p.' 수동태 과거형. '도입되었다' / '수용되지 않았다'.

❸ Die EU–Mitgliedstaaten haben sich dazu verpflichtet, ... anzuerkennen.

→ 'zu Inf.' 구문이 'sich verpflichten(확약하다, 의무를 지다)'의 목적어로 사용되었다. '...을 (... 하도록) 확약했다.'
→ 분리동사는 'zu Inf.'로 쓸 때 분리전철과 본동사 사이에 zu를 넣고 붙여 쓴다.

❹ ... den Euro als gemeinsame Währung der EU.

→ 동격어와 함께 오는 'als : ~로서'.

❺ ... um die grenzüberschreitende Freiheit.

→ 현재분사형으로 명사를 수식할 때는 능동적 의미로 '~하는'이라는 의미를 갖는다.
'grenzüberschreitend : 국경을 넘어서는'

Viele Menschen kaufen nicht so gern am Automaten eine Fahrkarte. Sie sagen, dass das zu kompliziert ist. Es ist aber wirklich ganz einfach und viele Automaten funktionieren ähnlich.

1. Suchen Sie Ihr Fahrziel in der Ortsliste. Neben dem Ziel finden Sie eine Nummer.

2. Geben Sie die Nummer mit der Tastatur ein.

3. Wählen Sie eine Fahrkarte, zum Beispiel ein Erwachsener oder ein Kind. Kinder bis 6 Jahre müssen Sie nichts bezahlen.

4. Der Monitor zeigt Ihnen den Preis an.

5. Sie können mit Geldscheinen und Münzen bezahlen. Manchmal können Sie mit Bankkarte oder Kreditkarte bezahlen.

6. Der Automat druckt jetzt Ihr Ticket, dann bekommen Sie die Fahrkarte und das Wechselgeld.

7. Jetzt müssen Sie die Fahrkarte noch entwerten. Das können Sie auf dem Bahnsteig oder in der Bahn / im Bus machen.

* Ihre Karten müssen vor Fahrtantritt entwertet werden. Erst durch diese Entwertung am dafür vorgesehenen Automaten werden die Tickets zur Fahrt gültig.

* Wer sich in öffentlichen Verkehrsmitteln ohne Ticket ertappen lässt, muss mindestens 60 Euro zahlen.

* An vielen kleinen Haltestellen gibt es nur einen Fahrkartenautomaten. Manchmal kann man die Fahrkarte aber auch direkt beim Busfahrer oder am Automaten in der Straßenbahn bekommen.

많은 사람들이 차표를 자동판매기에서 사는 것을 좋아하지 않는다. 그것이 너무 복잡하다고 사람들은 말한다. 그러나 사실 그것은 아주 간단하고 많은 자동판매기들이 비슷하게 작동된다.

1. 정거장 목록에서 목적지를 찾으십시오. 목적지 옆에 번호를 찾을 수 있습니다.

2. 번호를 키보드에 입력하십시오.

3. 차표를 선택하십시오. 예를 들어 어른 1명이나 어린이 1명 같은 것. 6세 이하의 어린이는 요금을 낼 필요가 없습니다.

4. 모니터가 차비를 알려 줍니다.

5. 지폐와 동전으로 지불할 수 있습니다. 때로는 은행카드나 신용카드로 지불할 수도 있습니다.

6. 자동판매기가 당신의 차표를 인쇄합니다. 그러면 차표와 거스름돈을 받으십시오.

7. 이제 차표를 기계에 찍어 개찰해야 합니다. 승강장이나 열차 / 버스 안에서 하실 수 있습니다.

* 승차권은 승차를 시작하기 전에 기계에 찍어 개찰해야 합니다. 이것을 위해 지정된 자동 기계에서 개찰함으로써 운행이 유효한 차표가 됩니다.

* 공공 교통수단에서 차표 없이 적발되면 최소한 60유로를 지불해야 합니다.

* 많은 작은 역에는 차표 자동판매기가 한 대밖에 없기도 합니다. 그러나 때로는 차표를 곧바로 버스운전사에게서, 또는 전차 안의 자동판매기에서 살 수도 있습니다.

Vokabular

der Automat, **−en** 자동판매기 | **funktionieren** 작동하다 | **ähnlich** 비슷한 | **das Ziel** 목적지 | **die Liste**, **−n** 목록 | **eingeben** 입력하다 | **die Tastatur** 키보드 | **der Erwachsene/ein …er** 성인 | **der Monitor** 모니터 | **anzeigen** 알리다, 가리키다 | **der Geldschein**, **−e** 지폐 | **die Münze**, **−n** 주화 | **drucken** 인쇄하다 | **das Wechselgeld** 거스름돈 | **entwerten** (차표, 입장권을 기계에 찍어) 개찰하다 | **der Bahnsteig** 승강장, 플랫폼 | **der Antritt** 출발, 첫발을 내디딤 | **vorsehen** 예정하다, 예상하다 | **öffentlich** 공개적인, 공공의 | **das Verkehrsmittel**, **−** 교통수단 | **ertappen** 붙잡다, 적발하다 | **der Busfahrer** 버스운전사

Grammatik

❶ ein Erwachsen**er**

→ 형용사의 명사화는 형용사를 대문자로 쓰고 성과 격에 따라 어미를 변화시켜 명사화하는 것이다. 남성 변화를 하면 남자를 의미하고, 여성 변화를 하면 여자, 복수 변화를 하면 복수의 사람들을 의미한다.

→ der Erwachsene / ein Erwachsener : 성인, 어른 (남자), die Erwachsene / eine Erwachsene : 성인 (여자), die Erwachsenen / Erwachsene 성인들 (복수)

❷ Jetzt müssen Sie die Fahrkarte noch entwerten.

→ entwerten은 전차, 지하철, 버스를 타기 전에, 또는 탄 직후에 차표를 기계에 넣어 날짜, 시간을 찍는 것을 말한다. 이렇게 해야 유효한 차표가 되는 것이다. 차표를 갖고 있어도 기계에 넣어 개찰하지 않으면 부정승차로 간주된다.

❸ Ihre Karten müssen vor Fahrtantritt entwertet werden.

→ '조동사＋수동태'의 형태. 'müssen … p.p. werden : ～되어야 한다'.

❹ am dafür vorgesehenen Automaten

→ 'vorsehen(예정하다)'의 과거분사가 형용사적 용법으로 명사를 수식하고 있다. 타동사의 과거분사가 형용사로 쓰이는 경우에는 '～되어진'이라는 수동적 의미를 갖는다. 'vorgesehen : 예정된, 미리 정해진'

❺ Wer sich … ertappen lässt, (der) muss … zahlen.

→ Wer ….V, der V … : ～한 사람, (그 사람)은 ～하다

Lektion 08

Studieren und Sprache lernen

대학 공부와 언어 공부

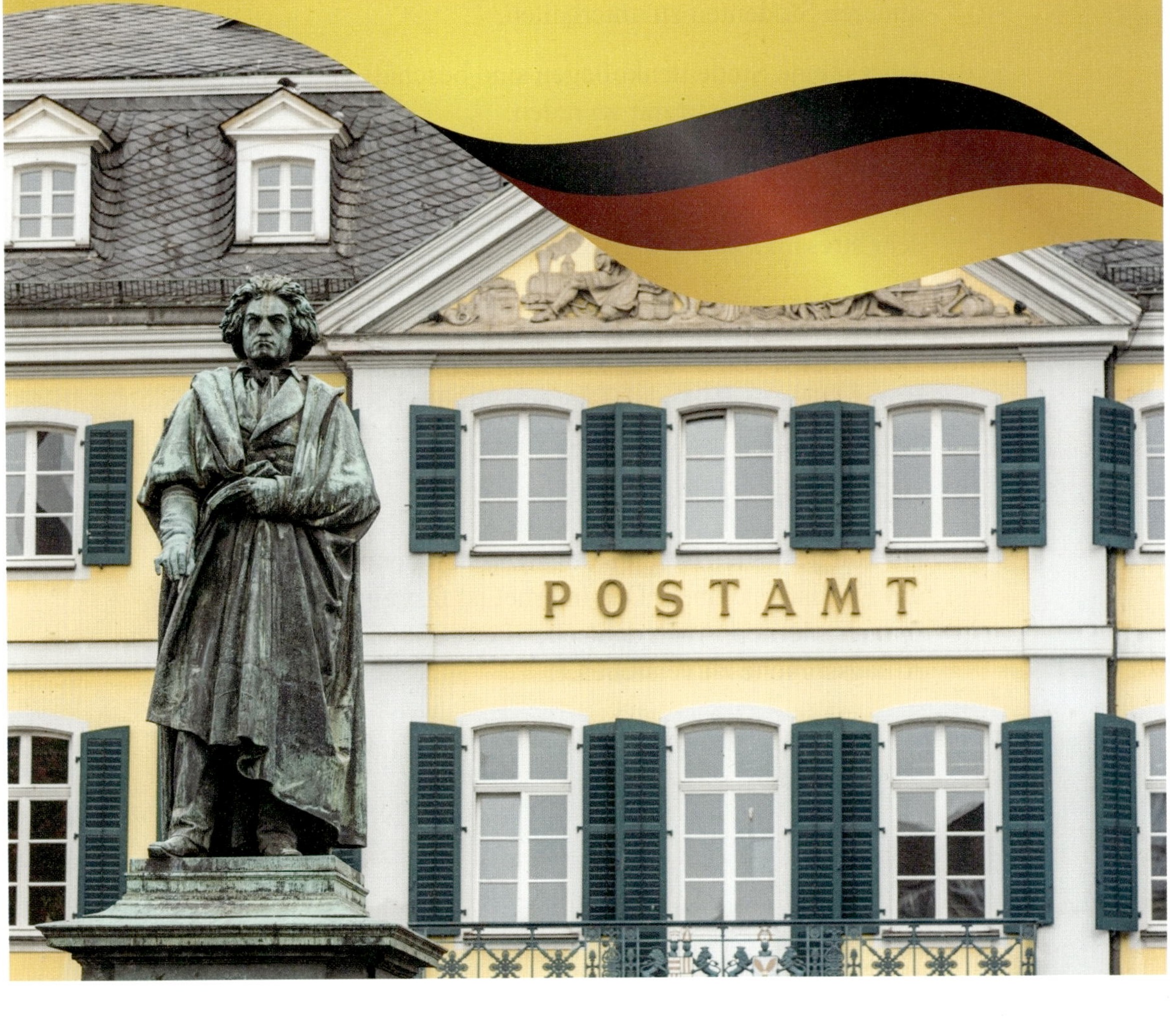

Gespräche 1

M Wie kann ich mein Deutsch verbessern?

F Du sprichst schon gut Deutsch.

M Nein. Ich habe zwar in Seoul Deutschkurse besucht und die Sprachprüfung bestanden, aber mein Sprachniveau ist noch so niedrig, dass ich im Seminar meine Meinung nicht so präzise ausdrücken kann. Während der Diskussion fühle ich mich unter großen Druck gesetzt.

F Du bist erst seit drei Monaten hier. Innerhalb so kurzer Zeit kann keiner eine Sprache perfekt beherrschen. Hab Geduld!

M In einem Jahr muss ich wieder nach Korea zurück, ich habe nicht viel Zeit.

F Es ist sicher nützlich, wenn du mehr Gelegenheit hast, dich mit anderen Studenten zu unterhalten.

M Aber meine Studentenkollegen sind beschäftigt und haben keine Zeit, langsamer mit mir zu reden.

F Ich halte Gruppenarbeit für eine gute Chance, sich mit Kommilitonen bekannt zu machen, obwohl eine Gruppenarbeit sehr stressig sein kann.

M Offen gesagt, ich habe Angst davor.

F Du brauchst keine Angst zu haben. Du kannst sicher nette Kommilitonen finden, die dir gerne helfen. Sei nicht so schüchtern!

M Du gibst mir Mut, danke.

F Du könntest auch Medien benutzen. Ich benutze das Internet, um Englisch zu üben. Das Internet ist fast ein Paradies zum Sprachenlernen. Auch deutsches Fernsehen zu sehen hilft dir, die Alltagssprache zu verstehen.

M 내가 어떻게 하면 독일어를 좀 더 잘할 수 있을까?

F 너 독일어 벌써 잘하잖아.

M 아니야. 내가 서울에서 독일어 과정을 다니고 어학 시험을 합격했지만 수준이 아직 낮아서 세미나에서 내 의견을 상세하게 표현할 수가 없어. 토론 중에는 굉장히 압박을 받는 느낌이 들어.

F 넌 이제 여기 온 지 3개월이야. 그렇게 짧은 기간 내에 누구도 어떤 언어를 완벽하게 구사할 수 없는 거잖아. 인내심을 가져!

M 1년 후면 나는 다시 한국으로 돌아가야 해. 시간이 많지 않아.

F 다른 학생들과 얘기할 기회가 좀 더 많으면 분명히 도움이 될 거야.

M 하지만 내 학교 친구들은 바빠서 나와 천천히 이야기할 시간이 없어.

F 그룹 과제가 너무 힘들긴 하지만 그래도 그것이 학우들을 알게 되는 좋은 기회라고 생각해.

M 솔직히 말하면, 나는 그것에 두려움이 있어.

F 두려워할 필요는 없어. 분명히 너를 기꺼이 도와줄 친절한 친구들을 찾을 수 있을 거야. 그렇게 수줍어하지 마.

M 네가 용기를 주는구나. 고마워.

F 미디어도 이용할 수 있을 거야. 나는 영어 연습하기 위해서 인터넷을 이용해. 인터넷은 거의 어학 공부를 위한 천국과 같잖아. 독일 텔레비전 시청도 일상어를 이해하는 데 도움이 될 거야.

Vokabular

verbessern 개선하다 | **besuchen** 방문하다, 참가하다 | **die Sprachprüfung** 어학 시험 | **bestehen** 합격하다 | **das Niveau** 수준, 정도 | **niedrig** 낮은 | **die Meinung**, –en 의견 | **präzise** 정확한, 명확한 | **ausdrücken** 표현하다 | **während** ～동안에 | **die Diskussion** 토론 | **sich fühlen** 느끼다 | **der Druck** 압력, 압박 | **perfekt** 완벽한 | **beherrschen** 지배하다, 잘 구사하다 | **die Geduld** 인내심 | **nützlich** 유익한 | **die Gelegenheit**, –en 기회 | **die Studentenkollege**, –n 대학생 동료 | **beschäftigt** 바쁜 | **langsam** 느린 | **halten** (+4격 für ...) ～을 ...라고 여기다 | **die Gruppenarbeit** 그룹 과제 | **die Chance**, –n 기회 | **der Kommilitone**, –n 학우, 동창 | **bekannt** 알고 있는 | **stressig** 스트레스를 받게 하는, 힘든 | **die Angst** 두려움, 불안 | **schüchtern** 수줍은, 소심한 | **der Mut** 용기 | **das Medium, Medien** (대중)매체 | **benutzen** 사용하다 | **üben** 연습하다 | **das Paradies** 낙원 | **die Alltagssprache** 일상어 | **verstehen** 이해하다

Grammatik

❶ Ich habe zwar ... besucht und ... bestanden, aber mein Sprachniveau ist noch so niedrig, dass ...

→ zwar ..., aber ... : ...이긴 하지만 그러나 ...
  besuchen, bestehen의 현재완료형. '～을 다녔고 ～에 합격했지만, 그러나 ...

→ so 형용사/부사, dass ... : ...할 정도로 그렇게 ～하다

❷ Während der Diskussion fühle ich mich unter großen Druck gesetzt.

→ 2격 지배 전치사 während : ～동안에

→ 'unter großen Druck gesetzt(큰 압박 아래 놓인)'이라는 분사구문이 sich fühlen과 연결되어 부사적 용법으로 사용되었다.

❸ Hab Geduld! / Sei nicht so schüchtern!

→ haben, sein 동사 du에 대한 명령형

❹ ..., wenn du mehr Gelegenheit hast, dich ... zu unterhalten.

→ zu Inf. 구문 'dich ... zu unterhalten'이 Gelegenheit를 수식하는 형용사구의 역할을 하고 있다. '이야기할 기회'.

→ '... haben keine Zeit, langsamer mit mir zu reden.', '... eine gute Chance, sich ... bekannt zu machen.'도 같은 용법으로 주문장의 명사 Zeit, Chance를 수식한다.

❺ Offen gesagt, ...

→ 'offen gesagt(솔직히 말하자면)'은 'unter uns gesagt(우리끼리 말이지만)', 'ehrlich gesagt(솔직히 말하자면)' 등과 같은 과거분사의 독립적 용법이다.

❻ Auch deutsches Fernsehen zu sehen hilft dir, die Alltagssprache zu verstehen.

→ 'Auch deutsches Fernsehen zu sehen'은 주어 자리에 'zu 부정형'이 직접 쓰인 것이고, 'die Alltagssprache zu verstehen'은 helfen과 연결되어 '...하도록 돕다'가 된다.

M Hast du deine Seminararbeit zurückbekommen?

F Ja. Und du? Hast du eine gute Note bekommen?

M Ach, es geht so. Aber ich bin zufrieden.

F Und welche Seminare und Vorlesungen willst du im nächsten Semester besuchen?

M Im nächsten Semester bin ich nicht hier. Ich will etwa ein Jahr in den USA leben und einmal ein neues Land, eine neue Kultur und eine andere Lebensweise erleben. Außerdem möchte ich meine Englischkenntnisse verbessern und lernen, mit neuen Situationen umzugehen.

F Ich finde, das ist eine gute Idee. Man kann im Ausland deshalb schneller die Sprache lernen, weil man ganz einfach gezwungen ist, sie zu sprechen. Eine Freundin von mir war vor einigen Jahren als Au-pair-Mädchen in England. Sie konnte damals schnelle Fortschritte in Englisch machen.

M Ich möchte zuerst einen Intensiv-Englischkurs besuchen. Aber der ist nicht billig.

F Am günstigsten wäre es als Au-pair-Junge ins Ausland zu gehen.

M Au-Pair-Junge? Man will keinen Jungen, sondern ein Mädchen als Au-Pair nehmen.

F Doch. Die Familien, die Söhne haben, wollen auch einen Jungen.

M Eigentlich bin ich gut im Haushalt und ich koche gern. Aber ich kann Englisch nicht so gut. Wer würde mich als Au-Pair nehmen?

F Du kannst mindestens einmal fragen. Ich habe gehört, die meisten Au-Pair-Eltern sind sehr aufgeschlossen und nehmen auch Au-Pairs, die die Sprache noch nicht so gut können. Außerdem kannst du als Au-Pair auch einen Sprachkurs besuchen, parallel zu deinen Betreuungspflichten in der Familie. Du kannst dich zuerst bei einer Au-Pair-Agentur im Internet erkundigen.

M Okay, das werde ich versuchen.

M   세미나 과제 돌려받았니?

F   응. 너는? 좋은 성적 받았어?

M   그냥 그렇지만 난 만족해.

F   다음 학기에는 어떤 세미나와 강의를 들을 거야?

M   다음 학기에는 여기에 없어. 1년 정도 미국에서 지내면서 한번 새로운 나라, 새로운 문화, 새로운 생활 방식을 체험해 보려고 해. 그 외에도 영어 실력을 향상시키고 새로운 상황에 대처하는 법을 배우고 싶어.

F   좋은 생각인 것 같다. 외국에 가면 그냥 그 언어를 쓸 수밖에 없는 상황이니까 외국어를 더 빨리 배울 수 있지. 내 친구 하나가 몇 년 전에 오페어로 영국에 갔었어. 그때 영어가 크게 향상될 수 있었지.

M   나는 우선 영어 집중코스에 다니려고 하는데 그게 값이 싸지 않아.

F   오페어로 외국에 가는 것이 가장 저렴할 것 같은데.

M   오페어? 사람들은 남자가 아니라 여자를 오페어로 원하지.

F   아니야. 아들들이 있는 가정에서는 남자를 원하기도 해.

M   사실 나는 집안 살림도 잘 하고 요리도 즐겨 해. 하지만 영어를 그다지 잘 못하는데. 누가 나를 오페어로 받으려고 할까?

F   최소한 한번 물어볼 수 있지. 오페어를 받는 부모들은 대부분 개방적이고 언어를 아직 잘 못하는 사람들도 받아 준다고 들었어. 게다가 너는 오페어로서 가정에서 아이들 돌보는 일과 병행해서 어학 코스도 다닐 수 있어. 우선 인터넷에 있는 오페어 에이전시에 문의할 수 있지.

M   그래. 한번 시도해 볼게.

Vokabular

die Seminararbeit 세미나 과제 | **zurückbekommen** 돌려받다 | **die Note**, –n 학점, 점수 | **zufrieden** 만족하는 | **die Vorlesung**, –en 강의 | **das Semeter**, – 학기 | **die Kenntnisse** (Pl.) 지식 | **die Lebensweise** 생활 방식 | **die Situation**, –en 상황 | **umgehen** 다루다, 교제하다 | **zwingen** 강요하다 | **das Au-pair-Mädchen** 오페어 여학생 | **der Fortschritt**, –e 진보, 향상 | **intensiv** 집중적인 | **der Haushalt** 가정 살림 | **die Betreuung** 보호, 돌봄 | **die Pflicht**, –en 의무 | **parallel** 병행하여, 동시에 | **sich erkundigen** 문의하다

Grammatik

❶ **... möchte ich ... verbessern und lernen, mit neuen Situationen umzugehen.**

→ lernen은 '...하는 법을 배우다'라는 의미로 동사가 연결될 때 zu 없는 부정형이 올 수도 있고 zu 부정형이 올 수도 있다. 위의 문장에서는 'lernen, mit ～ umzugehen(～을 다루는 법을 배우다)' 로 연결되어 있다. 'umgehen mit ～ : ～을 다루다'

❷ **Man kann ... deshalb schneller die Sprache lernen, weil man ganz einfach gezwungen ist, sie zu sprechen.**

→ ... (deshalb) ..., weil ... : ～이기 때문에 (그래서)

→ gezwungen sein ... zu Inf. : 어쩔 수 없이 ～하게 되다

❸ **Am günstigsten wäre es als Au–pair–Junge ins Ausland zu gehen.**

→ es는 zu gehen을 받는 가주어 역할. '...로서 가는 것, 그것이 ...'

❹ **Die Familien, die Söhne haben, wollen auch einen Jungen.**

→ '..., die Söhne haben'은 Familien을 수식하는 복수 1격 관계대명사 die가 이끄는 관계문.

→ der Junge _n, _n 약변화 명사. 단수 1격을 제외한 모든 격에서 _n을 붙여 쓴다.

❺ **... nehmen auch Au–Pairs, die die Sprache noch nicht so gut können.**

→ 'die ... können'은 Au–Pairs를 수식하는 복수 1격 관계대명사 die가 이끄는 관계문.

❻ **Du kannst dich zuerst bei Au–Pair–Agentur im Internet erkundigen.**

→ sich erkundigen bei ～ nach ... : ～에게 ...에 관해 문의하다

Gespräche 3

 track 8-3

(Studentin – Beamter)

F   Braucht man ein Visum, um nach Deutschland einzureisen?

M   Ob man ein Visum und eine Aufenthaltserlaubnis für die Einreise nach Deutschland benötigt, hängt von seiner Staatsangehörigkeit und dem Zweck seines Aufenthaltes ab. Südkoreaner benötigen kein Visum für die Einreise, aber der Touristen- oder Besuchsaufenthalt ist auf höchstens drei Monate ab dem Zeitpunkt der Einreise beschränkt. Für längere Aufenthalte über drei Monate braucht man jedoch eine Aufenthaltserlaubnis.

F   Ich will in Deutschland studieren. Wie kann ich eine Aufenthaltserlaubnis bekommen?

M   Wer aus dem Ausland kommt und in Deutschland studieren möchte, braucht grundsätzlich ein Visum. Dieses kann man auch nach Einreise in Deutschland beantragen. Studierende melden sich beim Einwohnermeldeamt ihrer Hochschulstadt an, sobald sie eine Wohnung gefunden haben. Dort bekommen Sie eine Aufenthaltserlaubnis. Immatrikulieren Sie sich rechtzeitig. Ohne Einschreibung an einer Hochschule können Sie keine Aufenthaltserlaubnis zu Studienzwecken bekommen. Immatrikulieren können Sie sich nur, wenn Sie zuvor an einer Hochschule zugelassen worden sind.

----

* In Deutschland gibt es 3 Pflichtdokumente. Die sind:
  ① Ausweis (Reisepass für Ausländer), ② Polizeiliche Anmeldung,
  ③ Krankenversicherung.
Die drei oben genannten Dokumente muss jeder ausländische Studierende haben, d.h. eine Krankenversicherung ist notwendig.

(여대생 - 공무원)

F 독일에 입국하려면 비자가 필요합니까?

M 독일로 입국하기 위해 비자와 체류 허가가 필요한지는 국적과 체류 목적에
달려 있습니다. 한국인은 입국을 위한 비자는 필요 없지만 관광과 방문
체류가 입국 시점부터 최대한 3개월로 제한되어 있습니다. 3개월 이상의 더
오랜 체류를 위해서는 체류 허가가 필요합니다.

F 저는 독일에서 대학에 다니려고 합니다. 체류 허가를 어떻게 받을 수 있나요?

M 외국에서 와서 독일에서 공부하려는 사람은 원칙적으로 비자가 필요합니다.
비자는 독일 입국 후에 신청할 수도 있습니다. 대학생들은 집을 구하면
곧바로 그 도시의 주민등록센터에 등록합니다. 그리고 그곳에서 체류 허가를
받습니다. 제때에 대학에 등록하십시오. 대학 등록을 하지 않으면 학업 목적을
위한 체류 허가를 받을 수 없습니다. 대학 등록은 그 전에 대학에서 입학
허가를 받았을 때만 가능합니다.

----

* 독일에서는 세 가지 의무적인 서류가 있다.
  ① 신분증 (외국인의 경우에는 여권), ② 거주 신고서, ③ 의료보험증.
  외국인 학생은 누구나 위에 언급된 세 가지 서류를 갖고 있어야 한다.
  즉 의료보험이 필수이다.

Vokabular

das Visum 비자 ┃ **einreisen** 입국하다 ┃ **die Einreise** 입국 ┃ **die Aufenthaltserlaubnis** 체류 허가 **der Aufenthalt** 체재, 체류 ┃ **benötigen** 필요로 하다 ┃ **die Staatsangehörigkeit** 국 적 ┃ **der Zweck** 목적 ┃ **der Zeitpunkt** 시점 ┃ **grundsätzlich** 원칙적으로 ┃ **beantragen** 요 청, 신청하다 ┃ **sich anmelden** 등록하다, 신고하다 ┃ **das Einwohnermeldeamt** 주민등록센터 ┃ **die Hochschule** 대학 ┃ **sich immatrikulieren** 대학에 등록하다 ┃ **rechtzeitig** 제때에 ┃ **die Einschreibung** 등록 ┃ **zulassen** 허용하다 ┃ **die Unterlagen** (Pl.) 서류 ┃ **vorliegen** 제출되어 있다 ┃ **das Studentensekretariat**, **–e** 대학교무처 ┃ **die Krankenversicherung** 의료보험

Grammatik

❶ Ob man .... benötigt, hängt von seiner ... ab.
→ 종속접속사 ob이 이끄는 부문장, 'Ob man … benötigt,(사람들이 …을 필요로 하는지 아닌지)'가 직접 주어 역할을 한다.

❷ ... der Touristen– oder Besuchsaufenthalt ist auf ... beschränkt.
→ 'sein … 타동사의 p.p.' 상태수동. '… ist … beschränkt : 제한되어 있다'

❸ Wer ... kommt und ... studieren möchte, (der) braucht ...
→ ' … 오고 .. 공부하고 싶은 사람은 …이 필요하다'.
→ Wer … V, der V … : ∼한 사람, (그 사람)은 ∼하다

❹ Studierende melden sich ... an, sobald sie ... gefunden haben.
→ 'Studirend–'는 형용사의 명사화. 관사 없는 복수 1격이므로 어미 _e가 붙음.
→ 'sobald(∼하자마자)'는 종속접속사.

❺ ..., wenn Sie zuvor ... zugelassen worden sind.
→ '당신이 그전에 입학허가를 받았을 때'.
→ 'sein … p.p. worden' 수동태 현재완료형.

❻ Die drei oben genannten Dokumente muss jeder ausländische Studierende haben, ...
→ nennen의 과거분사 genannt가 형용사로 명사를 수식하고 있다. 'oben genannt : 위에서 언급된'
→ jeder는 단수만 연결되고 정관사 변화를 따른다. 'Studirend–'는 형용사의 명사화. jeder가 앞에 있는 남성 1격이므로 어미 _e가 붙음.

track 8-4

F   Ich bereite schon seit 4 Stunden mein Seminarreferat vor. Der Rücken tut mir weh und ich kann mich nicht mehr konzentrieren.

M   Langes Sitzen schadet der Gesundheit. Für den Rücken ist auch einfaches Spazierengehen eine Erleichterung. Geh lieber ein bisschen in der frischen Luft spazieren oder beweg dich nur ein bisschen.

F   Du hast recht. Ich will kurz eine Pause machen und dann weiter lernen.

M   Ja, dann kannst du effektiver lernen. Machen wir zusammen einen Spaziergang.

F   Okay. Gehen wir.

M   Du bist im ersten Semester Warum lernst du nur so fleißig? Mein erstes Semester war Party-Semester. Ich habe auf der Party einige gute Freunde kennengelernt.

F   Ich will lieber zuerst fleißig lernen. Für mich ist es jetzt wichtiger, mich für meinen Traumberuf zu qualifizieren.

M   Aber der Anschluss zu den Leuten gibt einem später auch hilfreiche Informationen und wichtige langjährige Beziehungen. Das Feiern gehört zum Studentenleben, denke ich. Am Freitagabend bringe ich dich mit zu einer Party.

F   Ich mag keinen Alkohol und auf Partys fühle ich mich eher unwohl. Woanders, zum Beispiel in einer Lerngruppe werde ich versuchen, neue Kontakte zu Kommilitonen zu finden. Trotzdem, danke.

M   Das ist eine gute Chance, andere Erstsemestler kennenlernen zu können. Du brauchst keinen Alkohol zu trinken. Komm einfach mal und schau, wie es dort ist. Sollte es dir nicht gefallen, kannst du wieder heimgehen. Oder?

F   Ja, gut. Ich komme mit.

F   나는 벌써 네 시간 전부터 세미나 발표를 준비하고 있어. 등이 아프고 더 이상 집중할 수가 없네.

M   오래 앉아 있으면 건강에 해로워. 등이 아플 때는 간단한 산책만으로도 좀 낫지. 신선한 공기 속에서 산책 좀 하고 약간만 좀 움직여 봐.

F   네 말이 맞아. 잠깐 쉬고 그 다음에 계속 공부해야겠다.

M   그래. 그러면 좀 더 능률적으로 공부할 수 있을 거야. 같이 산책하자.

F   좋아, 가자.

M   너는 1학기생인데 왜 그렇게 열심히 공부만 하니? 내 첫 학기는 파티 학기였어. 파티에서 좋은 친구들도 여럿 알게 되었고.

F   나는 우선은 열심히 공부하려고 해. 나에게는 지금 내가 꿈꾸는 직업을 위해서 자격을 갖추는 것이 더 중요해.

M   하지만 사람들과의 연결이 나중에 도움이 되는 정보도 주고 오래 지속되는 중요한 관계들도 만들잖아. 모여서 즐겁게 노는 것도 대학 생활에 속한다고 난 생각하는데. 금요일 저녁에 내가 너를 파티에 데려갈게.

F   나는 술을 싫어하고 파티에 있으면 오히려 편치 않은 기분이 들어. 어딘가 다른 곳에서, 예를 들면 스터디 그룹에서 학교 친구들과 새로운 관계들을 찾으려고 해 볼게. 그래도, 고마워.

M   이건 다른 1학기 학생들을 사귈 수 있는 좋은 기회야. 네가 술을 마실 필요는 없어. 그냥 한번 가 보고 어떤지 봐. 네 마음에 들지 않으면 다시 집에 가면 되는 거잖아.

F   그래, 좋아. 같이 갈게.

vorbereiten 준비하다 | **das Referat**, −e 연구보고, 발표 | **der Rücken** 등 | **sich konzentrieren** 집중하다 | **schaden** ~에 해롭다 | **die Erleichterung** 경감, 완화 | **die Luft** 공기 | **sich bewegen** 움직이다, 운동하다 | **spazieren gehen** 산책가다 | **die Pause** (중간의) 휴식 | **effektiv** 효과적인, 능률적인 | **fleißig** 부지런한 | **das Erstsemester** (대학의) 첫 학기 학생 | **sich qualifizieren** 자격을 갖추다 | **der Traumberuf** 희망 직업 | **der Anschluss** 접속, 교제, 친교 | **hilfreich** 도움이 되는, 유용한 | **langjährig** 다년간의, 오랜 기간의 | **die Beziehung**, −en 관계, 관련 | **feiern** 즐겁게 모여 놀다 | **eher** 오히려 | **unwohl** 편치 않은, 불쾌한 | **woanders** 어딘가 다른 곳에서 | **der Kontakt**, −e 관계, 교제, 접촉 | **heimgehen** 집으로 가다

Grammatik

❶ Geh lieber ... spazieren oder beweg dich nur ein bisschen.

→ 'geh ... spazieren(산책해라)', 'beweg dich ...(운동해라)' → gehen, sich bewegen의 du에 대한 명령형.

❷ Für mich ist es jetzt wichtiger, mich ... zu qualifizieren.

→ 'es ist ~, ... zu Inf. : ... 하는 것이 ~하다' es는 'zu Inf.' 구문을 받는 가주어 역할을 한다.

❸ Der Anschluss zu den Leuten gibt einem später ...

→ einem은 일반적인 사람들을 의미하는 man의 3격형.

❹ Ich mag keinen Alkohol ...

→ mögen + 4격 : ~을 좋아하다

❺ ... schau, wie es dort ist.

→ schau는 schauen의 du에 대한 명령형.

→ wie로 이끌어지는 부문장 'wie es dort ist(그곳이 어떤지)'가 schauen의 목적절 역할을 한다.

❻ Sollte es dir nicht gefallen, kannst du wieder heim gehen.

→ = Wenn es dir nicht gefallen sollte, kannst du ...

→ sollte는 sollen의 접속법 2식 형태. 여기에서는 '~하게 된다면 / ~하는 경우라면'이라는 의미로 사용되었다.

다음 문장을 독일어로 써 보세요.

1 나는 10년 전 아직 대학생이었을 때 그리스에 갔었다.

_____

2 기차 여행 자체가 휴가의 한 부분이다. 기차를 타고 가면 경치를 즐길 수 있다.

_____

3 우리는 야간 기차를 탈 거야. 자동차를 오래 타고 가는 것보다 그게 훨씬 편해.

_____

4 박물관은 그리 멀지 않은 곳에 있습니다. 하지만 약 15분 정도 걸어가셔야 합니다. – 그건 상관없습니다.

_____

5 차를 렌트하고 싶은데 예약은 하지 않았습니다. 바로 차를 렌트할 수 있나요?

_____

6 저는 자동변속기와 에어컨, 내비게이션이 있는 소형차를 원합니다.

_____

7 출발 전에 차를 살펴보시기 바랍니다. 반납하실 때는 연료 탱크가 가득 차 있는지 유의하십시오.

_____

8 18세부터 승용차 운전면허를 딸 수 있다.

_____

9 네가 한국에서 운전하려고 하면 국제 운전면허증을 지참해야 한다.

_____

10 2013년 초부터 모든 EU 회원국에서 새로운 EU 면허증이 도입되었다.

_____

11 공공 교통수단에서 차표 없이 적발되는 사람은 최소한 60유로를 지불해야 한다.

_____

12 나는 서울에서 독일어 과정을 다니고 어학 시험을 합격하긴 했지만 언어 수준이 아직 낮아서 세미나에서 내 의견을 상세하게 표현할 수가 없다.

_____

13 그렇게 짧은 기간 내에 누구도 어떤 언어를 완벽하게 구사할 수 없다.

_____

14 네가 다른 학생들과 얘기할 기회를 좀 더 가지면 그것이 분명 유용할 것이다.

_____

15 나는 1년 정도 독일에서 대학 다니면서 새로운 나라, 새로운 문화, 새로운 생활 방식을 체험해 보려고 한다.

_____

16 외국에 가면 그냥 그 언어를 쓸 수밖에 없는 상황이니까 외국어를 더 빨리 배울 수 있다.

_____

17 독일 입국을 위해 비자와 체재허가가 필요한지는 국적과 체류 목적에 달려 있다.

_____

18 한국인은 입국을 위한 비자는 필요 없지만 관광과 방문 체류가 입국 시점부터 최대한 3개월로 제한되어 있다.

_____

19 대학생들은 집을 구하자마자 주민등록센터에 등록한다.

_____

20 당신이 그 전에 대학에서 입학 허가를 받았을 때만 대학에 등록할 수 있습니다.

_____

Arbeit und Beruf

일과 직업

Gespräche 1

 track 9-1

M   Hier Ernst Klein.

F   Guten Tag. Ich habe Ihre Anzeige im Internet gelesen. Ich wollte mich danach erkundigen, ob die Stelle noch frei ist.

M   Hier ist nicht die Firma. Dies ist ein Privatanschluss.

F   Ist dort nicht Firma Huber?

M   Nein.

F   Entschuldigen Sie bitte, ich muss mich wohl verwählt haben. Ich hoffe, ich habe Sie nicht gestört.

M   Ach, macht nichts. Das passiert häufiger.

F   Nett von Ihnen.

M   Hier Firma Huber, guten Tag. Was kann ich für Sie tun?

F   Guten Tag, mein Name ist Annika Neumann. Ich rufe wegen Ihrer Anzeige in der Zeitung an. Sie suchen eine Mitarbeiterin. Ist die Stelle noch frei?

M   Ja, die Stelle ist noch frei. Haben Sie Interesse? Können Sie Teilzeit arbeiten, nicht den ganzen Tag?

F   Ja, ich kann Teilzeit arbeiten. Wie ist denn die Arbeitszeit? Muss ich auch am Wochenende arbeiten?

M   Nein, Sie arbeiten Montag bis Freitag von 13.00 bis 18.00 Uhr.

F   Und wie viel bezahlen Sie pro Stunde?

M   Wir bezahlen 12 Euro pro Stunde.

F   Gut, wann kann ich mal zu Ihnen kommen?

M   Haben Sie morgen um 16 Uhr Zeit?

F   Ja, das geht. Wie ist Ihre Adresse?

M   Wir sind in der Lessingstraße 21.

F   Alles Klar. Dann bis morgen.

M 에른스트 클라인입니다.

F 안녕하세요. 인터넷에서 광고를 읽었는데요. 일자리가 아직 비어 있는지 좀 문의하고 싶었는데요.

M 여기는 회사가 아닙니다. 개인 전화입니다.

F 후버사가 아닌가요?

M 아닙니다.

F 죄송합니다. 제가 번호를 잘못 돌린 것 같습니다. 제가 방해가 된 것이 아니길 바랍니다.

M 괜찮습니다. 자주 있는 일이에요.

F 감사합니다.

M 후버 사입니다. 안녕하세요. 무엇을 도와드릴까요?

F 안녕하세요. 제 이름은 아니카 노이만입니다. 신문에 난 광고 때문에 전화 드리는데요. 직원을 구하신다고요. 일자리에 누가 아직 채용되지 않았는지요?

M 예. 아직 자리가 비어 있습니다. 관심 있으신가요? 전일제가 아니라 시간제로 일하실 수 있습니까?

F 네, 시간제로 일할 수 있습니다. 근무 시간이 어떻게 됩니까? 주말에도 일해야 하나요?

M 아닙니다. 월요일부터 금요일, 오후 1시부터 6시까지 근무입니다.

F 그리고 시간당 급여가 얼마나 되는지요?

M 시간당 12유로입니다.

F 좋습니다. 제가 언제 회사로 가면 될까요?

M 내일 오후 4시에 시간 되십니까?

F 예, 가능합니다. 주소가 어떻게 되는지요?

M 레싱슈트라세 21번지입니다.

F 알겠습니다. 내일 뵙겠습니다.

Vokabular

sich erkundigen (**nach**) 문의하다 | **der Privatanschluss** 개인 전화 시설 | **der Anschluss** 접속, 전화 연결, 전화 시설 | **sich verwählen** 번호를 잘못 돌리다 | **hoffen** 바라다 | **stören** 방해하다 | **passieren** 생기다, 발생하다 | **häufig** 빈번히 | **anrufen** 전화하다 | **wegen** ~ 때문에 | **die Anzeige** 광고 | **die Zeitung** 신문 | **suchen** 구하다, 찾다 | **der Mitarbeiter** 직원 | **die Stelle** 자리, 일자리 | **das Interesse** 관심 | **die Teilzeitarbeit** 시간제 근무 | **die Arbeitszeit**, –en 근무 시간 | **morgen** 내일

Grammatik

❶ Ich wollte mich danach erkundigen, ob die Stelle noch frei ist.

→ 'ob(~인지 아닌지)'로 이끌어지는 부문장 '자리가 아직 비어 있는지'가 'sich erkundigen nach (~ 문의하다)'에서 nach의 목적절 역할을 하고 있다. 부문장이나 'zu Inf.'가 전치사의 목적어가 될 때는 전치사가 da를 붙여 da(r)전치사로 표시한다.

❷ Ist dort nicht Firma Huber? – Nein.

→ 부정 질문에 대한 부정 대답은 nein. 반대로 긍정 대답은 doch.

❸ Entschuldigen Sie bitte, ich muss mich wohl verwählt haben.

→ müssen + ... p.p. haben / sein : ~했음에 틀림없다

예 Ich habe mich verwählt. 번호를 잘못 눌렀다.

→ Ich muss mich verwählt haben. 번호를 잘못 눌렀음에 틀림없다.

❹ Ich rufe wegen Ihrer Anzeige in der Zeitung an.

→ 'wegen(~ 때문에)'는 2격 지배 전치사. 구어체에서는 3격도 자주 쓰인다.

❺ Können Sie Teilzeit arbeiten, nicht den ganzen Tag?

→ 전일제 일은 Vollzeitarbeit라고 하고 몇 시간만 시간제로 일하는 것은 Teilzeitarbeit라고 한다.

F   Ich glaube, in einem Beruf sind ein sicherer Arbeitsplatz und eine interessante Arbeit wichtig. Welche Aspekte findest du am wichtigsten?

M   Am wichtigsten ist für mich ein gutes Einkommen. Und ich finde es auch gut, genug Freizeit zu haben.

F   Hast du genug Freizeit an deiner Arbeit?

M   Nein, ich habe wenig Freizeit und viel Stress. Es ist anstrengend, oft Überstunden machen zu müssen. Deshalb überlege ich mir, in ein paar Jahren den Beruf zu wechseln. Übrigens, welche Berufe haben in deinem Heimatland gute Chancen auf dem Arbeitsmarkt?

F   Ich weiß es nicht genau. Vielleicht Ärzte, Informatiker, Maschinen- und Fahrzeugtechniker ..., glaube ich.

M   Und was sind die beliebtesten Studienrichtungen?

F   Medizin, Jura, Informatik ... Bei uns haben die Menschen mit einem akademischen Abschluss sowieso bessere Chancen, aber es wird immer schwerer auf dem Arbeitsmarkt.

\<Einige Fragen im Vorstellungsgespräch\>

* Aus welchem Grund wollen Sie Ihre derzeitige Arbeit aufgeben?
   – Offen gestanden, ich wollte meinen Job gar nicht wechseln. Aber dann habe ich von dieser Stelle gelesen und sie hat mich sofort begeistert. Ich glaube, dass ich meine Fertigkeiten und Talente hier optimal einbringen kann.

* Warum haben Sie sich bei uns beworben? /
Warum sind wir als Unternehmen für Sie interessant?

* Was wissen Sie über unser Unternehmen / unsere Firma?

* Wie stellen Sie sich die Arbeit bei uns vor?

* Was haben Sie für eine Ausbildung? /
Haben Sie Fremdsprachenkenntnisse?

* Was sind Ihre persönlichen Stärken und Schwächen?

F 나는 어떤 직업에서 중요한 것이 안정된 일자리와 재미있는 일이라고 생각해. 너는 어떤 측면을 가장 중요하게 생각하니?

M 나에게는 좋은 수입이 가장 중요해. 그리고 여가 시간을 충분히 갖는 것도 좋다고 생각해.

F 네 일에서 여가 시간을 충분히 갖고 있니?

M 아니, 여가 시간은 적고 스트레스는 많지. 시간 외 근무를 자주 해야 하는 것도 나에게는 힘들어. 그래서 몇 년 안에 직업을 바꿀 생각을 하고 있어. 그건 그렇고 너희 나라에서는 어떤 직업들이 노동 시장에서 전망이 좋아?

F 정확히는 모르겠어. 아마 의사나 컴퓨터 공학자, 기계나 차량 전문가?

M 대학에서는 어떤 전공 방향이 가장 인기가 있니?

F 의학, 법학, 컴퓨터공학……. 우리나라에서는 그래도 어쨌든 대학을 졸업한 사람들이 비교적 더 좋은 기회를 갖고 있지만 노동 시장에서의 상황이 점점 어려워지고 있어.

〈입사 면접에서의 몇 가지 질문〉

* 어떤 이유로 현재 하고 있는 일을 그만두려고 합니까?
  – 솔직히 고백하자면 일을 바꿀 생각이 전혀 없었습니다. 그러다가 이 자리에 대해서 읽게 되었는데 그 즉시 이 일자리에 고무되었습니다. 제가 여기에서 제 능력과 재능을 가장 훌륭하게 펼쳐낼 수 있을 것이라고 생각합니다.

* 왜 우리 회사에 지원했습니까? / 기업으로서의 우리가 당신에게 왜 흥미로운가요?

* 우리 기업 / 우리 회사에 대해서 어떤 것을 알고 있습니까?

* 어떤 교육을 받으셨습니까? / 외국어 지식이 있습니까?

* 당신의 개인적인 장점과 결점은 무엇입니까?

Vokabular

der Beruf 직업 | **der Arbeitsplatz** 일자리 | **der Aspekt**, **–e** 시각, 관점 | **das Einkommen** 수입 | **genug** 충분한 | **anstrengend** 힘들게 하는 | **die Überstunden** (Pl.) 시간 외 초과 근무 | **wechseln** 바꾸다, 교체하다 | **übrigens** 그건 그렇고 | **der Arbeitsmarkt** 노동시장 | **das Fahrzeug**, **–e** 차량 | **der Techniker**, **–** 기술자, 숙련가 | **beliebt** 인기 있는 | **die Richtung**, **–en** 방향 | **Medizin** 의학 | **Jura** 법학 | **die Informatik** 컴퓨터과학 | **akademisch** 대학의 | **der Abschluss** 종결, 졸업 | **sowieso** 여하간, 어차피 | **das Vorstellungsgespräch** 입사 면접 | **derzeitig** 현재의 | **aufgeben** 포기하다 | **gestehen** 고백하다 | **begeistern** 고무하다, 활기를 주다 | **das Talent**, **–e** 재능 | **die Fertigkeiten** (Pl.) 지식, 능력 | **optimal** 최적의 | **einbringen** 가져오다, 얻게 해 주다 | **sich bewerben** 지망하다 | **das Unternehmen** 기업 | **die Stärke**, **–n** 장점, 강점 | **die Schwäche**, **–n** 결점

Grammatik

❶ ... habe ich wenig Freizeit und viel Stress.

→ viel과 wenig는 그 뒤에 물질명사, 추상명사가 올 때 명사를 단수로 쓰고 viel, wenig는 어미변화하지 않는다. viel Geld, wenig Zeit, viel Mühe

❷ Es ist anstrengend, oft Überstunden machen zu müssen.

→ es ist ..., ... zu Inf. : ∼하는 것, 그것은 ...하다
→ ... Inf. zu müssen : ∼해야 하는 것

❸ Und was sind die beliebtesten Studienrichtungen?

→ 'beliebt(인기 있는)'의 최상급 beliebtest가 명사를 수식하고 있으므로 '정관사 + 최상급' 형태로 쓴다.

❹ Bei uns haben die Menschen mit einem akademischen Abschluss sowieso bessere Chancen, aber es wird immer schwerer auf dem Arbeitsmarkt.

→ gut의 비교급 besser가 복수를 수식하면서 강변화 복수 4격 어미 _e를 붙임.
→ immer 비교급 : 점점 더 ∼한

❺ Offen gestanden, ich wollte meinen Job gar nicht wechseln.

→ 'offen gestanden(솔직히 고백하면)' 과거분사의 독립적 용법. 'offen gesagt(솔직히 말하자면)', 'ehrlich gesagt(솔직히 말하자면)' 등으로 바꿔 쓸 수도 있다.

Gespräche 3

 track 9-3

(Im Büro)

F   Herr Lehmann, Sie sollten im Büro nicht so viel privat telefonieren.

M   Tut mir leid. Es wird bestimmt nie wieder vorkommen.

F   Sie haben sich heute verspätet. Sie sollten immer pünktlich zur Arbeit kommen.

M   Tut mir leid, aber es war doch keine Absicht. Der Wecker hat nicht geklingelt und dazu habe ich den Bus verpasst.

F   Konnten Sie nicht anrufen?

M   Ich wollte ja, aber der Handyakku war leer.

M   Ich habe ein Problem mit meinem Computer.

F   Was geht an Ihrem Computer nicht?

M   Ich bekomme keine Internetverbindung.

F   Gut, ich komme bei Ihnen vorbei.

M   Vielen Dank.

---

* Ich bin in einer Besprechung im Büro. Ein Teilnehmer spricht leise oder mit einem starken Dialekt und ich kann ihn fast nicht verstehen. Ich sage zu ihm:

— Ich habe Sie leider schlecht verstanden. Bitte können Sie etwas lauter sprechen und Ihre letzte Aussage noch einmal wiederholen?

— Entschuldigen Sie, mein Deutsch ist noch nicht perfekt. Bitte, können Sie es noch einmal wiederholen?

— Bitte, können Sie es noch einmal mit anderen Worten sagen?

— Bitte, können Sie dies noch einmal etwas deutlicher formulieren?

(사무실에서)

F 레만 씨. 사무실에서 그렇게 사적인 통화를 많이 하시면 안 됩니다.

M 죄송합니다. 분명히 다시는 그런 일 없을 것입니다.

F 오늘 지각하셨지요. 항상 정시에 출근하셔야 합니다.

M 죄송합니다. 일부러 그런 것은 아니었습니다. 자명종이 울리지 않은 데다가 버스를 놓쳤습니다.

F 전화를 할 수는 없었습니까?

M 하려고 했었는데 휴대폰 배터리가 다 떨어져 있었습니다.

M 내 컴퓨터에 문제가 있습니다.

F 컴퓨터에 무엇이 안 되는데요?

M 인터넷 연결이 되지 않습니다.

F 네, 제가 당신 자리에 들러 보겠습니다.

M 감사합니다.

＊ 내가 사무실에서 어떤 협의를 하고 있다. 그런데 참가자 한 사람이 너무 작게 말하거나 심한 사투리를 쓰고 있다. 그럴 때 나는 다음과 같이 말할 수 있다:

– 죄송스럽게도 제가 잘 알아듣지 못했습니다. 좀 크게 말씀해 주시겠습니까? 그리고 마지막에 하신 말씀을 다시 한 번 반복해 주실 수 있을까요?

– 죄송합니다. 제 독일어가 아직 완벽하지 못합니다. 다시 한 번 말씀해 주시겠습니까?

– 다시 한 번 다른 말로 말씀해 주실 수 있을까요?

– 다시 한 번 좀 분명하게 표현해 주실 수 있을까요?

Vokabular

privat 사적인 | **bestimmt** 분명히 | **vorkommen** 일어나다, 생기다 | **sich verspäten** 지각하
다 | **pünktlich** 시간을 엄수하는 | **die Absicht** 의도 | **klingeln** 벨이 울리다 | **verpassen** 놓치
다 | **leer** 비어 있는 | **die Verbindung** 연결 | **der Akku**, **-s** 배터리 (der Akkumulator, -en의 약
자) | **vorbeikommen** 잠시 들르다 | **die Besprechung** 협의, 상담 | **der Teilnehmer**, **-** 참
가자 | **leise** 낮은 소리의 | **laut** 큰 소리의 | **der Dialekt** 방언, 사투리 | **die Aussage** 진술, 내용 |
wiederholen 반복하다 | **deutlich** 분명한, 뚜렷한 | **formulieren** 간명하게 표현하다

Grammatik

❶ Sie sollten ... telefonieren. / Sie sollten ... kommen.

→ sollen의 접속법 2식 sollte는 충고, 조언을 표현하는 용법이 있다.
du solltest / Sie sollten / man sollte ... Inf. 네가 / 당신이 / 사람들이 ~하는 것이 좋을 텐데,
~해야 할 텐데...

❷ Es wird bestimmt nie wieder vorkommen.

→ 'werden ... Inf.' 미래시제. 약속이나 의도를 미래형으로 표현할 수 있다. '분명 다시는 그런 일이
일어나지 않을 것이다'라는 약속.

❸ ... habe ich den Bus verpasst.

→ verpassen의 완료형.
예 den Zug verpassen 기차를 놓치다, die Chance verpassen 기회를 놓치다

❹ Konnten Sie nicht anrufen? – Ich wollte ja, aber ...

→ 조동사 können, wollen의 과거형.

❺ ... ich komme bei Ihnen vorbei.

→ 'bei Ihnen'은 대화의 상대에 따라 '당신 집에'라는 의미도 가능하지만, 사무실의 경우에는
'당신이 있는 곳에, 당신 자리에'라는 의미가 된다.

❻ ... ich kann ihn (fast) nicht verstehen.

→ 목적어인 '정관사 (/ 소유대명사 / 지시대명사) + 명사'나 인칭대명사를 부정할 때 nicht가 명사나
대명사 뒤에 위치한다.

track 9-4

M   Tag, Annika. Wo gehst du hin?

F   Tag, Leon. Ich gehe zur Kaffeeschule.

M   Kaffeeschule? Willst du Barista werden?

F   Ja, ich will eine echte Kaffee-Expertin werden. Ich würde gern später ein eigenes Café führen.

M   Du kannst sicher deinen Traum verwirklichen.

F   Danke. Arbeitest du heute nicht? Machst du Urlaub?

M   Nein, ich habe selbst gekündigt.

F   Was? Warum denn?

M   In der Firma wurde immer so viel verlangt, dass ich abends todmüde war. Und in dieser Position fand ich keine neue Herausforderung mehr, um mich weiterzuentwickeln. Ich wurde immer unzufriedener und unglücklicher.

F   Was sagen deine Kollegen dazu?

M   Meine Kollegen haben mir von der Kündigung abgeraten. Aber ich dachte, ich muss nicht darauf hören, was andere sagen. Ich muss auf mich hören, wenn ich will, dass es mir wieder besser geht.

F   Hast du schon eine bessere Stelle gefunden?

M   Nein. Diese Woche habe ich verbracht, ohne irgendetwas zu unternehmen. Ich fühle mich so frei und glücklich. Ich kann von jetzt an mal darüber nachdenken, was ich wirklich am liebsten mache.

M	안녕, 아니카. 어디 가니?
F	안녕, 레온. 커피학원에 가.
M	커피학원? 너 바리스타가 되려고 하니?
F	그래, 진짜 커피 전문가가 될 거야. 나중에 내 카페를 운영하고 싶어.
M	분명 네 꿈을 이룰 수 있을 거야.
F	고마워. 그런데 오늘 일 안 하니? 휴가 중이야?
M	아니야. 사표 냈어.
F	뭐? 아니 왜?
M	회사에서 계속 너무 많은 요구를 받아서 저녁이면 죽을 정도로 피곤했어. 그리고 내 위치에서 더 이상 더 낮게 발전할 새로운 도전을 발견하지도 못했고. 점점 불만스럽고 불행해지더라.
F	동료들은 뭐라고 해?
M	동료들은 사표를 내지 말라고 말렸지. 하지만 다른 사람 말에 귀 기울일 필요 없다고 생각했어. 내가 좀 더 나아지기를 원한다면 나 자신에게 귀 기울여야 한다고.
F	그래서 더 나은 자리는 찾았니?
M	아니. 이번 주는 어떤 그 무엇도 하지 않고 보냈어. 자유롭고 행복한 기분이야. 이제부터 내가 정말로 무엇을 가장 하고 싶은지 생각해 볼 수 있을 거야.

Vokabular

echt 진정한 | **der Experte**, **-n** 전문가 (여성형 die Expertin) | **der Traum** 꿈 | **verwirklichen** 실현하다 | **selbst** 스스로 | **kündigen** 해고하다, 사직서를 제출하다 | **verlangen** 요구하다 | **todmüde** 기진맥진한 | **die Herausforderung**, **-en** 도전 | **sich weiterentwickeln** 더 낫게 발전하다 | **unzufrieden** 불만족한 | **abraten** ~을 하지 말라고 충고하다 | **hören auf** ~ 귀 기울여 듣다 | **nachdenken** 숙고하다

Grammatik

❶ Nein, ich habe selbst gekündigt.
→ kündigen은 '계약 취소를 통고하다'라는 뜻이다. 임대 계약에서 주인이 kündigen하면 집이나 방을 비워달라는 의미이고 세입자가 kündigen하면 이사하겠다는 의미가 된다. 또 고용계약에서는 근로자가 kündigen하면 사표를 제출한 것이고, 고용주가 kündigen하면 해고한다는 의미가 된다.

❷ In der Firma wurde immer so viel verlangt, dass ich abends todmüde war.
→ 'wurde ... verlangt(요구받았다)'는 수동태 과거형 'wurde ... p.p.'.
→ so ~, dass ... : ...할 정도로 ~하다

❸ Ich wurde immer unzufriedener und unglücklicher.
→ immer + 비교급 : 점점 더 ~하다 = 비교급 und 비교급

❹ ..., ich muss nicht darauf hören, was andere sagen.
→ was로 이끌어지는 부문장 'was andere sagen(다른 사람들이 무엇을 말하는지)'가 'hören auf ~(~을 귀 기울여 듣다)'에서 전치사 auf의 목적절 역할을 하면서 darauf가 되었다.

❺ ..., wenn ich will, dass es mir wieder besser geht.
→ 여기에서 wollen은 조동사가 아니라 '~을 원하다'라는 타동사로 사용되었고, dass로 이끌어지는 부문장이 wollen의 목적절 역할을 한다. ('내가 다시 더 잘 지내는 것'을 원하다.)
→ dass 안의 문장은 비인칭 숙어 'es geht mir gut(내가 잘 지내다)'에서 gut의 비교급이 쓰인 것.

❻ ..., ohne irgendetwas zu unternehmen.
→ '그 어떤 무언가를 시도하지 않은 채'. 'ohne ... zu Inf. : ~하지 않고', 'irgendetwas : 그 어떤 무언가'.

Computer und Internet

컴퓨터와 인터넷

Gespräche 1

Wozu brauchen Sie den Computer / das Internet?

— Ich nutze meinen Computer hauptsächlich zum Spielen.

— Ich arbeite viel beruflich mit meinem Computer.

— Ich brauche meinen Computer zum Lernen / zum Schreiben / zum Drucken / zum E-Mail-Schreiben.

— Ich brauche meinen Computer, um online zu gehen / um zu chatten / um etwas online zu kaufen und zu verkaufen / um mich über verschiedene Ereignisse zu informieren.

<Computer / Internet Wortschatz>

* downloaden: Dateien aus dem Internet auf den Computer herunterladen und speichern. "Ich habe ein paar Dateien 'downgeloaded'. (= (besser:) 'heruntergeladen'.)"

* sich einloggen: Nachdem Sie sich eingeloggt haben, sind Sie online, d.h. Sie sind im Internet!

* löschen: Wenn Sie die Datei gelöscht haben, liegt sie zunächst noch im 'Papierkorb'.

* (ab)speichern / sichern: Vergessen Sie nicht, regelmäßig alle Dateien abzuspeichern (zu sichern).

* die Datei: Eine Datei ist ein geschriebener Text oder ein Bild. Als 'Datei' abgespeichert, können die Informationen ohne Probleme im Computer wiedergefunden werden.

* die Maus: Damit das Programm aufgerufen wird, muss man mit der Maus doppelklicken.

* der Chat: (Chat ist ein englisches Wort.) Chat heißt auf Deutsch so viel wie 'schwatzen'. Ein 'Chat' ist also eine Onlineunterhaltung zwischen zwei oder mehreren Personen im Internet. Das ist so ähnlich, wie miteinander reden, nur dass man das, was man sagen will, in den Computer tippt.

컴퓨터 / 인터넷을 무엇에 이용하십니까?

– 주로 게임을 하기 위해서 컴퓨터를 사용한다.

– 나는 직업상 컴퓨터를 가지고 많이 작업한다.

– 나는 공부하기 위해서 / 글을 쓰기 위해서 / 인쇄하기 위해서 / 이메일을 쓰기
위해서 컴퓨터가 필요하다.

– 나는 인터넷에 접속하기 위해서 / 채팅하기 위해서 / 온라인으로 상품을
사고팔기 위해서 / 여러 가지 사건에 대해 정보를 얻기 위해서 컴퓨터가
필요하다.

〈컴퓨터, 인터넷 용어〉

* 다운로드하다: 자료를 인터넷에서 컴퓨터로 다운로드해서 저장해 놓는 것.
“나는 몇 가지 자료를 다운로드했다.” (‘heruntergeladen 내려받다’를 쓰는 것이
더 좋다.)

* 로그인하다: 로그인을 한 후에는 온라인상에, 즉 인터넷 안에 있습니다.

* 삭제하다: 자료를 삭제하시면 우선은 그것이 ‘휴지통’에 있게 됩니다.

* 저장하다: 규칙적으로 모든 자료를 저장하는 것을 잊지 마십시오.

* 데이터: 데이터는 글로 쓰인 텍스트나 그림입니다. ‘데이터’로 저장되면 그
정보를 문제없이 컴퓨터에서 다시 찾을 수 있습니다.

* 마우스: 프로그램이 작동되기 위해서는 마우스를 가지고 더블클릭해야 합니다.

* 채팅: (‘chat’은 영어 단어.) 채팅은 독일어로 ‘schwatzen 수다 떨다,
잡담하다’와 같은 의미입니다. 채팅은 즉 인터넷상에서 두 사람이나 그 이상의
사람들 사이에서 이루어지는 온라인대화입니다. 그것은 서로 이야기하는
것과 비슷하지만, 다만 사람들이 말하려고 하는 것을 컴퓨터에 타이핑하는
것뿐입니다.

 **Vokabular**

nutzen 사용하다 | **hauptsächlich** 주로 | **beruflich** 직업적으로 | **chatten** 채팅하다 | **verkaufen** 팔다 | **das Ereignis, _nisse** 사건 | **herunterladen** 내려 받다 | **(ab)speichern** 저장하다 | **löschen** 삭제하다 | **zunächst** 우선, 당분간은 | **sichern** 안전하게 하다 | **wiederfinden** 다시 찾다 | **aufrufen** 불러내다, (프로그램을) 작동시키다 | **klicken** 클릭하다 | **die Unterhaltung** 오락, 담소 | **tippen** 타이핑하다

 참고 | **컴퓨터 관련 용어**

den PC anschließen 컴퓨터를 연결하다, 접속시키다 **einschalten** 스위치를 켜다 **ausschalten** 스위치를 끄다 **den Benutzernamen und das Kennwort(Passwort) eingeben/eintippen** 사용자 이름과 패스워드를 입력하다 **die Taste** 컴퓨터 키, 버튼 **die Tastatur** 키보드 **der Lautsprecher** 스피커 **der Bildschirm** 스크린, 모니터 **die Druckerpatrone** 잉크 카트리지 **das Kabel** 케이블 **die Speicherkapazität** 저장 용량

 **Grammatik**

❶ Ich brauche meinen Computer zum Lernen, zum Schreiben ...
- → 행동을 의미하는 동사들을 대문자로 쓰면서 중성명사로 사용할 수 있고, 그 명사가 zu와 연결되면 '~하기 위해서'라는 목적을 나타낸다.
- 예 zum Essen 식사하러, zum Lernen 공부하기 위해서.

❷ Ich brauche meinen Computer, um etwas online zu kaufen und zu verkaufen.
- → 'um ... zu Inf. : ~하기 위해서'. 동사가 여러 개 이어질 경우에 zu를 생략하지 않고 각각 zu를 붙여야 한다.

❸ Als 'Datei' abgespeichert, können die Informationen ... wiedergefunden werden.
- → 'Als Datei abgespeichert'는 의미로 볼 때 wenn을 축약한 분사구문이다. 'Wenn man die Informationen als Datei abgespeichert hat, (정보를 데이터로 저장했다면)'이라는 의미.
- → 'können ... wiedergefunden werden(다시 발견될 수 있다)'는 '조동사 + 수동태 können ... p.p. werden' 형태이다.

❹ Damit das Programm aufgerufen wird, muss man ...
- → damit가 종속접속사로 사용될 경우에는 '~하기 위해서'라는 목적을 의미한다.
- → 'Damit das Programm aufgerufen wird,'는 수동태 현재 문장. 능동태로 쓰면 다음과 같다: 'Damit man das Programm aufruft,'

❺ Das ist so ..., nur dass man das, was man sagen will, in den Computer tippt.
- → 'nur dass'는 '다만 ...할 뿐이다'라는 제한적인 의미를 갖는다.
- → 'das, was man sagen wil : 사람들이 말하려고 하는 그것'. 지시대명사 das가 선행사일 경우 관계대명사는 was를 쓴다.

M Was sind Vorteile von Computer / Internet für Sie?

F 1. Es macht Spass und es geht schnell, Informationen im Netz / Internet abzurufen.

2. Alle Daten, die ich für meine Arbeit brauche, sind in meinem Computer gespeichert.

3. Im Internet sind verschiedene Informationen zu zahlreichen Themen.

4. Ich kann mir das Leben ohne meinen Computer nicht vorstellen.

M Wir heutigen Menschen können durch den Computer viele wichtige Informationen erhalten, über wichtige Ereignisse erfahren, die in der Welt passieren, und Kenntnisse bereichern. Wir können zu Hause auch das Konzert hören, das im Ausland stattfindet.

Trotz solcher Vorteile kann man die negativen Auswirkungen des Computers nicht leugnen. Die zu häufige Benutzung des Computers kann zu einer Verschlechterung der zwischenmenschlichen Kontakte und zur Isolation führen. Für viele ist der Computer bereits zu einer Art Sucht geworden. In der grenzenlosen Cyberwelt hat die reale Welt mit deren Sorgen und Problemen keine Bedeutung mehr. Der Computersüchtige könnte ein falsches Bild von der Realität bekommen und die Kraft verlieren, das normale Menschenleben zu führen.

M   당신에게 컴퓨터 / 인터넷의 장점은 무엇입니까?

F   1. 인터넷상에서 정보를 불러내는 것이 재미가 있고 또 빠르게 진행됩니다.

        2. 내 작업에 필요한 모든 자료들이 내 컴퓨터에 저장되어 있습니다.

        3. 인터넷 안에는 수많은 주제에 대한 다양한 정보가 있습니다.

        4. 나는 컴퓨터가 없는 삶은 상상할 수 없습니다.

M   우리 오늘날의 인간들은 컴퓨터를 통해서 중요한 많은 정보를 얻고 지식을 증대할 수 있으며, 세상에서 일어나는 주요 사건들에 대해 알 수 있게 된다. 우리는 외국에서 개최되는 콘서트를 집에서 들을 수도 있다.

        그런 장점들에도 불구하고 컴퓨터의 부정적인 영향을 부인할 수 없다. 컴퓨터의 너무 빈번한 사용은 인간 사이의 교류를 악화시키고 고립으로 이끌 수 있다. 많은 사람들에게 컴퓨터는 이미 일종의 중독이 되었다. 한계가 없는 사이버 세계 안에서는 걱정과 문제들이 있는 현실 세계가 더 이상 의미가 없다. 컴퓨터에 중독된 사람은 현실에 대해 잘못된 이미지를 갖게 되고 일상적인 인간 생활을 영위할 힘을 잃어버릴 수도 있다.

Vokabular

der Spass 장난, 즐거움 | **abrufen** 불러내다 | **die Daten** (Pl.) 자료 | **zahlreich** 수많은 | **das Thema, Themen** 주제, 테마 | **sich etw. vorstellen** 상상하다 | **erfahren** 들어 알다, 알게 되다 | **die Kenntnisse** (Pl.) 지식, 학식 | **bereichern** 확대, 확장하다 | **stattfinden** 개최되다 | **negativ** 부정적인 | **die Auswirkung, –en** 효과 | **leugnen** 부정, 부인하다 | **die Isolation** 고립 | **die Verschlechterung** 악화시킴 | **zwischenmenschlich** 인간 상호간의 | **bereits** 벌써, 이미 | **die Sucht** 중독, 병적 욕망 | **süchtig** 중독된 | **die Realität** 실재 | **die Sorge, –n** 근심 | **die Bedeutung, –en** 의미

Grammatik

❶ Alle Daten ... sind in meinem Computer gespeichert.
→ 'sein + ... 타동사의 p.p.' '저장되어 있다'라는 의미의 상태 수동.

❷ Ich kann mir das Leben ohne meinen Computer nicht vorstellen.
→ 'sich etw. vorstellen : 상상하다'. 재귀동사에서 4격목적어가 있는 경우 재귀대명사는 3격이 온다.

❸ ... über wichtige Ereignisse erfahren, die in der Welt passieren.
→ Ereignisse를 수식하는 복수 1격 관계대명사 die. '세상에서 일어나는 일들'.

❹ Wir können ... das Konzert hören, das im Ausland stattfindet.
→ das Konzert를 수식하는 중성 1격 관계대명사 das. '외국에서 개최되는 콘서트'.

❺ Die ... Benutzung ... kann zu einer Verschlechterung der ... Kontakte und zur Isolation führen.
→ führen zu ～ : ～로 이어지다, ～한 결과를 가져오다

❻ Der Computersüchtige könnte ... bekommen und die Kraft verlieren, das normale Menschenleben zu führen.
→ 'der Computersüchtige : 컴퓨터에 중독된 사람'. 형용사 'süchtig(중독된)'에서 명사화.
→ 'die Kunft, ...zu Inf. : ～할 힘'. zu inf. 구문이 die Kraft를 수식한다.

❼ ... die reale Welt mit deren Sorgen und Problemen ...
→ deren은 바로 앞에 위치한 명사(die Welt)를 받는 정관사 형태의 지시대명사 여성 2격. '그것(실재 세계)의 걱정들과 문제들이 있는 실재 세계'.

Gespräche 3

 track 10-3

F   Ich mache mir große Sorgen um meinen Sohn. Er sitzt so lange am Computer. Man sagt, ein computersüchtiges Kind dürfte im Extremfall ein passiver und denkarmer Erwachsener werden.

M   Ich glaube, du übertreibst. Es ist ganz normal, dass Jugendliche viel Zeit am Computer verbringen.

F   Er macht immer Computerspiele. Ich wollte gestern mit ihm ein offenes Gespräch führen, aber es gelang mir nicht.

M   Du solltest zuerst deinem Kind zeigen, dass du sein Interesse an Computerspielen akzeptierst. Dann kann er erklären, welche Spiele er spielt und warum er spielt. Und du kannst deinen Sohn überreden, die Spielzeiten zu begrenzen. Denn Experten empfehlen, mit Kindern feste Zeiten zu vereinbaren, in denen Medien wie Fernsehen, Computer und Internet genutzt werden können.

F   Das ist eine gute Idee. Danke, das werde ich versuchen.

M   Und wenn Jugendliche Gleichaltrige treffen und mit ihnen etwas unternehmen, sind Computerspiele nicht mehr so wichtig.

F   Du sitzt auch jeden Tag ziemlich lange am Computer, nicht wahr?

M   Das stimmt. Ich sitze schon im Büro ungefähr 8 Stunden vor dem Bildschirm und zu Hause noch einige Stunden.

F   Was machst du am Computer zu Hause?

M   Ich surfe im Internet und lese und schreibe E-Mails. Außerdem lese ich übers Internet Nachrichten.

F 아들 때문에 걱정이야. 아들애가 컴퓨터 앞에 너무 오래 앉아 있어. 컴퓨터에 중독된 아이가 극단적 경우에 수동적이고 생각이 부족한 어른이 될 수 있다고 사람들이 말하는데.

M 내 생각에는 네가 지나친 것 같은데. 청소년들이 컴퓨터 앞에서 오랜 시간을 보내는 게 그냥 평범한 일이잖아.

F 걔는 항상 컴퓨터게임을 해. 어제 아들하고 터놓고 대화를 하려고 했는데 성공하지 못했어.

M 우선 컴퓨터게임에 대한 그 애의 관심을 네가 인정한다는 것을 아이한테 보여 주어야 할 거야. 그러면 아들애가 자기가 어떤 게임을 하는지 왜 게임을 하는지 설명할 수 있지. 그리고 네가 그 애를 설득해서 게임 시간을 제한할 수 있을 거야. 텔레비전, 컴퓨터, 인터넷 같은 미디어를 사용할 수 있는 정해진 시간을 아이들과 협의하라고 전문가들이 추천하잖아.

F 좋은 생각이네. 고마워. 시도해 볼게.

M 그리고 청소년들은 또래들을 만나서 뭔가를 같이 하게 되면 컴퓨터 게임이 더 이상 그렇게 중요하지 않지.

F 너도 매일 꽤 오래 컴퓨터 앞에 앉아 있지?

M 맞아. 사무실에서 벌써 여덟 시간 정도를 화면 앞에 앉아 있게 되고 집에 와서 또 몇 시간 앉아 있지.

F 집에서는 컴퓨터 앞에서 뭘 하는데?

M 인터넷 서핑하고 이메일 읽고 쓰고 해. 그밖에 나는 뉴스를 인터넷으로 읽어.

der **Extremfall** 극단적인 경우 | **passiv** 수동적인 | **denkarm** 생각이 부족한 | **übertreiben** 과장하다, 정도가 지나치다 | **normal** 정상의, 보통의 | **jugendlich** 청소년기의 | **das Gespräch**, **-e** 대화 | **gelingen** (누구에게) 어떤 일이 이루어지다 | **akzeptieren** 받아들이다, 동의, 인정하다 | **erklären** 설명하다 | **überreden** 설득하다 | **begrenzen** 제한하다 | **der Expert**, **-en** 전문가 | **fest** 단단한, 고정된 | **vereinbaren** 협정하다, 약속하다 | **gleichaltrig** 같은 나이의 | **ungefähr** 대략 | **der Bildschirm** 스크린, 모니터 | **ziemlich** 상당히 | **lange** 오랫동안

 **Grammatik**

❶ Erwachsener, Jugendliche, Gleichaltrige
→ 형용사의 명사화. 성과 격에 따라 형용사처럼 어미 변화한다.

❷ Ich mache mir große Sorgen um meinen Sohn.
→ 'sich Sorgen machen (um ~) (~ 때문에 걱정하다)'에서 4격 목적어 Sorgen이 있기 때문에 재귀대명사는 3격이 된다.

❸ ... Kind dürfte ... Erwachsener werden.
→ 조동사 dürfen의 접속법 2식 dürfte는 가능성, 개연성을 나타낼 수 있다. '~일 수도 있다, ~일지도 모른다'.

❹ Es ist ganz normal, dass Jugendliche ... verbringen.
→ es ist ..., ... zu Inf. : ~하는 것, 그것은 ...하다

❺ Dann kann er erklären, welche Spiele er spielt und warum er spielt.
→ welche로 이끌어지는 부문장 '그가 어떤 게임을 하는지'와 warum으로 이끌어지는 부문장 '그가 왜 게임을 하는지'가 erklären의 목적절 역할을 한다.

❻ ... feste Zeiten zu vereinbaren, in denen Medien ... genutzt werden können.
→ 복수 3격 관계대명사 denen. 'in denen (전치사 + 관계대명사)' 이하의 관계문이 Zeiten을 수식한다. '... 미디어가 이용될 수 있는 시간'.
→ 'können ... p.p. werden(~될 수 있다)'는 조동사가 있는 수동태. '조동사 ... p.p. werden'

F   Die Jacke steht dir gut. Wo hast du die gekauft?

M   Die habe ich übers Internt gekauft.

F   Kaufst du oft online ein?

M   Ja, in den letzten Jahren bestelle ich immer häufiger online. Dank dem Internet brauche ich gar nicht mehr das Haus zu verlassen, um einzukaufen. Von Kleidung bis zu Lebensmitteln kann ich alles direkt vor die Haustür bestellen.

F   Passt dir die Kleidung gut, die du im Internet gekauft hast?

M   Gerade bei Marken, die ich kenne, kann ich eigentlich sicher sein, dass mir die Sachen auch passen. Wenn doch mal etwas doof aussieht, schicke ich es einfach wieder zurück.

F   Aber es ist mir zu umständlich, alles zurückzuschicken, was nicht passt. Und die Kleidung kann zwar umgetauscht werden, aber es dauert länger.

M   Natürlich ist es praktischer, wenn man die Sachen gleich anprobieren kann.

F   Ich mag den persönlichen Kontakt zum Verkäufer, und die Möglichkeit, alles anfassen oder anprobieren zu können. Das kann ein Online-Shop natürlich nicht bieten. Ich gehe gern in die Innenstadt zum Bummeln. Ich mag es, in unterschiedlichen Geschäften einzukaufen. Außerdem kann man die eingekauften Sachen sofort nach Hause mitnehmen.

M   Trotzdem ist Online-Einkauf viel bequemer für mich, denn ich habe wenig Zeit zum gemütlichen Shoppen. Um Öffnungszeiten muss ich mir keine Gedanken machen, ich kann jederzeit die Sachen bestellen und brauche vor der Kasse nicht Schlange zu stehen. Einfacher Preisvergleich ist auch ein Vorteil.

F　재킷이 잘 어울린다. 어디서 샀니?

M　인터넷으로 구입했어.

F　너는 자주 온라인으로 쇼핑하니?

M　최근 몇 년간은 점점 더 자주 온라인으로 주문하고 있어. 인터넷 덕분에
　　쇼핑하러 집을 나갈 필요가 없지. 옷에서부터 생필품까지 모든 것을 직접
　　현관 앞으로 주문할 수 있고.

F　인터넷에서 구입한 옷이 너에게 잘 맞니?

M　내가 아는 상표일 때는 사실 물건들이 나한테 잘 맞을 거라고 확신할 수 있어.
　　그래도 뭔가 약간 이상해 보이면 다시 반송해.

F　그런데 맞지 않는 것을 다 반송하는 것이 나는 너무 귀찮아. 또 옷을 교환할
　　수는 있지만 비교적 오래 걸리기도 하고.

M　물론 물건들을 곧바로 입어 볼 수 있으면 그게 더 편하지.

F　나는 물건을 파는 사람과의 개인적인 교류를 좋아하고, 또 모든 것을 만져
　　보거나 입어 볼 수 있다는 것이 좋아. 그런 것은 온라인 상점은 당연히 제공할
　　수 없잖아. 난 그냥 시내에 가서 느릿느릿 돌아다니는 것이 좋고 또 서로 다른
　　상점들에서 쇼핑하는 것이 좋아. 게다가 산 물건을 즉시 집으로 가져올 수
　　있잖아.

M　그래도 나한테는 온라인 쇼핑이 훨씬 편리해. 나는 편하게 쇼핑할 시간이
　　거의 없거든. 문 여는 시간을 생각할 필요 없이 아무 때나 물건을 주문할 수
　　있고, 또 계산대 앞에 길게 줄 서 있을 필요도 없잖아. 간단히 가격을 비교할
　　수 있는 것도 장점이지.

Vokabular

dank (~3격) ~ 덕분에 | **verlassen** 떠나다 | **die Lebensmitteln** (Pl.) 식료품 | **sicher** 확실한, 확신하는 | **doof** (구어체) 멍청한, 지루한 | **umständlich** 귀찮은, 번거로운 | **praktisch** 실용적인, 편리한 | **anprobieren** 입어보다 | **anfassen** 붙잡다, 만져보다 | **bieten** 제공하다 | **bummeln** 배회하다, 어슬렁거리다 | **die Innenstadt** 도심 | **unterschiedlich** 상이한, 여러 가지의 | **das Geschäft**, **–e** 상점 | **bequem** 편안한 | **gemütlich** 쾌적한, 편안한 | **die Öffnungszeiten** (Pl.) 개점 시간 | **der Gedanke** 생각 | **jederzeit** 아무 때나, 언제나 | **die Schlange** 뱀, 긴 줄 | **der Vergleich** 비교

Grammatik

❶ **Dank** dem Internet **brauche** ich gar **nicht** mehr das Haus **zu verlassen, um einzukaufen.**

→ 전치사 dank는 동사 danken과 마찬가지로 뒤에 3격형이 온다.

→ 'brauchen nicht ... zu Inf. : ~할 필요 없다'. '이제는 전혀 집을 떠날 필요가 없다.'

→ um einzukaufen : 쇼핑하기 위해서

❷ **Gerade bei Marken, die** ich kenne, kann ich eigentlich **sicher sein, dass** mir die Sachen auch passen.

→ 'bei Marken, die ich kenne,(내가 알고 있는 브랜드의 경우에)' 복수 1격 관계대명사 die.

→ ich bin (mir) sicher, dass... : 나는 ...를 확신한다

❸ **es ist mir zu umständlich, alles zurückzuschicken, was nicht passt.**

→ es는 'alles zurückzuschicken(모든 것을 돌려보내는 것)'을 받는다.

→ 선행사가 alles일 때 관계대명사는 was. '맞지 않는 모든 것'.

❹ **... die Möglichkeit, alles anfassen oder anprobieren zu können.**

→ 'zu Inf.' 구문이 Möglichkeit를 꾸며 준다. '모든 것을 만져 보거나 입어 볼 수 있는 가능성.'

❺ **die eingekauften Sachen**

→ 타동사의 과거분사가 형용사로서 명사를 수식할 때는 수동적인 의미를 갖는다. '구입된 물건들.'

❻ **ich ... brauche ... nicht Schlange zu stehen.**

→ 'Schlange stehen'은 '길게 줄을 서 있다, 긴 줄에 서서 기다리다'라는 의미이다. 여기에서는 'brauchen nicht zu ~'와 연결되어 '길게 줄을 설 필요가 없다'는 의미가 된다.

다음 문장을 독일어로 써 보세요.

1 인터넷에서 광고를 읽었는데요. 일자리가 아직 비어 있는지 좀 문의하고 싶습니다.

_____

2 죄송합니다. 제가 번호를 잘못 돌린 것 같습니다. 제가 방해가 된 것이 아니길 바랍니다.

_____

3 나는 안정된 일자리와 재미있는 일이 어떤 직업에서 중요한 것이라고 생각해.

_____

4 시간 외 근무를 자주 해야 하는 것이 나에게는 힘들다. 그래서 몇 년 안에 직업을 바꿀 생각을 하고 있다.

_____

5 너희 나라에서는 어떤 직업들이 노동 시장에서 전망이 좋아?

_____

6 우리나라에서는 그래도 어쨌든 대학을 졸업한 사람들이 다른 사람들보다 더 나은 기회를 갖고 있지 만 노동 시장에서의 상황이 점점 어려워지고 있어.

_____

7 사무실에서 그렇게 사적인 통화를 많이 하시면 안 됩니다. – 죄송합니다. 분명히 다시는 그런 일 없 을 것입니다.

_____

8 유감스럽게도 잘 알아듣지 못했습니다. 마지막 말씀을 다시 한 번 반복해 주실 수 있을까요?

_____

9 죄송하지만 제 독일어가 아직 완벽하지 않습니다. 이것을 다시 한 번 좀 분명하게 표현해 주실 수 있을까요?

_____

10 나는 나중에 자신의 카페를 운영하고 싶어. – 너는 분명 네 꿈을 실현할 수 있을 거야.

_____

11 다른 사람들이 뭐라고 말하는지에 내가 귀 기울일 필요는 없다.

_____

12 나는 이제부터 내가 정말로 무엇을 가장 하고 싶은지 생각해 볼 수 있다.

_____

13 많은 사람들이 온라인으로 상품을 사고팔기 위해서, 그리고 여러 가지 사건에 대해 정보를 얻기 위해서 컴퓨터를 필요로 한다.

_____

14 규칙적으로 모든 자료를 저장하는 것을 잊지 마십시오.

_____

15 내 작업에 필요한 모든 자료들이 내 컴퓨터에 저장되어 있다.

_____

16 나는 컴퓨터가 없는 삶은 상상할 수 없다.

_____

17 우리는 컴퓨터를 통해서 중요한 많은 정보를 얻고 지식을 증대할 수 있으며, 세상에서 일어나는 주요 사건들에 대해 알 수 있다.

_____

18 그런 장점들에도 불구하고 컴퓨터의 부정적인 영향을 부인할 수 없다.

_____

19 나는 최근 몇 년간 점점 더 자주 온라인으로 주문하고 있다. 인터넷 덕분에 쇼핑하러 집을 나갈 필요가 없다.

_____

20 문 여는 시간을 생각할 필요 없이 내가 아무 때나 물건을 주문할 수 있고, 또 계산대 앞에 길게 줄서 있을 필요도 없다.

_____

Lektion 11

Umweltschutz

환경보호

Gespräche 1

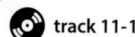
track 11-1

<Informationen für neue Bewohner/innen>

* Unseren Müll bringen wir in den Hof. Dort stehen die Mülltonnen. Bitte achten Sie auf Mülltrennung (Grüner Punkt, Papier, Restmüll, Bioabfall).

* Die Müllabfuhr holt einmal pro Woche den Müll ab. Die Müllabfuhr kontrolliert die Mülltrennung, bevor die Tonnen entleert werden. Bei falsch entsorgtem Müll müssen Sonderleerungen beauftragt werden, wobei die Kosten hierfür von den Bewohnern zu tragen sind.

* Alte Geräte wie z.B. Waschmaschinen oder Fernseher bringt man zu einem Wertstoffhof.

* Wenn in unserem Mietshaus etwas kaputt ist, dann gehen wir zuerst zu unserem Hausmeister. Er kann uns meistens helfen und die Sachen reparieren.

----

* Restmüll: Kehricht, Staubsaugerbeutel, CDs, Disketten, Kassetten, Glühbirnen, Zigarettenreste

* Biomüll: Gemüse- und Obstreste, Essensreste, Kaffeefilter

* Leichtstoffverpackungen: Dosen, Safttüten, Tuben, Folien, Joghurtbecher, Aluminium

* AltPapier: Zeitungen, Zeitschriften, Hefte, Kataloge, Packpapier, Bücher, Kartons

* Sperrmüll (wie Sofas, Tische, Stühle, Matrazen, Lampen, Fahrräder, Koffer) bringt man zum Recyclinghof oder wird zu Hause abgeholt.

* Sondermüll (wie Batterien, alte Farben, Klebstoffe, Ölreste, Computer, Elektrogeräte, Reifen) bringt man zum Recyclinghof.

* An vielen Stellen stehen öffentliche Container für Altglas, Textilien oder Schuhe.

《새로 온 주민을 위한 안내》

＊ 우리 쓰레기는 안마당으로 가져갑니다. 그곳에 대형 쓰레기통이 있습니다.
쓰레기 분리수거에 유의하십시오. (그뤼너 풍크트 (그린 도트), 종이,
일반쓰레기, 음식쓰레기)

＊ 쓰레기 수거 차가 일주일에 한 번 쓰레기를 수거합니다. 쓰레기 수거 차는 대형
쓰레기통을 비우기 전에 분리수거를 점검합니다. 쓰레기가 잘못 처리되었을
경우에는 특별 수거가 위탁되어야 하는데, 이럴 경우에 그 비용은 주민들이
부담해야 합니다.

＊ 세탁기나 텔레비전 같은 낡은 집기는 재활용센터로 가져갑니다.

＊ 우리 임대주택에서 망가진 것이 생기면 우선 관리실로 가십시오. 건물관리인이
대부분 우리를 도와 물건을 수리할 수 있습니다.

＊ 일반쓰레기: 오물, 청소기 봉투, CD, 디스켓, 카세트, 전구, 담배꽁초

＊ 음식쓰레기: 야채, 과일, 음식 찌꺼기, 커피 찌꺼기

＊ 포장용기: 캔, 주스 봉지, 튜브, 호일, 요구르트 병, 알루미늄

＊ 폐지: 신문, 잡지, 노트, 카탈로그, 종이 포장지, 책, 상자

＊ 대형쓰레기(소파, 탁자, 의자, 매트리스, 램프, 자전거, 트렁크)는 재활용센터로
가져가거나 집에서 수거됩니다.

＊ 특별쓰레기(배터리, 폐염료, 접착제, 기름 찌꺼기, 컴퓨터, 가전기구, 타이어)는
재활용센터로 가져갑니다.

＊ 유리병, 의류나 신발을 수거하는 공공 컨테이너가 여러 곳에 있습니다.

Vokabular

der Bewohner, - 거주자 | **der Hof** 안마당, 궁정 | **die Mülltonne**, -n 대형 쓰레기통 | **der Müll** 쓰레기, 폐기물 | **die Trennung**, -en 분리 | **die Müllabfuhr** 쓰레기 수거 | **kontrollieren** 감독하다, 검사하다 | **entleeren** 비우다 | **falsch** 틀린, 잘못된 | **entsorgen** 제거하다, 쓰레기를 처리하다 | **beauftragen** 위임하다 | **das Gerät**, -e 기구, 집기 | **der Wertstoffhof** 재활용센터 | **das Mietshaus** 임대주택 | **kaputt** 망가진 | **der Hausmeister** 건물관리인 | **reparieren** 수리하다 | **der Kehricht** 오물, 쓰레기 | **der Staubsauger** 진공청소기 | **der Beutel** 작은 주머니 | **die Glühbirne**, -n 전구 | **die Verpackung**, -en 포장, 포장 재료 | **öffentlich** 공공의 | **der Becher** 잔, 컵 | **die Zeitschrift**, -en 잡지

Grammatik

❶ ..., bevor die Tonnen entleert werden.

→ 종속접속사 'bevor(~하기 전에)'로 이끌어지는 부문장. 후치한다.

→ bevor 안의 부문장은 수동태 현재형 (werden ... p.p.). '대형 쓰레기통이 비워지기 전에'.

❷ Bei falsch entsorgtem Müll müssen Sonderleerungen beauftragt werden, wobei die Kosten hierfür von den Bewohnern zu tragen sind.

→ 'Bei falsch entsorgtem Müll'에서 entsorgt는 entsorgen의 과거분사가 형용사 역할을 하고 있다. '잘못 처리된 쓰레기의 경우에'.

→ '... müssen Sonderleerungen beauftragt werden, ...' 'müssen ... p.p. werden (수동태 + 수동태) ~ 되어야 한다'. '위탁되어야 한다.'

→ 'wobei'는 앞 문장 내용 전체를 받는 was와 전치사 bei의 결합형. 이 뒤에는 부문장이 이어진다. '그럴 경우에, 이때에' 정도로 해석할 수 있다.

→ 'wobei die Kosten ... von den Bewohnern zu tragen sind. : 이 경우에 비용이 주민들에 의해 부담되어야 한다.' 'sein ... zu p.p. : ~될 수 있다. ~되어야 한다'.

❸ Sperrmüll ... wird zu Hause abgeholt.

→ werden ... p.p. 수동태 현재형.

track 11-2

<So reduzieren Sie Ihren Müll.>

(1) Verpacken Sie Obst und Gemüse im Laden möglichst in Papier statt in Plastiktüten. Sie brauchen keine Plastiktüten, wenn Sie zum Einkaufen eine Einkaufstasche oder wiederverwendbare Taschen mitnehmen.

(2) Kaufen Sie frische Lebensmittel. Sie brauchen nicht so viel Verpackungsmaterial wegzuwerfen.

(3) Wählen Sie Produkte, die nicht aufwendig eingepackt sind.

(4) Wirtschaftlich einkaufen. Planen Sie eine Woche im Voraus, was Sie kochen wollen, und schreiben Sie einen genauen Einkaufszettel, damit Sie nicht zu viel einkaufen. Ein Essens- und Einkaufsplan hilft dabei, unnötige Produktkäufe zu vermeiden.

(5) Sammeln Sie Altpapier und Altglas und kaufen Sie so oft wie möglich Produkte aus Recyclingmaterial.

(6) Benutzen Sie Pfandflaschen: Sie produzieren so viel weniger Müll.

(7) Sie sparen Geld und Papierabfälle, wenn Sie die Zeitung mit Nachbarn oder Freunden teilen. Zeitungen und Zeitschriften können an Seniorenheime und andere soziale Einrichtungen weitergeleitet werden.

In Deutschland erhält man in keinem Geschäft einfach so Plastiktüten, um seine Einkäufe darin einzupacken. Plastiktüten kann man zwar bei der Kassiererin bekommen, aber man muss sie bezahlen. Um Geld zu sparen, empfiehlt es sich also, die Tüten mehrmals zu verwenden. Die meisten Deutschen gehen von vornherein mit einem Einkaufskorb oder einer Einkaufstasche zum Einkaufen. Das ist auch viel umweltschonender, und Umweltschutz ist den meisten Deutschen wichtig.

≪이렇게 하면 쓰레기를 줄일 수 있습니다≫

(1) 과일과 야채를 상점에서 비닐봉투에 담는 대신에 종이에 포장하십시오. 장 보러 갈 때 쇼핑 가방이나 재활용 가능한 가방을 가져가면 비닐봉지가 필요 없습니다.

(2) 신선한 식품을 구입하십시오. 그렇게 하면 그 많은 포장 재료를 버리지 않아도 됩니다.

(3) 화려하게 포장되어 있지 않은 제품을 선택하십시오.

(4) 경제적으로 쇼핑하십시오. 너무 많이 장을 보지 않도록 1주일 전에 미리 어떤 요리를 할 것인지 계획을 세우고 정확한 쇼핑 목록을 작성합니다. 식사와 장보기 계획이 불필요한 제품 구매를 하지 않도록 도와줍니다.

(5) 폐휴지와 폐병을 모으고 재활용 재료로 만든 제품을 가능한 한 자주 구입하십시오.

(6) 보증금이 있는 병을 이용하십시오. 그만큼 쓰레기를 덜 만들어냅니다.

(7) 신문을 이웃이나 친구들과 공유하면 돈도 아끼고 폐지도 덜 나옵니다. 신문과 잡지를 양로원과 다른 사회시설에 전달할 수도 있습니다.

독일에서는 어떤 상점에서도 구입한 물건을 넣기 위해 그냥 간단히 비닐봉지를 얻지 못한다. 계산대에서 비닐봉지를 얻을 수는 있지만 돈을 내야 한다. 그러므로 돈을 아끼기 위해서는 봉지를 여러 번 사용하는 것이 좋다. 대부분의 독일 사람은 처음부터 장바구니나 쇼핑 가방을 들고 장을 보러 간다. 그것은 또한 환경을 훨씬 아끼는 일이며, 대부분의 독일 사람에게는 환경보호가 중요하다.

Vokabular

reduzieren 줄이다, 축소하다 | **verpacken** 포장하다 | **die Verpackung** 포장 | **der Laden** 상점 | **die Plastiktüte**, **–n** 비닐봉지 | **wiederverwenden** 재활용하다 | **die Einkaufstasche**, **–n** 쇼핑 가방 | **mitnehmen** 가지고 가다 | **das Material** 재료, 원료 | **wegwerfen** 내버리다 | **aufwendig** 값비싼, 화려한 | **einpacken** 종이에 감아 포장하다 | **wirtschaftlich** 경제적인 | **der Produkt**, **-e** 제품 | **im Voraus** 미리 | **der Zettel** 종이쪽지 | **vermeiden** 피하다, 방지하다 | **sammeln** 모으다 | **das Pfand** 보증금 | **die Flasche**, **–n** 병 | **der Abfall**, **Abfälle** 폐기물, 쓰레기 | **teilen** 나누다, 공유하다 | **der Austausch** 교환 | **das Seniorenheim**, **-e** 양로원 | **sozial** 사회적인, 사회복지의 | **die Einrichtung** 시설 | **weiterleiten** 전달하다, 넘기다 | **von vornherein** 처음부터 | **schonen** 아끼다, 보호하다 | **der Umweltschutz** 환경보호

Grammatik

❶ wiederverwendbare Taschen
→ 동사 어간 뒤에 –bar를 붙인 형용사는 '(어떤 것, 어떤 사람이) ~될 수 있는, ~ 가능한'이라는 의미를 갖는다. 'wiederverwendbar : 재활용될 수 있는, 재활용이 가능한.' 부정할 때는 'un–'을 붙인다.
예 heizbar 난방이 가능한, 난방 장치가 되어 있는 / passierbar 통행이 가능한 / anwendbar 사용, 응용할 수 있는 / unvorstellbar 상상할 수 없는

❷ ... Produkte, die nicht aufwendig eingepackt sind.
→ Produkte를 수식하는 복수 1격 관계대명사 die로 이끌어지는 관계문.
→ 'sein ... p.p. 상태 수동'. 'die Produkte sind ... eingepackt : 제품이 ... 포장되어 있다.'

❸ Planen Sie ..., was Sie kochen wollen,
→ '당신이 무엇을 요리하려고 하는지를 계획하시오.' 'was(무엇)'이 이끄는 부문장이 planen의 목적절 역할을 하고 있다.

❹ ..., damit Sie nicht zu viel einkaufen.
→ 'damit 주어 ... 동사 : ~하기 위해서'. 목적을 의미하는 종속접속사.

❺ Zeitungen und Zeitschriften können an ... weitergeleitet werden.
→ können ... p.p. werden : ~될 수 있다 (조동사＋수동태)

❻ ..., um seine Einkäufe darin einzupacken.
→ 'um ... zu Inf. : ~하기 위해서' 목적을 의미한다.

❼ ... kann man zwar ... bekommen, aber man muss sie bezahlen.
→ zwar ..., aber ... : ~이긴 하지만 그러나 ...

❽ ..., empfiehlt es sich also, die Tüten mehrmals zu verwenden.
→ es empfiehlt sich ... zu Inf. : ~하는 것을 추천할 만하다, ~하는 것이 당연하다, 좋다

Gespräche 3

track 11-3

F Du hast schon wieder vergessen, den Hausmüll zu trennen. Es ist wichtig zu recyclen.

M Du fängst schon wieder an, von der Verantwortung jedes Einzelnen für den Umweltschutz zu reden. Solange sich die Politiker nicht auf ein Umweltprogramm einigen können, hat es keinen Sinn, sich als Einzelner zu bemühen.

F Das sagst du nur, weil du keine Lust hast, deinen bequemen Lebensstil aufzugeben. Umweltschutz beginnt zuerst bei mir selbst. Es liegt in der Hand eines jeden Einzelnen von uns, wie lange wir noch saubere Luft atmen und sauberes Wasser trinken können.

＊ Wir verschwenden Energie, ohne an die Folge zu denken. Wer etwas zum Klimaschutz beitragen möchte, muss darauf achten, Energie einzusparen. Sie können im Haushalt beginnen.

(1) Kaufen Sie regionale Produkte - das spart überflüssige Transportwege.

(2) Kaufen Sie Recyclingpapier - Für die Herstellung von Recyclingpapier werden weniger Energie und Wasser benötigt.

(3) Stellen Sie den Kühlschrank am richtigen Ort. Der Kühlschrank gehört zu den größten Stromfressern im Haushalt. Auch hier lassen sich Strom und Kosten sparen, wenn das Gerät an einem kühlen Ort aufgestellt wird. Und der Kühlschrank braucht weniger Strom, wenn die Türen nicht länger als notwendig geöffnet werden.

(4) Waschen Sie die Wäsche bei niedriger Temperatur. Kleidung bei 90 Grad zu waschen ist heutzutage in der Regel unnötig. Meistens reichen sogar 40 Grad völlig aus.

(5) Fernseh-, DVD- und ähnliche Geräte sollten Sie ganz ausschalten. Im Stand-by-Modus verbrauchen sie sonst weiter Strom. Am besten kaufen Sie eine abschaltbare Steckdosenleiste.

F 너 쓰레기 분리하는 것 또 잊었구나. 재활용하는 것이 중요해.

M 너는 또 환경보호를 위한 개인의 책임에 대해서 얘기하기 시작이구나.
정치가들이 어떤 환경 프로그램에 합의하지 못하는 한 개인으로서 애쓰는
것은 의미가 없어.

F 그건 네가 그저 편안한 생활 방식을 포기할 마음이 없어서 하는 말이지.
환경보호는 우선 나 자신에게서 시작되는 거야. 우리가 얼마나 오래 깨끗한
공기를 호흡하고 깨끗한 물을 마실 수 있는지는 우리 한 사람 한 사람의 손에
달려 있어.

----

* 우리는 결과를 생각하지 않고 에너지를 사용한다. 기후 보호에 어느 정도
  기여하고 싶은 사람이라면 에너지 절약에 유의해야 한다. 그것은 가정에서
  시작할 수 있다.

(1) 지역 생산품을 구입하십시오. 그것이 불필요한 운송 과정을 아껴 줍니다.

(2) 재활용 종이를 구입하십시오. 재활용 종이의 생산에는 에너지와 물이 덜
    필요합니다.

(3) 냉장고를 올바른 위치에 두십시오. 냉장고는 가정에서 전력을 가장 많이
    잡아먹는 것 중 하나입니다. 냉장고를 서늘한 위치에 세우면 여기에서도
    전력과 비용이 절약될 수 있습니다. 그리고 냉장고 문을 필요 이상으로 오래
    열어 두지 않는다면 전력이 덜 소비됩니다.

(4) 낮은 온도에서 빨래를 하십시오. 오늘날에는 90도에서 옷을 세탁하는 것은
    보통 불필요합니다. 대부분은 40도에서도 충분합니다.

(5) 텔레비전과 DVD 같은 기계들은 전원을 완전히 차단해야 합니다. 그렇게
    하지 않으면 대기 모드에서 계속 전력을 소비합니다. 차단이 가능한 멀티탭을
    구입하는 것이 가장 좋습니다.

Vokabular

vergessen 잊다 | **die Verantwortung** 책임 | **einzeln** 개별적인 | **sich einigen** 일치하다, 합의하다 | **der Sinn** 의미 | **sich mühen** 애쓰다, 노력하다 | **der Lebensstil** 생활 양식 | **aufgeben** 포기하다 | **sauber** 깨끗한 | **atmen** 호흡하다 | **verschwenden** 낭비하다 | **die Folge** 결과 | **der Klimaschutz** 기후보호 | **beitragen** 기여하다 | **einsparen** 절약하다 | **der Haushalt** 가정살림 | **regional** 지역의 | **überflüssig** 불필요한, 쓸데없는 | **der Transport** 수송, 운송 | **die Herstellung** 생산, 제조 | **aufstellen** 세우다, 배치하다 | **niedrig** 낮은 | **die Temperatur** 온도 | **ausreichen** 넉넉하다 | **völlig** 완전한, 충분한 | **ausschalten** 스위치를 끄다 | **verbrauchen** 소비, 소모하다 | **die Steckdosenleiste** 멀티탭

Grammatik

❶ Du fängst schon wieder an, von der Verantwortung jedes Einzelnen ... zu reden.

→ anfangen ... zu Inf. : ~하기 시작하다
→ der Einzelne, ein Einzelner : 개개인. 위 문장에서 'jedes Einzelnen'은 'jeder Einzelne 각각의 개인'의 2격형.

❷ Solange sich die Politiker nicht ... einigen können, hat es keinen Sinn, sich als Einzelner zu bemühen.

→ solange : ~하는 한, ~하는 동안
→ es hat keinen Sinn, ... zu Inf. : ~하는 것이 아무런 의미가 없다

❸ ..., weil du keine Lust hast, deinen bequemen Lebensstil aufzugeben.

→ du hast keine Lust, ... zu Inf. : 너는 ~하고 싶은 마음이 없다

❹ Es liegt in der Hand eines jeden Einzelnen von uns, wie lange wir ... atmen und ... trinken können.

→ 'eines jeden Einzelnen'은 'ein jeder Einzelner'의 2격형. 의미는 'jeder Einzelne(각각의 개인)' 과 같다.
→ Es liegt in der Hand ..., wie lange wir ... können. : 우리가 얼마 오래 ...할 수 있는지, 그것은 ~의 손에 달려 있다

❺ Wir verschwenden Energie, ohne an die Folge zu denken.

→ ohne ... zu Inf. : ~ 하지 않고

❻ Auch hier lassen sich Strom und Kosten sparen, ...

→ lassen sich ... Inf. = können ... p.p. werden : ~될 수 있다

❼ ..., wenn die Türen nicht länger als notwendig geöffnet werden.

→ 'werden ... p.p.' (수동태 현재형).
위의 문장을 직역하면 '문들이 필요한 것보다 더 오래 열리지 않는다면'.

F Alle Menschen wollen glücklich sein. Reichtum, Ehre und Anerkennung, Karriere, Gesundheit und ein trautes Heim ..., das alles könnte wohl unter dem Begriff Glück zusammen gefasst werden. Aber 'viel besitzen' kann nur eine Voraussetzung fürs Glück sein, nicht die allerwichtigste. Wir wissen schon, dass nicht alle, die viel besitzen, sich glücklich fühlen. Es ist schwer zu beantworten, wie man glücklich leben kann. Es ist klar, dass es nicht um die Quantität, sondern um die Qualität geht und es die Frage der Wertvorstellung ist. Jeder definiert sein Glück etwas anders. Was bedeutet Glück für Sie?

M Ich lege großen Wert auf das Wohl meiner Familie. Ich fühle mich glücklich, wenn meine Familie glücklich ist. Stabile, harmonische, enge Beziehungen brauche ich für mein Glücksempfinden. Anderen helfen ist für mich auch ein Glück. Ich möchte das Glück mit anderen teilen.

F Ja, wir müssen die anderen Menschen und deren Glück respektieren. Auf der anderen Seite sollten wir die Umwelt schützen, denn eine gesunde und lebenswerte Umwelt ist eine notwendige Voraussetzung für das Wohlergehen aller Menschen auf der Erde.

M Das stimmt. Auch für das Glück von den Kindern von heute und von morgen ist der Schutz der Umwelt eine der wichtigsten Aufgaben unserer Zeit. Wir sollten ihnen gute Lebensbedingungen verschaffen.

F　사람은 모두 행복하기를 원합니다. 재력, 명예와 인정, 직업적 성공, 건강, 아늑한 가정, 그 모든 것이 행복이라는 개념 아래서 만날 수 있을 것입니다. 그러나 많은 것을 소유하고 있다는 것이 그저 행복의 하나의 전제일 수는 있겠지만 가장 중요한 것일 수는 없습니다. 많은 것을 소유하고 있는 사람이 모두 다 행복하다고 느끼지는 않는다는 것을 우리가 이미 알고 있지요. 어떻게 행복하게 살 수 있는지를 대답한다는 것은 어렵습니다. 양이 아니라 질이 중요하다는 것, 가치관의 문제라는 것은 분명합니다. 각자가 자신의 행복을 다르게 정의하지요. 당신에게는 행복이 무엇을 의미합니까?

M　저는 가족의 행복에 큰 가치를 둡니다. 제 가족이 행복할 때 저도 행복을 느낍니다. 저의 행복의 느낌에는 안정되고 조화로운, 친밀한 관계가 필요합니다. 다른 사람을 돕는다는 것도 저에게는 행복입니다. 저는 행복을 다른 사람들과 나누고 싶습니다.

F　그렇지요. 우리는 다른 사람들과 그들의 행복을 존중해야 합니다. 다른 한편으로 우리는 환경을 보호해야 합니다. 건강하고 살 만한 환경이 지구상의 모든 사람들의 행복을 위한 필수적인 전제조건이기 때문입니다.

M　맞습니다. 오늘날의 아이들과 미래의 아이들의 행복을 위해서도 환경보호가 우리 시대의 가장 큰 과제 중 하나지요. 우리는 그들에게 좋은 생활 조건을 마련해 줘야 합니다.

Vokabular

der Reichtum 부, 재력 | **die Ehre** 명예 | **die Anerkennung** 인정 | **die Karriere** 직업적 성공 | **traut** 아늑한 | **der Begriff** 개념 | **zusammentreffen** 만나다, 함께 모이다 | **die Voraussetzung** 가정, 전제조건 | **besitzen** 소유하다 | **definieren** 정의, 규정하다 | **die Quantität** 양 | **die Qualität** 품질 | **die Wertvorstellung** 가치관 | **der Wert** 가치 | **stabil** 견고한 | **harmonisch** 조화로운 | **eng** 친밀한 | **die Beziehungen** 상호관계 | **lebenswert** 살 만한 가치가 있는 | **das Wohlergehen** 행복, 번영 | **die Erde** 지구 | **die Bedingung, –en** 조건 | **verschaffen** 마련해 주다

Grammatik

❶ ... die allerwichtigste.
→ '무엇보다 가장 중요한 것.' 최상급 앞에 aller를 붙여 강조한 형태이다. 'allerbest – 가장 좋은, allerschönst– 가장 아름다운'

❷ ..., dass nicht alle, die viel besitzen,...
→ 'nicht alle : 모든 사람들이 다 ~한 것은 아니다.' 부분부정.
→ 복수 1격 관계대명사로 이끌어지는 관계문 'die viel besitzen(많은 것을 소유한)'이 alle를 수식한다.

❸ Es ist schwer zu beantworten, wie man glücklich leben kann.
→ es는 'zu beantworten(대답하는 것)'을 받는 가주어 역할을 하고 있다.
→ wie로 이끌어지는 부문장 '사람이 어떻게 행복하게 살 수 있는지'는 beantworten의 목적절.

❹ ..., dass es nicht um die Quantität, sondern um die Qualität geht,
→ 숙어 'es geht um ~ : ~이 중요하다, ~이 문제이다'

❺ ... die anderen Menschen und deren Glück achten.
→ deren은 바로 앞의 명사 Menschen을 받는 정관사 형태의 지시대명사 die의 복수 2격형.

❻ ... eine der wichtigsten Aufgaben unserer Zeit.
→ '우리 시대의 가장 중요한 과제들 중의 하나'. 'einer / eine / eins 복수 2격 : ~ 중의 하나'. Aufgabe가 여성명사이므로 eine가 쓰인다.

Lektion 12

Märchen

동화

Märchen 1

 track 12-1

1. Das arme Mädchen

F   Es war einmal ein armes, kleines Mädchen, dem war Vater und Mutter gestorben. Es hatte kein Haus mehr, in dem es wohnen, und kein Bett mehr, in dem es schlafen konnte, und nichts mehr auf der Welt, als die Kleider, die es auf dem Leibe trug, und ein Stückchen Brot in der Hand, das ihm ein Mitleidiger geschenkt hatte; es war aber gar fromm und gut. Da ging es hinaus, und unterwegs begegnete ihm ein armer Mann, der bat es so sehr um etwas zum Essen, da gab es ihm das Stück Brot; dann ging es weiter, da kam ein Kind und sagte: »Es friert mich so an meinem Kopf, schenk mir doch etwas, was ich darum binde«, da tat es seine Mütze ab und gab sie dem Kind. Und als es noch ein bisschen gegangen war, da kam wieder ein Kind, und hatte kein Leibchen an, da gab es ihm seins; und noch weiter, da bat eins um ein Röcklein, das gab es auch von sich hin, endlich kam es in den Wald, und es war schon dunkel geworden, da kam noch eins und bat um ein Hemdlein, und das fromme Mädchen dachte: Es ist dunkle Nacht, da kannst du wohl dein Hemd weggeben, und gab es hin. Da fielen auf einmal die Sterne vom Himmel und waren lauter harte, blanke Taler, und ob es gleich sein Hemdlein weggegeben hatte, hatte es doch eins an, aber vom allerfeinsten Linnen, da sammelte es sich die Taler hinein und wurde reich für sein Lebtag.

1. 가련한 소녀

F   옛날에 부모를 여읜 가난한 어린 소녀가 살았다. 소녀는 들어가 살 수 있는
집도 없었고 잠잘 수 있는 침대도 없었다. 세상에 가진 것이라고는 몸에 걸친
옷들뿐이었고 동정심 많은 어떤 사람이 선물해 준 빵 한 조각을 손에 들고
있었다. 그러나 소녀는 신앙심 깊고 착한 아이였다. 소녀는 걸어가다가
길에서 가난한 어떤 남자와 마주쳤다. 그 남자는 먹을 것을 좀 달라고
소녀에게 간청했고 소녀는 그 사람에게 그 빵 조각을 주었다. 그리고 또
걸어가는데 한 아이와 와서 말했다. "머리가 너무 추워요. 저에게 머리에
쓸 것을 좀 주세요." 소녀는 자기 모자를 벗어서 아이에게 주었다. 그리고
조금 걸어갔을 때 다시 한 아이가 왔는데 그 아이는 속옷을 입고 있지
않았다. 소녀는 그 아이에게 자기 속옷을 주었다. 또 걸어가는데 한 아이가
와서 치마를 달라고 하자 소녀는 자기 치마를 벗어 주었다. 소녀는 마침내
숲속으로 들어왔고 벌써 날이 어두워졌다. 그때 또 한 아이가 와서 셔츠를
달라고 했다. 신앙심 깊은 소녀는 '캄캄한 밤이니까 셔츠를 벗어 줘도 괜찮을
거야.'라고 생각하며 셔츠를 건네주었다. 그러자 갑자기 하늘에서 별들이
쏟아져 내렸는데, 그것은 정말 많은 단단하고 반짝이는 은화였다. 그리고
셔츠를 벗어 주었는데도 소녀는 셔츠를 입고 있었다. 그것도 아주 고운
아마로 만든 셔츠였다. 소녀는 은화를 주워 모았고 평생 동안 부자로 살았다.

Vokabular

tragen 지니다, 입고 있다 | **mitleidig** 동정심이 있는 | **fromm** 신앙심이 깊은 | **unterwegs** 도중에 | **begegnen** 마주치다 | **binden** 감다, 묶다 | **die Mütze** 모자 | **abtun** 벗다 | **das Leibchen** 내의 | **anhaben** 입고 있다, 신고 있다 | **endlich** 마침내 | **dunkel** 어두운 | **das Hemd** 셔츠 | **weggeben** 주어버리다 | **der Stern**, **–e** 별 | **der Himmel** 하늘 | **lauter** 정말 많은 | **hart** 단단한 | **blank** 반짝이는 | **der Taler**, **–** 탈러(은화) | **fein** 고운, 부드러운 | **das Leinen** 아마포, 아마제품 | **mein/sein Lebtag** 나의 / 그의 일평생

Grammatik

❶ ... ein armes, kleines Mädchen, dem war Vater und Mutter gestorben.

→ dem은 Mädchen을 받는 중성 3격 지시대명사.

→ sterben이 사람의 3격과 함께 오면 '누가 죽어서 그 사람에게서 떠나갔다, 그 사람이 누구를 여의었다' 는 의미가 된다.

❷ Es hatte kein Haus mehr, in dem es wohnen, ... und nichts mehr auf der Welt, als die Kleider, ...

→ in dem은 Haus를 수식하는 관계대명사. '전치사 in + 중성 3격'

→ nichts ... als ∼ : ∼ 외에 아무것도 ...하지 않다

❸ ... ein Stückchen Brot ..., das ihm ein Mitleidiger geschenkt hatte;

→ das는 Brot를 수식하는 관계대명사 (중성 4격). ihm은 das Mächen을 받는 중성 3격 인칭대명사.

→ ein Mitleidiger는 'mitleidig(동정심이 있는)'에서 형용사의 명사화.

❹ ... ein armer Mann, der bat es so sehr um etwas zum Essen, ...

→ der는 Mann을 받는 지시대명사 남성 1격. es는 Mädchen을 받은 중성 4격 인칭대명사.

→ bitten jn. um ∼ : 누구에게 ∼을 청하다

→ etwas zum Essen : 먹을 것

❺ ..., schenk mir doch etwas, was ich darum binde.

→ etwas가 선행사일 때 관계대명사는 was. '머리에 두를 어떤 것.' darum은 'um das Kopf'의 의미.

❻ ..., da kam wieder ein Kind, und hatte kein Leibchen an, da gab es ihm seins; und noch weiter, da bat eins um ein Röcklein, ...

→ seins는 sein Leibchen, eins는 ein Kind.

track 12-2

2. Das Hirtenbüblein

M Es war einmal ein Hirtenbübchen, das war wegen seiner weisen
Antworten, die es auf alle Fragen gab, weit und breit berühmt.
Der König des Landes hörte auch davon, glaubte es nicht und
ließ das Bübchen kommen. Da sprach er zu ihm »kannst du mir
auf drei Fragen, die ich dir vorlegen will, Antwort geben, so will
ich dich ansehen als mein eigenes Kind, und du sollst bei mir in
meinem königlichen Schloss wohnen.« Das Büblein sprach: »wie
lauten die drei Fragen?« Der König sagte »die erste lautet: wie
viel Tropfen Wasser sind in dem Weltmeer?« Das Hirtenbüblein
antwortete »Herr König, lasst alle Flüsse auf der Erde verstopfen,
damit kein Tröpflein mehr daraus ins Meer läuft, das ich nicht
erst gezählt habe, so will ich Euch sagen, wie viel Tropfen im
Meere sind.« Der König sprach, »die andere Frage lautet: wie
viel Sterne stehen am Himmel?« Das Hirtenbübchen sagte »gebt
mir einen großen Bogen weißes Papier,« und dann machte es
mit der Feder so viele feine Punkte darauf, dass sie kaum zu
sehen und fast gar nicht zu zählen waren und einem die Augen
vergingen, wenn man darauf blickte. Darauf sprach es »so viele
Sterne stehen am Himmel, wie hier Punkte auf dem Papier, zählt
sie nur.« Aber niemand war dazu imstand. Sprach der König »die
dritte Frage lautet: wie viel Sekunden hat die Ewigkeit?« Da sagte
das Hirtenbüblein »in Hinterpommern liegt der Demantberg,
der hat eine Stunde in die Höhe, eine Stunde in die Breite und
eine Stunde in die Tiefe; dahin kommt alle hundert Jahre ein
Vöglein und wetzt sein Schnäbelein daran, und wenn der ganze
Berg abgewetzt ist, dann ist die erste Sekunde von der Ewigkeit
vorbei.« Sprach der König »du hast die drei Fragen aufgelöst wie
ein Weiser und sollst fortan bei mir in meinem königlichen Schlosse
wohnen, und ich will dich ansehen als mein eigenes Kind.«

2. 양치기소년

M   옛날에 양치기소년이 살았다. 이 소년은 어떤 질문을 받아도 현명한 답을
    내놓기로 널리 알려져 있었다. 이 나라의 왕도 그 얘기를 듣게 되었는데
    그것을 믿지 못하고 소년을 데려오게 했다. 왕이 소년에게 말했다.
    "내가 너에게 세 가지 질문을 해서 네가 여기에 대답을 할 수 있다면
    너를 내 친아들로 여기고 왕궁에 살도록 하겠다." 소년이 말했다.
    "세 가지 질문이 무엇입니까?" 왕이 말했다. "첫 번째는 이것이다.
    세상의 바다에 물이 몇 방울이나 되느냐?" 양치기 소년이 대답했다.
    "국왕 폐하, 이 땅의 모든 강물을 막아 한 방울도 더 이상 바다로
    흘러들어가지 않도록 해 주십시오. 지금은 세지 못했지만 그렇게 해 주시면
    바다에 물방울이 몇 개인지 말씀드리겠습니다." 왕이 말했다.
    "두 번째 질문이다. 하늘에 별은 몇 개나 되느냐?" 소년이 말했다.
    "커다란 백지 한 장을 주십시오." 그러고 나서 소년은 종이 위에 펜으로
    무수히 많은 아주 작은 점들을 찍었다. 점들은 거의 보이지도 않고
    거의 셀 수도 없을 정도로 많았으며 사람들이 그것을 바라보자 눈이 빠질
    것 같았다. 소년이 말했다. "하늘의 별들은 여기 종이 위에 있는 점들만큼
    많습니다. 이 점들을 세어 보시면 됩니다." 그러나 아무도 그 점을 셀 수
    없었다. 왕이 말했다. "세 번째 질문이다. 영원을 초로 계산하면 몇 초가
    되느냐?" 양치기소년이 말했다. "힌터포메른 지역에 데만트 산이 있습니다.
    그 산은 높이가 한 시간, 폭이 한 시간, 깊이가 한 시간입니다. 백 년마다
    작은 새가 그리로 와서 작은 부리로 산을 가는데 산 전체가 갈아서 없어지면
    영원의 첫 번째 1초가 지나간 것입니다." 그러자 왕이 말했다. "너는 현자처럼
    세 가지 질문을 모두 풀었다. 이제 내 곁에서 나의 왕궁에서 살도록 할 것이며
    너를 내 친아들로 여기겠다."

 Vokabular

der Hirt, **-en** 목동, 목자 | **der Bub / Bübchen** 소년, 사내아이 | **weise** 현명한 | **weit und breit** 널리, 주변에 | **berühmt** 유명한 | **vorlegen** 제시하다, 내놓다 | **ansehen (als~)** ～로 간주하다 | **königlich** 왕의 | **das Schloss** 궁전 | **lauten** ～라는 내용이다 | **der Tropfen**, **-** 물방울 | **das Tröpflein** Tropfen의 축약형 | **verstopfen** 막다 | **zählen** 수를 세다 | **der Bogen** (한 장의) 종이 | **die Feder** 펜 | **fein** 고운, 미세한 | **der Punkt**, **-e** 점 | **vergehen** 지나가다, 사라지다 | **blicken** 바라보다 | **die Ewigkeit** 영원 | **die Höhe** 높이 | **die Breite** 폭 | **die Tiefe** 깊이 | **der Vogel** 새 | **der Schnabel** 부리, 주둥이 | **wetzen** 갈다, 문지르다 | **abwetzen** 갈아서 없애다 | **auflösen** 해결하다

 Grammatik

❶ Der König ... ließ das Bübchen kommen.

→ lassen ... Inf.. : ～하게 하다, ～하도록 시키다. 'ließ ... kommen 오도록 했다.'

❷ Kannst du mir ... Antwort geben, so will ich dich ...

→ = Wenn du mir ... Antwort geben kannst, so will ich dich ...

❸ Herr König, lasst alle Flüsse auf der Erde verstopfen, damit kein Tröpflein mehr daraus ins Meer läuft, ...

→ lasst는 lassen의 명령형. 고어에서는 Ihr가 존칭 Sie와 같은 의미를 갖고 있었기 때문에 왕에 대한 명령형이 ihr에 대한 명령형으로 되어 있다.

예 Lasst...!, Gebt ...!, Zählt...!

→ 종속접속사 damit : ～하기 위해서, ～하도록.

❹ ... so viele feine Punkte ..., dass sie kaum zu sehen und fast gar nicht zu zählen waren, ...

→ so viel ..., dass ... : ...할 정도로 그렇게 많은

→ 'sein ... zu Inf. : ～될 수 있다' 'sie waren kaum zu sehen und ...nicht zu zählen'을 직역하면 '그 점들이 거의 보이지 않았고 헤아려질 수도 없었다.'

❺ Aber niemand war dazu imstand.

→ imstande sein ... zu Inf. : ～할 수 있다

❻ alle hundert Jahre

→ 백년마다. 'alle + 기수 + 복수 : 매 ～마다'

❼ ein Weiser

→ 'weise(현명한)'에서 형용사의 명사화. 'ein Weiser / der Weise : 현인, 현자'

3. Der gestiefelte Kater

F   Es war einmal ein Müller, der hatte drei Söhne, seine Mühle, einen Esel und einen Kater; die Söhne mussten mahlen, der Esel Getreide holen und Mehl forttragen, die Katze dagegen die Mäuse wegfangen. Als der Müller starb, teilten sich die drei Söhne die Erbschaft: der älteste bekam die Mühle, der zweite den Esel, der dritte den Kater; weiter blieb nichts für ihn übrig. Da war er traurig und sprach zu sich selbst: »Mir ist es doch recht schlimm ergangen, mein ältester Bruder kann mahlen, mein zweiter auf seinem Esel reiten – was kann ich mit dem Kater anfangen? Ich lasse mir ein Paar Pelzhandschuhe aus seinem Fell machen, dann ist's vorbei.«

»Hör«, fing der Kater an, der alles verstanden hatte, »du brauchst mich nicht zu töten, um ein Paar schlechte Handschuhe aus meinem Pelz zu kriegen; lass mir nur ein Paar Stiefel machen, dass ich ausgehen und mich unter den Leuten sehen lassen kann, dann soll dir bald geholfen sein.« Der Müllersohn wunderte sich, dass der Kater so sprach, weil aber eben der Schuster vorbeiging, rief er ihn herein und ließ ihm die Stiefel anmessen. Als sie fertig waren, zog sie der Kater an, nahm einen Sack, machte dessen Boden voll Korn, band aber eine Schnur drum, womit man ihn zuziehen konnte, dann warf er ihn über den Rücken und ging auf zwei Beinen, wie ein Mensch, zur Tür hinaus. (......)

3. 장화 신은 고양이

F 옛날에 한 방앗간 주인이 있었다. 이 사람에게는 세 아들과 방앗간과 당나귀 한 마리, 수고양이 한 마리가 있었다. 세 아들은 방아를 찧어야 했고 당나귀는 곡식을 날라 오고 가루를 운반해야 했으며 고양이는 쥐를 잡아야 했다. 방앗간 주인이 세상을 떠나자 세 아들이 유산을 나누게 되었다. 첫째 아들은 방앗간을 받았고 둘째 아들은 당나귀를, 막내 아들은 고양이를 받았다. 막내 아들을 위해서는 아무것도 더 남은 것이 없었다. 막내 아들은 슬퍼서 혼잣말로 중얼거렸다. "나에게는 정말 좋지 않게 되었어. 큰형은 방아를 빻을 수 있고 둘째 형은 당나귀를 탈 수 있잖아. 나는 고양이를 갖고 뭘 할 수 있을까? 고양이 털가죽으로 장갑 한 켤레나 만들게 하면 그걸로 끝이지."

그러자 그 말을 전부 알아들은 고양이가 말하기 시작했다. "들어 보세요. 좋지도 않은 장갑 한 켤레 얻으려고 나를 죽일 필요 없습니다. 내가 밖에 나가서 사람들 사이에 나를 내보일 수 있게 부츠 한 켤레만 맞춰 주세요. 그러면 주인님에게 도움 될 일이 있을 겁니다." 막내 아들은 고양이가 이렇게 말하는 것을 보고 놀랐다. 하지만 그때 마침 구두장이가 지나갔기 때문에 구두장이를 불러들여 고양이에게 부츠를 맞춰 주었다. 부츠가 완성되자 고양이는 부츠를 신고 자루를 하나 가져와서 자루 바닥에 곡식을 담았다. 그러고는 당겨서 자루를 닫을 있는 끈으로 자루를 묶고 등에 자루를 둘러메고 사람처럼 두 다리로 걸어서 문밖으로 나갔다. (······)

Vokabular

die Mühle 방앗간 | **der Esel** 당나귀 | **der Kater** 수고양이 | **mahlen** (곡식을) 갈다, 빻다 | **das Getreide** 곡물, 곡류 | **das Mehl** 밀가루, 곡물 가루 | **die Maus, -ˡˡe** 쥐 | **wegfangen** 잡아서 없애다 | **forttragen** 운반해 가다 | **die Erbschaft** 유산 | **übrigbleiben** 남아 있다 | **traurig** 슬픈 | **schlimm** 심한, 나쁜 | **reiten** (말 따위를) 타다 | **der Pelz** 모피, 털가죽 | **das Fell** 털가죽, 원피 | **töten** 죽이다 | **kriegen** 얻다 | **der Stiefel, -** 부츠 | **sich verwundern** 놀라다 | **der Schuster** 구두장이 | **anmessen** 맞추다 | **anziehen** 입다, 신다 | **der Sack, -ˡˡe** 자루 | **das Korn, -ˡˡer** 씨앗, 곡류 | **die Schnur, -ˡˡe** 끈, 줄 | **zuziehen** 당겨서 닫다, 죄다, 묶다 | **der Rücken** 등

Grammatik

❶ Die Söhne mussten mahlen, der Esel Getreide holen und Mehl forttragen, die Katze dagegen die Mäuse wegfangen.

→ 위의 문장은 '주어＋조동사＋동사' 문장 세 개가 이어져 있는 것이고 두 번째, 세 번째 문장에는 조동사가 생략되어 있다. → Die Söhne mussten mahlen, der Esel musste ... holen und ... forttragen, die Katze musste ... wegfangen.

❷ der älteste ..., der zweite ..., der dritte ...

→ 명사 Sohn이 생략되어 있다.

예 der älteste Sohn 첫째 아들, der zweite Sohn 둘째 아들, der dritte Sohn 셋째 아들

❸ ... (er) sprach zu sich selbst.

→ zu sich selbst sprechen : 혼잣말을 하다

❹ Mir ist es doch recht schlimm ergangen.

→ 나에게는 상황이 (일이) 정말 좋지 않게 진행되었다.

예 Wie ist es dir inzwischen ergangen? 그동안 어떻게 지냈어?

❺ Lass mir ein Paar Stiefel machen!

→ lassen동사의 du에 대한 명령형. 직역하면 '내게 한 켤레를 만들어 주도록 시켜라.' 막내 아들이 직접 만드는 것이 아니라 구두장이에게 위탁해서 만들도록 하는 것이기 때문에 lassen동사를 쓴다.

→ ein Paar : ～ 짝을 이룬 두 개. 켤레, 쌍, 벌

❻ ..., dann soll dir bald geholfen sein.

→ jm. geholfen sein : ～에게 도움이 되다, 유익하다

❼ ... der Kater ... nahm einen Sack, machte dessen Boden voll Korn, band aber eine Schnur drum, womit man ihn zuziehen konnte, ...

→ dessen은 앞에 위치한 Sack을 받는 지시대명사 der의 2격형.

→ '전치사＋관계대명사(3격이나 4격)'에서 관계대명사가 사람을 가리키는 것이 아닐 경우에는 이를 womit로 바꿔 쓸 수 있다. 여기에서는 Schnur를 수식하는 'mit der'가 womit로 쓰인 것이다.

4. Der alte Großvater und sein Enkel

M Es war einmal ein steinalter Mann, dem waren die Augen trüb geworden, die Ohren taub, und die Knie zitterten ihm. Wenn er nun bei Tische saß und den Löffel kaum halten konnte, schüttete er Suppe auf das Tischtuch, und es floß ihm auch etwas wieder aus dem Mund. Sein Sohn und dessen Frau ekelten sich davor, und deswegen musste sich der alte Großvater endlich hinter den Ofen in die Ecke setzen, und sie gaben ihm sein Essen in ein irdenes Schüsselchen und noch dazu nicht einmal satt; da sah er betrübt nach dem Tisch und die Augen wurden ihm nass. Einmal auch konnten seine zittrigen Hände das Schüsselchen nicht festhalten, es fiel zur Erde und zerbrach. Die junge Frau schalt, er sagte nichts und seufzte nur. Da kaufte sie ihm ein hölzernes Schüsselchen für ein paar Heller, daraus musste er nun essen. Wie sie da so saßen, so trug der kleine Enkel von vier Jahren auf der Erde kleine Brettlein zusammen. »Was machst du da?« fragte der Vater. »Ich mache ein Tröglein«, antwortete das Kind, »daraus sollen Vater und Mutter essen, wenn ich groß bin.« Da sahen sich Mann und Frau eine Weile an und fingen endlich an zu weinen. Sie holten sofort den alten Großvater an den Tisch und ließen ihn von nun an immer mitessen. Sie sagten auch nichts, wenn er ein wenig verschüttete.

4. 늙은 할아버지와 손자

M 옛날에 나이가 아주 많이 든 노인이 있었다. 노인의 눈은 흐려졌고 귀는
들리지 않았으며 무릎이 떨렸다. 노인이 식탁에 앉아 수저를 쥘 힘도 거의
없을 때면 식탁보에 수프를 쏟곤 했고 입에서 음식이 다시 흘러나오기도
했다. 노인의 아들과 며느리는 그것을 보고 역겨워했고 그래서 늙은
할아버지는 결국 난로 뒤 구석으로 가서 앉아야 했다. 그리고 아들과
며느리는 아버지에게 음식을 질그릇에 담아 주었는데 그것도 배부르게 주지
않았다. 그럴 때 아버지는 슬픔에 잠겨 식탁을 바라보았고 두 눈이 젖어왔다.
한번은 아버지가 손이 떨려 그릇을 꽉 잡지 못해 그릇이 바닥에 떨어져
깨진 일이 있었다. 그러자 젊은 며느리가 야단을 쳤고 아버지는 아무 말도
하지 않고 한숨만 쉬었다. 이제 며느리는 몇 푼을 주고 나무 그릇을 사왔고
아버지는 나무 그릇으로 밥을 먹어야 했다. 그렇게 그들이 앉아 있었을 때
네 살 난 어린 손자가 바닥에서 작은 널빤지 조각을 주워 모으고 있었다.
아버지가 물었다. "거기서 뭘 하는 거니?" 그러자 아이가 대답했다.
"작은 통 만들어요. 나중에 내가 크면 아빠 엄마가 이걸로 밥 먹을 거예요."
남편과 아내는 한동안 서로를 바라보다가 마침내 울기 시작했다.
두 사람은 늙은 할아버지를 곧바로 식탁으로 모셔왔고 이제부터는 항상
같이 식사하시도록 했다. 할아버지가 약간 흘려도 아들과 며느리는
아무 말 하지 않았다.

Vokabular

steinalt 매우 늙은 | **trüb(e)** 탁한, 흐린 | **taub** 귀가 먹은 | **zittern** 떨다 | **schütten** 붓다, 쏟다 | **sich ekeln** 역겨워하다 | **fließen** 흐르다 | **der Ofen** 난로 | **die Ecke** 구석, 모퉁이 | **irden** 진흙을 구워 만든 | **die Schüssel** 대접, 사발 | **satt** 배부른 | **betrübt** 슬퍼하는, 슬픔에 잠긴 | **nass** 젖은 | **zittrig** 떨리는 | **festhalten** 꽉 붙들다 | **zerbrechen** 깨지다 | **schelten** 꾸짖다, 야단치다 | **seufzen** 한숨 쉬다 | **hölzern** 나무로 만든 | **Heller** 동전 한 푼 | **das Brett** 널빤지 | **zusammentragen** 모으다 | **das Tröglein** 작은 통 | **eine Weile** 잠시 동안 | **weinen** 울다 | **verschütten** 흘리다

Grammatik

❶ Wenn er ... saß und ... konnte, schüttete er Suppe ...

→ 때를 나타내는 종속접속사 als와 wenn 중 반복적인 과거 '~했을 때면, ~했을 때마다'의 경우에는 wenn을 사용한다. als는 '~했을 때'라는 일회적인 과거.

❷ Sein Sohn und dessen Frau ekelten sich davor, ...

→ dessen은 바로 앞의 명사 Sohn을 받는 지시대명사 der의 2격형.

→ 'sich ekeln vor ~ : ~에 역겨움을 느끼다'. davor는 vor가 앞의 내용을 받는 지시대명사 das와 결합한 형태이다.

❸ ... und deswegen musste sich der alte Großvater ...

→ deswegen은 부사적 접속사. 그 뒤의 문장은 '동사＋주어'로 도치된다.
deswegen = deshalb, darum, daher

❹ Da kaufte sie ihm ein hölzernes Schüsselchen ..., daraus musste er nun essen. / ≫Ich mache ein Tröglein, ... daraus sollen Vater und Mutter essen, ...≪

→ daraus는 앞에 있는 명사 Schüsselchen, Tröglein을 받는 대명사가 aus와 결합된 형태이다.
'전치사＋대명사'에서 대명사가 사람을 가리키지 않는 경우에는 'da(r)전치사' 형태를 쓴다.

❺ Da sahen sich Mann und Frau ... an und fingen endlich an zu weinen.

→ 'sie sahen sich an : 그들은 서로를 바라보았다.' 주어가 복수인 경우에 재귀대명사는 '서로'라는 상호적인 의미로 쓰이는 경우가 많다.

→ anfangen zu Inf. : ~하기 시작하다

다음 문장을 독일어로 써 보세요.

1 쓰레기 수거 차가 일주일에 한 번 쓰레기를 수거한다. 쓰레기 수거 차는 대형 쓰레기통을 비우기 전에 분리수거를 점검한다.

_____

2 쓰레기가 잘못 처리되었을 경우에는 특별 수거가 위탁되어야 하는데, 이럴 경우에 그 비용은 주민들이 부담해야 합니다.

_____

3 우리 건물에서 어떤 것이 망가지면 우선 건물관리인에게 가십시오. 건물관리인이 대부분 우리를 도와 물건을 수리할 수 있습니다.

_____

4 당신이 장 보러 갈 때 쇼핑 가방이나 재활용 가능한 가방을 가져가면 비닐봉지가 필요 없습니다.

_____

5 나는 너무 많이 쇼핑하지 않도록 일주일 전에 미리 어떤 요리를 할 것인지 계획하고 정확한 쇼핑 목록을 작성한다.

_____

6 당신이 신문을 이웃이나 친구들과 공유하면 돈도 아끼고 폐지도 덜 나옵니다.

_____

7 독일에서는 어떤 상점에서도 구입한 물건을 넣기 위해 그냥 간단히 비닐봉지를 얻지 못한다.

_____

8 그는 또 환경보호를 위한 개인의 책임에 대해서 얘기하기 시작한다.

_____

9 우리가 얼마나 오래 깨끗한 공기를 호흡하고 깨끗한 물을 마실 수 있는지는 우리 한 사람 한 사람의 손에 달려 있다.

_____

10 기후보호에 어느 정도 기여하고 싶은 사람이라면 에너지 절약에 유의해야 한다.

11 냉장고를 서늘한 위치에 세우면 전력과 비용이 절약될 수 있다.

12 텔레비전 같은 기계들은 전원을 완전히 차단해야 합니다. 그렇게 하지 않으면 계속 전력을 소비합니다.

13 '많은 것을 소유하고 있다는 것'이 그저 행복의 하나의 전제일 수는 있겠지만 가장 중요한 것일 수는 없다.

14 다른 사람을 돕는다는 것도 내게는 행복입니다. 나는 행복을 다른 사람들과 나누고 싶습니다.

15 건강하고 살 만한 환경이 지구상의 모든 사람들의 행복을 위한 필수적인 전제조건이다.

16 우리는 내일의 아이들에게 좋은 생활 조건을 마련해 주어야 할 것이다.

17 내가 너에게 제시하려는 세 가지 질문에 네가 답할 수 있다면 너에게 좋은 것을 선물하겠다.

18 그는 현자처럼 그 세 가지 질문을 모두 풀었다.

19 그때 남편과 아내는 한동안 서로를 바라보다가 마침내 울기 시작했다.

20 그들은 늙은 아버지를 곧바로 식탁으로 모셔왔고 이제부터는 항상 같이 식사하시도록 했다.

Lösungen 회화편 정답

1   Sie können sowohl telefonisch als auch online Karten reservieren.

2   Von der 21. Reihe können Sie die Bühne besser sehen.

3   Zur Abholung der Karten muss der gültige Studentenausweis vorgelegt werden.

4   Das Zimmer kostet 98 Euro pro Nacht. Auf welchen Namen darf ich das Zimmer reservieren?

5   Ich hätte gern ein ruhiges Zimmer mit Blick auf den See, wenn es möglich ist.

6   Ich möchte auch noch wissen, ob ich am Sonntagabend oder am Montag früh zurückfliegen könnte.

7   Auf dieser Internetseite kann man verschiedene Hotels vergleichen.

8   Wir können auf den Internetseiten der verschiedenen Fluglinien nachsehen, ob es Flüge gibt und wie viel sie kosten.

9   Nach der Buchung schicken sie uns ein e-Ticket per E-Mail.

10   Das e-Ticket können wir zu Hause ausdrucken und alles ist erledigt.

11   Ich möchte gern einen Sprechstundentermin vereinbaren. Wenn es geht, so schnell wie möglich bitte.

12   Ich habe schon seit Tagen Kopfschmerzen, Husten und Schnupfen.

13   Ich habe Fieber und die Arme und die Beine tun mir auch weh. Beim Husten tut mir alles weh.

14   Besonders älteren Menschen wird empfohlen, rechtzeitig gegen Grippe zu impfen.

15   Ich schreibe Ihnen ein Rezept. Nehmen Sie die Medikamente bitte dreimal täglich nach den Mahlzeiten. Sie müssen ein paar Tage im Bett bleiben.

16   Heißer Kräutertee hilft bei Husten, aber trinken Sie am besten viel Wasser.

17   Ich habe jetzt starke Zahnschmerzen. Können Sie mir da etwas geben, oder brauche ich da ein Rezept?

18   Wenn das nicht besser wird, muss ich dann zum Zahnarzt gehen?

19   Regelmäßiger Sport ist gut für Körper und Seele. Sport hilft die körpereigenen Abwehrkräfte zu stärken und Stress-Symptome zu senken.

20   Schlafen Sie genug und regelmäßig. Schlaf ist ein Grundbedürfnis, das wir ebenso regelmäßig befriedigen müssen wie Essen und Trinken.

1   Wir haben keine Reservierung. Haben Sie noch einen Tisch für zwei Personen frei?

2   Es wird gleich ein Tisch frei. Würden Sie in zehn Minuten wiederkommen? Oder Sie können hier warten.

3   Haben Sie sich inzwischen für ein Hauptgericht entschieden?

4   Wir haben einen Tisch auf den Namen Schumann reserviert.

5   Wie möchten Sie Ihr Steak? - Ich möchte das Steak 'gut durch'.

6   Ich nehme keine Suppe. Könnte ich bitte Salat anstelle von Pommes haben?

7   Ich möchte mich beschweren. Das Fleisch ist in der Mitte noch gefroren.

8   Der Salat ist nicht frisch. Und außerdem ist zu viel Essig drin.

9   Haben Sie unsere Bestellung vergessen? Wir warten schon dreißig Minuten.

10   Hat es Ihnen geschmeckt? - Ja, danke. Alles war sehr gut. Nur der Fisch war ein bisschen zu salzig.

11   Ich glaube, Sie haben sich verrechnet. Wir haben nicht eine Tasse Kaffee, sondern zwei Tassen getrunken.

12   Kann ich mit der Bankkarte auch am Geldautomaten Geld abheben?

13   Sie müssen die erforderlichen Dokumente, Pass, polizeiliche Anmeldung und Studentenbescheinigung, mitbringen,

14   Ich brauche noch ein paar Angaben von Ihnen. Können Sie bitte dieses Formular ausfüllen?

15   Ich habe meine Bankkarte verloren. Ich möchte die Karte sperren lassen.

16   Jemand hat irgendwie meinen Geldbeutel gestohlen. Heute, aber ich weiß nicht genau, wo ich es verloren habe.

17   Ich würde gerne 200 Euro von meinem Konto abheben. Zehn Zehn-Euro-Scheine und fünf Zwanzig-Euro-Scheine, bitte.

18   Dann füllen Sie bitte dieses Formular hier aus und unterschreiben Sie.

19   Es geht schneller, wenn Sie den Automaten nehmen.

20   Ich möchte den Brief nach Korea verschicken. Darin sind wichtige Dokumente.

1 Besonders für die modernen Menschen, die immer unter übermäßigem Stress leiden, ist das Hobby nötig und nützlich.

2 Das Hobby kann einen vom Stress befreien und einem die neue Kraft fürs Leben geben.

3 Eigentlich weiß ich nicht, was ich in der Freizeit tun soll. Ich verbringe das Wochenende mit Schlafen, Fernsehen oder Internetsurfen.

4 Ich fotografiere am liebsten Landschaften. Am Wochenende gehe ich raus mit meiner Digitalkamera.

5 Die meisten Fotos sind auf dem Computer gespeichert. Ich sehe selten die Fotos, nachdem ich sie einmal gespeichert habe.

6 Die Fotos, die mir gut gefallen, drucke ich selbst aus oder lasse sie ausdrucken. Manchmal schenke ich sie meinen Freunden.

7 Ich fotografiere mich selbst nicht gern und lasse mich selbst nicht gern fotografieren.

8 Auf den Bergen hat jede Jahreszeit ihre eigene Schönheit.

9 Ich liebe meine Freunde, deswegen treffe ich mich oft mit ihnen. Wir setzen uns in eine Kneipe und unterhalten uns über verschiedene Sachen.

10 Durch die Reisen lerne ich eine neue Welt kennen. Ich kann sehen und erleben, wie andere Menschen an einem anderen Ort leben.

11 Er kommt in einer Woche zu mir zu Besuch. Da stelle ich ihn dir vor.

12 Sie interessiert sich für die Architektur und Kunst. Sie war letzten Sommer in Barcelona, dort hatte sie sehr schöne Zeit.

13 Die Spanier haben ihr sehr gefallen. Sie sollen so offen und aufgeschlossen sein.

14 Ich kann noch nicht sagen, wann ich Urlaub machen kann. Das hängt davon ab, wann ich mit meinem Projekt fertig bin.

15 Ich probiere immer an einem Urlaubsort ein traditionelles oder beliebtes Essen.

16 Wenn man eine Gruppenreise bucht, dann ist schon alles mit dabei, die Hotels, der Flug, ein Reiseleiter undsoweiter, man muss sich um nichts kümmern.

17 Wir haben heute den ganzen Tag Zeit. Wir möchten uns alles, die Stadt, die Kunstgalerie und die Museen undsoweiter in Ruhe ansehen.

18 Sie haben die Wahl zwischen einem Zimmer mit Aussicht auf das Meer und einem ruhigeren Zimmer mit Balkon nach hinten.

19 Ich möchte gern wissen, ob die Internetverbinung im Zimmer möglich ist.

   - Ja, auf allen Zimmern ist der freie Internet-Zugang möglich.

20 Falls Sie neue Handtücher wünschen, lassen Sie die benutzten Handtücher einfach auf dem Boden liegen. Das Zimmermädchen wird sie dann austauschen.

1   Ich war vor zehn Jahren in Griechenland, als ich noch Student war.

2   Die Zugreise selbst ist schon ein Teil des Urlaubs. Wenn man mit dem Zug fährt, kann man die Landschaft genießen.

3   Wir nehmen einen Nachtzug. Das ist viel bequemer als die lange Autofahrt.

4   Das Museum liegt nicht so weit, aber Sie müssen etwa eine Viertelstunde zu Fuß gehen. - Das macht nichts!

5   Ich möchte einen Wagen mieten, aber ich habe nicht gebucht. Kann ich einen sofort mieten?

6   Ich hätte gern einen Kleinwagen, der eine Automatik-Schaltung, eine Klimaanlage und ein Navigationsgerät hat.

7   Überprüfen Sie den Wagen bitte vor dem Wegfahren. Und wenn Sie ihn wieder zurückbringen, achten Sie bitte darauf, dass der Tank voll ist.

8   Man kann ab 18 einen PKW-Führerschein machen. Ich bin schon 20.

9   Wenn du in Korea fahren möchtest, musst du einen internationalen Führerschein mitnehmen.

10   Seit Anfang 2013 wurde der neue EU Führerschein in allen EU-Mitgliedsstaaten eingeführt.

11   Wer sich in öffentlichen Verkehrsmitteln ohne Ticket ertappen lässt, muss mindestens 60 Euro zahlen.

12   Ich habe zwar in Seoul Deutschkurse besucht und die Sprachprüfung bestanden, aber mein Sprachniveau ist noch so niedrig, dass ich im Seminar meine Meinung nicht so präzise ausdrücken kann.

13   Innerhalb so kurzer Zeit kann keiner eine Sprache perfekt beherrschen.

14   Es ist sicher nützlich, wenn du mehr Gelegenheit hast, dich mit anderen Studenten zu unterhalten.

15   Ich will etwa ein Jahr in Deutschland studieren und einmal ein neues Land, eine neue Kultur und eine andere Lebensweise erleben.

16   Man kann im Ausland deshalb schneller die Sprache lernen, weil man ganz einfach gezwungen ist, sie zu sprechen.

17   Ob man ein Visum und eine Aufenthaltserlaubnis für die Einreise nach Deutschland benötigt, hängt von seiner Staatsangehörigkeit und dem Zweck seines Aufenthaltes ab.

18   Südkoreaner benötigen kein Visum für die Einreise, aber der Touristen- oder Besuchsaufenthalt ist auf höchstens drei Monate ab dem Zeitpunkt der Einreise beschränkt.

19   Studierende melden sich beim Einwohnermeldeamt an, sobald sie eine Wohnung gefunden haben.

20   Sie können sich immatrikulieren, nur wenn Sie zuvor an einer Hochschule zugelassen worden sind.

Übungen 5   <Lektion 9 – Lektion 10>

1. Ich habe Ihre Anzeige im Internet gelesen. Ich möchte mich danach erkundigen, ob die Stelle noch frei ist.

2. Entschuldigen Sie bitte, ich muss mich wohl verwählt haben. Ich hoffe, ich habe Sie nicht gestört.

3. Ich glaube, in einem Beruf sind ein sicherer Arbeitsplatz und eine interessante Arbeit wichtig. Welche Aspekte findest du am wichtigsten?

4. Es ist anstrengend, oft Überstunden machen zu müssen. Deshalb überlege ich mir, in ein paar Jahren den Beruf zu wechseln.

5. Welche Berufe haben in deinem Heimatland gute Chancen auf dem Arbeitsmarkt?

6. Bei uns haben die Menschen mit einem akademischen Abschluss sowieso bessere Chancen als andere, aber es wird immer schwerer auf dem Arbeitsmarkt.

7. Sie sollten im Büro nicht so viel privat telefonieren. - Tut mir leid. Es wird bestimmt nie wieder vorkommen.

8. Ich habe Sie leider schlecht verstanden. Bitte können Sie Ihre letzte Aussage noch einmal wiederholen?

9. - Entschuldigen Sie, mein Deutsch ist noch nicht perfekt. Bitte, können Sie dies noch einmal etwas deutlicher formulieren?

10. Ich würde gern später ein eigenes Café führen. - Du kannst sicher deinen Traum verwirklichen.

11. Ich muss nicht darauf hören, was andere sagen.

12. Ich kann von jetzt an mal darüber nachdenken, was ich wirklich am liebsten mache.

13. Viele Menschen brauchen den Computer, um etwas online zu kaufen und zu verkaufen und um sich über verschiedene Ereignisse zu informieren.

14. Vergessen Sie nicht, regelmäßig alle Dateien abzuspeichern.

15. Alle Daten, die ich für meine Arbeit brauche, sind in meinem Computer gespeichert.

16. Ich kann mir das Leben ohne meinen Computer nicht vorstellen.

17. Wir können durch den Computer viele wichtige Informationen erhalten, über wichtige Ereignisse erfahren, die in der Welt passieren, und Kenntnisse bereichern.

18. Trotz solcher Vorteile kann man die negativen Auswirkungen des Computers nicht leugnen.

19. In den letzten Jahren bestelle ich immer häufiger online. Dank dem Internet brauche ich gar nicht mehr das Haus zu verlassen, um einzukaufen.

20. Um Öffnungszeiten muss ich mir keine Gedanken machen, ich kann jederzeit die Sachen bestellen und brauche vor der Kasse nicht Schlange zu stehen.

1   Die Müllabfuhr holt einmal pro Woche den Müll ab. Die Müllabfuhr kontrolliert die Mülltrennung, bevor die Tonnen entleert werden.

2   Bei falsch entsorgtem Müll müssen Sonderleerungen beauftragt werden, wobei die Kosten hierfür von den Bewohnern zu tragen sind.

3   Wenn in unserem Haus etwas kaputt ist, dann gehen wir zuerst zu unserem Hausmeister. Er kann uns meistens helfen und die Sachen reparieren.

4   Sie brauchen keine Plastiktüten, wenn Sie zum Einkaufen eine Einkaufstasche oder wiederverwendbare Taschen mitnehmen.

5   Ich plane eine Woche im Voraus, was ich kochen will, und schreibe einen genauen Einkaufszettel, damit ich nicht zu viel einkaufe.

6   Sie sparen Geld und Papierabfälle, wenn Sie die Zeitung mit Nachbarn oder Freunden teilen.

7   In Deutschland erhält man in keinem Geschäft einfach so Plastiktüten, um seine Einkäufe darin einzupacken.

8   Er fängt schon wieder an, von der Verantwortung jedes Einzelnen für den Umweltschutz zu reden.

9   Es liegt in der Hand jedes Einzelnen von uns, wie lange wir noch saubere Luft atmen und sauberes Wasser trinken können.

10   Wer etwas zum Klimaschutz beitragen möchte, muss darauf achten, Energie einzusparen.

11   Wenn der Kühlschrank an einem kühlen Ort aufgestellt wird, lassen sich Strom und Kosten sparen.

12   Die Geräte wie Fernseher sollten Sie ganz ausschalten. Sonst verbrauchen sie weiter Strom.

13   'Viel besitzen' kann nur eine Voraussetzung fürs Glück sein, nicht die allerwichtigste.

14   Anderen helfen ist für mich auch ein Glück. Ich möchte das Glück mit anderen teilen.

15   Eine gesunde und lebenswerte Umwelt ist eine notwendige Voraussetzung für das Wohlergehen aller Menschen auf der Erde.

16   Wir sollten den Kindern von morgen gute Lebensbedingungen verschaffen.

17   Kannst du mir auf drei Fragen, die ich dir vorlegen will, Antwort geben, so will ich dir etwas Schönes schenken.

18   Er hat die drei Fragen aufgelöst wie ein Weiser.

19   Da sahen sich Mann und Frau eine Weile an und fingen endlich an zu weinen.

20   Sie holten sofort den alten Vater an den Tisch und ließen ihn von nun an immer mitessen.

문법편

동사의 시제 I – 현재형 Präsens

동사는 -en, 또는 -n으로 끝나는 원형(= 부정형)을 암기하고 주어에 맞춰 어미변화를 해서 사용한다.

I 기본 동사 sein / haben / werden

기본 동사인 sein, haben, werden은 불규칙변화 동사이므로 변화를 암기해야 한다.

			sein	haben	werden
단수	1인칭	ich	bin	habe	werde
	2인칭	du	bist	hast	wirst
	3인칭	er / sie / es	ist	hat	wird
복수	1인칭	wir	sind	haben	werden
	2인칭	ihr	seid	habt	werdet
	3인칭 / 존칭	sie / Sie*	sind	haben	werden

* 존칭 Sie(당신, 당신들)는 2인칭이지만 동사변화가 복수 3인칭에서와 같기 때문에 편의상 복수 3인칭 옆에 배치한다. 이후에는 별도의 설명 없이 이와 같이 배치한다.

> ※ 인칭대명사 (단수 → 복수)
>
> · ich 나 → wir 우리
> · du 너 / Sie 당신 → ihr 너희 / Sie 당신들
> · er 그 남자, 그것(남성) / sie 그 여자, 그것(여성) / es 그것(중성) → sie 그들, 그것들

→ **Was sind Sie von Beruf?** 직업이 무엇입니까?
  - **Ich bin Student.** 대학생입니다.

→ **Seit wann bist du hier?** 언제부터 이곳에 와 있는 거니?
  (seit ~ 이래로 / seit wann 언제부터)

→ **Frau Meyer ist nett, aber Herr Meyer ist nicht so nett.**
  마이어 부인은 친절하지만 마이어 씨는 그다지 친절하지 않아. (nett 친절한)

→ **Seid ihr morgen zu Hause? - Ja, wir sind morgen zu Hause.**
  너희들 내일 집에 있니? – 그래, 내일 집에 있어. (morgen 내일)

→ **Hast du jetzt Zeit, Max? - Tut mir leid, ich habe heute keine Zeit.**
막스, 지금 시간 있니? – 미안해, 오늘은 시간이 없어.
(jetzt 지금 / (Es) tut mir leid. 미안하다, 유감스럽게 생각하다)

→ **Es wird bald Frühling.** 곧 봄이 될 것이다. (bald 곧)

Ⅱ 규칙변화 동사 (약변화 동사) 현재형

동사의 어간에 각 인칭에 따른 어미를 붙여 변화시킨다.
아래 표의 2, 3, 4번에서와 같은 약간의 변형에 주의한다.

	1. kommen	2. arbeiten	3. schließen	4. sammeln
ich	komm**e**	arbeit**e**	schließ**e**	sammle
du	komm**st**	arbeit**est**	schließ**t**	sammel**st**
er / sie / es	komm**t**	arbeit**et**	schließ**t**	sammel**t**
wir	komm**en**	arbeit**en**	schließ**en**	sammel**n**
ihr	komm**t**	arbeit**et**	schließ**t**	sammel**t**
sie / Sie	komm**en**	arbeit**en**	schließ**en**	sammel**n**

1 규칙변화

주어의 인칭과 수에 따라 어미가 변화한다. 규칙변화에서의 어미는 위의 표에서와
같다.
(ich -e, du -st, er/sie/es -t, wir -en, ihr -t, sie/Sie -en)

→ **Woher kommen Sie? - Ich komme aus Korea.**
어디 출신이십니까? – 저는 한국에서 왔습니다. (kommen aus ~ ~ 출신이다)

→ **Kommst du aus München? - Nein, ich komme aus Mainz.**
너 뮌헨 출신인가? – 아니, 나는 마인츠 출신이야.

→ **Wo studiert dein Bruder? - Er studiert in Heidelberg.**
네 오빠는 어디에서 대학에 다니니? – 하이델베르크에서 공부하고 있어.
(studieren 대학 다니다, 연구하다)

2 동사의 어간이 -d, -t, -fn, -chn, -ckn, -gn, -dm, -tm으로 끝나는 동사

> baden 목욕하다 / finden 발견하다 (어떻다고) 생각하다 / melden 보도하다, 신고하다 /
> heiraten 결혼하다 / husten 기침하다 / warten 기다리다 / bitten 부탁하다 / öffnen 열다 /
> rechnen 계산하다 / trocknen 건조시키다 / begegnen 만나다 / regnen 비 오다 /
> widmen 바치다 / atmen 호흡하다

du, er, ihr에서 어미변화에 유의해야 한다.

(ich -e, du -est, er/sie/es -et, wir -en, ihr -et, sie/Sie -en)

→ **Wie findest du meine Jacke?** 내 재킷 어떻게 생각해? (die Jacke,_n 재킷)

→ **Leonie bittet mich oft um Geld.** 레오니는 내게 자주 돈을 부탁한다.
  (bitten um ~ ~을 부탁하다)

→ **Worauf wartest du noch?**
  너는 아직도 무엇을 기다리는 거니? (왜 아직 망설이고 있니?) (warten auf ~ ~을 기다리
  다 / '전치사+was'는 그대로 쓰지 않고 'wo(r)전치사' 형태로 쓴다. 'auf +was' → 'worauf')

→ **Du rechnest falsch.** 네가 잘못 계산하고 있어. (falsch 틀린, 잘못된)

→ **Es regnet draußen.** 밖에 비가 오고 있어. (draußen 밖에)

→ **Lukas atmet tief.** 루카스가 깊게 숨을 쉰다. (tief 깊은, 깊게)

3 어간이 -s, -ss, -ß, -z, -tz로 끝나는 동사

> reisen 여행하다 / hassen 미워하다 / küssen 키스하다 / genießen 즐기다 /
> grüßen 인사하다 / heißen 이름이 ~이다 / schießen 쏘다, 사격하다 / schließen 닫다 /
> heizen 난방하다 / tanzen 춤추다 / besitzen 소유하다 / sitzen 앉아 있다

du에서 -st를 붙이지 않고 -t만 붙인다.

(ich -e, du -t, er/sie/es -t, wir -en, ihr -t, sie/Sie -en)

→ **Hasst du deinen Lehrer?** 너 네 선생님을 싫어하니?

→ **Du sitzt zu lange vor dem Fernseher.**
  너는 텔레비전 앞에 너무 오래 앉아 있구나.
  (der Fernseher 텔레비전 / lange 오래 / zu + 형용사, 부사 너무 ~한, 너무 ~하게)

→ **Wohin reist du diesen Sommer?** 이번 여름에 어디로 여행하니?
  (wohin 어디로 / dies- 이 ~)

④ 부정형이 -eln, -ern으로 끝나는 동사

어간이 –el, –er로 끝나는 동사, 또는 어간이 모음으로 끝나는 동사는 부정형 어미가 –n만 붙는다.

> **ändern** 고치다 / **dauern** 지속되다 / **erinnern** 기억나게 하다 / **verbessern** 개선하다 /
> **wandern** 도보여행하다 / **entwickeln** 발전시키다 / **lächeln** 미소 짓다 /
> **klingeln** 벨을 울리다 / **sammeln** 수집하다

ich에서 –(e)le, –(e)re가 되고 wir와 복수 sie, 존칭 Sie에서 부정형 그대로 –eln, ern으로 쓴다.

→ **Ich sammle alte Münzen.** 나는 오래된 동전들을 수집한다.
(die Münze,_n 주화, 동전)

→ **Wohin wandern die Schüler heute?** 오늘 학생들이 어디로 도보여행을 합니까?
(wohin 어디로 / der Schüler,_ 학생 (초등, 중등, 고등학교 학생) / heute 오늘)

> ※ 'tun 행하다'는 'tu–'에 어미변화 시킨다.
> ich tue, du tust, er tut, wir tun, ihr tut, sie/Sie tun

Ⅲ 불규칙변화 동사 (강변화 동사) 현재형

	1. schlafen	2. treffen	3. sehen	4. nehmen
ich	schlafe	treffe	sehe	nehme
du	schläfst	triffst	siehst	nimmst
er / sie / es	schläft	trifft	sieht	nimmt
wir	schlafen	treffen	sehen	nehmen
ihr	schlaft	trefft	seht	nehmt
sie / Sie	schlafen	treffen	sehen	nehmen

1 a → ä

위의 표에서 'schlafen' 변화처럼 어간에 모음 'a'가 들어 있는 강변화 동사는 단수 2인칭(du)과 단수3인칭(er/sie/es)에서 'a'가 'ä'로 변화하고 나머지 인칭에서는 규칙변화한다.

backen 굽다	du bäckst, er/sie/es bäckt
fallen 떨어지다	du fällst, er fällt
fangen 잡다	du fängst, er fängt
lassen 두다, 시키다	du lässt, er lässt
verlassen 떠나다	du verlässt, er verlässt
laufen 달리다, 걷다	du läufst, er läuft
schlafen 자다	du schläfst, er schläft
schlagen 치다	du schlägst, er schlägt
tragen 들다, 나르다	du trägst, er trägt
wachsen 자라나다	du wächst, er wächst
waschen 세탁하다, 씻다	du wäschst, er wäscht

→ **Im Kino läuft ein deutscher Film.** 극장에서 독일 영화가 상영 중이다.

→ **Warum schläfst du nicht gut?** 너는 왜 잠을 잘 못 자니?

→ **Das Kind wäscht die Puppe.** 아이가 인형을 목욕시킨다. (die Puppe 인형)

2 e → i

위의 표에서 'treffen' 변화처럼 어간에 단모음 'e'가 들어 있는 강변화 동사는 단수2인칭(du)와 단수3인칭(er/sie/es)에서 'e'가 'i'로 변화하고 나머지 인칭에서는 규칙변화한다.

bewerben (sich) 지원하다	du berwirbst, er bewirbt
brechen 깨다, 부수다	du brichst, er bricht
erschrecken 놀라다	du erschrickst, er erschrickt
essen 먹다	du isst, er isst
geben 주다	du gibst, er gibt
helfen 돕다	du hilfst, er hilft
messen 재다	du misst, er misst
sprechen 말하다	du sprichst, er spricht
sterben 죽다	du stirbst, er stirbt
vergessen 잊다	du vergisst, er vergisst
werfen 던지다	du wirfst, er wirft

→ **Essen deine Eltern gern Fleisch? - Mein Vater isst gern Fleisch, aber meine Mutter isst kein Fleisch.**
네 부모님은 고기를 즐겨 드시니? – 아버지는 고기를 즐겨 드시지만 어머니는 고기를 드시지 않아. (das Fleisch 고기)

→ **Beim Frühstück spricht meine Mutter viel, aber ich spreche am Morgen sehr wenig.**
아침식사 때 어머니는 말씀을 많이 하시지만 나는 아침에 거의 말을 하지 않는다.

3 e → ie

위의 표에서 'sehen' 변화처럼 어간에 장모음 'e'가 들어 있는 강변화 동사는 단수 2인칭(du)와 단수3인칭(er/sie/es)에서 'e'가 'ie'로 변화하고 나머지 인칭에서는 규칙변화한다.

lesen 읽다	du liest, er liest
befehlen 명령하다	du befiehlst, er befiehlt
empfehlen 추천하다	du empfiehlst, er empfiehlt
geschehen 발생하다	es geschieht
stehlen 훔치다	du stiehlst, er stiehlt

→ **Was siehst du da?** 거기서 무엇을 보고 있니? (da 그때, 거기에)

→ **Ich lese gerne Roman, aber mein Freund liest nur Zeitungen.**
나는 소설을 즐겨 읽지만 내 남자친구는 신문만 읽는다.
(gern(e) 즐겨, 기꺼이 / nur 오직 ~뿐)

4 그 외의 불규칙변화 동사

laufen 달리다, 걷다	ich laufe, du läufst, er läuft
nehmen 받다, 타다	ich nehme, du nimmst, er nimmt
stoßen 밀치다, 차다	ich stoße, du stößt, er stößt
wissen 알다	ich weiß, du weißt, er weiß, wir wissen, ihr wisst, sie wissen

→ **Was nimmst du?** 너는 무엇으로 선택할래? (레스토랑에서)

→ **Du weißt gar nichts!** 너는 전혀 아무것도 몰라. (gar 전혀 / nichts 아무것도 ~하지 않다)

※ 어간의 모음이 'a→ä', 'e→i'로 변화하는 강변화 동사는 어간이 -t, -d로 끝나도 규칙변화에서처럼 단수 2인칭과 3인칭에서 어미가 -est, -et로 변화하지 않는다.

halten 잡다, 유지하다, 정차하다   du hältst, er hält

raten 조언하다   du rätst, er rät

braten 기름에 굽다   du brätst, er brät

laden 싣다   du lädst, er lädt

gelten 유효하다   du giltst, er gilt

treten 밟다, 디디다   du trittst, er tritt

＊부록 '불규칙동사 변화표'를 참조할 것!

[1~4] 동사의 현재형이 틀린 것을 고르시오.

1　① Kaffee schadet der Gesundheit.

　　② Wer testet das Auto?

　　③ Warum trocknest du die Schuhe nicht am Ofen?

　　④ Warum meidst du den Park bei Dunkelheit?

　　⑤ Gießt du auch immer die Blumen?

2　① Olaf nimmt immer alles sehr ernst.

　　② Warum sprichst du immer so schnell?

　　③ Wer wirft den Brief ein?

　　④ Wieso schläft ihr noch?

　　⑤ Warum wäschst du das Auto jeden Tag?

3　① Ich halte den Hut fest, denn es ist windig.

　　② Warum verlasst ihr die Stadt?

　　③ Der Onkel lauft gern durch den Wald.

　　④ Der Hund frisst den Knochen.

　　⑤ Der Kellner empfiehlt die Suppe.

4　① Ich empfehle den Gästen immer das "Hotel Europa". Was empfiehlst du?

　　② Ich verlasse mich nicht gern auf ihn. Verlässt du dich denn auf ihn?

　　③ Ich trage den Koffer. Trägst du die Tasche?

　　④ Ich vergesse die Namen so leicht. Vergeßt du sie auch so leicht?

　　⑤ Ich werde im Mai 25. Wann wirst du 25?

[5] 동사의 현재형을 적합한 형태로 넣으시오.

(1) ich warte　　　　du _____　　　　er/sie/es _____

(2) ich sammle　　　er/sie/es _____　　　wir _____

(3) ich lese　　　　du _____　　　　sie (Pl.) _____

(4) ich nehme　　　er/sie/es _____　　　ihr _____

(5) ich gebe　　　　er/sie/es _____　　　wir _____

(6) ich werde   du _____   er/sie/es _____

(7) ich treffe   er/sie/es _____   ihr _____

(8) ich wasche   er/sie/es _____   ihr _____

(9) ich halte   du _____   er/sie/es _____

(10) ich lade   du _____   ihr _____

[6~12] 주어진 단어들을 가지고 예와 같이 현재형으로 문장을 만드시오.

> 예   sein – wir – morgen – zu Hause
> → Wir sind morgen zu Hause.

6   sprechen – mein Freund – Deutsch – gut

_____

7   du – fahren – zum Bahnhof – ? (der Bahnhof 기차역)

_____

8   du – essen – morgens – Brötchen – ? (morgens 아침마다)

_____

9   Peter – helfen – mir – nicht

_____

10   ihr – bitten – wen – um Hilfe – ? (wen wer(누구?)의 4격 / die Hilfe 도움)

_____

11   regnen – es – im Sommer – viel (viel 많은, 많이)

_____

12 du – haben – heute Abend – Zeit – ? (heute Abend 오늘 저녁에)

_____

[13~18] 독일어로 작문하시오.

13 너희들 언제 결혼하니? (wann 언제)

_____

14 너는 나에게 무엇을 추천하니? (was 무엇을 / mir 나에게)

_____

15 페터가 아버지와 오래 이야기하고 있다. (mit seinem Vater 아버지와)

_____

16 아마 페터가 뭔가를 알고 있을 거야. (vielleicht 아마 / etwas 어떤 무엇)

_____

17 너 왜 잠을 잘 못 자니? (warum 왜)

_____

18 너희들은 빨래를 어디에서 건조시키니? (wo 어디에 / die Wäsche 빨래)

_____

동사의 시제 2 - 동사의 시제 Tempus

독일어에는 현재형, 과거형, 현재완료형, 과거완료형, 미래형, 미래완료형의 여섯 가지 시제가 있다. 현재형은 1과에서 다루었고 2과에서는 나머지 다섯 가지 시제에 대해 공부한다.

I 동사의 과거형과 과거분사형

과거시제와 현재완료, 과거완료 시제를 위해 우선 과거형과 과거분사형을 알아야 한다.

1 규칙동사

(1) 부정형 (−en) − 과거형 (−te) − 과거분사형 (ge−t)

> fragen − fragte − gefragt 묻다
> hören − hörte − gehört 듣다
> kaufen − kaufte − gekauft 사다
> lernen − lernte − gelernt 배우다
> wohnen − wohnte − gewohnt 살다

(2) 어간이 −t, −d, −fn, −gn, −chn, −ckn, −dm, −tm으로 끝나는 동사는 과거형 −ete, 과거분사형 ge−et

> antworten − antwortete − geantwortet 대답하다
> bilden − bildete − gebildet 만들다
> rechnen − rechnete − gerechnet 계산하다
> regnen − regnete − geregnet 비 오다
> warten − wartete − gewartet 기다리다

(3) 부정형이 −ieren으로 끝나는 동사는 과거분사에 'ge'를 붙이지 않는다.

> kopieren − kopierte − kopiert 복사하다
> kritisieren − kritisierte − kritisiert 비평하다
> probieren − probierte − probiert 시도하다, 해 보다

(4) 분리동사는 과거분사에서 'ge'가 전철과 기본 동사 사이로 들어온다.

    ＊ 'Lektion 4' 분리 동사와 비분리 동사' 참조

> aufhören – hörte … auf – aufgehört 끝나다, 중단하다
> einkaufen – kaufte … ein – eingekauft 장보다
> zumachen – machte … zu – zugemacht 닫다

(5) 비분리동사(be-, ge-, ent-, emp-, er-, ver-, zer-, miss-)는 과거분사에 'ge'를 붙이지 않는다.

    ＊ 'Lektion 4' 참조

> bedeuten – bedeutete – bedeutet 의미하다
> erzählen – erzählte – erzählt 이야기하다
> gehören – gehörte – gehört (누구)의 것이다

2 불규칙동사의 과거형과 과거분사형

＊ 부록 '불규칙동사 변화표'를 참조해서 암기할 것!

> sein – war – gewesen ~이다, 있다
> haben – hatte – gehabt 갖고 있다
> werden – wurde – geworden ~이 되다
> bieten – bot – geboten 제공하다
> bitten – bat – gebeten 부탁하다
> beginnen – begann – begonnen 시작하다
> bleiben – blieb – geblieben 머물다
> essen – aß – gegessen 먹다
> fallen – fiel – gefallen 떨어지다
> finden – fand – gefunden 발견하다
> geben – gab – gegeben 주다
> gehen – ging – gegangen 가다
> halten – hielt – gehalten 유지하다
> helfen – half – geholfen 돕다
> kommen – kam – gekommen 오다
> lassen – ließ – gelassen 하게 하다
> nehmen – nahm – genommen 받다
> schlafen – schlief – geschlafen 자다
> schließen – schloss – geschlossen 닫다
> sehen – sah – gesehen 보다
> sprechen – sprach – gesprochen 말하다
> stehen – stand – gestanden 서 있다
> trinken – trank – getrunken 마시다

treffen – traf – getroffen 만나다
tun – tat – getan 행하다
waschen – wusch – gewaschen 씻다
ziehen – zog – gezogen 당기다, 끌다
kennen – kannte – gekannt 알다
können – konnte – gekonnt ～할 수 있다
müssen – musste – gemusst ～해야 한다
wissen – wusste – gewusst 알다

〈분리동사〉

aufstehen – stand … auf – aufgestanden 일어나다
einladen – lud … ein – eingeladen 초대하다
fernsehen – sah … fern – ferngesehen 티브이 시청하다

〈비분리동사〉

besprechen – besprach – besprochen 협의, 상담하다
gefallen – gefiel – gefallen 마음에 들다
vergessen – vergass – vergessen 잊다

Ⅱ 과거형 Präteritum

현재보다 앞선 시제는 과거형과 현재완료형 두 가지가 있다.

1 과거형 어미변화

부정형		glauben	haben	sein	werden	gehen
과거형		**glaubte**	**hatte**	**war**	**wurde**	**ging**
Ich	-	glaubte	hatte	war	wurde	ging
du	-st	glaubtest	hattest	warst	wurdest	gingst
er/sie/es	-	glaubte	hatte	war	wurde	ging
wir	-(e)n	glaubten	hatten	waren	wurden	gingen
ihr	-t	glaubtet	hattet	wart	wurdet	gingt
sie / Sie	-(e)n	glaubten	hatten	waren	wurden	gingen

(1) 과거형은 위의 표에서와 같이 인칭에 따라 'ich –, du –st, er –, wir –en, ihr –t, sie –en'의 어미를 붙여 변화시킨다. 특히 ich와 3인칭 단수에서 어미가 붙지 않고 기본 과거형이 사용되는 것에 주의해야 한다.

(2) 과거형이 –t, –d로 끝나는 동사의 경우에는 2인칭 단수 du에서는 그대로 어미 '–st'를 붙이고, 2인칭 복수 ihr에서는 '–et'를 붙인다.

> **bitten – bat**: du batst, ihr bat**et**
> **entscheiden – entschied**: du entschiedst, ihr entschied**et**

(3) 과거형이 –s, –ß로 끝나는 동사는 2인칭 단수 du에서 어미 '–est'를 붙인다.

> **lesen – las**: du lasest   **lassen – ließ**: du ließest

2 과거형의 사용

현재보다 앞선 시제를 쓸 때 구어체에서는 과거형보다 현재완료형을 더 많이 사용하고 아래의 경우에는 과거형을 주로 사용한다.
— 문어체, 특히 경찰의 사건사고 보고, 신문기사, 역사 서술 등 글로 쓰는 보고의 경우 주로 과거형을 사용한다.
— sein, haben과 'es gibt ~', 그리고 조동사는 현재완료형보다 과거형을 더 자주 사용한다.

→ **Wer erfand die Glühbirne?** 누가 전구를 발명했지?
(erfinden 발명하다 / die Glühbirne 전구)

→ **Gestern geschah etwas Unerwartetes.** 어제 예기치 않은 어떤 일이 일어났다.
(geschehen 발생하다 / unerwartet 예상치 못한 / etwas +형용사(대문자) _es ~한 어떤 것)

→ **Am frühen Morgen verließen die Gäste das Hotel.**
손님들은 이른 아침에 호텔을 떠났다. (verlassen 떠나다 / früh 시간이 이른 / der Gast, ̈e 손님)

→ **Auf dem Weg zum Kaufhaus begegneten wir einen alten Bekannten.**
백화점에 가는 길에 우리는 오랜 지인을 만났다. (begegnen 만나다 / auf dem Weg 길에서, 도중에 / das Kaufhaus 백화점 / der Bekannte (형용사의 명사화) 지인)

→ **Gestern schien die Sonne den ganzen Tag.** 어제는 종일 해가 빛났다.
(scheinen 빛나다 / die Sonne 태양 / den ganzen Tag 하루 종일)

→ **Plötzlich fiel mir eine gute Idee ein.** 갑자기 좋은 생각이 떠올랐다.
(einfallen (생각이) 떠오르다 / plötzlich 갑자기 / die Idee 아이디어)

Ⅲ 현재완료형 Perfekt

현재완료형은 현재보다 앞선 시제를 나타내며 구어체에서 과거형보다 현재완료형을 많이 사용한다. 현재완료형은 동사에 따라 haben이나 sein을 조동사로 취하고 문장의 맨 끝에 본동사의 과거분사를 두어 'haben/sein의 현재형 + ... p.p.'의 형태로 쓴다. haben과 연결되는 동사, sein과 연결되는 동사를 구분하여 암기해야 한다.

1 haben과 함께 완료형을 만드는 동사: 'haben + ... p.p.'

(1) 모든 타동사

> besuchen 방문하다 / bitten 부탁하다 / essen 먹다 / finden 발견하다 / legen 놓다 /
> schreiben 쓰다 / setzen 앉히다 / stellen 세우다 / treffen 만나다 / trinken 마시다 ...

→ **Habt** ihr gestern eure Tante **besucht**?
  너희들 어제 이모를 방문했니? (besuchen)

→ **Wir haben** heute nichts **gegessen**. 우리는 오늘 아무것도 먹지 않았다. (essen)

→ **Wo hast** du dich mit Thomas **getroffen**? 토마스를 어디에서 만났니? (treffen)

→ **Max hat** mich um Rat **gebeten**. 막스가 내게 조언을 부탁했다. (bitten)

(2) 상태나 지속을 나타내는 자동사

> antworten 대답하다 / arbeiten 일하다 / beginnen 시작하다 /
> gefallen ～의 마음에 들다 / gehören ～의 것이다 / helfen 돕다 / liegen 놓여 있다 /
> sitzen 앉아 있다 / stehen 서 있다 ...

→ **Er hat** 20 Jahre bei der Post **gearbeitet**.
  그는 20년간 우체국에서 일했다. (arbeiten)

→ **Das Konzert hat** um 19 Uhr **begonnen**.
  콘서트가 19시에 시작되었다. (beginnen)

→ **Der Film hat** mir nicht **gefallen**. 영화가 내 마음에 들지 않았다. (gefallen)

(3) 재귀동사, 대부분의 비인칭 동사

> sich erholen 쉬다 / sich freuen 기뻐하다 / sich waschen 씻다 /
> sich die Hände waschen 손을 씻다 / regnen 비오다 / schneien 눈오다 ...
> * 'Lektion 5 재귀동사 / 비인칭동사' 참조

→ **Am Wochenende habe ich mich gut erholt.**
주말에 나는 푹 쉬었다. (das Wochenende 주말)

→ **Hast du dir die Hände gewaschen?** 손 씻었니?

→ **Am Sonntag hat es viel geschneit.** 일요일에 눈이 많이 왔다.

(4) 조동사

＊ 조동사의 완료형에 대한 설명은 'Lektion 3 조동사' 참조

→ **Das habe ich nicht gekonnt.** 나는 그것을 할 수 없었다.

→ **Ich habe nicht zu ihm gehen können.** 나는 그에게 갈 수 없었다.

2 sein과 함께 완료형을 만드는 동사: 'sein + … p.p.'

(1) 장소 이동을 나타내는 자동사

> **fahren** 가다 / **fallen** 떨어지다 / **fliegen** 날아가다 / **fließen** 흐르다 / **gehen** 가다 /
> **kommen** 오다 / **laufen** 달리다, 걷다 / **rennen** 달리다 / **steigen** 올라가다 /
> **abfahren** 출발하다 / **aussteigen** 내리다 / **einsteigen** 타다 / **umziehen** 이사하다 …

→ **Wir sind erst spät von Berlin abgefahren.**
늦게야 비로소 베를린에서 출발했다. (erst 겨우, 비로소 / spät 때 늦은, 늦게)

→ **Ein Apfel ist vom Baum gefallen.** 나무에서 사과 하나가 떨어졌다.

→ **Die Preise sind in den letzten Monaten stark gestiegen.**
지난 몇 달 동안 물가가 크게 올랐다.

> ＊ 'fahren'은 '가다, 운전하다'라는 의미의 자동사이지만 '누구를(무엇을) 차로 옮기다'라는 의미의
> 타동사로 쓰이는 경우도 있다. 타동사로 쓰일 때의 완료형은 'haben + … gefahren'이 된다.
> **Er hat den Verletzten ins Krankenhaus gefahren.** 그는 부상자를 병원으로 태워 갔다.
> (der Verletzte (형용사의 명사화) 부상자)

(2) 상태 변화를 나타내는 자동사

> **aufstehen** 일어나다 / **aufwachen** 깨어나다 / **einschlafen** 잠들다 / **sterben** 죽다 /
> **erschrecken** 놀라다 / **verschwinden** 사라지다 / **wachsen** 자라나다 …

→ **Um wie viel Uhr sind Sie heute aufgestanden?**
오늘 몇 시에 일어났습니까?

→ Mozart **ist** mit 36 Jahren gestorben.
모차르트는 36세에 사망했다. (mit ~ Jahren ~세에)

→ Warum **bist** du so erschrocken? 너 왜 그렇게 놀랐니?

(3) sein ~이다, 있다 / werden ~이 되다 / bleiben 머무르다

→ **Sind** Sie schon in Rom gewesen? 로마에 가 보셨습니까?

→ Mein Großvater **ist** gestern 80 geworden. 할아버지께서 어제 80세가 되셨다.

→ Er **ist** immer der Gleiche geblieben.
그는 항상 똑같은 모습으로 남아 있었다. (변하지 않았다.)

(4) 3격 지배 동사 중 일부

> ausweichen 피하다 / begegnen 마주치다 / gelingen (어떤 일이) ~에게 성공하다 /
> misslingen 실패하다 / geschehen (일이) 생기다 / passieren 발생하다 ....

→ Ich **bin** ihm im Zug nach Köln begegnet.
나는 쾰른 가는 기차에서 그를 만났다.

→ Leider **ist** mir der Versuch nicht gelungen.
유감스럽게도 나는 그 실험에 성공하지 못했다. (der Versuch 시도, 실험)

Ⅳ 과거완료형 Plusquamperfekt

과거완료는 과거와 현재완료보다 앞서 일어난 일을 서술하는 시제이다.
haben/sein의 과거형에 동사의 과거분사형을 연결하여 'hatte/war + ... p.p.'의
형태가 된다.

* 접속사 중 'nachdem'에서 과거완료형을 많이 사용하는데 이에 대한 설명은 'Lektion 14 접속사' 부분 참조

→ Noah hatte die ganze Nacht Computerspiele gespielt. Am nächsten
Morgen war er schrecklich müde.
노아는 밤새도록 컴퓨터게임을 했다. 다음날 아침 노아는 굉장히 피곤했다.

→ Sophie fuhr mit dem Fahrrad zur Schule. Denn sie war zu spät
aufgestanden, deshalb hatte sie den Schulbus verpasst.
소피는 자전거를 타고 학교에 갔다. 너무 늦게 일어났고 그래서 통학버스를 놓쳤기
때문이었다.

→ Endlich bekam meine Schwester einen neuen Job, nachdem sie zehn
Bewerbungen geschrieben hatte.
언니는 열 번이나 지원서를 쓴 후에 드디어 새 일을 얻었다.

Ⓥ 미래형 Futur I

1 형태

미래형은 werden동사를 주어에 맞춰 현재형으로 변화시키고 문장 끝에 동사 부정형(원형)을 두어 'werden + ... Inf.'의 형태가 된다.

2 용법

(1) 미래

앞으로 일어날 일을 미래형으로 표현할 수 있다.
미래를 나타내는 부사가 있을 경우에는 미래형보다 현재형을 더 자주 사용한다.

→ **Wann werden wir uns sehen?** 우리 언제 만날까?

→ **Morgen werde ich meine Eltern besuchen.**
= **Morgen besuche ich meine Eltern.** 내일 부모님을 방문할 것이다.

→ **Am Freitag werde ich mit ihm ins Kino gehen.**
= **Am Freitag gehe ich mit ihm ins Kino.**
금요일에 그와 함께 극장에 갈 것이다.

(2) 약속, 의도, 계획, 현재에 대한 추측

현재에 대한 추측, 약속이나 의도를 미래형으로 표현할 수 있다.

→ **Julia wird dich morgen bestimmt anrufen.**
율리아가 내일은 분명히 너에게 전화할 거야. (bestimmt 분명히)

→ **Das werde ich mir merken.**
그것을 기억해 두겠다.(명심하겠다.) (sich etw. merken 기억하다, 명심하다)

→ **Wenn ich wieder in Berlin bin, werde ich dich bestimmt besuchen.**
내가 다시 베를린에 오게 되면 꼭 너를 방문하겠다. (wieder 다시)

→ **Bitte haben Sie noch fünf Minuten Geduld. Herr Professor wird sicher gleich kommen.**
5분만 더 참아 주십시오. 교수님께서 분명 곧 오실 것입니다. (die Minute,_n 분 / sicher 확실히 / gleich 곧, 바로)

→ **Frau Kunze ist heute nicht im Büro. Sie wird wohl krank sein. Gestern ist es ihr schon nicht gut gegangen.**
쿤체 부인이 오늘 사무실에 없다. 아마 병이 난 것 같다. 어제도 몸이 좋지 않았었다. (das Büro,_s 사무실 / wohl 아마)

Ⅵ 미래완료형 Futur Ⅱ

1 형태

미래완료형은 werden동사를 주어에 맞춰 현재형으로 변화시키고 문장 끝에 완료 부정형을 두어 'werden + ... p.p. haben/sein'의 형태가 된다. 미래완료형은 드물게 사용된다.

2 용법

(1) 미래에 완료되는 일

→ Ich bin sicher: Im Alter von 40 Jahren werde ich ein Haus gebaut haben.

나는 확신한다. 내가 40세에는 집을 지었을 것이다.

→ Im Alter von 65 Jahren werde ich einmal um die Welt gereist sein.

65세에 나는 한번 세계를 돌며 여행했을 것이다. (das Alter 노년, 나이 / die Welt 세계)

→ Wenn ihr nach Hause kommt, wird das Kind eingeschlafen sein.

너희가 집에 오면 아이가 벌써 잠들었을 것이다.

(2) 과거에 대한 추측, 희망

→ Sie wird schon Feierabend gemacht haben.

그녀는 벌써 근무를 마쳤을 것이다. (der Feierabend 일과 종료, (일과 후의) 자유시간)

→ Warum kommt er immmer noch nicht? Ich mache mir Sorgen!

왜 그는 아직도 오지 않는 거지? 걱정이 된다.

- Ach was, es wird schon nichts passiert sein!

무슨 그런 걱정을! 아무 일도 일어나지 않았을 거야.

→ Klara hatte heute Führerscheinprüfung und hat sich noch nicht gemeldet!

클라라가 오늘 운전면허 시험이 있었는데 아직 연락이 없네.

- Sie wird doch nicht durchgefallen sein!

그래도 떨어지지 않았을 거야. (durchfallen 낙제하다, 실패하다)

[1~2] 동사의 과거형이 옳지 않은 것을 고르시오.

1 ① Zum Glück fiel Peter die Adresse wieder ein.
   ② Früher liefen wir oft durch den Wald.
   ③ Damals fingen die Leute viele Fische im Rhein.
   ④ Er trankt viel Bier.
   ⑤ Die Unfälle geschahen immer an der gleichen Stelle.

2 ① Wir dachten oft an unseren Urlaub.
   ② Ihr legte den Teppich in den Flur.
   ③ Gestern gelang ihm kein Tor im Fußballspiel.
   ④ Anna wollte immer eine Lehrerin werden.
   ⑤ Die Eltern taten alles für ihr Kind.

[3] 다음 대화에서 옳지 않은 문장을 고르시오.

A: ① Was habt ihr gestern gemacht?
B: ② Gestern waren wir in Hamburg und
    ③ haben ein Schiffsmuseum besucht.
    ④ Und du? Wo warst du gestern?
A: ⑤ Ich habe zu Hause geblieben.

[4] 현재완료형이 올바르게 쓰인 문장을 고르시오.

① Der Kranke hat gestern gestorben.
② Das kleine Mädchen hat schnell gewachsen.
③ Bernd ist Briefträger gewerden.
④ Ich habe selbst den Wagen in die Garage gefahren.
⑤ Herr Kim ist in Deutschland drei Jahre geblieben.

[5~9] 동사를 과거형으로 바꾸시오.

5   Die Frau *kennt* mich nicht.

_____

6   Ich *bringe* das Buch zurück. (zurückbringen 도로 가져다주다)

_____

7   *Habt* ihr Zeit?

_____

8   *Bist* du mit deiner Wohnung zufrieden? (zufrieden mit ~에 만족하는)

_____

9   Dafür *gibt* es midestens drei Gründe. (der Grund, ¨e 이유, 근거)

_____

[10~14] 주어진 단어를 사용하여 예와 같이 현재완료형으로 문장을 만드시오.

> 예   fliegen – wir – nach Paris
> → Wir sind nach Paris geflogen.

10   werden – wir – langsam – müde

_____

11   spielen – ihr – manchmal – Tischtennis – ?

_____

12   kommen – er – spät – nach Hause

_____

13 wissen – du – nichts – von seinen Plänen – ?

_____

14 protestieren – die Arbeiter (Pl.) – dagegen

_____

[15~17] 현재완료형으로 독일어 문장을 만드시오.

15 나는 너무 늦게 깼다. (aufwachen)

_____

16 그는 자명종시계 소리를 듣지 못했다. (hören / der Wecker 자명종시계)

_____

17 우리는 기차에 탔다. (einsteigen)

_____

[18] 주어진 동사를 사용해 과거완료형으로 문장을 완성하시오.

(1) (bitten) Meine Mutter hat mir Geld überwiesen; ich _____ sie darum

_____ .

(2) Warum wollte sie denn nicht ins Kino mitkommen?

– (werden) Weil sie mit ihrer Arbeit nicht fertig _____ .

(3) Warum sind Sie so früh gegangen?

– (bekommen) Weil ich einen Anruf von meiner Mutter _____
und sofort zu ihr fahren musste.

조동사 Modalverben

Ⅰ 조동사의 현재형과 용법

1 조동사의 현재형

	können	müssen	dürfen	mögen	(möchte)	wollen	sollen
ich	kann	muss	darf	mag	möchte	will	soll
du	kannst	musst	darfst	magst	möchtest	willst	sollst
er / sie / es	kann	muss	darf	mag	möchte	will	soll
wir	können	müssen	dürfen	mögen	möchten	wollen	sollen
ihr	könnt	müsst	dürft	mögt	möchtet	wollt	sollt
sie / Sie	können	müssen	dürfen	mögen	möchten	wollen	sollen

※ '조동사 +..... Inf.'
　조동사를 쓸 때 본동사는 부정형(원형) 형태로 문장의 끝에 둔다.

　Ich singe gut. 나는 노래를 잘한다.
　→ Ich kann gut singen. 나는 노래를 잘할 수 있다.

※ 분리 동사도 뒤에 부정형으로 올 때는 분리하지 않은 부정형으로 쓴다.

　Ich stehe früh auf. 나는 일찍 일어난다.
　→ Ich muss früh aufstehen. 나는 일찍 일어나야 한다.

2 조동사의 용법

(1) können

① 능력, 가능성: ~할 수 있다, ~일 수 있다

→ Kannst du Klavier spielen? 피아노 칠 줄 아니?

→ Können Sie Deutsch (sprechen)? 독일어 할 수 있습니까?

→ Wo kann man billig tanken? 어디에서 싸게 주유할 수 있을까요?

→ Sie können hier telefonieren. 이곳에서 통화하실 수 있습니다.

→ Was können wir dagegen tun? 그것에 맞서 우리가 무엇을 할 수 있을까요?

② 허가

→ **Sie können hereinkommen!** 들어오셔도 됩니다.

→ **Du kannst draußen spielen. Aber zieh dich warm an!**
밖에서 놀 수 있다. (놀아도 좋다). 하지만 옷을 따뜻하게 입어라! (sich anziehen 옷 입다 / warm 따뜻한)

③ 추측, 추론 (주로 접속법 2식을 사용한다.)

→ **Jochen ist nicht zu Hause. Dann kann er in der Bibliothek sein.**
요헨이 집에 없어. 그렇다면 도서관에 있을 수 있어. (die Bibliothek 도서관)

④ 부탁, 공손한 질문

→ **Können Sie mir kurz helfen?** 잠깐 저를 도와주실 수 있을까요?

→ **Können Sie bitte ein Foto von uns machen?**
저희 사진 좀 한 장 찍어주실 수 있을까요?

> ※ 추측의 용법과 부탁, 공손한 질문의 경우에는 접속법 2식을 더 자주 사용한다.
> * 'Lektion 19 접속법 II식' 참조
>
> **Könnte ich etwas fragen?** 무엇 좀 물어볼 수 있을까요?
> **Könnte ich das Fenster aufmachen?** 제가 창문을 열 수 있을까요?
> **Wo ist Jochen? - Er könnte entweder in der Küche oder im Garten sein.**
> 요헨 어디 있어? – 부엌 아니면 정원에 있을 수 있지.

(2) müssen

① 필연, 추론: ~해야 한다, ~하지 않을 수 없다

→ **Ein Bäcker muss jeden Tag sehr früh aufstehen.**
빵 굽는 사람은 매일 아주 일찍 일어나야 한다.

→ **Bis wann musst du heute noch arbeiten?**
오늘 언제까지 더 일해야 하니?

→ **Ich habe morgen eine Prüfung. Ich muss heute lernen.**
나는 내일 시험이 있어. 오늘은 공부해야 해.

→ **Jedes Lebewesen muss einmal sterben.**
모든 생물은 언젠가 죽을 수밖에 없다. (das Lebewesen 생물)

→ **Ich muss nur lachen, wenn ich das sehe.**
그것을 보면 나는 그저 웃을 수밖에 없다.

② 의무, 지시, 명령

→ **Das musst du entscheiden.** 그것은 네가 결정해야 해.

→ **Sie müssen hier unterschreiben.** 여기에 서명하셔야 합니다.

→ **Du hast noch Fieber. Du musst im Bett bleiben.**
너는 아직 열이 있어. 침대에 있어야 해. (das Fieber 열)

③ nicht müssen (= nicht brauchen zu Inf.) ~할 필요 없다

＊ 'nicht müssen'보다 'nicht brauchen zu Inf.'를 더 자주 사용한다.

→ **Du musst nicht kommen.** 너는 올 필요 없다.
= **Du brauchst nicht zu kommen.**

→ **Man muss nicht alles wissen.** 사람들이 모든 것을 알 필요는 없다.
= **Man braucht nicht alles zu wissen.** (alles 모든 것)

(3) dürfen

① 허가: ~해도 좋다

→ **Darf man hier telefonieren?** 이곳에서 전화 통화해도 됩니까?

→ **Dreimal darfst du raten.** 세 번 추측해도 좋다. (세 번에 알아맞혀 봐.)
(dreimal 세 번, 세 배 / raten 추측하다, 알아맞히다)

→ **In unserem Hotel dürfen Kinder unter 12 Jahren kostenlos im Zimmer ihrer Eltern übernachten.**
우리 호텔에서는 12세 이하의 어린이는 별도 비용 없이 부모의 방에서 묵을
수 있습니다. (kostenlos 무료로, 무상으로 / übernachten 숙박하다)

② nicht dürfen: ~하면 안 된다 (금지)

→ **Das darf man nicht tun!** 그것을 하면 안 된다. (금지되어 있다.)

→ **So etwas darf nicht noch einmal passieren.**
그런 일이 한 번 더 발생해서는 안 된다.

→ **Lena ist krank. Sie darf heute nicht arbeiten.**
레나가 아프다. 레나는 오늘 일하면 안 된다.

③ 공손한 질문 (Darf ich ~?): 제가 ~해도 될까요?

→ **Darf (= Dürfte) ich Sie unterbrechen?** 잠깐 얘기를 끊어도 될까요?

→ **Darf ich mich Ihnen vorstellen?** 제 소개를 해도 되겠습니까?

→ **Darf ich auch nach dem Grund fragen?** 이유를 물어봐도 될까요?
(der Grund 이유 / fragen nach ~에 대해 묻다)

④ dürfte (dürfen의 접속법 2식 형태): 가능, 개연성

→ **Unser Lehrer dürfte um die 40 sein.** 우리 선생님은 40세쯤 될 것 같다.

→ **Das dürfte nicht notwendig sein.** 그것이 필수적이지는 않을 것이다.

(4) mögen

① 기호: ~을 좋아하다

    * 이 경우에는 4격을 지배하는 본동사로 사용된다.

→ **Magst du Bratwurst?** 구운 소시지 좋아하니?

→ **Ich mag die deutsche Sprache.** 나는 독일어를 좋아한다. (die Sprache 언어)

→ **Meine Mutter mag meinen neuen Freund nicht.**
어머니는 내 새 남자친구를 좋아하지 않는다.

② 추측: ~일지도 모른다

→ **Das mag wohl sein.** 그것이 그럴지도 모르겠다.

→ **Ich mag unrecht haben.** 내가 맞지 않을지도 모른다. (unrecht 옳지 않은, 잘못된)

③ möchte: (소망, 의도) ~하고 싶다, ~을 원하다 (먹고 싶다, 마시고 싶다)

    * möchte는 mögen의 접속법 2식 형태이지만 독립적인 조동사처럼 사용된다.

→ **Ich möchte gern in Deutschland studieren.** 나는 독일에서 공부하고 싶다.

→ **Möchten Sie lieber ein Bier oder einen Wein (trinken)?**
맥주를 드시겠습니까, 아니면 와인을 드시겠습니까? (lieber gern(즐거, 기꺼이)의
비교급)

→ **Möchten Sie einen Termin (haben)?** 진료시간 예약하시겠습니까?

→ **Ich möchte Sie nicht stören, aber darf ich Ihnen was fragen?**
제가 당신을 방해하고 싶지는 않지만 뭣 좀 물어봐도 될까요? (stören 방해하다)

(5) wollen

① 의도, 의지: ~하고자 하다

→ **Ich will meiner Großmutter einen Schal schenken.**
나는 할머니께 숄을 선물하려고 한다. (der Schal 숄)

→ **Wir wollen am Samstag Fußball spielen.**
우리는 토요일에 축구를 하려고 한다.

→ **Johanna will im Winter Tango tanzen lernen.**
요하나는 겨울에 탱고를 배우려고 한다.

→ **Willst du es wirklich wissen?** 너 그것을 정말로 알려고 하니?

② 제3자의 주장: ~했다고 주장하다

    * 이 용법은 보통 wollen 뒤에 완료부정형이 쓰인다. 'wollen + ... p.p. haben(sein)'

→ **Er will Michael Jackson persönlich gekannt haben. Das behauptet er jedenfalls.**

    그는 자기가 마이클 잭슨을 개인적으로 알았다고 한다. 어쨌든 그는 그렇게 주장한다.

(6) sollen

① 명령

→ **Ich habe gesagt, du sollst jetzt ins Bett gehen!**

    말했잖니. 이제 자러 가야 해!

→ **Kinder, ihr sollt still sein!** 얘들아, 조용히 있어라. (still 소리 없는, 조용한)

    * 좀 더 정중하게 표현할 때는 접속법 2식형 sollte를 사용한다.

→ **Sie sollten pünktlich sein.**

    시간을 엄수해야 할 것입니다. (pünktlich 시간을 엄수하는)

→ **Du solltest mehr Sport treiben.**

    너는 운동을 좀 더 많이 해야 할 것이다. (Sport treiben 운동하다)

② 제3자의 부탁, 위탁

→ **Sie sollen bitte Herrn Schmidt zurückrufen.**

    슈미트 씨께서 응답 전화를 해 달라고 하십니다. (zurückrufen 응답 전화를 하다)

→ **Sag ihm bitte, dass er sofort zu mir kommen soll.**

    당장 내게 오라고 그에게 얘기해 줘.

→ **Der Arzt hat gesagt, du sollst weniger Fleisch essen.**

    의사가 너에게 육류를 덜 먹으라고 말했다. (weniger wenig(적은, 적게)의 비교급)

③ 도덕적 의무

→ **Du sollst nicht stehlen.** 도둑질하지 말라.

→ **Man soll immer die Wahrheit sagen.**

    항상 진실을 말해야 한다. (die Wahrheit 진실)

④ 소문, 간접적 지식: ~ 라고들 한다

→ **Sein Vater soll sehr reich sein.**

    그의 아버지가 아주 부자라고들 한다. (reich 부유한)

→ **Im nächsten Monat soll ein neues Buch von ihr erscheinen.**

    다음 달에 그녀의 새 책이 출판된다고 한다. (erscheinen 나타나다, 출판되다)

(7) 본동사로 사용되는 조동사

위에서 언급한 mögen 이외에 다른 조동사들도 문맥이 확실할 때 본동사를
생략하고 쓰는 경우가 있다.

→ **Ich mag kein Bier (trinken).** 나는 맥주를 좋아하지 않는다.

→ **Er mag keine Pizza (essen).** 그는 피자를 좋아하지 않는다.

→ **Sie können aber gut Deutsch (sprechen).**
그런데 당신은 독일어를 잘 하시네요.

→ **Ich muss nach Hause (gehen/fahren).** 나는 집에 가야 한다.

→ **Das will ich nicht.** 나는 그것을 원하지 않는다.

→ **Die Arbeiter wollen mehr Lohn (haben).**
근로자들은 더 많은 임금을 원한다. (der Lohn 임금)

Ⅱ 조동사의 과거형과 현재완료형

1 조동사의 과거형과 과거분사형

könnnen – konnte – gekonnt / können   müssen – musste – gemusst / müssen
dürfen – durfte – gedurft / dürfen   mögen – mochte – gemocht / mögen
wollen – wollte – gewollt / wollen   sollen – sollte – gesollt / sollen

2 과거형 용법

※ 조동사는 현재완료형보다 과거형을 더 많이 사용한다.

과거형 어미변화는 'Lektion 2 동사의 시제 Ⅱ'를 참조해서 연습하도록 한다.
예를 들어 müssen의 과거형 musste는 'ich musste, du musstest, er musste,
wir mussten, ihr musstet, sie(Sie) mussten'처럼 변화한다.

(1) konnte, musste, durfte

→ **Mit 4 konnte das Kind schon lesen.**
그 아이는 네 살에 벌써 글을 읽을 수 있었다.

→ **Ich konnte nicht mehr sprechen.** 나는 더 이상 말을 할 수 없었다.

→ **Johann musste eine schwere Entscheidung treffen.**
요한은 어려운 결정을 내려야 했다. (schwer 어려운, 무거운 / die Entscheidung 결정)

→ **Wie lange musstet ihr auf den Arzt warten?**
너희는 그 의사를 얼마나 오래 기다려야 했니?

→ **Wir durften keine Fehler machen.**
우리는 실수를 해서는 안 되었다. (der Fehler 실수)

(2) wollte: (möchte와 wollen의 과거형) ~하고 싶었다, ~하고자 했다
* 'möchte ~하고 싶다'와 'wollen ~하고자 하다'의 과거형을 동일하게 wollte로 사용한다.

→ **Wir wollten eigentlich auf dem Land leben.**
우리는 원래 시골에서 살고 싶었다. (eigentlich 원래, 본래)

→ **Ich wollte nur wissen, wie es dir geht.**
나는 그저 네가 어떻게 지내는지 알고 싶었을 뿐이야.

→ **Bereits in den letzten Winterferien wollten wir in Berlin einen Sprachkurs machen. Leider hatte es nicht geklappt.**
벌써 지난 겨울방학에 우리는 베를린에서 어학 코스를 다니려고 했었다. 유감스럽게도 그것이 잘 되지 않았었다. (klappen 성공하다, 잘 되다)

> ※ 'mochte'는 'mögen(좋아하다)'의 과거형으로 사용한다.
> (현재) **Ich mag die deutsche Sprache.** 나는 독일어를 좋아해.
> (과거) **Ich mochte die deutsche Sprache schon immer.**
> 나는 줄곧 독일어를 좋아했어.

3 조동사의 현재완료형

조동사의 완료형은 haben과 결합하며, 'haben ... p.p.'에서 과거분사형은 조동사가 본동사 없이 단독으로 쓰인 경우와 본동사와 함께 쓰인 경우로 구분한다.

(1) 다른 본동사 없이 조동사가 단독으로 쓰인 경우: 이 경우에는 '**ge...t**' 형태의 과거분사를 사용한다.

> haben + ... ge–t (gekonnt, gemusst, gedurft, gemocht, gewollt, gesollt)

→ **Ich habe das nicht gekonnt.** 나는 그것을 할 수 없었다.

→ **Das haben wir nicht gewollt.** 우리는 그것을 원하지 않았다.

→ **Leider habe ich das gemusst.** 유감스럽게도 나는 그것을 해야 했다.

→ **Wir haben nach Haus gemusst.** 우리는 집으로 가야 했다.

→ **Das hast du nicht gedurft.** 너는 그것을 해서는 안 되었다.

→ Ich wollte nicht mehr arbeiten, aber ich habe gemusst.
나는 더 이상 일하고 싶지 않았지만 해야만 했다.

(2) '조동사 + ... Inf.'인 경우: 이 경우에는 조동사의 원형이 과거분사 역할을 한다.

> haben ... Inf. + 조동사의 Inf.(können, müssen, dürfen, mögen, wollen, sollen)

→ Die Schüler haben die Aufgabe nicht lösen können.
학생들은 그 과제를 해결할 수 없었다. (lösen 해결하다)

→ Das hast du nicht machen dürfen. 너는 그것을 해서는 안 되었다.

→ Gestern hat Julia Hausaufgaben machen müssen.
어제 율리아는 숙제를 해야 했다.

→ Ich habe mein Zimmer aufräumen müssen.
나는 방을 청소해야 했다. (aufräumen 정돈하다, 치우다)

→ Ich wollte nicht mehr arbeiten, aber ich habe arbeiten müssen.
나는 더 이상 일하고 싶지 않았지만 일해야만 했다.

※ 'haben ... Inf. + 조동사의 Inf.'가 부문장에 쓰일 경우에는 haben의 위치에 주의해야 한다. 원래 부문장에서는 주어의 지배를 받는 제1동사가 후치하지만 이 경우에는 haben이 후치하지 않고 '..., (종속접속사) ... haben + Inf. + 조동사의 Inf.'로 쓰인다.

Er hat gestern seine Eltern nicht besuchen können.
→ Es ist mir klar, dass er gestern seine Eltern nicht hat besuchen können.
그가 어제 부모님을 방문할 수 없었다는 것을 나는 분명히 알고 있다

lassen 동사의 용법

lassen은 타동사로 사용되기도 하고 조동사와 비슷한 용법으로도 사용된다.

1 lassen의 용법

(1) 타동사: 그대로 두다, 내버려 두다

→ Er lässt den Brief im Büro. 그는 그 편지를 사무실에 놓아 둔다.

→ Lass mich in Ruhe! 나를 좀 조용히 둬! (die Ruhe 정적, 고요)

→ Lass das! 그것 그냥 둬!

(2) lassen ... Inf.: 허용하다, ~하도록 시키다

→ **Sie lässt die Kinder im Garten spielen.**
  그녀가 아이들을 정원에서 놀도록 한다.

→ **Sie lässt den Fernsehapparat holen.** 그녀는 텔레비전을 가져오도록 한다.

→ **Ich lasse ihn mit meinem Auto fahren.** 나는 그가 내 차를 타고 가도록 한다.

→ **Am Montag ließ er den Reifen wechseln.**
  월요일에 그는 타이어를 교체시켰다. (der Reifen,_ 타이어 / wechseln 바꾸다, 교체하다)

(3) lassen sich ... Inf.: ~될 수 있다 (= können ... p.p. werden)

→ **Der Computer lässt sich nicht reparieren.** 그 컴퓨터는 수리될 수 없다.
  = Man kann ihn nicht reparieren.
  = Der Computer kann nicht repariert werden.
  * 'Lektion 17 수동태' 참조

2 lassen의 완료형

조동사의 완료형에서 설명한 바와 마찬가지로 lassen도 완료형에서 타동사일 경우와 조동사일 경우의 과거분사형이 다르게 사용된다.

(1) 타동사 lassen의 현재완료형: 'haben + ... gelassen'

→ **Er hat den Brief im Büro gelassen.** 그는 편지를 사무실에 두었다.

→ **Die Kinder haben mich nicht in Ruhe gelassen.**
  아이들이 나를 조용히 내버려 두지 않았다.

(2) 'lassen + ... Inf.'인 경우의 현재완료형: 'haben + ... Inf. lassen'

→ **Sie hat die Kinder im Garten spielen lassen.**
  그녀는 아이들을 정원에서 놀도록 했다.

→ **Er hat den Reifen wechseln lassen.** 그는 타이어를 교체시켰다.

→ **Er hat keinen neuen Anzug machen lassen.**
  그는 새 양복을 맞추지 않았다.

[1~8] 빈칸에 알맞은 동사를 고르시오.

1

Mein Vater ist krank, ich _____ nach Haus fahren.

① darf ② kann ③ lasse ④ muss ⑤ solle

2

Muss ich dem Kollegen helfen?
- Nein, du _____ ihm nicht zu helfen.

① musst ② sollst ③ darfst ④ pflegt ⑤ brauchst

3

Ich _____ den Brief lesen, den mein Bruder bekommen hat. Er erlaubte es mir.

① muss ② darf ③ soll ④ will ⑤ lasse

4

Ich schneide mir die Haare nicht selbst. Ich _____ mir die Haare schneiden.

① darf ② muss ③ kann ④ lasse ⑤ erlaube

5

Ihr wollt über die Straße gehen? Achtung, ihr _____ jetzt nicht, die Ampel ist rot!

① müsst ② musst ③ dürft ④ darft ⑤ möchtet

6

_____ du Mozart? - Ja, ich höre Mozart gern.

① Kannst ② Darfst ③ Musst ④ Magst ⑤ Sollst

7

> Er behauptet, dich gestern gesehen zu haben.
>
> = Er _____ dich gestern gesehen haben.

① will   ② mag   ③ kann   ④ darf   ⑤ muss

8

> Die Eltern erlauben, dass die Kinder ins Theater gehen.
>
> = Die Eltern _____ die Kinder ins Theater gehen.
>
> = Die Kinder _____ ins Theater gehen.

① können - lassen   ② lassen - dürfen   ③ sollen - müssen

④ dürfen - sollen   ⑤ dürfen - können

[9] 다음 중 문법적으로 올바른 문장을 고르시오.

① Er hat heute ins Kino gehen gedurft.

② Der Kranke hat drei Tage im Bett liegen müssen.

③ Wie viel hast du zahlen gemusst?

④ Das habe ich nicht können.

⑤ Die Studenten haben im Juli an die See fahren gewollt.

[10~14] 과거형과 현재완료형으로 문장을 바꾸시오.

10 Sie wollen nach Rom fliegen.

→ (과거형) _____

→ (현재완료형) _____

11 Sie will nichts von dir.

→ (과거형) _____

→ (현재완료형) _____

12 Diese Touristen können kein Deutsch.

   → (과거형) _____

   → (현재완료형) _____

13 Wir müssen eine Strafe zahlen.

   → (과거형) _____

   → (현재완료형) _____

14 Ich lasse meinen Anzug reinigen.

   → (과거형) _____

   → (현재완료형) _____

[15] 빈칸에 알맞은 조동사, 또는 lassen을 넣으시오.

(1) Weil ich krank war, _____ ich nicht zum Unterricht kommen.

(2) Hast du Durst? _____ du ein Glas Wasser?

(3) Ich _____ diese kleinen Schrifte nicht lesen. Ich _____ meine Brille aufsetzen.

(4) Ich muss mich entschuldigen, dass ich gestern nicht an Ihrem Seminar teilnehmen _____ .

(5) Reparierst du den Wasserkocher selbst?

   ‐ Nein, ich _____ den Wasserkocher vom Elektriker reparieren.

분리 동사와 비분리 동사
Trennbare und untrennbare Verben

I 분리 동사, 비분리 동사

1 분리 동사와 비분리 동사는 동사 앞에 붙은 전철(접두어 Präfix)의 종류에 따라 구분된다.

> 예 kommen 오다
> (분리 동사) ankommen 도착하다, zurückkommen 돌아오다 (an-, zurück- 분리 전철)
> (비분리 동사) bekommen 받다 (be- 비분리 전철)

2 분리 동사와 비분리 동사의 특징

(1) 강세: 분리 전철에는 강세가 있고, 비분리 전철에는 강세가 없다.

(2) 분리 전철은 현재형과 과거형, 명령형 문장에서 동사로부터 분리하여 문장의 끝에 위치한다.

→ **(ankommen) Petra kommt morgen um 11 Uhr in Seoul an.**
페트라는 내일 11시에 서울에 도착한다.

(3) 과거분사형

① 분리 동사는 기본 동사의 과거분사를 그대로 분리 전철 뒤에 연결한다.

→ kommen의 과거분사가 gekommen이므로 ankommen의 과거분사는 angekommen

② 비분리 동사는 기본 동사의 과거분사에서 ge를 없애고 비분리 전철 뒤에 연결한다.

→ kommen의 과거분사가 gekommen이므로 bekommen의 과거분사는 bekommen

(4) **zu + Inf.**: 분리 동사는 **zu**가 분리 전철과 기본 동사 사이에 위치한다. 비분리 동사는 일반 동사와 같다.

anzukommen / zu bekommen

* 'Lektion 16 부정형 / zu 부정형' 참조

Ⅱ 분리 동사

1 분리 전철: 자주 쓰이는 분리 전철과 분리 동사

ab-	**abfahren** 출발하다 / **abholen** (차로) 마중가다, 가서 가져오다 / **abnehmen** 줄어들다
an-	**anrufen** 전화하다 / **anfangen** 시작하다 / **ankommen** 도착하다
auf-	**aufstehen** 일어나다 / **aufmachen** 열다 / **aufhören** 중단하다 / **aufräumen** 정돈하다
aus-	**ausgehen** 외출하다 / **aussehen** ~같이 보이다 / **ausstehen** 견디다
bei-	**beitragen** 기여하다 / **beitreten** 가입하다
ein-	**einkaufen** 쇼핑하다 / **einladen** 초대하다 / **einsteigen** 승차하다
fest-	**feststehen** 확정되어 있다, 확실하다 / **feststellen** 확인하다
her-	**hergeben** 건네주다 / **herkommen** 이쪽으로 오다, 유래하다 / **herstellen** 제작하다
hin-	**hinfallen** 넘어지다
los-	**losfahren** (차를 타고) 출발하다
mit-	**mitarbeiten** 협조하다 / **mitteilen** 통보하다
nach-	**nachdenken** 숙고하다 / **nachsprechen** 따라 말하다
statt-	**stattfinden** 개최되다
vor-	**vorstellen** 소개하다 / **vorschlagen** 제안하다
vorbei-	**vorbeikommen** 들르다 / **vorbeigehen** 지나쳐가다, 들르다
weg-	**weggehen** 떠나가다 / **weglassen** 빼다, 생략하다
weiter-	**weitermachen** 계속하다
zu-	**zumachen** 닫다 / **zustimmen** 찬성하다 / **zuhören** 경청하다
zurück-	**zurückgeben** 돌려주다 / **zurückkommen** 돌아오다
zusammen-	**zusammenfassen** 요약하다 / **zusammenarbeiten** 협력하다

2 분리 동사의 현재형, 과거형, 명령형

현재형과 과거형, 명령형에서 분리 전철이 문장의 맨 끝에 위치한다.

(1) 현재형

→ Die Sonne geht im Sommer früh auf. 여름에는 해가 일찍 뜬다.

→ Dein Vater sieht jünger aus. 너의 아버님은 비교적 젊어 보이신다.

(2) 과거형

→ Das Publikum hörte dem Redner zu. 청중은 연사의 말을 경청했다.

→ Sie gab mir gestern das Buch zurück. 그녀가 어제 내게 책을 돌려주었다.

(3) 명령형

→ **Fangen** Sie bitte **an**! 시작하십시오.

→ **Gib** das Messer **her**! 나이프 좀 이리 줘.

3 분리 동사의 완료형

→ Ich habe meine Mutter schon angerufen. 나는 어머니께 이미 전화했다.

→ Wir haben schon Getränke eingekauft. 우리가 음료는 벌써 사왔다.

→ Er hat einen Spaziergang vorgeschlagen. 그가 산책을 제안했다.

※ 미래형이나 조동사 뒤에 부정형을 연결할 때는 분리하지 않은 부정형 그대로 쓴다.

Wir werden am Samstagvormittag einkaufen. 우리는 토요일 오전에 장을 볼 것이다.
Ich muss morgen früh aufstehen. 나는 내일 일찍 일어나야 해.

※ 분리 동사를 'zu Inf.' 형태로 쓸 때는 분리 전철과 동사 사이에 zu를 넣고 붙여 쓴다.
 * 'Lektion 16 부정형 / zu 부정형' 참조.
Russisch ist schwer auszusprechen. 러시아어는 발음하기 어렵다.

Ⅱ 비분리 동사

1 비분리 전철과 대표적인 비분리 동사

be-	bekommen 받다 / beginnen 시작하다 / bezahlen 지불하다
emp-	empfehlen 추천하다 / empfangen 받다
ent-	entdecken 발견하다 / entscheiden 결정하다
er-	erfinden 발명하다 / ergänzen 보충하다 / erzählen 이야기하다
ge-	gefallen ~의 마음에 들다 / gehören ~의 것이다 / gelingen 성공하다
miss-	misshandeln 학대하다 / missverstehen 오해하다
ver-	verkaufen 팔다 / verlieren 잃어버리다 / verzeihen 용서하다
zer-	zerbrechen 부서지다 / zerreißen 찢다 / zerstören 파괴하다

2 비분리 동사의 현재형, 과거형, 명령형

비분리 동사의 현재형, 과거형, 명령형은 일반 동사처럼 쓰면 된다. 발음할 때 비분리 전철에 악센트가 없는 것에 유의한다.

→ Die Sonnenbrille gefällt mir gut. 그 선글라스가 내 마음에 든다.

→ Oma erzählt den Kindern ein Märchen.
할머니께서 아이들에게 동화를 얘기해 준다.

→ Wer erfand den Fernseher? 누가 텔레비전을 발명했지?

→ Es gelang ihm nicht, seine Eltern zu überreden.
그는 부모님을 설득하는 데 성공하지 못했다.

→ Entschuldigen Sie bitte! = Verzeihen Sie bitte! 실례합니다!

3 비분리 동사의 완료형

→ Hast du meine Postkarte bekommen? 내 엽서 받았니?

→ Ich habe meinen Autoschlüssel verloren. 내 자동차 열쇠를 잃어버렸다.

→ So etwas habe ich noch nie erlebt.
나는 아직 한 번도 그런 것을 겪은 적이 없었다.

→ Habt ihr schon etwas bestellt? 너희들 벌써 뭔가를 주문했니?

Ⅲ 분리 · 비분리 동사

1 분리 · 비분리 전철: durch-, über-, um-, unter-, voll-, wider-, wieder-

분리 · 비분리 전철은 동사에 따라 분리하는 경우도 있고 분리하지 않는 경우도 있다. 따라서 이 전철이 붙은 동사는 분리 동사로 쓰이는지 비분리 동사로 쓰이는지를 기억해야 한다.

2 분리 동사로 사용되는 예

durchfallen 시험에 떨어지다 / durchstehen 견뎌내다 / umsteigen 갈아타다
umtauschen 교환하다 / untergehen (해가) 지다 / widerspiegeln 반영하다
wiedergeben 재현하다 / wiedersehen 다시 만나다

→ Die Sonne geht unter. 해가 지고 있다.

→ Steigen Sie an der nächsten Station um! 다음 역에서 갈아타십시오.

→ Er ist in der Prüfung durchgefallen. 그는 시험에 떨어졌다.

→ Heute habe ich meine alten Freunde wiedergesehen.
오늘 내 옛 친구들과 재회했다.

3 비분리 동사로 사용되는 예

(sich) überlegen 숙고하다 / übernachten 숙박하다 / überraschen 놀라게 하다
überreden 설득하다 / übertragen 중계하다 / überzeugen 납득시키다
überweisen 계좌 이체하다 / unterbrechen 중단하다 / unterrichten 강의하다
unterschreiben 서명하다 / (sich) unterhalten 환담하다 / unterscheiden 구분하다
vollenden 완성하다 / widersprechen 반대하다 / widerstehen 저항하다

→ Der Sekretär unterschreibt die Post. 비서가 우편물에 서명한다.

→ Wer widerspricht Ihnen? 누가 당신 의견에 반대하고 있습니까?

→ Wir haben uns lange über den Film unterhalten.
우리는 그 영화에 대해 한참 이야기했다.

→ Der Rundfunk hat das Konzert übertragen.
라디오에서 콘서트를 중계방송했다.

4 하나의 동사가 분리 동사, 비분리 동사 두 가지로 사용되는 예

wiederholen	(분리) 다시 가져오다	(비분리) 반복하다
übersetzen	(분리) 건네주다	(비분리) 번역하다
umgehen	(분리) 취급하다, 교제하다	(비분리) 우회하다, 피하다
umziehen	(분리) 이사하다	(비분리) 에워싸다

→ Der Assistent ist mit dem Apparat vorsichtig umgegangen.
조교가 그 도구를 조심스럽게 다루었다. (분리)

→ Er hat geschickt die Schwierigkeiten umgangen.
그는 재치 있게 어려움을 피했다. (비분리)

→ Petra ist letztes Wochenende umgezogen.
페트라는 지난 주말에 이사했다.

→ Meine Freundin Julia hat das Buch übersetzt.
내 친구 율리아가 그 책을 번역했다.

※ 비분리 전철과 분리 전철이 겹쳐 들어간 동사도 있다.

veranlassen – veranlasste – veranlasst 야기하다, 유발하다

verabreden – verabredete – verabredet 약속하다

wiedervereinigen – vereinigte ... wieder – wiedervereinigt 다시 결합시키다

wiederverwenden – verwendet ... wieder – wiederverwendet 재활용하다

[1~2] 빈칸에 차례대로 적합한 것을 고르시오.

1

> Sie kauft Obst und Gemüse _____.
>
> Sie bereitet das Essen _____.

① aus - vor ② aus - ab ③ ein - nach ④ ein - vor ⑤ ab - zu

2

> Wir steigen in den Bus _____.
>
> Das Kind zieht die Schuhe und Strümpfe _____.

① ein - ein ② aus - aus ③ ein - aus ④ um - nach ⑤ ein - nach

[3~4] 다음 중 완료형이 옳지 않은 것을 고르시오.

3 ① Wir sind uns für heute um 8 Uhr mit Inge verabredet.
② Wir haben schon die Ankunft der Gäste mitgeteilt.
③ Wir haben Papier und Kugelschreiber mitgebracht.
④ Wir haben schon mit der Arbeit angefangen.
⑤ Wir sind vor dem Hund erschrocken.

4 ① Herr Kim hat 2 Kilo abgenommen.
② Hat der Film schon begonnen?
③ Wo hast du in Berlin übergenachtet?
④ Frau Kim hat ihren Urlaub im Ausland verbracht.
⑤ Er hat dem Vorschlag nicht zugestimmt.

[5~9] 주어진 단어를 사용해 현재형으로 문장을 만드시오.

5 ich – jeden Samstag – meine Eltern – anrufen

6 Die Flasche – Olivenöl – enthalten

7 die Mutter – den Kindern – das Märchen – vorlesen

8 du – welches Restaurant – uns – empfehlen – ?

9 unterschreiben – ich – gestern – den Mietvertrag

[10~18] 주어진 단어를 사용해 현재완료형으로 문장을 만드시오.

10 alle – ihm – zuhören

11 du – alles – verstehen – ?

12 der Arzt – die Patienten – behandeln

13 Max – in ein Taxi – einsteigen

14 die Familie Meyer − eine Ferienreise − unternehmen

_____

15 die Freunde − nach langer Zeit − sich wiedersehen

_____

16 der Film − wann − denn − beginnen − ?

_____

17 mich − niemand − verstehen

_____

18 mich − Anna − zur Party − einladen

_____

재귀동사 Reflexive Verben / 비인칭동사 Pronomen 'es'

Lektion 5

I 재귀동사

1 재귀대명사의 격

Nom. 1격	ich	du	er / sie / es	wir	ihr	sie	Sie
Dat. 3격	mir	dir	sich	uns	euch	sich	sich
Akk. 4격	mich	dich	sich	uns	euch	sich	sich

— 3인칭과 존칭 Sie의 재귀대명사는 sich 한 가지로 쓴다.
— 1인칭과 2인칭은 재귀대명사와 인칭대명사의 형태와 동일하다.

> ※ 재귀동사를 암기할 때는 동사 앞에 sich를 붙여 암기하고, 문장 안에서는 주어에 맞게 sich를 변형
> 시켜 사용해야 한다. 예를 들어 'sich beeilen 서두르다'라고 암기하고 'ich beeile mich, du
> beeilst dich, er beeilt sich, wir beeilen uns, ihr beeilt euch, sie beeilen sich'로
> 연습한다.

> ※ 평서문에서 재귀대명사의 위치
>
> 현재형 / 과거형: 주어 + 동사 + sich …
> 현재완료형: 주어 + haben + sich … p.p.
> 조동사가 있을 경우: 주어 + 조동사 + sich … Inf.

(1) 4격 재귀대명사: 재귀대명사는 4격으로 쓰이는 경우가 많다.
재귀대명사의 격을 구분하는 경우는 주어가 ich, du일 때뿐이다. 다른 인칭은 3,
4격 형태가 같으므로 격 구분 없이 쓰면 된다.

- sich bewegen 이동하다, 움직이다
→ **Du bewegst dich zu wenig.** 너는 너무 움직이지 않는다.

- sich erkälten 감기 걸리다
→ **Ich habe mich gestern erkältet.** 나는 어제 감기에 걸렸어.

- sich ernähren 먹고 살다, 영양을 섭취하다
→ **Sie müssen sich gesund ernähren.** 건강에 좋은 음식을 드셔야 합니다.

- sich interessieren für ~ ~에 관심이 있다
→ **Ich interessiere mich für das Theater.** 나는 연극에 관심이 있다.

- sich konzentrieren 집중하다
  → **Ich kann mich abends am besten konzentrieren.**
  나는 저녁에 가장 잘 집중할 수 있다.

- sich rasieren 면도하다
  → **Rasier dich mal!** 면도 좀 해라.

(2) 3격 재귀대명사: 동사의 4격 목적어가 따로 있을 경우에 재귀대명사는 3격을 사용한다.

- sich³ etw. ansehen/anschauen 구경하다, 보다
  → **Hast du dir schon den Film angesehen?** 너 그 영화 벌써 봤니?
  → **Ich will mir den Film heute Abend anschauen.** 오늘 저녁에 그 영화 보려고 해.

- sich³ etw. anziehen 무엇을 입다 (sich⁴anziehen 옷 입다)
  → **Zieh dich warm an. - Ja, ich ziehe mir den warmen Mantel an.**
  따뜻하게 옷 입어라. – 예, 따뜻한 외투를 입을게요.

- sich³ etw. leisten können 무엇을 재정적으로 누릴 수 있다
  → **Ich kann mir keine teure Reise leisten.** 나는 비싼 여행을 감당할 수 없다.

- sich³ etw. merken 기억하다, 명심하다
  → **Ich kann mir Namen sehr schlecht merken.**
  나는 이름을 잘 기억하지 못한다.

- sich³ etw. vorstellen 상상하다
  → **Wie stellst du dir deinen Traummann vor?**
  너는 너의 이상형이 어떤 모습이라고 상상하니?

- sich³ etw. waschen 씻다
  → **Möchtest du dir jetzt die Haare waschen?** 지금 머리 감으려고 하니?

2 재귀동사의 종류

(1) 순수 재귀동사: 재귀동사로만 사용되는 동사들

> sich ausruhen 쉬다 / sich bedanken (für~) 감사하다 / sich beeilen 서두르다
> sich bemühen (um~) 노력하다 / sich bewerben (um~) ~ 지원, 지망하다
> sich entschließen 결심하다 / sich ereignen 발생하다 / sich erholen 회복하다
> sich erkälten 감기 걸리다 / sich erkundigen 문의하다 / sich irren 착각하다
> sich schämen 부끄러워하다 / sich verspäten 지각하다, 연착하다
> sich weigern 거부하다

→ Ich möchte mich herzlich für die schönen Blumen bedanken.
예쁜 꽃에 대해서 진심으로 감사드리고 싶습니다.

→ Wir müssen uns jetzt wirklich beeilen! 우리 이제 정말 서둘러야 해.

→ Warum entschließt du dich noch nicht? 왜 아직 결심을 하지 않니?

→ Er hat bei Regen gejoggt und hat sich dabei erkältet.
그는 비가 오는데 조깅을 했고 그러다가 감기에 걸렸다.

→ Vor unserem Haus hat sich ein Verkehrsunfall ereignet.
우리 집 앞에서 교통사고가 발생했다.

(2) 타동사에서 파생된 재귀동사: 타동사로도 사용되고 재귀동사로도 사용되는 동사들

---

sich ändern 바뀌다, 달라지다 ← etw. ändern 고치다, 바꾸다
sich anziehen 옷 입다 / sich³ etw. anziehen 무엇을 입다
　← etw. anziehen 무엇을 입히다
sich ärgern 화나다 ← jn. ärgern (누구를) 화나게 하다
sich³ etw. merken 기억하다, 명심하다 ← etw. merken 인지하다, 알아채다
sich verändern 변화하다 ← etw. verändern 변화시키다
sich vorstellen 상상하다 / sich jm. vorstellen 누구에게 자기를 소개하다
　← jn. vorstellen 누구를 소개시키다
sich waschen 씻다 / sich³ etw. waschen 무엇을 씻다
　← etw./jn. waschen 세탁하다, 씻기다

→ Wir legen die Kinder ins Bett. 우리는 아이들을 침대에 눕힌다. (타동사)

→ Wir legen uns auch ins Bett. 우리도 침대에 눕는다. (재귀동사)

→ Ich habe nichts gemerkt. 나는 아무것도 알아차리지 못했다. (타동사)

→ Hast du dir den Namen des Lehrers gemerkt?
그 선생님 이름을 기억했니? (재귀동사)

→ Hast du schon die Wäsche gewaschen? 너 빨래했니? (타동사)

→ Hast du dich schon gewaschen? 너 벌써 씻었니? (재귀동사)

→ Seine Abwesenheit hat mich geärgert.
그가 불참한 것이 나를 화나게 했다. (타동사)

→ Ärgern Sie sich nicht so oft! 그렇게 자주 화내지 마십시오. (재귀동사)

(3) 전치사와 함께 오는 재귀동사

sich ärgern über (4격) ~에 대해 화나다
sich aufregen über (4) ~에 대해 흥분하다
sich bedanken für ~에 감사하다
sich bemühen um ~을 얻으려고 노력하다
sich beschäftigen mit ~에 전념, 몰두하다
sich beschweren über (4) ~에 대해 불평하다
sich beteiligen an (3격) ~에 참가하다, 관여하다
sich bewerben um ~을 얻으려고 지원하다
sich entscheiden für ~으로 결정하다
sich entschuldigen bei ~ für ~에게 ~에 대해 사과하다
sich erholen von ~로부터 회복되다
sich erinnern an (4) ~을 기억하다
sich erkundigen bei ~ nach ~에게 ~에 관해 문의하다
sich freuen auf (4) ~을 고대하다
sich freuen über (4) ~에 대해 기뻐하다
sich fürchten vor (3) ~을 두려워하다
sich gewöhnen an (4) ~에 익숙해지다
sich informieren über (4) ~에 대해 정보를 수집하다
sich interessieren für ~에 관심이 있다
sich kümmern um ~을 돌보다
sich sehnen nach ~을 그리워하다
sich unterhalten mit ~ über (4) ~와 ~에 대해 이야기하다
sich verabreden mit ~와 (만날) 약속을 하다
sich verabschieden von ~와 작별하다
sich verlassen auf (4) ~을 신뢰하다
sich verlieben in (4) ~에 대해 사랑에 빠지다
sich vorbereiten auf (4) (=für) ~을 준비하다
sich wehren gegen ~에 대항, 저항하다
sich wundern über (4) ~에 대해 놀라다

→ **Jetzt ärgert man sich über den Stress im Dezember.**
지금 사람들은 12월의 스트레스에 대해서 화를 내고 있다.

→ **Ich muss mich für die Verspätung entschuldigen. Es tut mir so leid!**
제가 늦은 것에 대해 사과를 드려야 합니다. 죄송합니다.

→ **Als wir Kinder waren, haben wir uns wochenlang auf Weihnachten gefreut.** 어렸을 때 우리는 몇 주 동안 크리스마스를 고대했다.

→ **Wir haben uns über deinen Besuch gefreut.** 우리는 네가 방문해 줘서 기뻤다.

→ **Du musst dich mehr um deine Eltern kümmern.**
너는 부모님을 좀 더 돌봐 드려야 한다.

→ **Julia unterhält sich am liebsten mit ihrer Schwester.**
율리아는 언니와 가장 즐겨 얘기한다.

→ **Er hat sich sofort in sie verliebt.** 그는 즉시 그녀에게 사랑에 빠졌다.

→ **Er bereitet sich intensiv für die Prüfung vor.**
그는 집중적으로 시험을 준비하고 있다.

(4) 상호대명사
주어가 복수일 때 재귀대명사가 '서로'라는 의미를 갖는 경우가 많다.

> sich treffen (서로) 만나다   sich trennen 헤어지다
> sich verlieben (서로) 사랑하다   sich verloben 약혼하다

→ **Wo habt ihr euch kennengelernt?** 너희는 어디에서 서로를 알게 되었니?

→ **Wir treffen uns heute Abend.** 우리는 오늘 저녁에 (서로) 만난다.

→ **Wir verstehen uns gut.** 우리는 서로를 잘 이해한다.

→ **Maria und Marko haben sich verliebt.**
마리아와 마르코는 서로 사랑하게 되었다.

→ **Warum streitet ihr euch dauernd?** 너희는 왜 그렇게 계속 서로 싸우니?

Ⅱ 비인칭 동사
비인칭 동사는 es를 비인칭 주어로 갖는 동사이다.

> ※ (비교) 인칭대명사로서의 es: 중성 명사의 1격, 4격을 받는 대명사
>
> **Hast du mein blaues Hemd gesehen? - Es ist jetzt in der Waschmaschine.**
> 내 파란색 셔츠 봤어? – 그것 지금 세탁기 안에 있어.
> **Wie finden Sie das Bild? - Ich finde es sehr schön.**
> 그 그림 어떻다고 생각하십니까? – 아주 아름답다고 생각합니다.

1 날씨, 시간 개념을 나타내는 문장의 주어

→ **Es regnet.** 비가 온다.

→ **Es schneit.** 눈이 온다.

→ **Es ist neblig (windig / sonnig).**
안개가 끼어 있다. (바람이 많이 분다 / 해가 쨍쨍하다)

→ **Es ist kalt (kühl / warm / heiß).** 날이 춥다. (서늘하다 / 따뜻하다 / 덥다)

→ **Es sind zehn Grad.** (기온이) 10도이다.

→ **Wie viel Uhr ist es?** 몇 시입니까?

→ **Es ist schon elf Uhr.** 벌써 열한 시이다.

→ **Es ist schon spät.** 벌써 시간이 늦었다.

2 개인적 상태, 감각 표현

→ **Wie geht es deinen Eltern? - Es geht ihnen gut.**
부모님 어떻게 지내시니? - 잘 지내셔 *(es geht + 3격 gut ~가 잘 지내다)*

→ **Es gefällt mir gut in München.** 내게는 뮌헨이 마음에 든다.

→ **Es tut mir leid.** 유감스럽다.

→ **Wie schmeckt es Ihnen? - Es schmeckt mir gut.**
맛이 어떻습니까? - 맛있습니다.

→ **Es riecht nach Kaffee.** 커피 냄새가 난다.

→ **Es duftet gut.** 좋은 향기가 난다.

3 행위자가 불분명한 소리

→ **es klopft** 두드리는 소리가 나다

→ **es läutet** 종소리가 나다

→ **Es klingelt an der Tür.** 문에서 벨 소리가 난다.

4 문장 처음에 위치한 가주어

의미 없이 문장 처음에 위치하여 자리를 차지하고 있는 es는 문장 구성 성분이 아니다. 의미 없이 들어온 가주어로서, 주어가 문장 첫 자리로 오거나 도치될 때 es는 사라진다. 이 es는 의문문이나 명령문, 부문장에서 쓰이는 경우는 없고 서술문에서만 나타난다. 수동태 문장에서 자주 사용된다. * 'Lektion 17 수동태' 참조

→ **Es waren viele Leute da.**
= **Viele Leute waren da.** 많은 사람들이 거기에 있었다.

→ **Es lassen sich heutzutage viele scheiden.**
= **Heutzutage lassen sich viele scheiden.** 오늘날 많은 사람들이 이혼을 한다.

5 dass, ob 등의 부문장이나 'zu Inf.'를 받아주는 가주어 es

→ Es ist schade, dass du nicht kommen kannst. 네가 올 수 없다니 아쉽다.

→ Es ist nicht wichtig, ob er kommt oder nicht.
그가 오는지 오지 않는지는 중요하지 않다.

→ Es ist unmöglich, den Computer zu reparieren.
그 컴퓨터를 수리한다는 것이 불가능하다.

6 숙어

→ es gibt + 4격 ~이 있다, 존재하다

→ es handelt sich um ~ ~이 문제이다

→ es geht um ~ ~이 문제이다, ~이 중요하다

7 비인칭 보어, 비인칭 목적어

(1) 앞에 나온 형용사를 대신하는 es

→ Dein Bruder ist so fleißig. - Eigentlich ist er es nicht.
네 형은 참 부지런해. – 사실은 그렇지 않아.

(2) 숙어로 쓰이는 비인칭 목적어

→ Viele Leute haben es immer sehr eilig. 많은 사람들이 항상 매우 급하다.

→ Er hat es weit gebracht. 그는 출세했다.

→ Ich lasse es darauf ankommen. 나는 그것을 감행한다, 감내한다.

※ 앞의 내용 전체 또는 일부를 연결하는 목적어 es

Hast du die Hausaufgabe gemacht? 너 숙제했니?
- Ach, ich habe es ganz vergessen. 아, 그걸 완전히 잊었네.

[1~5] 빈칸에 적합한 것을 고르시오.

1

> Wir freuen _____ Weihnachten.

① uns vor ② sich über ③ sich auf ④ uns auf ⑤ uns an

2

> Er hat sich _____ ein Stipendium beworben.

① auf ② an ③ um ④ für ⑤ über

3

> Er beschwert sich _____ den Nachbarn _____ den Lärm.

① von – um ② bei – um ③ für – über ④ von – über ⑤ bei – über

4

> Ich muss _____ Bett legen.

① mich zum ② mich ins ③ mir das ④ mir ins ⑤ mich das

5

> Er _____ mit einem Freund über seine Auslandserfahrungen.

① setzte sich ② unterhielt sich ③ erinnerte sich
④ bedankte sich ⑤ interessierte sich

[6] 다음 중 재귀대명사가 틀리게 쓰인 것을 고르시오.

① Ich wasche mich. ② Ich interessiere mir für Musik.
③ Ich putze mir die Zähne. ④ Dafür kann ich mich entscheiden.
⑤ Ich kaufe mir ein Auto.

[7] 문법적으로 바르게 쓰인 문장을 고르시오.

① Mein Großvater hat mir nach seiner Heimat gesehnt.

② Die Katze hat sich unter den Stuhl gelegen.

③ Inge und Johann haben euch mit Fritz getroffen.

④ Er ist sich über meine Geduld gewundert.

⑤ Wir haben uns im Urlaub gut erholt.

[8] 틀린 문장을 고르시오.

① Auf der Reise mussten wir uns von allem kümmern.

② Er soll sich auf die Prüfung vorbereiten.

③ Er verabschiedet sich vom Besuch.

④ Fritz hat sich vor dem Hund gefürchtet.

⑤ Willst du dich mit Max verabreden?

[9] 재귀대명사를 바르게 넣으시오.

(1) Hast du _____ erkältet? 감기 걸렸니?

(2) Er hat _____ in Maria verliebt. 그는 마리아를 사랑하게 되었다.

(3) Bitte beeilt _____! 너희 좀 서둘러라!

(4) Zum Glück habe ich _____ nicht verspätet. 다행히 지각하지 않았다.

(5) Hast du _____ die Gogh-Ausstellung angesehen? 고흐 전시회 봤니?

(6) Ich wünsche _____ ein Fahrrad zum Geburtstag. 생일에 자전거를 받고 싶어.

(7) Merk _____ die Regel! 그 규칙을 기억해라!

(8) Wir freuen _____ schon sehr auf die Ferien. 우리는 방학을 고대하고 있다.

(9) Ich kann _____ nicht an seinen Namen erinnern. 그의 이름이 기억나지 않아.

(10) Warum ärgert er _____ über mich? 왜 그가 나에 대해서 화내는 거지?

[10~16] 독일어로 작문하시오.

10 왜 너는 축구에 관심이 없니? (sich interessieren für)

_____

11 왜 저의 제안에 대해 놀라십니까? (der Vorschlag / sich wundern über)

_____

12 너는 인터넷 없는 세상을 상상할 수 있니? (sich etw. vorstellen)

_____

13 우리는 여행을 준비해야 한다. (sich vorbereiten auf)

_____

14 밤새도록 눈이 왔다. (현재완료형)

_____

15 지난주는 매우 더웠다. (과거형)

_____

16 Wien이 내 마음에 들었다. (현재완료형)

_____

명사의 성과 복수 Nomen: Genus, Plural

Lektion 6

I 명사의 성

독일어 명사는 문법적인 성을 갖고 있는데 남성, 여성, 중성의 세 가지로 나뉜다. 남성(m.) 정관사는 der, 여성(f.)은 die, 중성(n.)은 das, 복수(Pl.) 정관사는 die이다. 명사를 암기할 때 'der Stuhl 의자, die Tür 문, das Fenster 창문, die Leute 사람들'과 같이 관사를 붙여 성을 함께 암기해야 한다.

1 남성명사

(1) 사람과 자연에서의 남성

> **der Mann** 남자, 남편 / **der Vater** 아버지 / **der Sohn** 아들 / **der Onkel** 삼촌 /
> **der Ochse** 황소 / **der Hahn** 수탉

(2) −er로 끝나는 직업명, 국적

> **der Maler** 화가 / **der Bauer** 농부 / **der Apotheker** 약사
> **der Koreaner** 한국인 / **der Japaner** 일본인 / **der Amerikaner** 미국인

(3) 계절, 월 이름, 요일, 하루에서의 때

> der Frühling 봄 – der Sommer 여름 – der Herbst 가을 – der Winter 겨울
>
> der Monat 월, der Januar 1월 – der Februar 2월 – der März 3월 –
> der April 4월 – der Mai 5월 – der Juni 6월 – der Juli 7월 – der August 8월 –
> der September 9월 – der Oktober 10월 – der November 11월 –
> der Dezember 12월
>
> der Montag 월요일 – der Dienstag 화요일 – der Mittwoch 수요일 –
> der Donnerstag 목요일 – der Freitag 금요일 –
> der Sonnabend (Samstag) 토요일 – der Sonntag 일요일
>
> der Morgen 아침 – der Vormittag 오전 – der Mittag 정오 –
> der Nachmittag 오후 – der Abend 저녁 * 예외: die Nacht 밤

(4) 날씨와 관계된 명사 다수, 방위

> **der Regen** 비 / **der Schnee** 눈 / **der Wind** 바람 / **der Nebel** 안개 /
> **der Sturm** 폭풍 / **der Blitz** 번개 / **der Donner** 천둥
> **der Osten** 동쪽 / **der Westen** 서쪽 / **der Süden** 남쪽 / **der Norden** 북쪽

(5) -or, -ling, -ismus로 끝나는 명사

> der Professor 교수 / der Doktor 박사 / der Motor 모터 / der Humor 유머
> der Neuling 초심자 / der Idealismus 이상주의 / der Optimismus 낙관주의

2 여성명사

(1) 사람과 자연에서의 여성

> die Frau 여자, 아내 / die Mutter 어머니 / die Tochter 딸
> die Tante 숙모, 이모, 고모 / die Kuh 암소 / die Henne 암탉
> * 예외: das Mädchen 소녀, das Fräulein 아가씨. 중성명사에서 '축소형' 참조

(2) -in을 붙인 직업명, 국적

> die Malerin 여류화가 / die Bäuerin 농부(여자) / die Apothekerin 여자 약사
> die Schauspielerin 여배우 / die Beamtin 여자 공무원
> die Koreanerin 한국 여자 / die Amerikanerin 미국 여자

> ※ 직업, 국적의 여성형
> – 남성형 직업명과 국적을 여성형으로 만들 때는 '-in'을 붙인다.
> – '-e'로 끝나는 직업명과 국적일 경우에는 보통 e를 빼고 '-in'을 붙인다.
> – 남성형에서의 모음 a, o, u가 ä, ö, ü로 바뀌는 경우도 있다.
> – 'der Prinz 왕자 – die Prinzessin 공주'처럼 예외적인 경우도 있다.
>
> der Lehrer 교사 → die Lehrerin 여교사
> der König 왕 → die Königin 여왕
> der Koreaner 한국 남자 → die Koreanerin 한국 여자
> der Chinese 중국 남자 → die Chinesin 중국 여자
> der Franzose 프랑스 남자 → die Französin 프랑스 여자
> der Koch 요리사 → die Köchin 여자 요리사
> der Arzt 의사 → die Ärztin 여의사

(3) 꽃, 나무 이름 다수

> die Lilie 백합 / die Rose 장미 / die Tulpe 튤립
> die Buche 너도밤나무 / die Eiche 떡갈나무 / die Fichte 가문비나무

(4) –heit, –keit, –ei, –schaft, –ung으로 끝나는 명사

> die Einheit 단일, 통일 / die Krankheit 질병 / die Gesundheit 건강 /
> die Möglichkeit 가능성 / die Bäckerei 빵집 / die Wirtschaft 경제 /
> die Mannschaft 선수단 / die Zeitung 신문 / die Einladung 초대 /
> die Meinung 의견

(5) 외래어 중 –enz, –ie, –ion, –ik, –tät, –ur로 끝나는 명사

> die Konferenz 회의 / die Philosophie 철학 / die Station 역 / die Musik 음악 /
> die Universität 대학 / die Aktualität 현실성 / die Kultur 문화 / die Natur 자연

3 중성명사

(1) 동사에서 명사화된 명사

> essen → das Essen 식사 / leben → das Leben 삶
> lesen → das Lesen 독서 / rauchen → das Rauchen 흡연
> surfen → das Surfen 서핑 / kochen → das Kochen 요리하기

> ※ 동작을 나타내는 동사를 대문자로 써서 중성명사로 사용한다.
>
> **Ich lese gern. Das Lesen macht mir Spaß.**
> 나는 책을 즐겨 읽는다. 책을 읽는 것이 나에게는 재미가 있다.

(2) '–chen', '–lein'으로 끝나는 축소형 명사

> das Brötchen 하드롤 빵 / das Kaninchen 집토끼 / das Fräulein 미혼 여자

> ※ 축소형
> 명사에 '–chen'이나 '–lein'을 붙여 축소형을 만드는데 축소형 명사는 원래의 의미보다 작고
> 귀여운 어감을 갖는다. (die Stadt 도시 – das Städtchen 소도시) 이런 축소형 어미는 어
> 린이 노래나 동화책에서 자주 사용된다.
>
> ＊ 'Fräulein'은 'Frau'의 축소형으로서 예전에는 젊은 미혼 여성의 성 앞에 붙여 'Fräulein Schmidt 슈
> 미트 양'과 같이 사용되었지만 현재는 거의 사용하지 않는 호칭이다. 요즘은 미혼, 기혼을 구분하지
> 않고 여성의 성 앞에 'Frau', 남성의 성 앞에 'Herr'를 붙여 사용한다.

(3) −ment, −um으로 끝나는 명사

> das Parlament 의회 / das Medikament 의약품 / das Experiment 실험 /
> das Museum 박물관 / das Studium 연구, 대학 공부 / das Zentrum 중심, 중앙

(4) 국제적으로 사용되는 외래어

> das Hotel 호텔 / das Problem 문제 / das Internet 인터넷 / das Telefon 전화 /
> das Kino 극장 / das Auto 자동차 / das Lotto 로또 / das Hobby 취미

Ⅱ 복수

1 복수 변화 유형

	Sg. 단수	Pl. 복수	복수형 어미
(1)	der Arbeiter der Bruder	die Arbeiter die Brüder	– (단수, 복수 동형) –¨ (변모음)
(2)	der Tag die Hand	die Tage die Hände	-e -¨e
(3)	das Ei das Buch	die Eier die Bücher	-er -¨er
(4)	die Tasse die Möglichkeit die Studentin	die Tassen die Möglichkeiten die Studentinnen	-n -en -nen
(5)	das Auto	die Autos	-s

＊ 복수형은 위와 같은 다섯 가지 변화와 예외적인 변화들이 있다.

(1) (¨): 남성 명사와 중성 명사 중 −er, −el, −en으로 끝나는 명사는 대부분 여기에 속한다.

> der Computer – die Computer 컴퓨터 / der Finger – die Finger 손가락
> der Fehler – die Fehler 실수 / der Onkel – die Onkel 삼촌
> der Apfel – die Äpfel 사과 / der Garten – die Gärten 정원

※ 이 변화에 속하는 여성명사는 아래 두 단어만 알아 두면 된다.

die Mutter – die Mütter 어머니 / die Tochter – die Töchter 딸

(2) (¨)e: 단음절의 남성명사가 주로 여기에 속한다.

> der Freund – die Freunde 친구 / der Tisch – die Tische 탁자
> der Fuß – die Füße 발 / der Gast – die Gäste 손님
> der Stuhl – die Stühle 의자 / der Schrank – die Schränke 장롱

(3) ¨ er: 단음절의 중성명사가 주로 여기에 속한다.

> das Glas – die Gläser 컵 / das Haus – die Häuser 집
> das Kind – die Kinder 아이 / das Kleid – die Kleider 옷, 원피스
> das Land – die Länder 나라 / das Wort – die Wörter 단어

(4) –(e)n이 붙는 복수형은 여성명사에 많고 일부 남성명사도 여기에 속한다.

- –e로 끝나는 명사는 –n을 붙여 복수를 만든다.
- –heit, –keit, –ung, –schaft로 끝나는 명사는 –en을 붙인다.
- –in으로 끝나는 여성형은 –nen을 붙인다.

> der Junge – die Jungen 사내아이 / die Straße – die Straßen 도로, 거리
> die Schwester – die Schwestern 자매 /
> die Krankheit – die Krankheiten 병 / die Übung – die Übungen 연습 /
> die Koreanerin – die Koreanerinnen 한국 여자

(5) –s를 붙여 복수형을 만드는 명사는 주로 외래어이다. a, i, o로 끝나는 명사나 축약 어도 –s가 붙는 경우가 많다.

> das Kino – die Kinos 극장 / das Büro – die Büros 사무실
> das Foto – die Fotos 사진 / das Sofa – die Sofas 소파
> die Oma – die Omas 할머니 / der Opa – die Opas 할아버지

2 복수형에서 주의할 명사

(1) 예외적인 복수 명사들, 외래어의 복수

> das Museum – die Museen 박물관 / das Studium – die Studien 연구, 대학 공부
> das Thema – Themen 테마 / das Firma – die Firmen 회사
> das Visum – die Visa 비자 / das Konto – die Konten 은행 구좌

(2) 의미에 따라 복수형이 다른 명사

> das Wort – die Wörter 단어, die Worte 말
> die Bank – die Banken 은행, die Bänke 벤치

(3) 성과 복수가 다른 동형어

> der Leiter – die Leiter 지도자, 지배인 / die Leiter – die Leitern 사다리
> die Steuer – die Steuern 세금 / das Steuer – die Steuer 키, 핸들

(4) '–mann'으로 끝나는 명사의 복수형

- 복수형 –leute

> der Landmann – die Landleute 농부
> der Kaufmann – die Kaufleute 사업가, 상인

- 복수형 –männer

> der Staatsmann – die Staatsmänner 정치가
> der Schneemann – die Schneemänner 눈사람

3 복수가 없는 명사

(1) 셀 수 없는 추상명사

> das Geld 돈 / das Sport 스포츠 / die Musik 음악 / das Glück 행복 /
> die Jugend 젊은 시절, 젊은이 / das Alter 나이, 노년 / der Hunger 배고픔 /
> das Wetter 날씨 / der Verkehr 교통 / der Urlaub 휴가 / der Frieden 평화 /
> der Lärm 소음

(2) 물질

das Gold 금 / der Strom 큰 물결, 전류 / der Kaffee 커피

(3) 집합적 의미의 명사

das Gepäck 수하물 / die Polizei 경찰 / das Publikum 관객, 대중

4 단수가 없고 복수만 있는 명사

(1) 복수로만 쓰는 명사들

die Eltern 부모님 / die Großeltern 조부모님 / die Geschwister 형제자매 /
die Leute 사람들 / die Ferien 휴가 / die Kosten 비용

(2) 몇 개의 국가명

die USA 미국 / die Niederlande 네덜란드

※ **국가명** (부록 참조!)
대부분의 국가명은 중성으로, 관사를 쓰지 않는다.
Korea, Deutschland, China, Japan...
예 **Korea** 한국, **in Korea** 한국에서, **nach Korea** 한국으로

※ **예외로 남성, 여성, 복수인 국가명들은 관사를 붙여 써야 한다.**
남성 국가명: **der Irak** 이라크 / **der Iran** 이란
여성 국가명: **die Schweiz** 스위스 / **die Türkei** 터키
복수 국가명: **die USA** 미국 / **die Niederlande** 네덜란드

[1~4] 다음 중 복수형이 다른 명사들과 다르게 변화하는 것을 고르시오.

1 ① der Mensch   ② der Hund   ③ der Monat
    ④ der Tisch   ⑤ der Tag

2 ① der Zug   ② der Plan   ③ der Platz
    ④ der Stuhl   ⑤ der Mann

3 ① das Jahr   ② das Lied   ③ das Ei
    ④ das Kind   ⑤ das Bild

4 ① die Uhr   ② die Frau   ③ der Student
    ④ der Apfel   ⑤ der Polizist

[5] 다음 명사의 여성형을 적으시오.

(1) der Ansager – _____   (2) der Bauer – _____

(3) der Beamte – _____   (4) der Flugbegleiter – _____

(5) der Koch – _____   (6) der Maler – _____

(7) der Rechtsanwalt – _____   (8) der Zahnarzt – _____

(9) der Koreaner – _____   (10) der Amerikaner – _____

(11) der Chinese – _____   (12) der Franzose – _____

(13) der Asiat – _____   (14) der Europäer – _____

[6] 앞에서 배운 규칙을 적용해 명사의 성을 구분하여 정관사 'der, die, das'를 넣으시오.

(1) _____ Übung

(2) _____ Winter

(3) _____ Zentrum

(4) _____ Mehrheit

(5) _____ Situation

(6) _____ Königin

(7) _____ Reaktor

(8) _____ Tischlein

(9) _____ Süden

(10) _____ Schwierigkeit

(11) _____ Medikament

(12) _____ Mittwoch

(13) _____ Kultur

(14) _____ Fräulein

(15) _____ Stunde

(16) _____ Busfahrer

[7] 사전에서 명사를 찾아 관사와 복수, 뜻을 쓰시오.

> 예   die Uhr - die Uhren (복수) - 시계 (뜻)

(1) _____ Teller   - die _____ - _____

(2) _____ Glas   - die _____ - _____

(3) _____ Löffel   - die _____ - _____

(4) _____ Gabel   - die _____ - _____

(5) _____ Messer   - die _____ - _____

(6) _____ Ergebnis   - die _____ - _____

(7) _____ Assistentin   - die _____ - _____

(8) _____ Zeuge   - die _____ - _____

(9) _____ Kollege   – die _____ – _____

(10) _____ Katze   – die _____ – _____

(11) _____ Auto   – die _____ – _____

(12) _____ Ausdruck   – die _____ – _____

(13) _____ Krankheit   – die _____ – _____

(14) _____ Monument   – die _____ – _____

(15) _____ Religion   – die _____ – _____

명사의 격 변화 Deklination / 동사의 격 지배 Kasusergänzungen

I 관사

	정관사				부정관사		
	남성 m.	여성 f.	중성 n.	복수 Pl.	남성 m.	여성 f.	중성 n.
Nom. 1격	der	die	das	die	ein	eine	ein
Gen. 2격	des	der	des	der	eines	einer	eines
Dat. 3격	dem	der	dem	den	einem	einer	einem
Akk. 4격	den	die	das	die	einen	eine	ein

1 부정관사

부정관사는 앞에서 언급되지 않았거나 자세히 규정되지 않은 개개의 사람이나 사물을 칭하는 명사 단수형 앞에 사용한다. 따라서 텍스트에서 어떤 사람이나 사물이 처음 도입될 때 부정관사를 붙여 사용한다.

→ **Sie hat mir** ein **Buch und** eine **CD geschenkt.**
그녀가 내게 책 한 권과 CD 하나를 선물했다.

→ **Hast du dir** ein **neues Auto gekauft?** 너 새 자동차를 샀니?

→ **Er hatte immer** einen **Regenschirm bei sich.**
그는 항상 우산 하나를 지니고 다녔다.

→ **Ein Vogel saß auf** einem **Baum.** 새 한 마리가 나무에 앉아 있었다.

> ※ 부정관사류에 속하는 kein-과 소유대명사(mein-, dein-, sein-, ihr-, unser-, euer, Ihr-)도 부정관사의 어미처럼 변화한다. 복수에서는 정관사의 어미를 따른다. 예를 들어 'kein-'이 아래와 같이 변화하는 것이다.

	남성 m.	여성 f.	중성 n.	복수 Pl.
Nom. 1격	kein	keine	kein	keine
Gen. 2격	keines	keiner	keines	keiner
Dat. 3격	keinem	keiner	keinem	keinen
Akk. 4격	keinen	keine	kein	keine

2 정관사

말하는 사람과 듣는 사람이 이미 알고 있는 것, 또는 일반적으로 알려진 사물이나 개념 등에는 정관사를 붙인다. 최상급, 서수, 일반적으로 알려진 사실, 도로명 등에도 정관사를 사용한다.

(1) 일회성을 갖는 명사

→ **Der** Mond dreht sich um **die** Erde. 달은 지구 주위를 돈다.

→ **Die** Sonne steht hoch am (= an **dem**) Himmel.
태양이 하늘 높이 솟아 있다.

> ※ 어떤 지역, 장소나 상황에서 하나밖에 없는 것은 그 명사를 지칭하는 것이 명확하기 때문에 정관사를 사용한다.
>
> **Wo ist der Bahnhof?** 역이 어디에 있습니까?
> **Die Bank ist neben der Kirche.** 은행이 교회 옆에 있다.

(2) 앞에서 언급되었던 것, 이미 알고 있는 것, 확실한 것

→ Dort stand ein Tisch. Auf **dem** Tisch stand eine Vase. **Die** Vase hat er mir geschenkt. 저기 탁자가 하나 있었다. 그 탁자 위에 꽃병이 있었다. 그 꽃병을 그가 내게 선물했다.

→ Hast du **die** Prüfung bestanden? 시험에 합격했니?

→ Kennen Sie **den** Mann dort? 저기 그 남자를 아십니까?

(3) 2격이나 관계문으로 규정되는 명사, 최상급으로 수식하는 명사

→ Ich kenne **die** Tochter des Professors. 그 교수님의 딸을 내가 알고 있다.

→ Das ist **das** Kleid, das ich mir gestern gekauft habe.
내가 어제 산 그 원피스야.

→ Das war **der** schönste Tag meines Lebens.
내 인생에서 가장 아름다운 날이었다.

> ※ 어떤 종을 대표하는 명사는 부정관사나 정관사, 둘 다 사용할 수 있고 관사 없는 복수형도 가능하다.
>
> **Eine Tulpe ist eine Zwiebelpflanze.** 튤립은 구근식물이다.
> **Die Tulpe ist eine Zwiebelpflanze.**
> **Tulpen sind eine Zwiebelpflanze.**

※ 정관사류에 속하는 dieser (이 ~), jener (저 ~), jeder (모든, 개개의), solcher (그런), aller (모든), mancher (많은), welcher (어느?) 등도 정관사의 어미처럼 변화한다. 예를 들어 'dieser'가 아래와 같이 변화하는 것이다.

	남성 m.	여성 f.	중성 n.	복수 Pl.
Nom. 1격	dieser	diese	dieses	diese
Gen. 2격	dieses	dieser	dieses	dieser
Dat. 3격	diesem	dieser	diesem	diesen
Akk. 4격	diesen	diese	dieses	diese

3 관사를 붙이지 않는 경우

(1) 부정관사의 복수

→ **Er ist ein zuverlässiger Kollege.** 그는 믿을 수 있는 동료이다.

　→ **Sie sind zuverlässige Kollegen.** 그들은 믿을 수 있는 동료들이다.

(2) 사람 이름

→ **Das ist Markus.** 그 사람이 마르쿠스이다.

→ **Wir lesen einen Roman von Thomas Mann.**
우리는 토마스 만의 소설을 읽고 있다.

> ※ 형용사가 수식할 경우는 정관사와 함께 쓰인다.
> **der späte Rembrandt** 후기의 렘브란트

(3) sein 동사의 보어로 쓰이는 직업 명칭, 국적

→ **Karl ist Designer.** 칼은 디자이너이다.

→ **Julia ist Deutsche.** 율리아는 독일 사람이다.

> ※ 'als + 직업 (~로서)'에서도 직업에 관사를 붙이지 않는다.
> **Sie arbeitet seit einem Jahr als Flugbegleiterin für die Lufthansa.**
> 그녀는 1년 전부터 루프트한자 승무원으로 일하고 있다.

> ※ 형용사가 수식할 경우는 관사와 함께 쓰인다.
> **Karl ist ein berühmter Designer.** 칼은 유명한 디자이너이다.

(4) 물질이나 소재가 불특정한 양을 나타내는 경우

> Luft 공기 / Wasser 물 / Bier 맥주 / Wein 와인 / Holz 목재 / Gold 금 …

→ **Wir haben Kaffee und Bier bestellt.** 우리는 커피와 맥주를 주문했다.

> ※ 특정한 양의 물질, 특별히 규정된 물질일 경우에는 정관사와 함께 쓰인다.
>
> **Der Kellner brachte uns den Kaffee und das Bier.**
> 웨이터가 우리에게 그 커피와 맥주를 가져다주었다.

(5) 집합개념, 총칭인 명사가 불특정한 양을 나타내는 경우

> Obst 과일 / Gemüse 채소 / Vieh 가축 / Geflügel 가금류 …

→ **Ich kaufe Obst und Gemüse im Bioladen.**
나는 과일과 야채를 유기농 식품점에서 산다.

> ※ 특정한 양, 특별히 규정되는 경우에는 정관사와 함께 쓰인다.
>
> **Ich habe heute Obst und Gemüse gekauft. Das Obst und das Gemüse
> waren teuer.** 오늘 과일과 야채를 샀다. 그 과일과 야채 값이 비쌌다.

(6) 추상명사

> Hunger 배고픔 / Durst 목마름 / Geld 돈 / Zeit 시간 / Liebe 사랑 /
> Freundschaft 우정 / Musik 음악 …

→ **Hast du Hunger?** 배 고프니?

→ **Ich höre am Abend gern Musik.** 나는 저녁에 음악을 즐겨 듣는다.
  * 특정한 상황이나 문맥을 통해 규정될 경우에는 정관사와 함께 쓰인다.

(7) 국가, 도시, 대륙 이름

> Korea 한국 / Deutschland 독일 / Seoul 서울 / Berlin 베를린 / Asien 아시아 /
> Europa 유럽 …

→ **Markus kommt aus Deutschland. Er studiert seit einem Jahr in Seoul.**
마르쿠스는 독일 출신이다. 그는 1년 전부터 서울에서 대학에 다니고 있다.
  * 남성, 여성, 복수 국가명은 반드시 관사를 붙여서 사용한다. (부록 참조)

(8) 굳어진 표현, 인사말

→ **Ich lese jeden Morgen Zeitung.** 나는 아침마다 신문을 읽는다.

→ **Kann dein Sohn schon Auto fahren?** 네 아들은 벌써 자동차 운전할 줄 아니?

→ **Gute Besserung!** 쾌유를 바랍니다.

→ **Schönes Wochenende!** 좋은 주말 보내시길!

＊ 그 밖에 책 제목, 신문 표제어 등에서 관사를 생략하는 경우가 많다.

Ⅱ 명사의 격 변화

— 명사가 문장 안에서 가질 수 있는 여러 가지 형태를 독일어에서는 네 개의 격 (1격, 2격, 3격, 4격)으로 구분한다.

— 여성은 관사나 소유대명사만 격에 따라 변화하고 명사 자체는 변화하지 않는다.

— 동사나 전치사와 함께 오는 명사가 몇 격으로 쓰이는지는 동사의 격 지배, 전치 사의 격 지배 등에 따라 결정된다. 아래의 명사 변화 규칙들을 숙지하고 연습해 서 올바른 격 형태를 사용할 수 있도록 해야 한다.

1 복수에 _, ", _e, "e, _er, "er가 붙는 명사들은 아래와 같이 격 변화한다.

• 남성, 중성 : 단수 2격에 -(e)s가 붙는다.

• 여성 : 여성 명사는 단수에서 변화하지 않는다.

• 복수 : 성의 구분 없이 복수 관사를 사용하고 3격에 -n을 붙인다.

＊ 예외: 복수형이 -(e)n으로 끝나거나 -s로 끝나는 명사들은 3격에 -n을 붙이지 않는다.

※ 명사 앞의 관사가 정관사일 때나 부정관사일 때나 명사 자체의 변화는 달라지지 않는다. 아래 표에서 는 명사 앞에 정관사를 붙여 변화시켰는데 이를 부정관사로 바꿔 연습해도 명사 변화는 같은 것이다.
＊ '형용사의 명사화'의 경우는 관사에 따라 명사가 달라지는 경우가 있다. 'Lektion 9 형용사 I' 참조

		남성 m.		여성 f.	중성 n.
Sg. (단수)	Nom. 1격	der Maler	der Baum	die Katze	das Buch
	Gen. 2격	des Malers	des Baumes	der Katze	des Buch(e)s
	Dat. 3격	dem Maler	dem Baum	der Katze	dem Buch
	Akk. 4격	den Maler	den Baum	die Katze	das Buch
Pl. (복수)	Nom. 1격	die Maler	die Bäume	die Katzen	die Bücher
	Gen. 2격	der Maler	der Bäume	der Katzen	der Bücher
	Dat. 3격	den Malern	den Bäumen	den Katzen	den Büchern
	Akk. 4격	die Maler	die Bäume	die Katzen	die Bücher

※ 복합명사의 경우에는 뒤쪽 명사의 성과 변화를 따른다. 예를 들어 'das Wörterbuch'의 경우 뒤쪽의 '-buch'가 위의 표에서의 'das Buch'처럼 변화하는 것이다.

2 약변화 명사

약변화 남성명사는 단수 1격을 제외한 단수 2, 3, 4격과 복수 1, 2, 3, 4격에 모두 -(e)n이 붙는다. der Herr는 예외로서 아래 표에서와 같이 변화한다.

Sg.	Nom. 1격	der Student	der Junge	der Herr
	Gen. 2격	des Studenten	des Jungen	des Herrn
	Dat. 3격	dem Studenten	dem Jungen	dem Herrn
	Akk. 4격	den Studenten	den Jungen	den Herrn
Pl.	Nom. 1격	die Studenten	die Jungen	die Herren
	Gen. 2격	der Studenten	der Jungen	der Herren
	Dat. 3격	den Studenten	den Jungen	den Herren
	Akk. 4격	die Studenten	die Jungen	die Herren

3 혼합변화 명사

몇몇 명사는 아래와 같이 단수 2격에 -(e)s, 복수 1, 2, 3, 4격에 -(e)n이 붙는다.

Sg.	Nom. 1격	der Professor	das Auge
	Gen. 2격	des Professors	des Auges
	Dat. 3격	dem Professor	dem Auge
	Akk. 4격	den Professor	das Auge
Pl.	Nom. 1격	die Professoren	die Augen
	Gen. 2격	der Professoren	der Augen
	Dat. 3격	den Professoren	den Augen
	Akk. 4격	die Professoren	die Augen

(1) –or로 끝나는 남성명사

> **der Professor – die Professoren** 교수
> **der Doktor** 박사 / **der Direktor** 소장, 원장

(1격) Der Professor ist sehr berühmt. (단수) 그 교수는 매우 유명하다.
　　　 Die Professoren sind sehr berühmt. (복수) 그 교수들은 매우 유명하다.

(2격) Ich kenne die Tochter des Professors. 나는 그 교수의 딸을 안다.
　　　 Das sind die Bücher der Professoren. 그것이 그 교수들의 책들이다.

(3격) Die Bücher gehören dem Professor / den Professoren.
　　　 그 책들은 그 교수의 / 그 교수들의 것이다.

(4격) Ich stelle dir den Professor / die Professoren vor.
　　　 내가 너에게 그 교수님을 / 그 교수님들을 소개할게.

(2) 그 밖에 혼합변화에 속하는 명사

> **der Staat** 국가 / **der Vetter** 사촌 / **der See** 호수 / **das Auge** 눈 / **das Ohr** 귀 /
> **das Bett** 침대 / **das Hemd** 셔츠

4 예외적인 명사 변화

		der Herr	der Name	das Herz
Sg.	Nom. 1격	der Herr	der Name	das Herz
	Gen. 2격	des Herrn	des Namens	des Herzens
	Dat. 3격	dem Herrn	dem Namen	dem Herzen
	Akk. 4격	den Herrn	den Namen	das Herz
Pl.	Nom. 1격	die Herren	die Namen	die Herzen
	Gen. 2격	der Herren	der Namen	der Herzen
	Dat. 3격	den Herren	den Namen	den Herzen
	Akk. 4격	die Herren	die Namen	die Herzen

Ⅲ 명사의 격과 동사의 격 지배

1 명사의 1격

(1) 주어

→ **Der Mantel ist zu groß.** 그 외투는 너무 크다.

→ **Die Kinder sind meine Neffen.** 그 아이들은 내 조카들이다.

(2) sein, werden, bleiben 동사의 보어

→ **Das ist der Arzt, der mir geholfen hat.**
그 사람이 나를 도와주었던 그 의사이다.

→ **Sein Sohn wird Lehrer.** 그의 아들은 선생님이 될 것이다.

→ **Energiesparen bleibt ein wichtiges Thema.**
에너지 절약은 여전히 주요 주제이다.

2 명사의 2격

(1) 2격 지배 동사의 목적어

2격 지배 동사: bedürfen 필요로 하다, gedenken 추모하다

＊ 2격 지배 동사는 많지 않고 자주 사용되지도 않는다.

→ **Das bedarf keiner Erklärung.** 그것은 설명이 필요치 않다. 자명하다.

→ **Wir gedenken der Opfer des Erdbebens.** 우리는 지진 희생자들을 추모한다.

(2) 2격 지배 전치사의 목적어

2격 지배 전치사: (an)statt, wegen, trotz, während ＊ 'Lektion 11 전치사' 참조

→ **Trotz des starken Regens sind wir ins Kino gegangen.**
비가 심하게 오는데도 우리는 극장에 갔다.

(3) 명사의 뒤에 붙는 2격은 소유를 의미한다.

→ **Wie heißt die Frau des Mannes?** 그 남자의 아내 이름이 뭐지?

→ **Da kommt die Mutter der Kinder.** 저기 그 아이들의 어머니가 오고 있다.

3 명사의 3격

(1) 3격 지배 동사의 목적어

→ **Hat das Geschenk dem Lehrer gefallen?** 선물이 선생님 마음에 들었니?

→ **Das Auto gehört einer Gästin.** 그 자동차는 어느 여자 손님의 것이다.

(2) 3·4격 지배 동사의 목적어

→ **Hast du dem Lehrer das Buch zurückgegeben?**
선생님께 책을 돌려 드렸니?

→ **Er zeigt den Touristen den Weg.** 그는 관광객들에게 길을 알려준다.

(3) 3격 지배 전치사의 목적어 ＊ 'Lektion 11 전치사' 참조

→ **Er hat mich nach dem Weg gefragt.** 그가 내게 길을 물었다.

→ **Julia fährt mit der U-Bahn zur Arbeit.** 율리아는 지하철을 타고 일하러 간다.

4 명사의 4격

(1) 4격 지배 동사의 목적어

→ **Hast du den Film gesehen?** 그 영화 보았니?

→ **Am Abend lese ich gern einen Roman.**
나는 저녁에 소설을 즐겨 읽는다.

(2) 3·4격 지배 동사의 목적어

→ **Hast du dem Lehrer das Buch zurückgegeben?**
선생님께 책을 돌려 드렸니?

→ **Er zeigt den Touristen den Weg.** 그는 관광객들에게 길을 알려준다.

(3) 4격 지배 전치사의 목적어 ＊ 'Lektion 11 전치사' 참조

→ **Wir gehen durch den Park spazieren.** 우리는 공원을 통해 산책한다.

→ **Gehen Sie links um die Ecke.** 왼쪽 모퉁이를 돌아가십시오.

5 동사의 격 지배

(1) 동사 + 3격

ähneln 닮다 / **antworten** 대답하다 / **ausweichen** 피하다 / **begegnen** 마주치다
danken 감사하다 / **einfallen** 생각나다, 떠오르다 / **fehlen** 없다, 모자라다 / **folgen** 따르다
gefallen ～의 마음에 들다 / **gehören** ～의 것이다 / **gelingen** (일이) 잘 되다 /
glauben 믿다 / **gratulieren** 축하하다 / **helfen** 돕다 / **nützen** 이롭다 /
misslingen (일이) 실패로 끝나다 / **schaden** 해롭다 / **schmecken** 맛이 있다 /
widersprechen 반대하다 / **zustimmen** 동의하다 / **es geht ~ gut** ～가 잘 지내다

---

(2) 동사 + 3격 + 4격 (~에게 ~을) ~하다

> **anbieten** 제공하다, 제안하다 / **beantworten** 대답하다 / **beweisen** 증명하다
> **bringen** 가져다주다 / **erklären** 설명하다 / **empfehlen** 추천하다 / **erlauben** 허락하다
> **geben** 주다 / **leihen** 빌려주다 / **mitteilen** 전달하다 / **schenken** 선물하다
> **schicken** 보내다 / **schreiben** 쓰다 / **senden** 보내다 / **verbieten** 금지하다
> **versprechen** 약속하다 / **wegnehmen** 빼앗다 / **zeigen** 보여주다

(3) 동사 + 4격

목적어가 우리말로 '~을/를'로 해석되는 많은 동사가 4격을 지배하는 타동사이다.

> **aufmachen** (~을) 열다 / **begrüßen** 환영하다 / **bekommen** 받다
> **besichtigen** 관람하다 / **besuchen** 방문하다 / **bezahlen** 지불하다
> **bieten** 제공, 제안하다 / **brauchen** 필요로 하다 / **einladen** 초대하다 / **essen** 먹다
> **finden** 발견하다 / **haben** 갖고 있다 / **hören** 듣다 / **kaufen** 사다 / **kennen** 알다
> **lernen** 배우다, 공부하다 / **legen** 놓다 / **lesen** 읽다 / **rufen** 부르다 / **sehen** 보다
> **suchen** 찾아보다 / **tragen** 나르다 / **treffen** 만나다 / **trinken** 마시다
> **üben** 연습하다 / **unterrichten** 가르치다 / **untersuchen** 조사하다, 진찰하다
> **vergessen** 잊다 / **verkaufen** 팔다 / **verstehen** 이해하다 …

목적어가 우리말로 '~을/를'로 해석되지 않으면서 동사가 4격 지배인 경우는 혼동하기 쉬우므로 격 지배를 암기해 두어야 한다.

> **anrufen** (~에게) 전화하다 / **beantworten** (~에) 답하다 / **bitten** (~에게) 부탁하다
> **erreichen** (~에) 도달하다, (~에게) 연락이 닿다 / **es gibt** (~이) 있다, 존재하다
> **fragen** (~에게) 묻다 / **grüßen** (~에게) 인사하다 / **heiraten** (~와) 결혼하다
> **informieren** (~에게) 정보를 제공하다

(4) 동사 + 4격 + 4격

두 개의 4격 목적어를 갖는 동사도 있다. 그 중 자주 사용되는 'nennen(~을 ~라고 칭하다)'은 암기해 두어야 한다.

→ **Lukas nennt ihn einen Dummkopf.** 루카스는 그를 바보라고 부른다.

[1~5] 빈칸에 적합한 것을 고르시오.

1

Auf der Straße bin ich _____ begegnet.

① den Herrn   ② dem Herren   ③ des Herrn
④ dem Herrn   ⑤ die Herren

2

Bietest du _____ ein Stück Kuchen an?

① die Gäste   ② den Gasten   ③ den Gästen
④ dem Gasten   ⑤ der Gäste

3

Der Autofahrer weicht _____ aus.

① dem Fußgängern   ② den Fußgänger   ③ die Fußgänger
④ den Fußgängern   ⑤ der Fußgänger

4

Er hat _____ einen langen Brief geschrieben.

① dem Junge   ② den Junge   ③ dem Jungen
④ der Junge   ⑤ des Jungen

5

Die Abgeordneten stimmten _____ zu.

① das neue Gesetz   ② dem neuen Gesetz   ③ des neuen Gesetzes
④ mit dem neuen Gesetz   ⑤ auf dem neuen Gesetz

[6] 명사가 바르게 쓰이지 않은 문장을 고르시오.

① Hast du der Nachbarin die Tür aufgemacht?
② Hat er dem Kellner einen Kaffee bestellt?
③ Hast du dem Gast das Buch geschenkt?
④ Hat Renate der Tante einen Regenschirm gegeben?
⑤ Hat Paul dem Kindern die Landkarte gezeigt?

[7] 주어진 단어를 2격형으로 넣어 문장을 완성하시오.

(1) Das ist das Wörterbuch _____. (die Assistentin)

(2) Ich bin mit den Eltern _____ gut bekannt. (das Kind)

(3) Kennst du den Namen _____? (der Student)

(4) Das ist der Mantel _____ da. (der Herr)

[8~17] 주어진 단어를 사용하여 현재완료형으로 문장을 만드시오.

> 예   finden / Eva / ein__ Schlüssel
> - Eva hat einen Schlüssel gefunden.

8   öffnen – Frau Metzler – d__ Haustür

_____

9   fragen – die Schülerin – d__ Lehrer

_____

10   lesen – gestern – ich – ein__ Roman

_____

11 vergessen – ich – d__ Namen d__ Professors (m.)

---

12 untersuchen – die Ärztin – d__ Patienten (m.)

---

13 verbieten – der Arzt – d__ Patienten (m.) – d__ Rauchen

---

14 kennenlernen – wo – du – dein__ Freund – ?

---

15 schicken – er – d__ Kind – ein Geschenk

---

16 gehören - dieses Buch – d__ Studenten (m.)

---

17 sehen – ich – kein__ Menschen (Pl.) auf der Straße

인칭대명사 Personalpronomen / 소유대명사 Possessivpronomen

I 인칭대명사

Nom. 1격	ich	du	er	sie	es	wir	ihr	sie	Sie
Gen. 2격	meiner	deiner	seiner	ihrer	seiner	unser	euer	ihrer	Ihrer
Dat. 3격	mir	dir	ihm	ihr	ihm	uns	euch	ihnen	Ihnen
Akk. 4격	mich	dich	ihn	sie	es	uns	euch	sie	Sie

1 인칭대명사 1격

＊ 격에 따른 용법들은 'Lektion 7' '명사의 격 변화' 설명 참조

(1) 주어

→ Woher kommt Markus? - Er kommt aus der Schweiz.

→ Wie heißt deine Freundin? - Sie heißt Julia.

→ Hast du das Buch gefunden? - Es hat auf dem Bett gelegen.

→ Wo sind meine Handschuhe? - Sie liegen auf dem Tisch da.

> ※ 2인칭 du / ihr / Sie
> 독일어에서는 '너', '너희들', '당신(들)'을 가리키는 인칭대명사가 다르다.
> ① 항상 대문자로 쓰는 'Sie'를 보통 '존칭 Sie'라고 말한다. 서로 처음 만난 사이나 격식을 차리는 사이에서 상대방을 가리킬 때 'Sie'를 사용한다. 하지만 우리나라의 존칭과는 달리 가족, 친지 등 친밀한 관계에서는 윗사람에게도 'du'라고 말한다.
>
> **Wo wohnen Sie, Frau Schuster?** 슈스터 부인, 어디에 사십니까?
>
> ② 서로 친한 사이, 즉 가족과 친구 등은 상대를 가리킬 때 한 사람에게는 'du', 두 사람 이상은 'ihr'라고 한다. (학생들 사이에서는 처음 만났어도 보통 'du'를 사용한다.)
>
> **Woher kommst du?** 너 어디에서 왔니?
> **Was machst du am Sonntag, Opa?** 할아버지, 일요일에 뭐 하세요?
> **Was macht ihr heute?** 너희들 오늘 뭐 하니?

(2) sein 동사의 보어

→ Wer ist das auf dem Foto? 사진에 그 사람이 누구니?

    - Das bin ich. = Ich bin's. (Ich bin es.) 그게 나야.

    - Das bist du. = Du bist's. (Du bist es.) 그것이 너로구나.

2 인칭대명사 2격

인칭대명사의 2격은 거의 사용되지 않으므로 따로 암기해 두지 않아도 될 정도이다.

(1) 드물게 2격 지배 동사가 있으나 많이 사용되지 않는다.

> bedürfen 필요로 하다 / gedenken 추모하다

→ **Wir gedenken** seiner. 우리는 그를 추모한다.

(2) 2격 지배 전치사

＊ 'Lektion 11 전치사' 참조. 인칭대명사와 연결될 때는 3격 지배로 쓰는 경우가 많다.

→ **wegen** deiner → **wegen dir** 너 때문에

3 인칭대명사 3격

(1) 3격 지배 동사의 목적어

→ **Gehört** Ihnen **das Handy? - Oh ja, das ist mein Handy. Danke!**
그 휴대폰이 당신 것입니까? – 아 네, 제 것입니다. 감사합니다!

→ **Ist das Julias Fahrrad? - Nein, das gehört** mir.
그거 율리아의 자전거니? – 아니, 내 거야.

→ **Ich gratuliere** dir **zum Geburtstag!** 네 생일 축하해!

(2) 3 · 4격 지배 동사의 목적어

→ **Max hat** mir **ein schönes Halstuch geschenkt.**
막스가 내게 멋진 목도리를 선물했다.

→ **Wer hat** dir **das Reisebüro empfohlen?** 누가 네게 그 여행사를 추천했니?

→ **Wo hast du das Armband gekauft? Kannst du es** mir **zeigen?**
그 팔찌 어디에서 샀니? 그것 좀 내게 보여줄 수 있을까?

(3) 3격 지배 전치사의 목적어

→ **Bist du mit Peter ins Kino gegangen? - Ja, ich bin mit** ihm **ins Kino gegangen.**
너 페터와 함께 극장에 갔었니? – 응, 그와 함께 갔었어.

→ **Wohnt Peter noch bei seinen Eltern? - Ja, er wohnt noch bei** ihnen.
페터는 아직 부모님 집에 살고 있니? – 응, 부모님 집에 살고 있어.

4 인칭대명사 4격

(1) 4격 지배 동사의 목적어

→ **Ich kann Sie nicht verstehen. Könnten Sie bitte langsamer sprechen?**
나는 당신 말을 알아들을 수가 없습니다. 좀 천천히 말씀해 주실 수 있을까요?

→ **Jochen kommt heute Abend in Seoul an. Ich treffe ihn morgen.**
요헨이 오늘 저녁에 서울에 도착한다. 나는 그를 내일 만난다.

→ **Du kannst mich jederzeit anrufen.** 언제라도 내게 전화해도 돼.

(2) 3 · 4격 지배 동사의 목적어

→ **Wo hast du den Ring gekauft? Kannst du ihn mir zeigen?**
너 그 반지를 어디에서 샀니? 그것 좀 내게 보여줄 수 있을까?

→ **Können Sie es mir erklären?** 그것을 저에게 설명해 주실 수 있을까요?

(3) 4격 지배 전치사의 목적어

→ **Hast du die Uhr für deinen Vater gekauft? - Ja, ich habe sie für ihn gekauft.**
너 그 시계 아버지를 위해서 샀니? – 응, 아버지를 위해 그것을 샀어.

→ **Denkst du oft an deine Eltern? - Ja, ich denke oft an sie.**
너는 자주 부모님을 생각하니? – 그래, 자주 부모님 생각해.

※ 인칭대명사와 명사의 순서

(1) 명사는 '1격+3격+4격' 순서로 쓴다.

Der Gast hat dem Kellner das Essen bestellt.
손님이 그 웨이터에게 음식을 주문했다.

(2) 인칭대명사는 '1격+4격+3격' 순서로 쓴다.

Der Gast hat es ihm bestellt. 손님이 그것을 그에게 주문했다.
Gestern hat er es mir gegeben. 어제 그가 내게 그것을 주었다.

(3) 인칭대명사와 명사가 이어서 나오는 경우에는 격에 관계없이 대명사를 명사 앞에 둔다.

Der Gast hat es dem Kellner bestellt. 손님이 그것을 그 웨이터에게 주문했다.
Der Gast hat ihm das Essen bestellt. 손님이 그에게 음식을 주문했다.
Hat ihm der Gast das Essen bestellt? 그 손님이 그에게 식사를 주문했나요?
Hat es ihm der Gast bestellt? 그 손님이 그것을 그에게 주문했나요?

Ⅱ 'ein- /kein-'의 대명사적 용법

1 'ein- / kein-'의 대명사적 용법

(1) (k)einer / (k)eine / (k)eins

'ein-/kein-+명사'를 대명사로 받을 경우에는 인칭대명사가 아니라 아래 표에서와 같은 'ein-/kein-'의 대명사적 용법 형태를 사용해야 한다. 대명사적 용법에서는 1격, 3격, 4격만 알아 두면 된다. 특히 남성 1격, 중성 1격과 4격 형태 변화에 유의해야 한다.

	m.	f.	n.	Pl.
1격	einer / keiner	eine / keine	ein(e)s / kein(e)s	keine
3격	einem / keinem	einer / keiner	einem / keinem	keinen
4격	einen / keinen	eine / keine	ein(e)s / kein(e)s	keine

→ Möchtest du eine Banane? - Ja, gib mir bitte eine (← eine Banane).
바나나 하나 먹을래? – 그래, 하나 줘.

→ Kaufst du heute ein neues Handy? - Ja, ich kaufe eins (← ein Handy.) /
Nein, ich kaufe keins (← kein Handy).
너 오늘 새 휴대폰 사니? – 그래, 살 거야. / 아니, 안 살 거야.

→ Du hast keinen Stadtplan? Dann gebe ich dir einen
(← einen Stadtplan).
너 도시 지도가 없구나. 그러면 내가 하나 줄게.

→ Brauchen Sie ein Handtuch? Hier ist eins (← ein Handtuch).
수건이 필요하신가요? 여기 하나 있습니다.

→ Ich suche ein italienisches Restaurant. Können Sie mir eins
(← ein Restaurant) empfehlen?
이탈리아 레스토랑을 찾고 있습니다. 하나 추천해 주실 수 있을까요?

→ Maria hat schon ein Zimmer gefunden, aber ich habe noch keins
(← kein Zimmer) gefunden.
마리아는 벌써 방을 찾았는데 나는 아직 찾지 못했다.

(2) 'einer/eine/ein(e)s + 복수 2격' ~중 하나

→ Er ist einer der berühmtesten Schauspieler Koreas.
그는 한국의 가장 유명한 배우 중 한 사람이다.

→ **Dresden ist eine der schönsten Städte Deutschlands.**
드레스덴은 독일에서 가장 아름다운 도시 중 하나이다.

→ **Das ist eines der besten Restaurants der Stadt.**
그것은 이 도시에서 가장 좋은 레스토랑 중 하나이다.

→ **Das ist wirklich eins der größten Probleme.**
그것이 정말로 가장 큰 문제 중 하나이다.

→ **Ich habe es einem der besten Schüler gegeben.**
나는 그것을 가장 뛰어난 학생들 중 한 사람에게 주었다.

→ **Ich habe es einer der besten Studentinnen gegeben.**
나는 그것을 가장 뛰어난 여대생들 중 한 사람에게 주었다.

2 'welch-'의 대명사적 용법

	m.	f.	n.	Pl.
1격	welcher	welche	welches	welche
3격	welchem	welcher	welchem	welchen
4격	welchen	welche	welches	welche

'welch-'의 용법에는 크게 두 가지가 있다. 하나는 '어떤?'이라는 의미의 의문대명사로 쓰이는 것이고 *Lektion 15 의문문 참조 다른 하나는 관사 없는 명사를 받는 대명사로서의 용법이다. 생략되는 명사의 성과 격에 따라 위의 표에서처럼 변화한다.

→ **Hast du Münzen? - Ja, ich kann dir welche (← Münzen) geben.**
동전 좀 있어? – 응, 너에게 동전을 줄 수 있어.

→ **Haben wir noch Eier? - Ja, ich habe gestern welche (← Eier) gekauft.**
우리 아직 계란 있나? – 그래, 내가 어제 샀어.

→ **Haben wir noch Käse? - Ja, im Kühlschrank ist welcher (← Käse).**
우리 아직 치즈 있나? – 그래, 냉장고 안에 있어. (der Käse 치즈)

Ⅲ 소유대명사

ich	du	er	sie	es	wir	ihr	sie	Sie
mein	dein	sein	ihr	sein	unser	euer	ihr	Ihr

* 인칭대명사의 2격형과 소유대명사를 혼동하지 않도록 한다.

소유대명사(소유관사라고도 부른다)는 뒤에 따라오는 명사의 성과 격에 따라 mein-, dein-, sein-, ihr-, unser-, Ihr- 뒤의 어미를 변화시켜 사용한다.

1 소유대명사의 격 변화

	m.	f.	n.	Pl.
1격	mein Vater	deine Tante	ihr Kind	seine Eltern
2격	meines Vaters	deiner Tante	ihres Kindes	seiner Eltern
3격	meinem Vater	deiner Tante	ihrem Kind	seinen Eltern
4격	meinen Vater	deine Tante	ihr Kind	seine Eltern

※ 소유대명사가 'mein(나의)'이든 아니면 'dein(너의)', 'sein(그의)', 'ihr(그녀의, 그들의)'이든 상관없이 뒤에 오는 명사의 성과 수, 격이 어미를 결정한다. 뒤에 오는 명사의 성과 수, 격에 따라 소유대명사의 어미 부분이 부정관사 어미처럼 변화하는 것이다. 위의 표에서 앞의 소유대명사를 바꿔서 연습해 보는 것이 좋다. 예를 들어 '그녀의 아버지'로 바꿔서 'ihr Vater – ihres Vaters – ihrem Vater – ihren Vater' 등으로 연습해 본다.

※ euer 어미 변화
euer는 뒤에 모음이 올 때 앞의 e가 생략된다.

euer Vater, mit eurem Vater, für euren Vater
eure Mutter, mit eurer Mutter, für eure Mutter
eure Eltern, mit euren Eltern, für eure Eltern

(1) '소유대명사 + 명사' 1격

→ Das ist mein Freund Peter. Seine Schwester studiert hier in Berlin.
저 사람이 내 친구 페터이다. 그의 여동생이 이곳 베를린에서 대학에 다니고 있다.

→ Wo wohnen Ihre Eltern? 당신의 부모님은 어디에 사십니까?

→ Ist das dein Buch? 그게 네 책이니?

→ Sind das eure Bücher? 그것이 너희들의 책이니?

(2) '소유대명사 + 명사' 2격

→ **Die Schwestern** meines Vaters **und** meiner Mutter **sind meine Tanten.**
내 아버지와 어머니의 여자 형제들이 내 고모, 이모들이다.

→ **Das ist die Freundin** meines Bruders.
그 사람이 내 오빠의 여자 친구이다.

→ **Sie müssen eine Fotokopie** Ihrer Zulassung **vorlegen.**
당신의 입학 허가 사본 한 장을 제출하셔야 합니다.

(3) '소유대명사 + 명사' 3격

→ **Wie geht es** Ihrer Frau**?** 당신 아내는 어떻게 지내십니까?

→ **Geht es** euren Eltern **gut?** 너희들 부모님께서는 잘 지내시니?

→ **Reist du diesmal mit** deinen Eltern**?** 너 이번에 부모님과 함께 여행하니?

→ **Joachim ist zufrieden mit** seinem Beruf**.** 요아힘은 그의 직업에 만족한다.

(4) '소유대명사 + 명사' 4격

→ **Grüßen Sie bitte** Ihren Vater **von mir!** 당신 아버님께 안부 전해 주십시오.

→ **Grüß** deine Eltern **von mir!** 네 부모님께 안부 전해 줘.

→ **Ich vermisse** meine Freundin **sehr.** 내 여자 친구가 많이 그립다.

→ **Wo hat er** sein Auto **geparkt?** 그는 차를 어디에 주차했지?

2 소유대명사의 명사적 용법

앞 문장에서 언급되었거나 같은 문장의 앞부분에서 언급되었던 명사가 뒤에서 반복되면서 '소유대명사+명사'로 쓰일 경우에는 명사는 생략하고 소유대명사를 명사적 용법으로 사용할 수 있다. 소유대명사의 명사적 용법은 세 가지로 쓸 수 있는데 'der/die/das meinige'의 형태는 많이 쓰지 않으므로 아래에 두 가지만 제시한다. 또 명사적 용법에서 2격은 거의 사용하지 않으므로 1격과 3격, 4격만 제시한다.

(예) 'mein + 명사' → 'mein-' 나의 것

	m.	f.	n.	Pl.
1격	mein**er**	mein**e**	mein**s**	mein**e**
3격	mein**em**	mein**er**	mein**em**	mein**en**
4격	mein**en**	mein**e**	mein**s**	mein**e**

'소유대명사+명사'로 쓸 때의 어미변화와 명사적 용법의 어미변화가 다른 곳은 남성 1격, 중성 1격과 4격이다.

→ Ist das Ihr Hund? - Ja, das ist meiner.
그것이 당신 개입니까? – 예, 저의 개입니다.

→ Ist das dein Auto? - Ja, das ist meins. 그것이 네 자동차니? – 그래, 내 차야.

→ Ist das deine Tasche? - Nein, das ist nicht meine.
그것이 네 가방이니? – 아니, 내 것이 아니야.

→ Das ist mein Buch. Deins liegt auf dem Tisch da.
그건 내 책이야. 네 것은 저기 책상 위에 있어.

→ Sabine, kann ich mal dein Handy benutzen? Ich habe meins vergessen.
자비네, 네 휴대폰 좀 쓸 수 있을까? 내 것을 잊고 왔어. (잊고 안 가져왔어.)

→ Ich habe keinen Kugelschreiber bei mir. Kann ich mal deinen haben?
내가 지금 볼펜을 갖고 있지 않은데 네 것 좀 쓸 수 있을까?

※ 정관사 + 소유대명사
앞에 정관사를 놓고 소유대명사를 형용사처럼 약변화하여 명사적 용법으로 사용할 수도 있다. 하지만 이 형태는 요즘은 많이 사용하지 않으므로 위에 있는 형태를 공부해 두는 것이 좋다.

	m.	f.	n.	pl.
1격	der meine	die meine	das meine	die meinen
3격	dem meinen	der meinen	dem meinen	den meinen
4격	den meinen	die meine	das meine	die meinen

[1~5] 빈칸에 적합한 것을 고르시오.

1 Lassen Sie die Koffer ruhig hier stehen. Ich bringe _____ Gepäck sofort nach oben.

① Ihr   ② Ihres   ③ Ihnen
④ Ihre   ⑤ von Ihnen

2 Darf ich Ihnen _____ Thomas vorstellen?

① meinem Freund   ② meinen Freund   ③ mein Freund
④ meines Freundes   ⑤ meinen Freunden

3 Wessen Bleistift ist das? - Das ist _____.

① mein   ② meiner   ③ meins
④ meinige   ⑤ meine

4 Er tanzt mit der Frau _____.

① seines Chefs   ② seinem Chef   ③ sein Chef
④ seiner Chef   ⑤ seinen Chef

5 Ich möchte gern einen Teil _____ dort verbringen.

① meine Ferien   ② meinen Ferien   ③ meinem Ferien
④ meines Feriens   ⑤ meiner Ferien

[6] 소유대명사가 바르게 쓰인 것을 고르시오.

① Der alte Professor ist gestorben. Seine Frau verkauft jetzt seine Bücher.
② Wir sind in ein anderes Hotel gezogen. Unseres altes Hotel war zu laut.
③ Frau Kramm lässt dich grüßen. Sie hat sich über deiner Karte sehr gefreut.
④ Leider haben Sie bisher nicht geantwortet. Wir erwarten deine Antwort.
⑤ Mein Bruder ist umgezogen. Ich gebe dir ihre neue Telefonnummer.

[7] 인칭대명사를 사용해 문장을 완성하시오.

(1) Wo ist mein neues Hemd? Hast du _____ gesehen?

(2) Wo ist mein gelber Pullover? Hast du _____ gewaschen?

(3) Die Halskette gefällt mir. Ich nehme _____.

(4) Tante Maria hat Geburtstag. Was schenken wir _____?

(5) Er besucht jeden Tag seinen kranken Onkel. Er ist sehr besorgt um _____.

(6) Frau Kim, gehört _____ diese Tasche? – Ja, die gehört _____.

(7) Der Mann wollte meine Telefonnummer haben. Aber ich habe _____
     _____ nicht gegeben.

(8) Soll ich den Kindern das Märchen vorlesen?
     – Ja, lies _____ _____ vor.

(9) Soll ich euch die Fotos zeigen? – Ja, zeig _____ _____.

(10) Schicken Sie mir das Zeugnis, bitte!
     – Ich habe _____ _____ schon geschickt.

(11) Schenkt deine Mutter deinem Vater diese Uhr?
     – Ja, sie schenkt _____ _____.

(12) Kannst du uns unsere Fragen beantworten?
     – Ja, ich kann _____ _____ beantworten.

[8~17] 독일어로 작문하시오.

8 그 커피는 맛이 없다. 나는 그것을 마시지 않는다. (schmecken)

_____

9 너 금요일에 시간 있니? 나에게 이메일 쓰거나 전화해라. (eine E-Mail / anrufen)

_____

10 페터가 우리를 초대했어. 우리가 그에게 무엇을 가져가지? (mitbringen)

_____

11 너 네 부모님께 네 성적표를 보여 드렸니? (das Zeugnis / zeigen)

_____

12 그는 그의 친구들에게 자주 그의 자동차를 빌려준다. (leihen)

_____

13 그는 그의 딸에게 매일 이메일을 쓴다. (jeden Tag)

_____

14 나에게 네 자전거를 빌려줄 수 있니?

_____

15 우리는 우리 집을 직접 수리했다. (selbst / renovieren)

_____

16 너희는 너희 어머니께 생신에 무엇을 선물하고 싶니? (zum Geburtstag)

_____

17 Müller 씨는 어디에 사십니까? 그의 주소를 아십니까?

_____

형용사 I Adjektive I – 형용사의 어미변화 Deklination

Lektion 9

I 형용사 어미변화

명사 앞에서 명사를 수식하는 역할을 하는 형용사는 뒤에 오는 명사의 성과 수, 격에 따라서 어미가 변화한다.

형용사 앞에 관사가 있는지 없는지, 그리고 어떤 관사류가 있는지에 따라서, 강변화, 약변화, 혼합변화 세 가지가 있다.

1 약변화: 정관사/정관사류 (der / dieser, solcher, mancher, jeder, aller) + 형용사

정관사 뒤에 형용사가 올 때는 아래와 같이 형용사 약변화한다.

	m.	f.	n.	Pl.
1격	der neu**e** Lehrer	die neu**e** Lampe	das klein**e** Haus	die klein**en** Städte
2격	des neu**en** Lehrers	der neu**en** Lampe	des klein**en** Hauses	der klein**en** Städte
3격	dem neu**en** Lehrer	der neu**en** Lampe	dem klein**en** Haus	den klein**en** Städten
4격	den neu**en** Lehrer	die neu**e** Lampe	das klein**e** Haus	die klein**en** Städte

정관사류가 앞에 쓰일 때도 위와 마찬가지로 형용사가 변화한다. 1격과 4격 변화를 예를 들어 보면 아래와 같다.

	m.	f.	n.	Pl.
1격	dieser neu**e** Lehrer	solche alt**e** Lampe	jedes zweit**e** Jahr	alle groß**en** Städte
4격	diesen neu**en** Lehrer	solche alt**e** Lampe	jedes zweit**e** Jahr	alle groß**en** Städte

(1) 1격

→ Das ist der alte Fernseher von meiner Oma. Er funktioniert noch richtig gut.
그것이 할머니의 오래된 텔레비전이다. 그것은 아직 제대로 잘 작동한다.

→ Das ist die alte Vase von meiner Oma. 그것이 할머니의 오래된 꽃병이다.

→ Das ist das alte Telefon von meiner Oma. 그것이 할머니의 오래된 전화이다.

→ Das sind die alten Bücher von meiner Oma.
그것이 할머니의 오래된 책들이다.

(2) 2격

→ Kennst du schon den Namen des neuen Lehrers?
새 선생님 성함 알고 있니?

→ Kennst du schon den Namen der neuen Lehrerin?
새 여선생님 성함 알고 있니?

→ Wer ist denn der Besitzer des schönen Hauses?
그 아름다운 집의 주인은 대체 누구지?

→ Das ist der Freund der ausländischen Studenten.
그 사람은 그 외국인 대학생들의 친구이다.

(3) 3격

→ Sie geht mit dem großen Hund spazieren.
그녀는 그 큰 개와 함께 산책한다.

→ Die Katze gehört der alten Dame. 그 고양이는 그 나이 든 부인의 것이다.
(gehören + 3격 ~의 소유이다)

→ Ich schenke dem kleinen Kind einen Ball.
나는 그 어린 아이에게 공을 선물한다.

→ Ich schenke den kleinen Kindern einen Ball.
나는 그 어린 아이들에게 공을 선물한다.

(4) 4격

→ Ich habe gestern den neuen Film von Wim Wenders gesehen.
나는 어제 빔 벤더스의 그 새 영화를 보았다.

→ Ich möchte die kleine Kommode da kaufen.
나는 저기 그 작은 서랍장을 사고 싶다.

→ Ich stelle das große Regal neben den Schrank.
그 큰 책꽂이를 장롱 옆에 둘 거야.

→ Ich möchte die gelben Turnschuhe probieren.
그 노란색 운동화를 신어 보고 싶습니다.

2 혼합변화: 부정관사 / kein- / 소유대명사 + 형용사

부정관사와 kein-, 그리고 소유대명사(mein-, dein-, sein-, ihr-, unser-, euer-, Ihr-) 뒤에 형용사가 올 때는 아래와 같이 형용사 혼합변화한다. 1번의 약변화와 비교해 보면 남성 1격과 중성 1격, 4격만 형용사 어미가 다르다는 것을 알 수 있다.

	m.	f.	n.
1격	ein dick**er** Mantel	eine klein**e** Tasche	ein weiß**es** Kleid
2격	eines dick**en** Mantels	einer klein**en** Tasche	eines weiß**en** Kleides
3격	einem dick**en** Mantel	einer klein**en** Tasche	einem weiß**en** Kleid
4격	einen dick**en** Mantel	eine klein**e** Tasche	ein weiß**es** Kleid

부정관사는 복수가 없지만 kein-과 소유대명사들은 복수형에 사용된다. 복수에서는 위쪽 1번의 약변화를 따라 모든 격에 -en이 붙는다.

	m.	f.	n.	Pl.
1격	mein braun**er** Anzug	deine neu**e** Bluse	kein gut**es** Zimmer	seine gut**en** Freunde
2격	meines braun**en** Anzuges	deiner neu**en** Bluse	keines gut**en** Zimmers	seiner gut**en** Freunde
3격	meinem braun**en** Anzug	deiner neu**en** Bluse	keinem gut**en** Zimmer	seinen gut**en** Freunden
4격	meinen braun**en** Anzug	deine neu**e** Bluse	kein gut**es** Zimmer	seine gut**en** Freunde

(1) 1격

→ **Ist das ein neuer Tisch?** 그것 새 탁자니?

→ **Das ist meine neue Freundin Julia.** 이 사람은 내 새 여자 친구 율리아야.

→ **Das sind meine alten Freunde.** 그들은 내 오랜 친구들이다.

(2) 2격

→ **Heute Abend gab es einen Vortrag eines bekannten Schriftstellers.**
오늘 저녁에 어느 유명한 작가의 강연회가 있었다.

→ **In diesem Museum gibt es die Büste einer schönen Königin.**
이 박물관에 어느 아름다운 여왕의 흉상이 있다.

(3) 3격

→ **Ich habe einem fremden Mann (einer fremden Frau / einem kleinen Kind) geholfen.**
나는 어느 낯선 남자를 (어느 낯선 여자를 / 한 어린 아이를) 도와주었다.

→ **Ich mache morgen mit meinen alten Freunden einen Ausflug.**
나는 내일 내 오랜 친구들과 피크닉을 간다.

(4) 4격

→ Ich habe am Wochenende einen interessanten Roman gelesen.
주말에 재미있는 소설을 하나 읽었다.

→ Ich bringe Ihnen sofort eine neue Gabel. 새 포크를 곧 갖다 드리겠습니다.

3 강변화: (無관사) 형용사 + 명사

관사가 없이 형용사만 명사를 수식하는 경우에는 아래와 같이 형용사에 정관사 자체의 어미와 같은 어미가 붙어 강변화한다. 단, 명사 자체에 -(e)s가 붙는 남성과 중성 2격은 형용사에 -en을 붙이므로 주의해야 한다.

	m.	f.	n.	Pl.
1격	heißer Kaffee	gute Luft	schönes Wetter	lange Haare
2격	heißen Kaffees	guter Luft	schönen Wetters	langer Haare
3격	heißem Kaffee	guter Luft	schönem Wetter	langen Haaren
4격	heißen Kaffee	gute Luft	schönes Wetter	lange Haare

(1) 1격

→ Heute ist schönes Wetter. 오늘 날씨가 좋다.

→ Schmeckt dir alter Wein gut? 너에게는 오래된 와인이 맛있니?

→ Deutsches Bier wird nach dem deutschen Reinheitsgebot gebraut.
독일 맥주는 독일 맥주순수령에 따라 주조된다.
(das Reinheitsgebot 독일에서 맥주 양조할 때 보리, 홉, 물만을 사용해야 한다고 정한 법칙 / brauen (맥주를) 양조하다)

(2) 2격

→ Die Produktion deutschen Weines hat in den letzten Jahren zugenommen.
독일 와인 생산이 지난 몇 년간 증가했다.

→ Er liest gern die Biografien bedeutender Persönlichkeiten der Weltgeschichte.
그는 세계사에서 중요한 인물들의 전기를 즐겨 읽는다.
(die Biografie 전기 / bedeutend 중요한, 유명한 / die Persönlichkeit, _en 인물, 인격 / die Weltgeschichte 세계사)

(3) 3격

→ **Wem gehört der Hund mit** langen **Ohren?** 귀가 긴 그 개는 누구 개니?

→ **Bei** schönem **Wetter mache ich einen Spaziergang durch den Wald.**
날씨가 좋으면 나는 숲을 지나 산책한다.

(4) 4격

강변화 4격은 인사말에서 흔히 찾아볼 수 있다.

→ **Guten Abend!** 좋은 저녁시간 보내세요!

→ **Frohe Weihnachten!** 즐거운 크리스마스가 보내세요!

→ **Schönes Wochenende!** 멋진 주말 보내세요!

→ **Schönes Neues Jahr!** 멋진 새해 맞으세요!

→ **Ich höre gern** klassische **Musik.** 나는 클래식 음악을 즐겨 듣는다.

→ **Julia hat** lange **Haare.** 율리아는 긴 머리를 하고 있다.

4 주의할 형용사

(1) hoch 높은

hoch는 어미변화를 할 때 c가 탈락한다.

→ **Was ist das** hohe **Gebäude da drüben?** 저기 저쪽에 높은 건물은 뭐니?

→ **Zu den typischen Risikofaktoren zählt auch der** hohe **Blutdruck.**
고혈압도 전형적인 위험 요인에 속한다.
(typisch 전형적인 / der Risikofaktor, _en 위험 요인 / der Blutdruck 혈압 / zählen zu ... ~에 속하다)

(2) −el, −er로 끝나는 형용사

−el, −er로 끝나는 형용사는 어미변화를 할 때 원형의 e가 탈락한다.

> teuer 비싼 / sauer 신 / dunkel 어두운 / edel 고귀한 / sensibel 민감한

→ **Die Tasche ist teuer. Ich will die** teure **Tasche nicht kaufen.**
가방이 비싸다. 그 비싼 가방은 사지 않을 거야.

→ **Ich mag** dunkles **Bier.** 나는 흑맥주를 좋아한다.

(3) −a로 끝나는 형용사

−a로 끝나는 형용사는 어미변화 하지 않고 그 형태 그대로 쓰인다.

> rosa 핑크색의 / lila 연보라색의 / prima 최고의, 뛰어난

→ **Ich möchte mir ein** rosa **Kleid kaufen.** 핑크색 원피스를 사고 싶어.

→ **Maria hat heute eine** lila **Sportjacke gekauft.**
마리아는 오늘 연보라색 스포츠 재킷을 샀다.

(4) viel 많은, wenig 적은

viel과 wenig는 뒤에 오는 명사에 따라 아래와 같이 다르게 사용된다.

----

① viel / wenig + 물질(추상)명사

viel, wenig 뒤에 물질명사, 추상명사가 올 때는 반드시 단수로 쓰고 viel, wenig는 어미변화하지 않는다.

→ **Ich trinke** viel **Wasser.** 나는 물을 많이 마신다.

→ **Mein Onkel hat** viel **Geld /** viel **Zeit.** 삼촌은 돈이 / 시간이 많다.

→ Viel **Glück!** 행운을 빌게!   Viel **Erfolg!** 좋은 성과 있기를!

→ Viel **Spaß!** 재미있는 시간 보내기를! (예외) Vielen **Dank!** 고마워!

----

② viele / wenige + 셀 수 있는 명사

viel, wenig 뒤에 셀 수 있는 명사가 올 때는 반드시 복수형으로 쓰고 viele, weinige는 강변화한다.

→ **In Deutschland gibt es viele schöne alte Städte.**
독일에는 아름다운 오래된 도시들이 많이 있다.

→ **Es ist nur traurig, dass so wenige Leute gekommen sind.**
그렇게 얼마 안 되는 사람들이 왔다는 것이 슬플 뿐이다.

> ※ 뒤에 오는 명사 없이 'viele / wenige' 단독으로 사용하면 '많은 사람들 / 소수의 사람들'
> 이라는 의미가 된다.
>
> ※ 'einige(몇몇의), folgende(다음의), mehrere(몇몇의) + 복수'의 경우도 viele,
> wenige와 마찬가지로 강변화한다.

Ⅱ 형용사의 명사화 / 형용사의 격 지배

1 형용사의 명사화

뒤에 오는 명사 없이 형용사를 대문자로 쓰고 성과 격에 따라 어미를 변화시켜 명사화하는 것이다. 남성 변화를 하면 남자를 의미하고, 여성 변화를 하면 여자, 복수 변화를 하면 복수의 사람들을 의미한다. 중성은 추상적 의미를 갖는다.

(1) 남성, 여성, 복수
예를 들어 '독일인'을 성과 격에 따라 변화시키면 다음과 같다.

	m. (독일인 남자)	f. (독일인 여자)	Pl. (독일 사람들)
1격	der Deutsche	die Deutsche	die Deutschen
2격	des Deutschen	der Deutschen	der Deutschen
3격	dem Deutschen	der Deutschen	den Deutschen
4격	den Deutschen	die Deutsche	die Deutschen

1격	ein Deutscher	eine Deutsche	Deutsche
2격	eines Deutschen	einer Deutschen	Deutscher
3격	einem Deutschen	einer Deutschen	Deutschen
4격	einen Deutschen	eine Deutsche	Deutsche

형용사의 명사화 중 자주 사용되는 단어들은 다음과 같다. 아래는 남성 1격형을 제시한 것이고 위의 표처럼 정관사와 부정관사를 바꿔가며 남성, 여성, 복수 격 변화를 연습해 보는 것이 좋다.

der Abgeordnete, ein Abgeordneter (국회)의원
der Angeklagte, ein Angeklagter 피고
der Angestellte, ein Angestellter 사무직 사원
der Arbeitslose, ein Arbeitsloser 실업자
der Beamte, ein Beamter 공무원
der Behinderte, ein Behinderter 장애인
der Bekannte, ein Bekannter 지인(知人)
der Blinde, ein Blinder 맹인
der Erwachsene, ein Erwachsener 성인(成人), 어른
der Fremde, ein Fremder 이방인
der Jugendliche, ein Jugendlicher 청소년

der Kranke, ein Kranker 환자
der Reisende, ein Reisender 여행자
der Tote, ein Toter 사망자
der Verletzte, ein Verletzter 부상자
der Verwandte, ein Verwandter 친척
der Vorgesetzte, ein Vorgesetzter 상사, 상관
der Vorsitzende, ein Vorsitzender 의장, 회장

(2) 중성

das Wahre 진 / das Gute 선 / das Schöne 미

→ Ich habe Ähnliches erlebt. 나도 비슷한 것을 경험했다.

→ Wir können das Vergangene nicht mehr ändern.
우리는 지나간 것을 더 이상 변화시킬 수 없다.

※ etwas, nichts, viel, wenig, alles + 형용사
etwas, nichts, viel, wenig 뒤에서는 형용사를 대문자로 쓰고 중성 강변화로 어미변화한다.
alles 뒤에서는 형용사를 대문자로 쓰고 중성 약변화로 어미변화한다.

etwas Gutes 좋은 (어떤)것   nichts Neues 새로운 아무것도 ~하지 않다
viel Nützliches 유익한 많은 것   wenig Gutes 좋은 것이(것을) 거의 ~하지 않다
alles Gute 좋은 모든 것

Im Urlaub haben wir etwas Spannendes erlebt.
휴가 때 우리는 흥미진진한 일을 경험했다.
Es gibt nichts Neues unter der Sonne. 태양 아래 새로운 것은 없다.
Wir wünschen Ihnen alles Gute zum Geburtstag. 당신의 생일을 축하합니다.

2 형용사의 격 지배

동사처럼 명사의 격을 지배하는 형용사들이 있다.

(1) 4격 + 형용사

alt 나이가 ~(얼마)인   breit 폭이 ~(얼마)인   groß 키가 ~(얼마)인
hoch 높이가 ~(얼마)인   lang 길이가 ~(얼마)인

→ Das Baby ist erst einen Monat alt. 아기는 이제 겨우 한 달 되었다.

→ Der Schrank ist einen Meter breit. 장롱 폭이 1미터이다.

(2) 3격 + 형용사

ähnlich ～(누구)와 닮은   dankbar ～(누구)에게 감사하는
überlegen ～(누구)보다 우월한   unterlegen ～(누구)보다 열등한

→ **Er ist seinem Vater ähnlich.** 그는 아버지와 닮았다.

→ **Er ist Ihnen für Ihren Rat dankbar.**
그가 당신께 조언에 대해 감사히 생각하고 있습니다.

→ **Er ist mir an Kraft überlegen.** 그는 힘에 있어서 나보다 우월하다.

[1~3] 다음 빈칸에 들어갈 관사나 형용사 어미가 순서대로 바르게 배열된 것을 고르시오.

1 Der fleißig____ Student arbeitet immer in dieser groß____ Bibliothek.

  ① e, e   ② er, er   ③ e, en   ④ e, es   ⑤ es, en

2 Ich habe kein____ groß____ Hunger.

  ① en, en   ② es, e   ③ e, en   ④ –, es   ⑤ e, e

3 Ich kenne hier einig____ nett____ Herren.

  ① –, e   ② –, er   ③ e, en   ④ er, e   ⑤ e, e

[4~5] 빈칸에 적합한 말을 고르시오.

4 Ich wünsche Ihnen für die Zukunft _____.

  ① all Gutes   ② alle Guten   ③ alles Gute

  ④ Alles gut   ⑤ All Gutes

5 _____ sind Menschen, die keinen Arbeitsplatz haben.

  ① Ein Arbeitsloser   ② Eine Arbeitslose   ③ Arbeitslosen

  ④ Arbeitslose   ⑤ Der Arbeitslose

[6~10] 빈칸에 들어갈 수 없는 것을 고르시오.

6 Hier steht _____.

  ① kühles Bier   ② schwarzen Tee   ③ echter Obstsaft

  ④ roter Wein   ⑤ warme Milch

7 Zu _____ paßt ein weißes Hemd.

  ① einem blauen Rock   ② einer blauen Hose   ③ karierten Röcken

  ④ karierte Hosen   ⑤ einer blauen Jacke

8 Ich trage _____ gern.

① eine weiße Bluse　　　　　② die modische Jacke

③ den schwarzen Schuhen　　④ den langen Mantel

⑤ das graue Kleid

9 Wo ist _____?

① euer wertvoller Teppich　　② eure chinesische Vase

③ Ihr herrliches Bild　　　　④ Ihre antike Tischlampe

⑤ deine seltenen Briefmarken

10 Ich hätte gern _____.

① interessante Bücher　　　　② einer teuren Kamera

③ ein blaues Kleid　　　　　④ einen großen Schreibtisch

⑤ ein weißes Auto

[11] 밑줄 친 형용사의 어미가 올바른 문장을 고르시오.

① Der Studentin möchte ein <u>möblierte</u> Zimmer mieten.

② Bei <u>gutem</u> Wetter haben wir oft einen Ausflug gemacht.

③ Viele <u>jungen</u> Leute leben noch bei ihren Eltern.

④ Ich bin am <u>siebtem</u> Dezember geboren.

⑤ Im Garten dieses <u>kleines</u> Hauses haben die Kinder gespielt.

[12] 빈칸에 적합한 형용사 어미를 넣으시오.

(1) Ich kaufe eine schwarz_____ Jacke, einen warm_____ Mantel und diese kurz_____ Hose.

(2) Ich bin zufrieden mit dem alt_____ Pullover.

(3) Er ist der Besitzer einer klein_____ Buchhandlung.

(4) Hier gibt es frisch_____ Brot, heiß_____ Tee und frisch_____ Milch.

(5) Viel____ koreanisch____ Studierende wohnen bei ihren Eltern.

(6) Die Arbeitslosigkeit viel____ jung____ Menschen ist ein groß____ Problem.

(7) Ich trinke nur rot____ Wein; weiß____ Wein schmeckt mir nicht.

(8) Er hat mir eine falsch____ Information gegeben.

[13~18] 빈칸에 적합한 말을 넣어 문장을 완성하시오.

13 새로운 것은 아무것도 없었어.

Es gab nichts _____.

14 내 지인이 나를 식사에 초대했다.

Ein _____ von mir hat mich zum Essen eingeladen.

15 우리 친척들이 함부르크에 살고 있다.

Unsere _____ wohnen in Hamburg.

16 너 그 독일 사람과 아직 연락하니?

Hast du noch Kontakt zu dem _____?

17 어떤 직원이 내게 그 서식을 주었다.

Ein _____ hat mir das Formular gegeben.

18 실업자 수가 계속 증가하고 있다.

Die Zahl der _____ steigt immer weiter.

형용사 II Adjektive II
- 비교급과 최상급 Komparation

Lektion 10

I 비교급과 최상급

1 형태

(1) 규칙 변화

비교급에 '-er', 최상급에 '-st'를 붙인다.

billig 싼 – billig**er** – billig**st**	dick 두꺼운 – dick**er** – dick**st**
klein 작은 – klein**er** – klein**st**	langsam 느린 – langsam**er** – langsam**st**
schnell 빠른 – schnell**er** – schnell**st**	schön 아름다운 – schön**er** – schön**st**

(2) -t, -d, -s, -ß, -sch, -z로 끝나는 형용사

형용사가 -t, -d, -s, -ß, -sch, -z로 끝나는 경우 비교급은 그대로 '-er'를 붙이고 최상급에는 '-est'를 붙인다.

breit 넓은 – breiter – breit**est**	weit 넓은, 먼 – weiter – weit**est**
wild 야생의 – wilder – wild**est**	heiß 뜨거운 – heißer – heiß**est**
süß 달콤한 – süßer – süß**est**	hübsch 예쁜 – hübscher – hübsch**est**

(3) a, o, u가 변화하는 경우

1음절 형용사에 a, o, u가 있으면 비교급과 최상급에서 대개 ä, ö, ü로 변음한다.

alt 늙은 – älter – ältest	arm 가난한 – ärmer – ärmst
jung 젊은 – jünger – jüngst	kalt 차가운 – kälter – kältest
klug 현명한 – klüger – klügst	kurz 짧은 – kürzer – kürzest
lang 긴 – länger – längst	schwach 약한 – schwächer – schwächst
stark 강한 – stärker – stärkst	warm 따뜻한 – wärmer – wärmst

(4) 불규칙 변화

gut 좋은 – besser – best	groß 큰 – größer – größt
hoch 높은 – höher – höchst	nah 가까운 – näher – nächst
viel 많은 – mehr – meist	
wenig 적은 – minder/weniger – mindest/wenigst	
gern 기꺼이, 즐겨 – lieber – am liebsten	

2 비교급

(1) '비교급 + als ...'

명사를 수식하지 않는 형용사는 '비교급 + als ...(...보다 더 ~하다)'를 쓴다.

→ **Mein Onkel ist älter als mein Vater.** 내 삼촌은 아버지보다 나이가 많으시다.

→ **Heute ist es kälter als gestern.** 오늘은 어제보다 날이 더 춥다.

→ **Ich trinke gern Tee, aber am Morgen trinke ich lieber Kaffee (als Tee).**
나는 차를 즐겨 마시지만 아침에는 커피를 더 즐겨 마신다.

> ※ gern의 비교급 lieber
> lieber는 gern의 비교급으로서 '더 즐겨, 보다 좋아하여'라는 의미를 갖고 있지만 '오히려, 차라리'라는 의미의 부사로도 사용된다.
>
> ※ noch/(noch) viel + 비교급
> 비교급 앞에 noch, viel이 오면 강조되어 '훨씬 더 ~한'이라는 의미가 된다.
> **Morgen soll es viel kälter werden.** 내일은 훨씬 더 추워진다고 한다.

(2) 명사를 수식하는 형용사의 비교급

형용사가 명사를 수식하는 경우에는 비교급 변화 뒤에 형용사 어미를 붙인다.

→ **Das Zimmer ist zu groß. Ich möchte ein kleineres Zimmer reservieren.**
그 방은 너무 큽니다. 좀 더 작은 방을 예약하고 싶습니다.

→ **Die Hose ist zu kurz. Haben Sie eine längere Hose?**
그 바지는 너무 짧습니다. 좀 더 긴 바지 있습니까?

→ **Die Schuhe sind zu teuer. Ich möchte billigere Schuhe.**
그 구두는 너무 비싸군요. 나는 좀 더 싼 구두를 원합니다.

(3) 절대 비교

비교 대상 없이 비교급이 사용된 경우는 '비교적 ~한'이라는 의미를 갖는다.

→ **Im ersten Stock wohnt eine ältere Frau.** 2층에 중년 부인이 살고 있다.

→ **Ich mag kleinere Städte.** 나는 비교적 작은 도시들을 좋아한다.

3 최상급

(1) am ...sten

명사를 수식하지 않고 단독으로 쓰인 형용사의 최상급은 'am ...sten' 형태를 사용한다.

→ **Im Juli und August ist es am heißesten.** 7월과 8월에 날이 가장 덥다.

→ **Am liebsten trinkt mein Vater Wein.** 제 아버지는 와인을 가장 즐겨 드십니다.

(2) der/die/das ...ste

명사를 수식하는 형용사의 최상급은 정관사를 앞에 두고 최상급 어미를 변화시켜 'der/die/das ...ste' 형태를 사용한다.

→ **Wie heißt der höchste Berg Deutschlands?**
독일에서 가장 높은 산은 이름이 무엇입니까?

→ **Wer ist der reichste Mann Chinas?**
중국에서 가장 부자인 남자는 누구입니까?

→ **Die Universität Heidelberg ist die älteste Uni in Deutschland.**
하이델베르크 대학은 독일에서 가장 오래된 대학이다.

→ **Das ist das beste Restaurant der Stadt.**
그곳이 그 도시에서 가장 좋은 레스토랑이다.

> ※ 명사를 수식하는 형용사 최상급 앞에 서수를 붙이면 '두 번째로 ...한, 세 번째로 ...한'과 같은 의미가 된다.
>
> **die zweitälteste Universtität** 두 번째로 오래된 대학
> **das drittgrößte Bundesland in Deutschland** 독일에서 세 번째로 큰 주(州)

Ⅱ 형용사 비교급과 최상급의 기타 용법

1 so 원급 wie ~

'so 원급 wie ~'는 원급 비교로 '~만큼 ...하다'라는 뜻이다.

→ **Mein Vater ist so alt wie deiner.** 내 아버지는 네 아버지와 연세가 같다.

→ **Meine Wohnung ist nicht so groß wie deine.**
내 집은 네 집만큼 그렇게 크지 않다.

> ※ 'doppelt so 원급 wie ~' ~보다 두 배 더 ...하다
> doppelt 자리에 dreimal을 넣어 'dreimal so 원급 wie ~'가 되면 '세 배 더 ...하다'라는 의미가 된다. 그런 식으로 'viermal, fünfmal ...'도 넣을 수 있다.
>
> **Dein Zimmer ist doppelt so groß wie meins.** 네 방은 내 방보다 두 배 더 크다.
> * 위 예문들에서 deiner, deine, meins에 대해서는 'Lektion 8'에서 '소유대명사의 명사적 용법' 참조

2 비교급

(1) '비교급 als ~' ~보다 더 ...한

→ **Mein Vater ist älter als deiner.** 내 아버지는 네 아버지보다 연세가 많으시다.

→ **Deine Wohnung ist viel heller als meine.** 네 집이 내 집보다 훨씬 밝다.

> ※ '~로서'라는 의미의 als와 함께 쓰일 경우에는 als의 중복을 피하기 위해서 보통 '비교급 denn ~'을 사용한다.
> **Er ist als Sänger berühmter denn als Maler.** 그는 화가로서보다 가수로서 더 유명하다.

(2) 'weniger 원급 als ~' ~보다 덜 ...한

→ **Dein Vater ist weniger alt als meiner.**
네 아버지께서 내 아버지보다 연세가 적으시다.

→ **Wie kann ich weniger schüchtern sein?**
어떻게 하면 덜 수줍어할 수 있을까?

(3) 'mehr / eher ~(A) als ~(B)' ~(B)하다기보다는 오히려 ~(A)하다
어느 한 대상의 두 가지 성질을 비교할 때 쓰는 형식이다. 두 가지 대상을 비교할 때는 항상 '비교급 als ~'를 사용하므로 혼동하지 않도록 한다.

→ **Der Markt ist eher teuer als günstig.** 그 시장은 저렴하기보다 오히려 비싸다.

(4) 'immer 비교급' = '비교급 und 비교급' 점점 더 ...한

→ **Werden die Menschen immer fauler?** 사람들이 점점 더 게을러지고 있는가?

(5) 'je 비교급 s¹ .... v, desto(umso) 비교급 v+s² ....' s¹(누구, 어떤 것)가 더 ~할수록 s²(누구, 어떤 것)가 더욱 ~하다 * 'Lektion 14' 종속 접속사 참조

→ **Je fleißiger du arbeitest, desto besser werden deine Schulnoten sein.**
네가 더 열심히 공부할수록 네 학교성적이 더 좋을 것이다.

→ **Je älter ein Mensch ist, desto mehr Lebenserfahrung hat er.**
사람이 나이가 많을수록 더 많은 인생경험을 갖고 있다.

3 viel과 wenig의 비교급과 최상급

(1) mehr / weniger

viel의 비교급인 mehr와 wenig 비교급인 weniger(= minder)는 뒤에 단수가
오든 복수가 오든 어미변화를 하지 않는다.

→ **Marie bekommt mehr Gehalt als ich.** 마리는 나보다 봉급을 더 많이 받는다.

→ **Hamburg hat mehr Einwohner als München.**
함부르크는 뮌헨보다 더 인구가 많다.

> ※ 'mehr'와 관련된 주요 표현
> **mehr oder weniger** 다소간
> **nicht mehr / kein- mehr** 더 이상 ~하지 않다
> **nichts weniger als** 전혀 ~하지 않다
> **mehr als zwei** 둘 이상　　　　　　**mehr als die Hälfte** 반 이상

(2) meist- / wenigst-

viel과 wenig의 최상급은 위에서 설명한 형용사 최상급의 용법과 같다. 예를
들어 viel의 최상급이 명사와 함께 오지 않을 때는 'am meisten', 뒤에 명사가
올 때는 'der/die/das meiste'가 되는 것이다.

→ **Welche Krankheit tötet die meisten Menschen?**
어떤 질병이 가장 많은 사람을 죽게 만들까?

→ **Was stresst uns am meisten?**
무엇이 우리에게 가장 많이 스트레스를 주는가?

> ※ 최상급에 -ens를 붙여 독립적으로 부사로 쓰이는 단어들이 있다.
> **meistens = meist** 대개, 거의 언제나　　　　**höchstens** 기껏해야
> **wenigstens = mindestens** 적어도, 최소한도　　**bestens** 최선으로, 탁월하게

[1~5] 빈칸에 적합한 것을 고르시오.

1

_____ von seinen drei Töchtern wurde Ärztin.

① Der ältere   ② Die ältere   ③ Die älteste
④ Die alteste   ⑤ Die ältesten

2

Welches Tier kann _____ laufen?

① das schnellste   ② schnellst   ③ am schnellsten
④ schnelleres   ⑤ schnellste

3

Wie heißt _____ Tier der Erde?

① ein kleines   ② das kleine   ③ ein kleineres
④ am kleinsten   ⑤ das kleinste

4

Er hat _____ Bücher, _____ ich erwartet habe.

① mehr – als   ② viel – als   ③ am meisten – wie
④ mehrere – als   ⑤ mehr – wie

5

Ich möchte ein Paar warme Handschuhe. Haben Sie keine _____?
- Nein, das sind _____, die wir haben.

① warmere – wärmste   ② warmeren – warmste
③ wärmeren – die wärmsten   ④ wärmere – die wärmste
⑤ wärmeren – die wärmste

[6~8] 틀린 문장을 고르시오.

6   ① Er hat weniger Zeit als ich.

       ② Ich habe noch kein besseres Buch gelesen als dieses.

       ③ Er ist mehr groß als sein Bruder.

       ④ Hans ist weniger dumm als Heinz.

       ⑤ Sie ist nichts weniger als schön.

7   ① Sprich bitte laut!　– Gut, ich werde jetzt lauter sprechen als bisher.

       ② Hör bitte gut zu!　– Gut, ich werde mehr zuhören als bisher.

       ③ Sei bitte leise!　– Gut, ich werde leiser sein als bisher.

       ④ Lauf bitte langsam!　– Gut, ich werde langsamer laufen als bisher.

       ⑤ Schreib bitte schnell!　– Gut, ich werde schneller schreiben als bisher.

8   ① Das Lexikon ist schon zu alt. – Kauf dir doch eine neuere!

       ② Der Text ist zu schwierig. – Hier ist ein leichterer.

       ③ Die Geschichte ist aber witzig. – Ich kenne eine noch witzigere.

       ④ Dies ist der beste Musiker. – Ich kenne einen noch besseren.

       ⑤ Die Bananen sind zu unreif. – Hier sind reifere.

[9~12] 빈칸을 채워 문장을 완성하시오.

9   네가 아버지보다 더 비싼 카메라를 갖고 있니? (teuer)

       Hast du eine ＿＿＿＿＿＿＿＿＿＿＿＿ Kamera als dein Vater?

10   어떤 독일 도시가 인구가 가장 많은가요? (viel)

       Welche deutsche Stadt hat die ＿＿＿＿＿＿＿＿＿＿＿Einwohner?

11   베를린은 독일에서 가장 큰 도시이다. (groß)

       Berlin ist die ＿＿＿＿＿＿＿＿＿＿＿ Stadt in Deutschland.

12   오늘이 어제보다 더 춥다. (kalt)

       Es ist heute ＿＿＿＿＿＿＿＿＿＿＿ als gestern.

> 예 ich – schwimmen, tanzen, Fahrrad fahren (gern)
>   → Ich schwimme gern, ich tanze noch lieber, aber am
>   liebsten fahre ich Fahrrad.

13 mein Bruder – joggen, wandern, Fußball spielen (gern)

_____

14 meine Mutter – ins Museum gehen, ins Kino gehen, ins Theater gehen (oft)

_____

15 Herr Bauer – Französisch sprechen, Deutsch sprechen, Englisch sprechen (gut)

_____

[16~18] 예와 같이 문장을 만드시오. (원급 – 비교급 – 최상급)

> 예 alt sein: meine Mutter, meine Tante, mein Onkel
>   → Meine Mutter ist alt. Meine Tante ist älter als meine
>   Mutter. Mein Onkel ist am ältesten.

16 viele Bücher haben: der Student, der Lehrer, der Professor

_____

17 nah sein: das Theater, das Kino, der Stadtpark

_____

18 eine hohe Miete zahlen: Herr Kim, Maria, ich

_____

전치사 Präpositionen

전치사는 의미, 용법과 함께 그 뒤에 몇 격이 쓰이는가를 외워야 한다. 격 지배에 따라
2격 지배 전치사, 3격 지배 전치사, 4격 지배 전치사, 3·4격 지배 전치사로 구분된다.

Ⅰ 2격 지배 전치사

이 전치사들 뒤에는 명사나 대명사의 2격형을 써야 한다.

1 (an)statt: ~ 대신에

→ **Anstatt** meiner Freundin hat mich ihre Schwester vom Bahnhof abgeholt.
내 여자 친구 대신에 그의 여동생이 나를 역에서 데리러 왔다.

→ **Statt** des Geldes gab sie ihm ihre Uhr.
돈 대신에 그녀는 그에게 자기 시계를 주었다.

2 während: ~ 동안에

→ **Während** des Vortrags bitten wir Sie, Ihre Handys auszuschalten.
강연 중에는 휴대폰을 꺼 주시기를 부탁 드립니다.
(der Vortrag 강연 / ausschalten 스위치를 끄다)

→ **Während** des Krieges lebten sie im Ausland.
전쟁 중에 그들은 외국에 살았다. (der Krieg 전쟁)

3 wegen: ~ 때문에

→ **Wegen** des schlechten Wetters konnten wir nicht Fahrrad fahren.
날씨가 좋지 않았기 때문에 우리는 자전거를 탈 수 없었다.

→ Ich konnte **wegen** meiner Mutter nicht lernen. Sie war krank und ich
musste mit ihr zum Arzt gehen.
어머니 때문에 공부할 수가 없었어. 어머니께서 편찮으셔서 함께 병원에 가야 했어.

※ **wegen**은 구어체에서는 3격 지배로도 자주 사용된다.
wegen dem Wetter 날씨 때문에 / **wegen mir** 나 때문에

4 trotz: ～에도 불구하고

→ **Trotz** des Verkehrsstaus sind wir pünktlich angekommen.
교통정체에도 불구하고 우리는 정시에 도착했다. (der Verkehrsstau 교통정체)

→ Manchmal kann man **trotz** aller Bemühungen nicht abnehmen.
때로 사람들은 모든 노력을 다 해도 살을 뺄 수가 없다.

5 außerhalb: ～ 외부에, ～이외에

→ Ich möchte lieber **außerhalb** der Stadt wohnen.
나는 오히려 도시 바깥쪽에 살고 싶다.

→ **Außerhalb** der Sprechstunden wenden Sie sich bitte an den Notdienst.
진찰 시간 외에는 당직 근무 쪽으로 문의하십시오.
(die Sprechstunde 진찰 시간, 면담 시간 / der Notdienst 당직, 대기 근무)

6 innerhalb: ～ 내부에, ～이내에

→ Diese Fahrkarte ist nur **innerhalb** der Zonen 1 und 2 gültig.
이 차표는 1구간과 2구간 안에서만 유효하다. (die Zone 특정 구역, 지역 / gültig 유효한)

→ Die Rechnung ist **innerhalb** acht Tage zu bezahlen.
계산서가 1주 이내에 지불되어야 한다.

※ außerhalb와 innerhalb는 'außerhalb von ～(3격)', 'innerhalb von ～(3격)'의 형태로
도 자주 사용된다.

außerhalb von Deutschland 독일 밖에서
innerhalb von vierzehn Tagen 2주 이내에

Ⅱ 3격 지배 전치사

이 전치사들 뒤에는 명사나 대명사의 3격형을 써야 한다.

※ '전치사 + 정관사' 축약형

bei dem = beim / zu dem = zum / zu der = zur / von dem = vom

1 aus

(1) ~로부터 (안에서 밖으로)

→ **Er kommt gerade aus dem Büro.** 그가 막 사무실에서 나온다.

(2) 출신

→ **Er kommt aus der Schweiz.** 그는 스위스 출신이다.

(3) ~으로 된

→ **Martin hat eine Schultasche aus Leder.**
마틴은 가죽으로 된 책가방을 갖고 있다.

2 von

(1) ~로부터 (출발지점)

→ **Der Bus kommt von Hamburg.** 그 버스는 함부르크로부터 온다.
→ **Das Bild ist von der Wand gefallen.** 그림이 벽에서 떨어졌다.

(2) ~로부터 (행위)

→ **Wann kommst du vom Einkaufen zurück?** 너는 쇼핑에서 언제 돌아오니?

(3) ~로부터 (+ 부사)

von unten 아래로부터	von oben 위로부터
von links 왼쪽으로부터	von rechts 오른쪽으로부터
von vorn 앞으로부터	von hinten 뒤로부터

(4) 소유

→ **Ein Freund von mir wohnt in Berlin.** 내 친구 하나가 베를린에 살고 있다.

3 nach

(1) ~를 향하여 (+ 중성 국가명, 도시명)

> in Deutschland wohnen 독일에 살다 – nach Deutschland fahren 독일로 가다
> in Europa sein 유럽에 있다 – nach Europa fliegen 유럽으로 가다

→ **Der Bus fährt** nach **Dresden.** 그 버스가 드레스덴으로 간다.

(2) ~를 향하여 (+ 부사, 방위)

> nach unten 아래로 ↔ nach oben 위로
> nach links 왼쪽으로 ↔ nach rechts 오른쪽으로

→ **Die Vögel fliegen** nach **Süden.** 새들이 남쪽으로 날아간다.

(3) ~ 후에 (시간)

→ **Was willst du** nach **dem Abitur machen?**
　너는 아비투어 후에 무엇을 하려고 하니? (das Abitur 대학입학자격시험)

4 zu

(1) ~를 향하여 (+ 특정 장소, 건물)

→ **Ich gehe** zur **Bank.** 나는 은행에 간다.

→ **Wie komme ich** zum **Hauptbahnhof?** 중앙역에 어떻게 갑니까?

(2) ~를 향하여 (+ 사람)

→ **Heute gehe ich** zu **meiner Oma.** 오늘 나는 할머니께 간다.

→ **Wann gehst du** zum **Friseur?** 이발소(미용실)에 언제 가니?
　(der Friseur 이발사, 미용사)

(3) 숙어

> zu Mittag essen 점심 먹다　　　　zu Abend essen 저녁 먹다
> zu Fuß gehen 걸어서 가다　　　　zu Bett gehen 잠자리에 들다
> zu Haus(e) sein 집에 있다

※ zu Haus(e) (자기) 집에, nach Haus(e) (자기) 집으로, von zu Haus(e) (자기) 집으로부터 (명사 앞에 관사를 붙이지 않는다.)

Er ist heute zu Hause. 그는 오늘 집에 있다.
Ich muss nach Hause. 나는 집에 가야 한다.
Ich komme von zu Hause. 나는 집에서 오는 길이다.

5 mit

(1) ~와 함께

→ Herr Fischer kommt mit seiner Frau. 피셔 씨는 아내와 함께 온다.

(2) ~을 가지고, ~을 타고

→ Das Kind spielt mit dem Ball. 아이가 공을 가지고 논다.

→ Lena fährt mit der U-Bahn zur Uni. 레나는 지하철을 타고 대학에 간다.

(3) ~을 포함하는

→ Ich möchte im Haus mit Garten wohnen. 나는 정원 딸린 집에서 살고 싶다.

6 seit: ~이래로

→ Seit einem Semester studiere ich an der Universität Köln.
나는 한 학기 전부터 쾰른 대학에서 공부하고 있다.

→ Seit drei Monaten mache ich hier einen Sprachkurs.
세 달 전부터 나는 이곳에서 어학코스에 다니고 있다.

→ Seit wann rauchst du nicht mehr? - Seit drei Wochen.
언제부터 담배 피우지 않고 있는 거니? – 3주 전부터.

7 bei

(1) ~ 가까이에

→ Lina wohnt in Eschborn bei Frankfurt a. M.
리나는 프랑크푸르트 근처 에쉬본에 살고 있다.

(2) ~의 집에

→ Wo bist du jetzt? - Bei meiner Oma.
너 지금 어디에 있니? – 할머니 댁에 있어.

(3) ~회사에서 (일하다)

→ Frau Lehmann arbeitet bei Siemens. 레만 부인은 지멘스에서 일하고 있다.

(4) ~할 때

→ Selbst beim Essen starrt Felix aufs Handy.
식사할 때조차도 펠릭스는 휴대폰을 응시하고 있다.

8 gegenüber (주로 3격 명사 뒤에 위치한다.)

(1) ~ 맞은편에

→ Die Kirche steht dem Rathaus gegenüber. 교회는 시청 맞은편에 있다.

(2) ~에 비해

→ Gegenüber dem letzten Jahr verdient er weniger.
작년에 비해 그는 수입이 적다.

9 außer: ~을 제외하고

→ Niemand außer dir kann deine Probleme lösen.
너 외에 그 누구도 네 문제들을 해결할 수 없다.

→ Reitunterricht wird täglich außer Montag angeboten.
승마 수업은 월요일을 제외하고 매일 제공됩니다.

Ⅲ 4격 지배 전치사

이 전치사들 뒤에는 명사나 대명사의 4격형을 써야 한다.

> ※ '전치사 + 정관사' 축약형
> durch das = durchs / für das = fürs / um das = ums

1 durch

(1) ~을 통하여, 가로질러

→ Wir sind durch den Wald spazieren gegangen. 우리는 숲을 통해 산책했다.

(2) ~으로 인하여

→ **Durch Versehen haben wir Ihnen falsche Waren zugesandt.**
저희가 실수로 인하여 잘못된 물품을 발송했습니다.

(3) (시간. 보통 4격 뒤에 위치) ~ 내내

→ **das ganze Jahr** (hin)**durch** 1년 내내

2 für

(1) ~을 위하여

→ **Seine Mama macht alles für ihn.** 그의 어머니는 그를 위해 모든 일을 한다.

(2) ~을 찬성하는

→ **Wir sind für Reformen.** 우리는 개혁에 찬성한다.

(3) ~(얼마 기간을) 예정으로, ~(얼마 기간) 동안

→ **Der Stellvertreter wird für zwei Jahre ernannt.**
대변인은 2년 임기로 임명된다.

3 ohne: ~없이

→ **Wir verreisen ohne großes Gepäck.** 우리는 큰 짐 없이 여행을 떠난다.

→ **Ich kann nicht ohne dich leben.** 나는 너 없이 살 수 없다.

4 um

(1) ~을 에워싸고, ~을 돌아서

→ **Die Erde kreist um die Sonne.** 지구는 태양의 주위를 돈다.

(2) 정각 ~시에

→ **Der Unterricht beginnt um halb drei.** 수업이 두 시 반에 시작이다.

(3) (시계의 시각 이외의 때) ~즈음에

→ **Um 1800 lebten ungefähr 4.000 Menschen in der Stadt.**
1800년경에 그 도시에는 약 4천 명이 살았다.

(4) 숙어

---
rund um die Uhr 24시간 내내
---

5 gegen

(1) ~을 향하여, ~에 (부딪쳐)

→ **Das Kind ist** gegen **die Tür gestoßen.** 아이가 문에 부딪쳤다.

(2) ~에 반대하는

→ **Die Menschen protestieren** gegen **die Verschlechterung ihrer Arbeitsbedingungen.**
사람들이 그들의 노동 조건의 악화에 대해 항의하고 있다.

(3) (시계의 시각) ~즈음에

→ **Komm doch** gegen **12 Uhr zu mir!** 12시쯤에 내게로 와라.

6 bis

(1) ~까지 (공간)

→ **Der Zug fährt nur** bis **Mainz.** 그 기차는 마인츠까지만 갑니다.

(2) ~까지 (시간)

→ **Der Unterricht dauert von 2** bis **4 Uhr.** 수업은 2시부터 4시까지 계속된다.

(3) (자주 zu와 함께 쓰임)

→ **Der Bus fährt** bis **zum Hotel.** 그 버스가 호텔까지 간다.

7 entlang: ~을 따라서(4격 명사 뒤에 위치한다)

→ **Wir sind die alte Straße** entlang **bis zum Rathaus gegangen.**
우리는 옛 길을 따라서 시청까지 걸었다.

Ⅳ 3·4격 지배 전치사

1 공간적 의미의 사용

3·4격 지배 전치사들은 용법에 따라서 뒤에 명사나 대명사의 3격이 올 수도 있고 4격이 올 수도 있다. 동사와 연결되어 정지된 위치를 의미할 때는 뒤에 3격이 쓰이고, 동작의 방향을 의미할 때는 뒤에 4격이 쓰인다.

> ※ '전치사 + 정관사'의 축약형
>
> an dem = am / in dem = im / in das = ins / an das = ans
> auf das = aufs / vor das = vors / über das = übers

(1) in

① (+3격) ~안에

→ Meine Geldbörse ist in der Einkaufstasche.
　지갑이 쇼핑 가방 안에 들어 있다.

② (+4격) ~안으로

→ Ich stecke meine Geldbörse in die Einkaufstasche.
　내가 지갑을 쇼핑 가방 안으로 넣는다.

> in der Stadt sein 시내에 있다 – in die Stadt fahren 시내로 가다
> im Cafe sitzen 카페에 앉아 있다 – ins Cafe gehen 카페로 들어가다
> ins Kino (ins Theater) gehen 영화 보러 (연극 보러) 가다
> ins Bett gehen 잠자리에 들다

> ※ '어떤 건물로'라고 표현할 때 'in+4격'과 'zu+3격' 둘 다 가능하다. 이때 'in'과 함께 오면 '어떤 건물 안으로'라는 의미이고 'zu'와 함께 오면 '어떤 건물의 방향으로'라는 의미가 된다.
>
> in der Kirche 교회에(서) – in die Kirche / zur Kirche 교회로
> im Rathaus 시청에(서) – ins Rathaus / zum Rathaus 시청으로

> ※ '우체국에(서)', '은행에(서)'라고 말할 때 전치사 'in'과 'auf' 두 가지 모두 사용할 수 있다. 전치사를 바르게 쓰기 위해서는 '전치사+명사'를 한꺼번에 암기해 두는 것이 좋다.
>
> in der Post / auf der Post 우체국에, in der Bank / auf der Bank 은행에
> in die Post / zur Post 우체국으로, in die Bank / zur Bank 은행으로

(2) an

① (+3격) ~에

→ **Thomas steht am Strand.** 토마스가 해변에 서 있다.

② (+4격) ~로

→ **Wir fahren heute an den Strand.** 우리는 오늘 해변으로 간다.

> an der Küste sein 해안에 있다 – an die Küste fahren 해안으로 가다
> am Fenster stehen 창가에 서 있다 – ans Fenster gehen 창가로 가다

(3) auf

① (+3격) ~위에

→ **Deine Jacke liegt auf dem Bett.** 네 재킷이 침대 위에 놓여 있다.

② (+4격) ~위로

→ **Martina legt ihre Handschuhe auf den Tisch.**
마티나는 장갑을 탁자 위에 놓는다.

> auf der Insel wohnen 섬에 살다 – auf die Insel fliegen 섬으로 가다
> auf der Straße stehen 거리에 서 있다 – auf die Straße gehen 거리로 가다

(4) über

① (+3격) ~위에

→ **Das Bild hängt über dem Sofa.** 그림이 소파 위에 걸려 있다.

② (+4격) ~위로

→ **Wir hängen das Bild über das Sofa.** 우리는 그림을 소파 위로 건다.

(5) unter

① (+3격) ~아래에

→ **Thomas singt unter der Dusche.**
토마스는 샤워기 아래에서 (샤워하면서) 노래하고 있다.

② (+4격) ~아래로

→ **Thomas geht** unter **die Dusche.**
　토마스가 샤워기 아래로 간다. (샤워하러 간다.)

(6) hinter

① (+3격) ~뒤에

→ **Jemand ist** hinter **dem Baum.** 나무 뒤에 누군가가 있다.

② (+4격) ~뒤로

→ **Der Junge rennt** hinter **den Baum.** 소년이 나무 뒤로 달려간다.

(7) vor

① (+3격) ~앞에

→ **Ein kleiner Garten ist** vor **dem Haus.** 집 앞에 작은 정원이 있다.

② (+4격) ~앞으로

→ **Das Kind stellt sich** vor **den Spiegel.** 아이가 거울 앞으로 가서 선다.

(8) neben

① (+3격) ~옆에

→ **Ein kleiner Tisch steht** neben **dem Bett.** 침대 옆에 작은 탁자가 있다.

② (+4격) ~옆으로

→ **Er stellt einen kleinen Tisch** neben **das Bett.**
　그는 작은 탁자 하나를 침대 옆에 놓는다.

(9) zwischen

① (+3격) ~사이에

→ **Deine Tasche steht** zwischen **dem Schrank und dem Regal.**
　네 가방은 장롱과 책꽂이 사이에 있다.

② (+4격) ~사이로

→ **Stell den Koffer** zwischen **den Schrank und das Regal.**
　트렁크를 장롱과 책꽂이 사이로 세워 놓아라.

2 시간적 의미의 사용

3·4격 지배 전치사가 시간적 의미로 사용될 때에는 뒤에 3격형이 온다.

(1) an: + 하루에서의 시간, 요일

am Morgen 아침에   am Vormittag 오전에   am Mittag 정오에
am Nachmittag 오후에   am Abend 저녁에 (예외: in der Nacht 밤에)
am Montag 월요일에   am Dienstag 화요일에...   am Sonntag 일요일에
am Montagvormittag 월요일 오전에
am Freitagabend 금요일 저녁에

※ 하루에서의 때는 명사를 소문자로 하고 −s를 붙여서 부사적 의미로 쓸 수 있다.

am Morgen 아침에 = morgens   am Abend 저녁에 = abends
um 6 Uhr abends 저녁 6시에

※ gestern, heute, morgen 같은 부사와 함께 올 때는 전치사 없이 연결한다.

gestern Abend 어제 저녁에   heute Nachmittag 오늘 오후에
morgen Vormittag 내일 오전에   übermorgen Abend 모레 저녁에

'오늘 아침에'라고 할 때는 'heute Morgen'이라고 쓸 수 있지만 '내일 아침에'라고 할 때는 'morgen Morgen'이라고 같은 발음을 중복해서 쓰지 않고 보통 'morgen früh'라고 쓴다.

(2) in: + 주, 월, 년, 계절

in der letzten Woche 지난주에 = letzte Woche(전치사 없이 4격형으로 쓸 수도 있다.)
in diesem Monat = diesen Monat 이번 달에
im nächsten Jahr 내년에 = nächstes Jahr / im Jahr 1990 1990년에
im (Monat) Januar 1월에 / im März 3월에 / im Dezember 12월에
im Frühling 봄에 / im Sommer 여름에 / im Herbst 가을에 / im Winter 겨울에

(3) vor: ~전에

vor einer Stunde 한 시간 전에   vor wenigen Minuten 몇 분 전에
vor einem Jahr 1년 전에   vor einigen Jahren 몇 년 전에

→ Wann ist Leon aus Korea zurückgekommen? - Vor drei Tagen.
레온은 언제 한국에서 돌아왔니? – 사흘 전에 돌아왔어.

Ⅴ 동사와 형용사의 전치사 지배

1 동사 + 전치사

동사 뒤에 어떤 전치사가 함께 오는지 외워 두어야 동사를 바르게 사용할 수 있다.
3·4격 지배 전치사인 경우는 예를 들어 'denken an+4격'과 같이 격까지 암기해
야 한다.

* 아래 축약어 중 'jn.'은 'jemand 누군가'의 4격형 'jemanden'의 약어로서, 그 자리에 사람의 4격형을 써야 한다는
   의미이고 'jm.'은 3격형 jemandem의 약어로, 사람의 3격형을 써야 한다는 의미이다.

abhängen von ~ ~에 달려 있다
achten auf ~(4) ~을 주의하다
anfangen mit ~ ~을 시작하다
antworten auf ~(4) ~에 답하다
aufhören mit ~ ~을 중지하다
aufpassen auf ~(4) ~에 유의하다, 주의하다
bestehen aus ~ ~으로 구성되다
bitten jn. um ~ 누구에게 ~을 부탁하다
danken jm. für ~ 누구에게 ~에 대해 감사하다
denken an ~(4) ~을 생각하다
diskutieren mit ~ über ~(4) ~와 ~에 대해서 토론하다
einladen jn. zu ~ 누구를 ~에 초대하다
erzählen von ~ ~에 대해 이야기해주다
es handelt sich um ~ ~이 중요하다
fragen jn. nach ~ 누구에게 ~에 관해 묻다
gehören zu ~ ~의 일원이다
gratulieren jm. zu ~ 누구에게 ~을 축하하다
halten jn./etw. für ~ 누구/무엇을 ~으로 여기다
kämpfen für ~ ~을 위해 투쟁하다
kämpfen gegen ~ ~에 맞서 싸우다
leiden an ~(3) ~(어떤 병)으로 고생하다
leiden unter ~(3) ~(질병 이외의 어떤 것)으로 시달리다
nachdenken über ~(4) ~에 대해 숙고하다
rechnen mit ~ ~을 예상하다
riechen nach ~ ~의 냄새가 나다
schützen jn./etw. vor ~ 누구/무엇을 ~으로부터 보호하다
sorgen für ~ ~을 돌보다
sprechen mit jm. über ~(4) 누구와 ~에 대해 이야기하다
teilnehmen an ~(3) ~에 참가하다
träumen von ~을 꿈꾸다, ~을 소망하다
überreden jn. zu ~ 누구를 ~하도록 설득하다
vergleichen jn./etw. mit ~ 누구/무엇을 ~과 비교하다

> **verzichten auf ~**(4) ~을 포기하다
> **warnen jn. vor ~** 누구에게 ~에 대해 경고하다
> **warten auf ~**(4) ~을 기다리다
> **zusammenstoßen mit ~** ~과 충돌하다
> **zweifeln an ~**(3) ~을 의심하다

→ **Denken** Sie **an** Ihre Zukunft! 당신의 미래를 생각하십시오.

→ **Leiden** Sie **an** einer Allergie? 당신은 알레르기로 고생합니까?

→ **Leiden** Sie **unter** Stress? 당신은 스트레스에 시달립니까?

→ Ich **warte** schon 20 Minuten **auf** den Bus. 벌써 20분이나 버스를 기다리고 있다.

→ Warum **sprichst** du nicht **mit** mir? 왜 너는 나와 이야기하지 않니?

→ Ich **träume** oft **von** der Arbeit. 나는 자주 업무에 대한 꿈을 꾼다.

  * '재귀동사+전치사'는 'Lektion 5' 재귀동사 참조

2 형용사 + 전치사

> **abhängig von** ~에 의존하고 있는
> **bekannt mit** ~(누구)와 아는 사이인
> **bereit zu** ~(무엇을) 할 준비가 된
> **fähig zu** ~(무엇을) 할 수 있는
> **frei von** ~을 벗어난
> **müde von** ~으로 지친
> **reich an** (+3격) ~이 풍부한
> **schuld an** (+3격) ~에 책임 있는
> **überzeugt von** ~(무엇을) 확신하는
>
> **arm an** (+3격) ~이 부족한
> **beliebt bei** ~ 사이에서 인기 있는
> **einverstanden mit** ~에 동의하는
> **fertig mit** ~을 끝마친
> **interessiert an** (+3격) ~에 관심 있는
> **nützlich für** ~(무엇)에 유용한, 이로운
> **schädlich für** ~(무엇)에 해로운
> **stolz auf** (+4격) ~을 자랑스러워하는
> **zufrieden mit** ~에 만족하는

→ Ich bin endlich **mit** der Hausaufgabe **fertig**.
  마침내 숙제를 끝마쳤다.

→ Radfahren ist **für** die Gesundheit **nützlich**.
  자전거 타는 것이 건강에 도움이 된다.

→ Er war sehr **an** meiner Meinung **interessiert**.
  그는 내 의견에 매우 관심 있어 했다.

→ Sie ist **von** der Unschuld ihres Manns **überzeugt**.
  그녀는 남편의 결백을 확신하고 있다.

→ Ich bin **mit** diesem Vorschlag nicht **einverstanden**.
  나는 이 제안에 동의하지 않는다.

※ 전치사 + 대명사

1. 전치사가 대명사와 연결되는 경우 대명사가 사람을 가리킬 때는 그대로 '전치사 + 인칭대명사'를 사용한다.

Mit wem bist du heute ins Kino gegangen? Mit deinem Freund?
오늘 누구와 극장에 갔니? 네 남자친구랑?

– Ja, ich bin mit ihm **ins Kino gegangen.** 그래, 남자친구와 함께 갔어.

2. 대명사가 지칭하는 것이 사람이 아닐 때는 'da전치사' 형태를 사용한다. 전치사가 모음으로 시작될 경우는 'dar전치사'가 된다.

Wozu hast du Julia gratuliert? Zu ihrem Geburtstag?
율리아에게 무엇을 축하했니? 생일을 축하했니?

– Ja, ich habe ihr dazu **gratuliert.** 그래, 율리아에게 생일을 축하했어.

Übungen 연습문제

[1~2] 빈칸에 들어갈 수 없는 말을 고르시오.

1

> Herr Bernd geht jetzt _____.

① bei seiner Freundin   ② zum Unterricht   ③ in die Kirche
④ auf den Balkon   ⑤ auf die Straße

2

> Ich bin _____.

① in meinem Zimmer   ② bei meinem Freund   ③ im Kino
④ in die Bäckerei   ⑤ an der Haltestelle

[3~5] 문법적으로 옳지 않은 것을 고르시오.

3
① Ich bitte dich um Hilfe.
② Sie beschäftigt sich viel mit den Kindern.
③ Er gratuliert seiner Freundin zum Geburtstag.
④ Ich wohne lieber in der Stadt als aufs Land.
⑤ Beim Kochen hilft Maria immer ihrer Mutter.

4
① Ich fahre in die Türkei.
② Ich fahre nach Schweiz.
③ Ich fahre nach Amerika.
④ Ich fahre nach London.
⑤ Ich fahre in die USA.

5
① Er wohnt bei seiner Freundin.
② Nach dem Essen gehen die Freunde spazieren.
③ Meine Wohnung liegt die Post gegenüber.
④ Zum Einkaufen fahren wir in die Stadt.
⑤ Ich begleite dich bis zur Haltestelle.

[6~7] 밑줄 친 부분이 틀린 문장을 고르시오.

6 ① Im Herbst 1998 habe ich mein Studium begonnen.
② Am 10. Juli beginnen die Semesterferien.
③ Meine Eltern sind in 1989 nach Berlin gezogen.
④ Am Wochenende besuchen wir unsere Verwandten.
⑤ Mit dem Auto sind wir in fünf Stunden dort.

7 ① Er geht in die Küche und kocht Kaffee.
② Er setzt sich vor dem Fernseher.
③ Er geht zurück ins Schlafzimmer.
④ Er stellt sich vor den Spiegel und rasiert sich.
⑤ Er nimmt seinen Anzug aus dem Kleiderschrank und zieht sich an.

[8] 문법적으로 맞는 문장을 고르시오.

① Frau Staiger stellt die Bierflaschen in dem Kühlschrank.
② Die Katze legt sich vor der Tür.
③ Herr Staiger arbeitet im Garten hinter dem Haus.
④ Der Lehrer schreibt einen Satz an der Tafel.
⑤ Mein Vater kommt an diesen Freitag zu uns zurück.

[9] 다음 중 질문과 답이 모두 맞는 것을 고르시오.

① Wo legen denn die Fotos? – In der Schublade.
② Wo hängt denn die Jacke? – An der Garderobe.
③ Wohin steht denn der Besen? – In der Ecke.
④ Wohin setzt er die Puppe? – Auf dem Stuhl.
⑤ Wo hängt denn der Spiegel? – Neben das Bild.

[10] 빈칸을 채워 문장을 완성하시오.

(1) Er geht durch d_____ Park.

(2) Ich lebe seit e_____ Jahr hier.

(3) Das Auto ist gegen e_____ Baum gefahren.

(4) Anna kommt mit ihr_____ Kindern.

(5) Trotz d_____ Kälte machen sie einen Ausflug.

(6) Mein Freund kommt heute wegen sein_____ Krankheit nicht.

(7) Er arbeitet für sein_____ Familie.

(8) Er ging an d_____ Fenster und sah hinaus.

(9) Ich habe vor d_____ Ferien keine Zeit mehr.

(10) Gehen Sie links um d_____ Ecke bis zu_____ nächsten Straße.

[11~15] 빈칸을 채워 문장을 완성하시오.

11 수업은 9시부터 12시까지 계속됩니다.

Der Unterricht dauert _____ 9 _____ 12 Uhr.

12 수업 중에 전화하면 안 됩니다.

Sie dürfen während d_____ _____ nicht telefonieren.

13 우리는 식사 후에 산책을 했다.

Wir gingen _____ d_____ Essen spazieren.

14 그는 아내와 헤어진 이후로 혼자 살고 있다.

Er lebt _____ d_____ Trennung von s_____ Frau allein.

15 부모님의 도움이 없다면 내가 독일에서 공부할 수 없을 것이다.

Ohne d_____ _____ meiner Eltern könnte ich nicht in Deutschland
studieren.

[16] '전치사 + 대명사' 또는 'da(r)전치사'를 넣어 대답을 완성하시오.

(1) An wen denkst du? An deine Eltern? - Ja, ich denke _____.

(2) Worauf wartest du? Auf einen Anruf von Eva? - Ja, ich warte _____.

(3) Wovon lebt Herr Müller? Von seiner Rente? - Ja, er lebt _____.

(4) Hast du mit deinem Freund über deine Probleme gesprochen?

  - Ja, ich habe _____ _____ gesprochen.

(5) Hast du dich bei dem Angestellten nach der Zugverbindung erkundigt?

  - Ja, ich habe mich _____ _____ erkundigt.

[17~21] 독일어로 작문하시오.

17 우리는 탁자를 벽으로 밀었다. (schieben)

_____

18 그녀는 햇볕보다는 그늘에 앉아 있기를 더 좋아한다. (lieber / der Schatten / die Sonne)

_____

19 우리는 테러리즘에 맞서 싸워야 한다. (Terrorismus)

_____

20 나는 너의 제안에 대해 숙고해 보았다. (nachdenken über / der Vorschlag)

---

21 나는 내 친구들과 자주 정치적 주제들에 대해 토론한다. (politische Themen)

수사, 척도 및 시간 Zahlen, Zeitangaben

I 기수

1 숫자 읽기

0 null	10 zehn	20 **zwanzig**	30 **dreißig**
1 eins	11 elf	21 einundzwanzig	40 vierzig
2 zwei	12 zwölf	22 zweiundzwanzig	50 fünfzig
3 drei	13 dreizehn	23 dreiundzwanzig	60 **sechzig**
4 vier	14 vierzehn	24 vierundzwanzig	70 **siebzig**
5 fünf	15 fünfzehn	25 fünfundzwanzig	80 achtzig
6 sechs	16 **sechzehn**	26 sechsundzwanzig	90 neunzig
7 sieben	17 **siebzehn**	27 siebenundzwanzig	100 (ein)hundert
8 acht	18 achtzehn	28 achtundzwannzig	200 zweihundert
9 neun	19 neunzehn	29 neunundzwanzig	300 dreihundert

1000 tausend

1.000.000 eine Million

101 hunderteins

215 zweihundertfünfzehn

327 dreihundertsiebenundzwanzig

765 siebenhundertfünfundsechzig

4567 viertausendfünfhundertsiebenundsechzig

2.000.000 zwei Millionen

3.568.200 drei Millionen fünfhundertachtundsechzigtausendzweihundert

* 독일어에서는 천 단위를 나누는 부호가 콤마(,)가 아니라 마침표(.)이다.

2 시간

Wie viel Uhr ist es ? = Wie spät ist es? 몇 시입니까?

시간을 말하는 방법은 공식적 시간과 일상생활에서의 시간, 두 가지가 있다.

(1) 공식적 시간 (기차나 비행기 출발 도착 시간, 라디오 등에서 사용)

Es ist	5.00 Uhr.	fünf Uhr
	5.10	fünf Uhr zehn
	5.15	fünf Uhr fünfzehn
	5.20	fünf Uhr zwanzig
	5.25	fünf Uhr fünfundzwanzig

5.30	fünf Uhr dreißig
5.40	fünf Uhr vierzig
5.45	fünf Uhr fünfundvierzig
5.50	fünf Uhr fünfzig
5.55	fünf Uhr fünfundfünfzig

(2) 일상생활에서의 시간

일상 회화에서 '몇 시 30분'이라는 표현은 '몇 시'를 향해서 30분을 갔다는 의미로 우리말과 다르니 주의해야 한다. 예를 들어 '1시 30분'이라고 하면 두 시를 향해서 30분을 갔다는 의미로 'halb zwei'라고 한다.

2.30 halb drei	3.30 halb vier	4.30 halb fünf
10.30 halb elf	11.30 halb zwölf	12.30 halb eins

일상 회화에서의 시간 표현은 '정각 ~시'와 '~시 30분' 양쪽이 기준이 되고 20분과 40분에서 전치사 'vor(~전)'와 'nach(~후)'의 사용이 나뉘는데 주의해서 연습해 볼 것!

(Es ist) 8.00 Uhr	(Es ist) acht (Uhr). 8시(이다.)
8.05	fünf (Minuten) nach acht (Uhr)
8.10	zehn nach acht
8.15	(ein) Viertel nach acht (= Viertel neun) (Viertel: 4분의 1)
8.20	zwanzig nach acht (= zehn vor halb neun)
8.25	fünf vor halb neun
8.30	halb neun
8.35	fünf nach halb neun
8.40	zwanzig vor neun (= zehn nach halb neun)
8.45	(ein) Viertel vor neun (= drei Viertel neun)
8.50	zehn vor neun
8.55	fünf vor neun

→ **Wie viel Uhr ist es jetzt?** 지금 몇 시입니까?
  – **Es ist jetzt fünf vor halb drei.** 지금은 2시 25분입니다.

  ※ **'um + ... (Uhr)'** ~시에
  Um wie viel Uhr öffnet das Restaurant? 그 레스토랑은 몇 시에 문을 엽니까?
  – **Um halb fünf öffnet es.** 네 시 반에 엽니다.

Ⅱ 서수

1 서수 읽기

숫자 뒤에 마침표를 찍어서 서수를 표시한다. '두 번째'부터 '19번째'까지는 기수에 '-t'를 붙여 서수를 만들고 '20번째' 이상은 기수에 '-st'를 붙인다.

1. erst
(2~19 : 기수+t)
2. zweit   3. **dritt**   4. viert   5. fünft
6. sechst   7. **siebt**   8. **acht**   9. neunt
10. zehnt   11. elft   12. zwölft   ...
17. siebzehnt   18. achtzehnt   19. neunzehnt

(20 이상 ~: 기수+st)
20. zwanzigst   21. einundzwanzigst   22. zweiundzwanzigst ...
30. dreißigst   31. einunddreißigst ...   100. hundertst
101. hunderterst   112. hundertzwölft ...   120. hundertzwanzigst ...

2 날짜

'der Tag(날)'이 남성이기 때문에 날짜 앞에 남성 정관사를 붙이고 서수로 말한다. 서수는 형용사로서 어미변화한다.

1일 der erste   2일 der zweite   3일 der dritte
4일 der vierte   6일 der sechste   7일 der siebte
19일 der neunzehnte   20일 der zwanzigste   31일 der einunddreißigste

→ **Der Wievielte ist heute? (= Den Wievielten haben wir heute?)**
오늘이 며칠입니까?

– **Heute ist der fünfundzwanzigste Mai.**

= **Heute ist der fünfundzwanzigste Fünfte.** 오늘은 5월 25일입니다.

(= **Heute haben wir den fünfundzwanzigsten Mai.**)

3 그 외 서수의 용법

세기, (건물에서의) 층 등을 서수로 나타낸다. 서수는 형용사로서 관사, 성, 격에 따라 어미가 변화한다.

→ **Nehmen Sie die erste Straße rechts.**
오른쪽 첫 번째 도로를 택하십시오. (그 도로로 가십시오.)

→ **Wie lange dauerte der zweite Weltkrieg?**
2차 세계대전이 얼마동안 지속되었지?

→ **Wir leben im 21.(einundzwanzigsten) Jahrhundert.**
우리는 21세기에 살고 있다.

→ **Wer wohnt im 4. (vierten) Stock?** 5층에 누가 살고 있지?

* 독일어에서 건물의 1층은 das Erdgeschoss이고, der erste Stock (첫 번째 층)이 2층이다. 따라서 der vierte Stock은 5층이다.

Ⅲ 그 밖의 용법

1 배수: 기수 + ~번, ~배

> **einmal** 한 번, 1배의   **zweimal** 두 번, 두 배의
> **dreimal** 세 번, 세 배의   (**doppelt = zweimal** 두 배의)

2 분수

분자는 기수로 읽고, 분모는 서수에 -el을 붙인다.

> 1/3 ein Drittel   2/3 zwei Drittel
> 1/4 ein Viertel   3/4 drei Viertel
> 3/5 drei Fünftel   5/6 fünf Sechstel

> ※ **1/2 ein halb**   **eine halbe Stunde** 30분
>   1½ **eineinhalb** (+ 복수) = **anderthalb** (+ 복수)   **eineinhalb Jahre** 1년 반

3 단위

(1) 단위를 나타내는 명사가 여성일 때: 둘 이상에서 단위명사를 복수로 쓴다.

> **eine Tasse Tee** 차 한 잔   **zwei Tassen Tee** 차 두 잔
> **eine Flasche Apfelsaft** 사과주스 한 병   **zwei Flaschen Apfelsaft** 사과주스 두 병
> **eine Dose Bier** 맥주 한 캔   **sechs Dosen Bier** 맥주 여섯 캔

(2) 단위를 나타내는 명사가 남성이나 중성일 때: 둘 이상에서도 단위명사를 복수로 쓰지 않는다.

> **ein Glas Milch** 우유 한 컵   **zwei Glas Milch** 우유 두 컵
> **ein Pfund Kartoffeln** 감자 1파운드   **zwei Pfund Kartoffeln** 감자 2파운드
> **ein Stück Kuchen** 케이크 한 조각   **zwei Stück Kuchen** 케이크 두 조각

4 수식

+ und   − weniger

× mal   ÷ durch

= ist, macht

→ **Wieviel ist fünfzehn und dreizehn? – Das ist achtundzwanzig.**
15더하기 13은 얼마입니까? – 28입니다

→ **53 + 76 = 129**
Dreiundfünfzig und sechsundsiebzig ist[macht] hundertneunundzwanzig.

→ **74 − 26 = 48**
Vierundsiebzig weniger sechsundzwanzig macht achtundvierzig.

→ **8 × 7 = 56**
Acht mal sieben ist sechsundfünfzig.

5 화폐, 연도, 전화번호

(1) 화폐

1,00 Euro ein Euro 1유로   **−,30 Euro** dreißig Cent 30센트
137,99 Euro hundertsiebenunddreißig Euro neunundneunzig

(2) 연도

1991년: neunzehnhunderteinundneunzig
2001년: zweitausendeins
2016년: zweitausendsechzehn

→ **Wann sind Sie geboren?** 당신은 언제 태어났습니까?
– Ich bin am dritten Januar neunzehnhundertfünfundneunzig geboren.
저는 1995년 1월 3일에 태어났습니다.

(3) 전화번호

전화번호는 한 자리씩 끊어서 읽을 수도 있고 두 자리씩 끊어서 읽을 수도 있다.

3456-7890: drei vier fünf sechs sieben acht neun null
            = vierunddreißig sechsundfünfzig achtundsiebzig neunzig

[1~2] 숫자를 잘못 읽은 것을 고르시오.

1　① 70,50 Euro : siebzig Euro fünfzig

　　② 0,85 Euro : fünfundachtzig Euro

　　③ 1,25 Euro : ein Euro fünfundzwanzig

　　④ 8.45 Uhr : Viertel vor neun

　　⑤ 13.30 Uhr : halb zwei

2　① 2.120.450 : zwei million hundertzwanzigtausendvierhundertfünfzig

　　② im Jahre 2001 : im Jahre zweitausendeins

　　③ 45 ÷ 9 = 5 : fünfundvierzig durch neun ist fünf

　　④ 12 × 4 = 48 : zwölf mal vier ist achtundvierzig

　　⑤ 3.15 Uhr : Viertel vier

[3] 다음 대화에서 밑줄 친 곳에 적합한 말을 고르시오.

> A: Unser Zug fährt um halb zehn ab. Wie spät ist es jetzt?
>
> B: Viertel nach neun.
>
> A: Dann haben wir noch eine _____ Zeit.

① Stunde　　　　　　② Viertelstunde　　　　　③ Viertel

④ halbe Stunde　　　⑤ ganze Stunde

[4~7] 밑줄 친 숫자를 바르게 읽은 것을 고르시오.

4

> Heute ist der 8. Am 10. habe ich Geburtstag.

①achte-zehnten　　　　②acht-zehn　　　　③achtte-zehnten

④achter-zehntem　　　⑤achte-zehnen

5

> Es ist 4.25 Uhr.

① fünfundzwanzig nach vier　② fünf nach halb vier　③ fünf vor halb vier

④ fünf vor halb fünf　　　　　⑤ fünf nach halb fünf

6

> Friedrich Schiller wurde im Jahre <u>1759</u> geboren.

① siebzehnneunundfünfzig   ② siebzehnhundertneunundfünfzig

③ siebzehnhundertfünfzigneun   ④ siebzighundertneunundfünfzig

⑤ siebzigneunundfünfzig

7

> Mein Freund wohnt im <u>2</u>. Stock jenes Hauses.

① zwei   ② zweien   ③ zweier

④ zweit   ⑤ zweiten

[8] 답이 바르지 않은 것을 고르시오.

① Wie spät ist es? – Es ist halb drei.

② Den Wievielten haben wir heute? – Heute haben wir den 18. November.

③ Wie teuer ist das Buch? – Es kostet 35 Euro 50.

④ Wie oft erscheint die Zeitschrift? – Sie erscheint jede zwei Woche.

⑤ Wie alt ist das Baby von Franz? – Es ist erst einen Monat alt.

[9] 숫자를 독일어로 적으시오.

(1) 1.234.000 → _____

(2) 251,50 Euro → _____

(3) 12.15 Uhr → _____

(4) 13.35 Uhr → _____

[10] 다음 질문에 독일어로 답하시오.

Wann sind Sie geboren? → _____

관계대명사 Relativpronomen

Lektion 13

관계문은 주문장에 들어있는 명사나 대명사를 좀 더 정확하게 서술하는 역할을 한다.
관계대명사는 정관사 형태와 유사하지만 2격과 복수 3격이 정관사와 다르다.
관계대명사는 관계문의 맨 앞에 위치하고 (전치사와 함께 올 때는 '전치사+관계대명사'), 관계문은 종속문이기 때문에 동사가 끝에 위치한다.

1 관계대명사의 형태

	m.	f.	n.	Pl.
1격	der	die	das	die
2격	**dessen**	**deren**	**dessen**	**deren**
3격	dem	der	dem	**denen**
4격	den	die	das	die

2 관계대명사 1격, 2격, 3격, 4격

관계문을 이끌어주는 관계대명사는 선행사인 명사나 대명사와 성과 수가 일치하고, 격은 관계문 안에서의 격에 따른다.

(1) 1격 관계대명사
선행사가 관계문 안에서 1격인 경우 관계대명사는 1격이 된다.

→ Wem gehört der Hund? Der Hund hat dich gebissen.
  – Wem gehört der Hund, der dich gebissen hat.
    너를 물었던 그 개는 누구의 개니?

→ Ich gehe jetzt zu meiner Freundin. Sie hat heute Geburtstag.
  – Ich gehe jetzt zu meiner Freundin, die heute Geburtstag hat.
    나는 지금 오늘 생일을 맞은 여자 친구에게 간다.

(2) 2격 관계대명사
명사를 수식하는 2격, 또는 소유대명사는 관계문에서 2격이 된다. (명사 + 2격 명사 / 소유대명사 + 명사 → 2격 관계대명사 + 명사) 이때 2격 관계대명사가 수식하는 명사는 관사를 생략해야 한다.

→ **Mein Freund** musste zu Fuß gehen. Das Fahrrad **meines Freundes** (**Sein** Fahrrad) war kaputt.
  – **Mein Freund**, **dessen** Fahrrad kaputt war, musste zu Fuß gehen.
  자전거가 고장 난 내 친구는 걸어서 가야 했다.

→ Das ist **die Universität**. Die Absolventen **der Universität** haben sehr gute Karrierechancen.
  – Das ist **die Universität**, **deren** Absolventen sehr gute Karrierechancen haben.
  졸업생들이 매우 좋은 직업적 성공의 기회를 갖는 그 대학이 저것이다.

(3) 3격 관계대명사

선행사가 관계문 안에서 3격인 경우 관계대명사는 3격이 된다.

→ **Der Kollege** heißt Fabian. Ich habe **dem Kollegen** (**ihm**) mein Auto geliehen.
  – **Der Kollege**, **dem** ich mein Auto geliehen habe, heißt Fabian.
  내가 내 차를 빌려준 그 동료는 이름이 파비안이다.

→ **Meine Tante** hat heute Geburtstag. Ich habe **meiner Tante** (**ihr**) ein Buch geschenkt.
  – **Meine Tante**, **der** ich ein Buch geschenkt habe, hat heute Geburtstag.
  내가 책을 선물했던 이모께서 오늘 생신이다.

(4) 4격 관계대명사

선행사가 관계문 안에서 4격인 경우 관계대명사는 4격이 된다.

→ Mein Vater sprach mit einem **Mann**. Ich kannte **den Mann** (**ihn**) nicht.
  – Mein Vater sprach mit einem **Mann**, **den** ich nicht kannte.
  아버지께서 내가 모르는 한 남자와 얘기하고 계셨다.

→ Gehen wir heute in **das Restaurant**! Julia hat uns **das Restaurant** empfohlen.
  – Gehen wir heute in **das Restaurant**, **das** uns Julia empfohlen hat!
  율리아가 우리에게 추천했던 그 레스토랑에 오늘 가자.

3 전치사 + 관계대명사

(1) 전치사와 함께 오는 명사가 관계대명사가 될 때는 '전치사+관계대명사'가 된다. 전치사를 떼어서 문장 중간이나 끝에 둘 수 없다.

→ Kennst du eigentlich Max? Ich bin heute Abend mit ihm verabredet.
 – Kennst du eigentlich Max, mit dem ich heute Abend verabredet bin?
  그런데 내가 오늘 저녁 만나기로 약속한 막스를 네가 알고 있나?

→ Ich habe mir endlich ein Auto gekauft. Ich habe so lange für das Auto gespart.
 – Ich habe mir endlich ein Auto gekauft, für das ich so lange gespart habe.
  나는 오랫동안 그것을 위해 돈을 모아왔던 자동차를 드디어 샀다.

※ 전치사 + 2격 관계대명사 + 명사
'전치사 + 2격 관계대명사 + 명사'의 경우에는 2격 관계대명사를 소유대명사처럼 생각하고 전치사는 명사까지 연결해서 생각해야 한다.

Das ist der Arzt. Ich bin mit der Frau des Arztes (mit seiner Frau) gut bekannt.
저 사람은 의사이다. 나는 그 의사의 부인과 잘 아는 사이이다.
→ Das ist der Arzt, mit dessen Frau ich gut bekannt bin.

---

(2) 선행사가 장소를 나타내는 명사일 경우, '전치사+관계대명사'가 'in der', 'in dem' 과 같이 '~에서'라는 의미가 될 때 이것을 wo로 바꿔 쓸 수 있다. '~으로부터'는 woher, '~을 향해서'는 wohin이 관계부사의 역할을 한다.

→ Das ist das Haus, in dem (= wo) Beethoven geboren ist.
 저것이 베토벤이 태어난 집이다.

→ Er wohnt seit einem Jahr in der Kleinstadt, in der (= wo) er geboren ist.
 그는 자기가 태어난 소도시에서 1년 전부터 살고 있다.
 Er wohnt seit einem Jahr in der Kleinstadt, in die (= wohin) ich heute fahre.
 그는 내가 오늘 가는 그 소도시에서 1년 전부터 살고 있다.
 Er wohnt seit einem Jahr in der Kleinstadt, aus der (= woher) er kommt.
 그는 자기 고향인 소도시에서 1년 전부터 살고 있다.

선행사가 도시명이나 국가명일 때는 '전치사+관계대명사'를 쓸 수 없고 wo, woher, wohin만 가능하다.

→ **Er wohnt in Bonn, wo Beethoven geboren ist.**
그는 베토벤이 태어난 본에 살고 있다.
Er wohnt in Bonn, wohin wir heute fahren.
그는 우리가 오늘 가는 본에 살고 있다.
Er wohnt in Bonn, woher sein Vater kommt.
그는 그의 아버지 고향인 본에 살고 있다.

4 관계대명사 was

(1) 형용사나 형용사 최상급이 중성 명사화한 경우(das Schönste와 같은 형태), 지시 대명사 das, 부정대명사 etwas, nichts, alles, vieles가 선행사가 될 경우에 관 계대명사는 was를 써야 한다.

→ **Ist es das, was du gesucht hast?** 그게 네가 찾던 그것이니?

→ **Das ist alles, was ich ihm sagen kann.**
그것이 내가 그에게 얘기할 수 있는 전부이다.

→ **Erzähl mir etwas aus deiner Kindheit, was du erlebt hast.**
어린 시절에 네가 경험했던 일 좀 내게 얘기해 줘.

→ **Das war das Schönste, was ich je erlebt habe!**
내가 지금껏 경험했던 중에 최고였어!

(2) was가 앞에 나온 문장 전체에 관계되기도 한다. 이런 경우의 was는 앞 문장 전체 혹은 일부를 받는 지시대명사 das의 역할과 같다. 이때 was로 이끌어지는 문장은 부문장이 되기 때문에 동사를 후치시켜야 한다.

→ **Wir konnten uns gestern nicht treffen. Das finde ich wirklich schade.**
　– **Wir konnten uns gestern nicht treffen, was ich wirklich schade finde.**
　우리는 어제 만날 수 없었다. 나는 그것을 정말 유감스럽게 생각한다.
　(앞 문장 전체를 받는 was가 부문장 안에서 finden의 4격 목적어)

→ **Der Chef hat mir gestern persönlich gratuliert, was mich sehr gefreut hat.**
어제 사장님이 내게 개인적으로 축하를 해 주었는데 그것이 나는 매우 기뻤다.
(앞 문장 전체를 받는 was가 부문장 안에서 주어, 즉 1격)

(3) was가 전치사와 함께 올 때는 'wo+전치사'(전치사가 모음으로 시작할 경우는 'wor+전치사')로 쓴다. (womit, wofür, woran, worauf, worüber ...)

→ **Gibt es etwas, wovor du Angst hast?** 네가 두려워하는 것이 있니?
(선행사 etwas를 수식하는 관계대명사 was가 전치사 vor와 연결되어 wovor가 되는 것이다. vor was로 쓰지 않는다.) (vor ~ Angst haben ~을 두려워하다)

→ **Der Chef hat mir gestern persönlich gratuliert, worüber ich mich sehr gefreut habe.**
어제 사장님이 내게 개인적으로 축하를 해 주었는데 그것에 대해서 나는 매우 기뻤다.
(앞 문장 전체를 받는 was가 über와 연결되어 worüber가 되는 것이다.) (sich freuen über ~ ~에 대해 기뻐하다)

5 Wer ..., der ... / Was ..., das ...

(1) **Wer (wessen/wem/wen) ..., der (dessen/dem/den) ...**
~하는 사람, 그 사람은 (그 사람의 / 그 사람에게 / 그 사람을) ...하다
— 이 문장에서 wer는 동시에 선행사와 관계대명사 역할을 한다.
— 이런 문장구조에서는 wer로 이끌어지는 문장이 부문장으로서 동사가 후치한다.
— wer는 부문장 안에서의 격에 따라 1격 wer, 2격 wessen, 3격 wem, 4격 wen으로 변화한다.
— wer를 받는 지시대명사 der는 주문장 맨 처음에 위치하고, 문장 안에서의 격에 따라 1격 der, 2격 dessen, 3격 dem, 4격 den으로 변화한다.
— wer와 이를 받는 지시대명사 der가 똑같이 1격으로 쓰이는 경우에는 주로 der를 생략한다.

→ **Wer keinen Pass hat, (der) kann die Grenze nicht übertreten.**
= **Derjenige, der keinen Pass hat, kann die Grenze nicht übertreten.**
여권이 없는 사람은 국경을 넘을 수 없다.

→ **Wem das Essen nicht schmeckt, der braucht nicht dafür zu zahlen.**
= **Derjenige, dem das Essen nicht schmeckt, braucht nicht dafür zu bezahlen.**
음식이 맛없는 사람은 돈을 낼 필요가 없다.

(2) **Was (wessen/−/was) ..., das (dessen/dem/das) ...**
~하는 것, 그것은(그것을...) ...하다
— 이 문장에서 was는 동시에 선행사와 관계대명사 역할을 한다.
— 여기에서 was로 이끌어지는 문장이 부문장으로서 동사가 후치한다.

— was는 주로 1격과 4격만 사용된다.

— was를 받는 지시대명사 das는 주문장 안에서의 격에 따라 1격 das, 2격 dessen, 3격 dem, 4격 das로 변화한다.

— was와 이를 받는 지시대명사 das가 똑같이 1격이나 4격으로 쓰이는 경우에는 주로 das를 생략한다.

→ **Was** ich brauche, (das) ist in meiner Tasche.

= **Das**, **was** ich brauche, ist in meiner Tasche.

내가 필요한 것은 가방 안에 있다.

→ **Was** du gestern getan hast, das sollst du heute nicht bereuen.

네가 어제 한 일을 오늘 후회하지 말라.

※ 'Wer ..., der ..', 'Was ...., das ...'는 격언이나 속담에 많이 쓰인다.

Wer zuerst kommt, (der) mahlt zuerst.
먼저 오는 사람이 먼저 곡식을 빻는다. (먼저 잡는 사람이 임자이다.)

Wer einem eine Grube gräbt, fällt selbst hinein.
남에게 함정을 파는 사람은 자기가 그 함정에 빠진다. (einem은 man의 3격)

Was ich nicht weiß, macht mich nicht heiß.
내가 알지 못하는 것은 나를 흥분시키지 않는다. (모르는 것이 약이다.)

Was du heute kannst besorgen, das verschiebe nicht auf morgen.
오늘 할 수 있는 일을 내일로 미루지 마라.

'... besorgen kannst, ...'가 옳은 어순이지만 뒤쪽 morgen과의 운을 맞추기 위해 besorgen을 뒤에 두었다. 격언, 속담, 시 등에서는 운을 맞추기 위해 순서를 바꾸는 경우가 있다.

[1~5] 빈칸에 적합한 관계대명사를 고르시오.

1

Die Wochenzeitung ist eine Zeitung, _____ jede Woche einmal erscheint.

① an der   ② auf der   ③ die   ④ der   ⑤ deren

2

Der Reisende, _____ Ausweis nicht zu finden war, konnte die Grenze nicht passieren.

① der   ② deren   ③ dessen   ④ mit dessen   ⑤ dem

3

Das Auto, _____ wir in Urlaub gefahren sind, gehört meinem Bruder.

① den   ② dem   ③ darin   ④ mit dem   ⑤ von dem

4

Ich kann nichts glauben, _____ du mir erzählt hast.

① das   ② wen   ③ was   ④ es   ⑤ den

5

Bonn ist die Stadt, _____ Beethoven geboren ist, und Wien ist die Stadt, _____ er gestorben ist.

① an der – an der   ② wo – in die   ③ in der – wo
④ in dem – in dem   ⑤ wohin – in der

[6] 두 문장을 바르게 연결한 것을 고르시오.

> Er verlässt die Stadt. Er hat dort zehn Jahre gelebt.

① Er verlässt die Stadt, die er zehn Jahre gelebt hat.
② Er verlässt die Stadt, dass er zehn Jahre gelebt hat.
③ Er verlässt die Stadt, was er zehn Jahre gelebt hat.
④ Er verlässt die Stadt, wo er zehn Jahre gelebt hat.
⑤ Er verlässt die Stadt, welcher er zehn Jahre gelebt hat.

[7~8] 관계대명사가 옳지 않은 문장을 고르시오.

7 ① Das kommt der Mann, dessen Namen ich vergessen habe.
   ② Ich denke an meinen Freund, dem ich lange nicht geschrieben habe.
   ③ Das sind die Kinder, derer Lehrer wir kennen.
   ④ Das sind meine Freunde, mit denen ich immer Fußball spiele.
   ⑤ Der Film, den wir gesehen haben, war sehr interessant.

8 ① Die Schuhe, die im Schrank sind, gehören Peter.
   ② Das ist das Beste, das ich Ihnen anbieten kann.
   ③ Das Buch, für das ich gar nicht viel bezahlt habe, war sehr interessant.
   ④ Wie alt wird der Professor, dessen Geburtstag wir morgen feiern?
   ⑤ Das sind die Leute, mit denen wir in Urlaub waren.

[9] 다음 문장을 독일어로 바르게 옮긴 것을 고르시오.

> 그는 자기가 금전적으로 어렵다고 말하는데 나는 그것을 믿을 수 없다.

① Er sagt, dass er Geldschwierigkeiten habe, die ich nicht glauben kann.
② Er sagt, dass er Geldschwierigkeiten habe, daran ich nicht glauben kann.
③ Er sagt, dass er Geldschwierigkeiten habe, was ich glaube.
④ Er sagt, dass er Geldschwierigkeiten habe, was ich nicht glauben kann.
⑤ Er sagt, dass er Geldschwierigkeiten habe, das ich nicht glauben kann.

[10] 빈칸에 적합한 관계대명사를 넣으시오.

(1) In dieser Stadt gibt es viele Häuser, _____ billig verkauft werden.

(2) Julia ist meine alte Freundin, mit _____ ich über alles reden kann.

(3) Ruf doch den Assistenten an, _____ Telefonnummer ich dir gegeben habe.

(4) Kennst du das Mädchen, _____ der Hund gehört?

(5) Es gibt viele Menschen, _____ man helfen müsste.

(6) Wie heißt die Familie, bei _____ du wohnst?

(7) Ihre Eltern, _____ Rente so niedrig ist, werden von ihr unterstützt.

[11~17] 관계대명사를 사용해 두 문장을 연결하시오.

11 Julia wohnt in einem Haus. Das Haus ist wunderschön.

→ Julia wohnt in einem Haus, _____.

12 Hier sind die Formulare. Wir müssen die Formulare ausfüllen.

→ Hier sind die Formulare, _____.

13 Wo ist die Frau? Diese Tasche gehört der Frau.

→ Wo ist die Frau, _____.

14 Dort kommt der Bus. Wir können mit dem Bus nach Haus fahren.

→ Dort kommt der Bus, _____.

15 Ist das dein Bruder? Du hast so viel von ihm erzählt.

→ Ist das dein Bruder, _____.

16 Ich wohne bei einer Frau. Ihr Sohn ist zurzeit in Amerika.

→ _____ .

17 Morgen fliege ich nach Rom. Ein Freund von mir wohnt in Rom.

→ _____ .

I 등위(대등) 접속사: und, aber, oder, denn, sondern

등위 접속사로 이어지는 문장은 '접속사 + 주어 + 동사'의 정치 문장이 된다.

> ※ denn을 제외한 und, aber, oder, sondern은 문장 뿐 아니라 단어나 단어군, 문장성분을 연결하기도 한다.
>
> **Julia und ich wollen morgen mit dem Zug nach Weimar fahren.**
> 율리아와 나는 내일 기차를 타고 바이마르에 가려고 한다.
>
> **Trinken Sie den Tee mit oder ohne Milch?**
> 차에 우유를 넣어서 드십니까, 아니면 넣지 않고 드십니까?
>
> **Ich habe keinen Milchkaffee, sondern eine Tasse Tee bestellt.**
> 저는 밀크커피가 아니라 차 한 잔을 주문했습니다.

1 und 그리고

콤마(,) 없이 두 문장을 연결한다. 두 문장의 주어가 같을 경우 뒤쪽 문장의 주어를 생략할 수 있다.

→ **Die Koffer sind gepackt und das Taxi wartet vor der Tür.**
트렁크들은 꾸려져 있고 택시는 문 앞에서 기다리고 있다.

→ **Gestern habe ich mich mit Freunden getroffen und wir haben Bier getrunken.**
어제 나는 친구들을 만났고 우리는 맥주를 마셨다.

→ **Ich habe am Vormittag die Wohnung aufgeräumt und (ich habe) am Nachmittag eingekauft.**
나는 오전에 집을 치우고 오후에 장을 보았다.

2 oder 또는

콤마(,) 없이 두 문장을 연결한다. 두 문장의 주어가 같을 경우 뒤쪽 문장의 주어를 생략할 수 있다.

→ **Am Wochenende treffe ich mich mit Freunden oder (ich) gehe zu meinen Eltern.**
주말에 나는 친구들을 만나거나 부모님께 간다.

→ **Wir buchen ein Hotelzimmer oder (wir) übernachten bei einem Freund.**
우리는 호텔방을 예약하거나 아니면 친구 집에 머물 것이다.

3 aber 그러나

두 문장 사이에 콤마(,)를 넣는다.

→ **Unser Haus hat einen Garten, aber er ist sehr klein.**
우리 집에 정원이 있지만 아주 작다.

→ **Ich möchte im Garten sitzen, aber heute ist es zu kalt.**
나는 정원에 앉고 싶지만 오늘은 날이 너무 춥다.

4 denn ～ 이기 때문이다

두 문장 사이에 콤마(,)를 넣는다.

→ **Martina geht zum Arzt, denn sie hat Halsschmerzen.**
마티나는 의사에게 간다. 목이 아프기 때문이다.

→ **Er hat gekündigt, denn er hat einen besseren Job gefunden.**
그는 사표를 냈다. 더 좋은 일을 찾았기 때문이다.

> ※ 의문문에서의 denn
> 의문문 중간에 오는 denn은 부사로서 우리말로 '도대체' 정도의 의미가 된다.
> **Was ist denn los?** 대체 무슨 일이야?　　　**Warum denn?** 대체 왜?

5 (nicht/kein-) ～, sondern ～이 아니라 ～이다

두 문장 사이에 콤마(,)를 넣는다. sondern은 앞에 부정을 나타내는 nicht나 kein-이 있고 그 뒤에 들어온다.

→ **Marie wohnt nicht in der Stadt, sondern (sie wohnt) auf dem Land.**
마리는 도시에 살지 않고 시골에 산다.

→ **Morgen will ich nichts unternehmen, sondern (ich will) lange ausschlafen.**
내일은 나는 아무 일도 벌이지 않고 오래 푹 자려고 한다.

Ⅱ 복합접속사

1 nicht nur A, sondern auch B: A뿐 아니라 B도 ～하다 (앞의 진술을 보완)

→ Markus ist nicht nur attraktiv, sondern auch sehr nett.
마르쿠스는 매력적일 뿐 아니라 매우 친절하기도 하다.

→ Karl hat nicht nur Philosophie, sondern auch Germanistik studiert.
칼은 철학뿐 아니라 독문학도 전공했다.

2 sowohl A als auch B: A도 B도 다 (양쪽 모두 긍정. 두 가지 가능성)

→ Die Stühle sind sowohl schön als auch praktisch.
의자들이 멋지면서도 실용적이다.

→ Ich war sowohl in der Schweiz als auch in Österreich.
나는 스위스에도 오스트리아에도 갔었다.

3 entweder A oder B: A이거나 또는 B (양자택일)

→ Sie können entweder mit dem Bus oder mit der U-Bahn dorthin fahren.
버스나 지하철을 타고 그곳으로 갈 수 있습니다.

→ In den Winterferien möchte er entweder nach Italien oder nach Spanien fahren.
그는 겨울방학에 이탈리아나 스페인에 가고 싶어 한다.

4 weder A noch B: A도 B도 ～하지 않다 (양쪽 모두 부정)

→ Die Stühle sind weder schön noch praktisch.
의자들이 멋지지도 않고 실용적이지도 않다.

→ Er war weder in Bern noch in Wien.
그는 베른에도 빈에도 가 보지 못했다.

5 zwar ..., aber ...: ~이기는 하지만 그러나 ...

→ Die Stühle sind zwar schön, aber sehr teuer.
그 의자들은 멋지기는 하지만 매우 비싸다.

→ Das Haus ist uns viel zu groß. Wir brauchen zwar viel Platz, aber keine fünf Zimmer.
그 집은 우리에게는 너무 크다. 우리가 많은 공간이 필요하긴 하지만 방 다섯 개는 필요치 않다.

Ⅲ 부사적 접속사

부사적 접속사는 접속 역할을 하는 부사로 알아두면 된다. 대표적인 부사 몇 가지만 아래 소개한다. 부사가 문장 처음에 오면 '부사+동사+주어'로 도치된다.

1 시간을 나타내는 부사적 접속사

da 그때	**dann** 그리고 나서, 그 다음에
danach 그 후에	**anschließend** 이어서, 그 다음에

→ Wir haben zusammen zu Abend gegessen und danach sind wir ins Kino gegangen. 우리는 함께 저녁을 먹었고 그 후에 극장에 갔다.

→ Gehen Sie geradeaus und dann rechts in die Schillerstraße.
곧장 걸어가시다가 그 다음에 오른쪽 쉴러 슈트라세로 가십시오.

2 원인을 나타내는 부사적 접속사

deswegen (= darum, daher, deshalb) 그렇기 때문에, 그러므로

→ Herr Becker ist oft unfreundlich, deshalb spreche ich nicht gern mit ihm.
벡커 씨는 자주 불친절하다. 그래서 나는 그와 얘기하고 싶지 않다.

→ Die Freundin von Martin hat viel Arbeit im Büro, daher hat sie wenig Zeit für ihn.
마틴의 여자친구는 사무실에서 일이 많다. 그래서 그를 위한 시간이 별로 없다.

3 양보를 나타내는 부사적 접속사

trotzdem (= dennoch) 그런데도, 그럼에도 불구하고

→ **Julia wohnt ganz in der Nähe von mir, trotzdem sehe ich sie selten.**
율리아는 나와 가까이에 살고 있다. 그런데도 나는 그녀를 거의 보지 못한다.

※ sonst(그렇지 않으면), also(그러므로, 즉), folglich(그 결과, 따라서), so(그래서, 따라서, 그렇게)와 같은 부사들도 접속적 역할을 하는 부사들이다.

Ⅳ 종속접속사

종속접속사가 이끄는 문장은 부문장으로서 동사가 부문장의 끝에 위치한다. 주문장이 먼저 오는 경우의 문장구조는 '주문장 (주어+동사...), 종속접속사+주어+.... 동사'가 되고, 부문장이 앞에 오는 경우에는 주문장이 도치하여 '종속접속사+주어+.... 동사, 주문장 (동사+주어...)'가 된다.

1 wenn

(1) ~할 때 (현재 / 미래)

→ **Wenn Julia im Juni in Urlaub fährt, will sie ihre Freundin in Paris besuchen.**
율리아는 6월에 휴가 갈 때 파리에 있는 친구를 방문하려고 한다.

→ **Ruf mich an, wenn du morgen Zeit hast.** 내일 시간 있을 때 내게 전화해.

(2) ~했을 때마다 (반복된 과거)

→ **Immer wenn ich ihn angerufen habe, war er nicht zu Hause.**
내가 전화했을 때마다 그는 집에 없었다.

(3) ~한다면 (조건)

→ **Wenn du mich anrufst, komme ich sofort zu dir.**
네가 내게 전화하면 즉시 네게로 올게.

→ **Wenn man arbeitet, dann muss man Steuer zahlen.**
일을 하면 세금을 내야 한다.

2 als

(1) ~했을 때 (일회적 과거)

→ Als ich ihn am Nachmittag angerufen habe, war er zu Hause.
내가 오후에 전화했을 때 그는 집에 있었다.

(2) 비교급, als ... (...한 것 보다 더 ~)

→ Der Film war interessanter, als ich gedacht habe.
영화가 내가 생각했던 것보다 더 재미있었다.

3 während

(1) ~하는 동안에

→ Markus kümmert sich um die Kinder, während seine Frau kocht.
아내가 요리하는 동안 마르쿠스는 아이들을 돌본다.

(2) ~인 반면에

→ Herr Schmidt lobt immer die Kollegin, während sie Herr Lohmann nicht sympathisch findet.
로만 씨는 그 여자동료에게 호감을 느끼지 못하는 반면에 슈미트 씨는 항상 그녀를 칭찬한다.

4 bis ~할 때까지

→ Darf ich hier warten, bis Herr Fischer zurückkommt?
피셔 씨가 돌아오실 때까지 여기에서 기다려도 될까요?

* bis는 'Lektion 11 전치사'에서 공부한 것처럼 4격 지배 전치사로서의 용법도 있고, 종속접속사로서 부문장을 이끌기도 한다.

5 bevor / ehe ~하기 전에

→ Ich kann nicht in Urlaub fahren, bevor ich mit dem Projekt fertig bin.
내가 프로젝트를 끝마치기 전에는 휴가를 갈 수 없다.

6 nachdem ~하고 난 후에

* nachdem이 이끄는 부문장의 시제는 주문장 시제보다 앞선다. 주문장이 현재이면 nachdem 문장은 현재완료, 주문장이 과거나 현재완료면 nachdem 문장은 과거완료가 된다.

→ **Nachdem du dir die Hände gewaschen hast, kannst du dich an den Tisch setzen.** 네가 손을 씻고 난 후에 식탁에 앉을 수 있다.

→ **Nachdem wir zusammen einen Spaziergang gemacht hatten, gingen wir ins Kino.** 우리는 함께 산책을 하고 난 후에 극장에 갔다.

7 seit / seidem ～한 이래로

→ **Seit ich 2008 geheiratet habe, lebe ich in Deutschland.**
2008년에 결혼한 이래로 나는 독일에 살고 있다.

＊ seit는 'Lektion 11 전치사'에서 공부한 것처럼 3격 지배 전치사로서의 용법도 있고, 종속접속사로서 부문장을 이끌기도 한다.

※ seitdem은 부문장을 이끌 수도 있고, '그때부터, 그 후로'라는 부사로 쓰이기도 한다.

Seitdem Marko 2008 geheiratet hat, führt er das Restaurant mit seiner Frau.
Marko hat 2008 geheiratet. Seitdem führt er das Restaurant mit seiner Frau.
마르코는 2008년에 결혼했다. 그 이후로 그는 아내와 함께 레스토랑을 운영하고 있다.

8 weil (이유) ～이기 때문에

→ **Marko ist traurig, weil er Sandra zwei Monate nicht sehen kann.**
마르코는 산드라를 두 달 동안 볼 수 없기 때문에 슬퍼하고 있다.

→ **Ich bin sehr müde, weil ich die ganze Nacht nicht geschlafen habe.**
나는 밤새도록 잠을 못 자서 매우 피곤하다.

※ weil과 같은 용법으로 da를 쓸 수도 있다. da로 이끌어지는 부문장은 대개 주문장의 앞에 위치한다.

Marko kann diesen Sommer keine Reise machen, weil er arbeitslos ist.
= **Da Marko arbeitslos ist, kann er diesen Sommer keine Reise machen.**
마르코는 실업 상태이기 때문에 이번 여름에 여행을 할 수 없다.

9 obwohl ~에도 불구하고

→ Es ist immer noch kalt, obwohl wir schon Mai haben.
벌써 5월인데 여전히 날이 춥다.

→ Martin hat heute noch weiße Schuhe gekauft, obwohl er schon zwei weiße hat.
마틴은 흰색 구두가 두 켤레나 있는데도 오늘 또 흰 구두를 샀다.

* 'obwohl'과 비슷한 의미를 갖는 종속접속사로 auch wenn (= wenn auch), obgleich, obschon, obzwar 등이 있다.

10 damit ~하기 위해서

→ Herr Lehmann arbeitet hart, damit sich seine Familie viel leisten kann.
레만 씨는 그의 가족이 경제적으로 많은 것을 누릴 수 있도록 열심히 일을 한다.

11 dass

(1) Es ist 형용사, dass ... / Es ...., dass ...

> Es ist möglich, dass ... ...하는 것이 가능하다
> Es ist nötig, dass... ...하는 것이 필요하다
> Es ist mir wichtig, dass... ...하는 것이 내게는 중요하다

→ Es ist mir wichtig, dass wir uns immer gut unterhalten können.
우리가 항상 대화를 잘 할 수 있다는 것이 내게는 중요하다.

→ Es tut mir leid, dass du morgen mich nicht besuchen kannst.
네가 나를 내일 찾아올 수 없다니 유감이다.

→ Es freut mich, dass bald der Frühling kommt.
곧 봄이 오는 것이 나는 즐겁다.

(2) 생각, 소원, 느낌을 나타내는 동사, 또는 bitten, raten 등의 동사 뒤에 오는 진술

→ Ich weiß, dass du fleißig bist. Aber ich bin sicher, dass du ein bisschen mehr lernen kannst. 네가 부지런하다는 것은 알고 있다. 그러나 나는 네가 좀 더 공부할 수 있다고 확신한다.

→ Finden Sie, dass das Fernsehen die Menschen dumm macht?
텔레비전이 사람들을 바보로 만든다고 생각하십니까?

→ Ich dachte, dass alle Engländer gern Tee trinken.
나는 영국인은 모두 차를 즐겨 마신다고 생각했어.

(3) 전치사의 보족어

→ Man muss darauf achten, dass am Ostermontag die meisten Geschäfte geschlossen sind.
부활절 월요일에 대부분의 상점이 닫혀 있다는 것(문을 열지 않는다는 것)을 유의해야 한다.

→ Er wundert sich darüber, dass es so viele Hunde auf der Straße gibt.
그는 그렇게 많은 개들이 거리에 있다는 것에 대해 놀라고 있다.

(4) so ～, dass … …할 정도로 그렇게 ～하다

→ Lena singt so schön, dass alle begeistert sind.
레나는 모두가 감동할 정도로 아름답게 노래한다. (레나가 매우 아름답게 노래를 불러서 모두가 감동할 정도이다.)

12 ob ～인지 아닌지

→ Ich habe nicht gehört, ob er heute kommt (oder nicht).
그가 오늘 오는지 아닌지 나는 듣지 못했다.

※ 의문사가 없는 의문문을 부문장으로 연결할 때 ob으로 연결한다.

Hat er die Prüfung bestanden? 그가 시험에 합격했니?
→ Ich weiß noch nicht, ob er die Prüfung bestanden hat.
　그가 시험에 합격했는지 아직 모르겠어.

※ 의문사로 이끄는 부문장
의문문을 부문장으로 연결하면 부문장 맨 처음에 의문사가 오고 동사는 끝에 위치한다.

Wo arbeitet Max?
→ Ich möchte wissen, wo Max arbeitet. 막스가 어디에서 일하는지 알고 싶다.
Wann kommt Max zurück?
→ Ich weiß nicht, wann Max zurückkommt. 막스가 언제 돌아오는지 모른다.
Wie kann ich zum Bahnhof kommen?
→ Können Sie mir sagen, wie ich zum Bahnhof kommen kann?
　역으로 어떻게 가는지 알려주실 수 있습니까?

Ⅴ 전치사구와 종속접속사

1 bei ↔ wenn

→ Beim Zeitunglesen musste meine Großmutter eine Brille tragen.

→ Meine Großmutter musste eine Brille tragen, wenn sie Zeitung las.
할머니께서는 신문 읽으실 때 안경을 쓰셔야 했다.

2 vor ↔ bevor

→ Vor dem Essen trinkt er immer ein Glas Wasser.

→ Bevor er isst, trinkt er immer ein Glas Wasser.
그는 식사 전에 항상 물 한 잔을 마신다.

3 während ↔ während

→ Während unseres Spaziergangs bereiteten die Männer das Abendessen vor.

→ Während wir spazieren gingen, bereiteten die Männer das Abendessen vor.
우리가 산책하는 동안 남자들이 저녁식사를 준비했다.

4 nach ↔ nachdem

→ Nach dem Duschen fühlte ich mich wohler.

→ Nachdem ich (mich) geduscht hatte, fühlte ich mich wohler.
샤워를 한 후에 나는 좀 더 편한 느낌이 들었다.

5 sofort nach ↔ sobald

→ Sofort nach dem Ende des Unterrichts gehen wir in die Mensa.

→ Sobald der Unterricht zu Ende ist, gehen wir in die Mensa.
우리는 수업이 끝나자마자 학생 식당으로 간다.

6 bis zur ↔ bis

→ Bis zur Abfahrt des Zuges haben wir noch eine halbe Stunde Zeit.

    → Bis der Zug abfährt, haben wir noch eine halbe Stunde Zeit.

        기차가 출발할 때까지 우리는 아직 30분 시간이 있다.

7 seit ↔ seit(dem)

→ Seit seiner Heirat sehe ich Peter sehr selten.

    → Seitdem Peter geheiratet hat, sehe ich ihn sehr selten.

        페터가 결혼한 이후로 나는 그를 거의 보지 못하고 있다.

8 wegen ↔ weil

→ Wegen meiner Kopfschmerzen nahm ich Aspirin.

    → Weil ich Kopfschmerzen hatte, nahm ich Aspirin.

        머리가 아파서 나는 아스피린을 복용했다.

9 trotz ↔ obwohl

→ Trotz der hohen Preise gehen sie oft in dieses Restaurant.

    → Obwohl die Preise hoch sind, gehen sie oft in dieses Restaurant.

        가격이 비싼데도 그들은 이 레스토랑에 자주 간다.

Übungen 연습문제

[1~5] 빈칸에 적합한 것을 고르시오.

1

Leider habe ich mich verspätet, _____ der Wecker nicht geklingelt hat.

① denn ② wenn ③ als ④ während ⑤ weil

2

Ich konnte nicht schlafen, _____ ich eigentlich gar keine Sorgen hatte.

① denn ② wenn ③ obwohl ④ bevor ⑤ weil

3

Es ist noch nicht bekannt, _____ der Vortrag morgen stattfindet.

① so ② wenn ③ ob ④ oder ⑤ als

4

_____ komme ich, oder ich schreibe noch, auf jeden Fall gebe ich dir Bescheid.

① Weder ② Noch ③ Zwar ④ Entweder ⑤ Sowohl

5

Man kann Rohstoffe sparen, _____ man im sogenannten Recycling bereits gebrauchte Materialien wieder verwendet.

① damit ② indem ③ dadurch ④ deswegen ⑤ als

[6] Welcher Satz ist richtig?

① Als Herr Fuchs das Haus verlassen wollte, seine Frau brachte ihm einen Brief.

② Vergiss nicht, diesen Brief einzuwerfen, bevor du ins Büro gehst!

③ Als er stieg in der Stadt aus dem Zug, hatte er den Brief noch in der Tasche.

④ Woher alle Leute wissen denn, dass ich einen Brief einwerfen soll?

⑤ Nachdem er den Brief eingeworfen hat, verließ er rasch den Bahnhof.

[7] Welcher Satz ist falsch?

① Ich weiß nicht, mit wem Peter in Urlaub fährt.

② Kannst du mir sagen, für wen das Geschenk ist?

③ Ich kann dir nicht sagen, warum Lukas so böse ist.

④ Ich weiß genau, mit welcher Straßenbahn ich muss fahren.

⑤ Woher weiß ich denn, wo er jetzt ist?

[8] 다음 빈칸에 들어갈 수 없는 것을 고르시오.

> _____, dass er das Problem allein gelöst hat.

① Es ist wunderbar   ② Ich wollte Sie fragen   ③ Er behauptet

④ Ich vermute   ⑤ Wir wissen alle

[9] 빈칸에 wenn이 들어갈 수 없는 문장을 고르시오.

① _____ das Wetter schlecht ist, sind wir zu Hause.

② _____ ich in den Semesterferien Zeit hatte, ging ich immer Geld verdienen.

③ _____ man den Vorhang senkte, verließ ich das Theater.

④ _____ er jedesmal ein paar Glas Bier getrunken hatte, wurde er sehr laut.

⑤ _____ er vom Urlaub kam, brachte er immer Räucherfisch mit.

[10] 빈칸에 wenn 또는 als를 넣으시오.

(1) _____ die Blätter von den Bäumen fallen, kommt der Herbst.

(2) Anna war zwanzig Jahre alt, _____ sie zum ersten Mal nach Korea kam.

(3) _____ er seine Mutter besuchte, brachte er ihr immer Blumen.

[11~15] 주어진 종속접속사를 사용해 예와 같이 두 문장을 연결하시오.

> 예   Wir warteten auf den Bus. Es begann zu regnen. (während)
> → Während wir auf den Bus warteten, begann es zu regnen.

11   Marko ist sauer. Sandra ist nicht gekommen. (weil)

_____

12   Mira ist abgereist. Vorher hat sie die Wohnung aufgeräumt. (bevor)

_____

13   Wir haben zu Mittag gegessen. Danach machten wir einen Spaziergang. (nachdem)

_____

14   Meine Eltern leben auf dem Land. Sie schlafen besser. (seitdem)

_____

15   Du gehst so oft in die Kneipe. Das ist nicht schön. (dass)

_____

[16~22] 주어진 단어를 사용해 독일어로 작문하시오.

16 그 사진은 함부르크가 아니라 브레멘에서 촬영되었다. (wurde ... aufgenommen)

_____

17 그의 어머니가 방문하러 오셨다. 그래서 그는 우리에게 올 수 없었다.
(zu Besuch kommen / deshalb)

_____

18 눈이 많이 왔기 때문에 나는 아주 천천히 운전해야 했다. (es schneit stark / fahren)

_____

19 돈이 사람을 행복하게 만든다고 생각하십니까?
(finden / dass / einen (man의 4격) / glücklich)

_____

20 예전에 모든 것이 더 좋았다고 생각하십니까? (glauben / dass / früher / besser)

_____

21 모든 독일인이 항상 시간을 엄수한다고 생각하십니까? (meinen / dass / pünktlich)

_____

22 그 기차에 식당차가 있는지 알고 싶다. (ob / einen Speisewagen)

_____

Lektion 15

의문문 Fragesatz / 부정문 Negation / 명령형 Imperativ

I 의문문

1 의문사가 없는 의문문

(1) 의문문에서 동사의 위치

의문사가 없을 때는 '동사 + 주어 ~?'의 어순으로 의문문을 만든다.

→ **Hast du jetzt Zeit?** 지금 시간 있니?

→ **Wohnt ihr in Seoul?** 너희들 서울에 살고 있니?

조동사가 있을 경우는 '조동사 + 주어 ... Inf.?'가 된다.

→ **Können Sie bitte mir kurz helfen?** 잠깐 저 좀 도와주실 수 있을까요?

→ **Musst du auch am Freitagabend arbeiten?**
    너 금요일 저녁에도 일해야 하니?

현재완료형인 경우는 'Haben/Sein + 주어 ... p.p.?'가 된다.

→ **Habt ihr schon Hausaufgaben gemacht?** 너희 벌써 숙제 했니?

→ **Bist du heute mit deinem Hund spazieren gegangen?**
    오늘 개를 데리고 산책 했니?

(2) 의문사가 없는 의문문에 대한 대답

의문문 안에 부정하는 말이 없을 경우 그에 대한 답은 '그렇다'는 'Ja', '아니다'는 'Nein'으로 대답한다.

→ **Kommst du mit?** 너 함께 갈래?
    → **Ja, ich komme mit.** 그래, 함께 갈게.
      Nein, ich komme nicht mit. 아니, 함께 가지 않을 거야.

'nicht, kein-' 등 부정의 말이 들어 있는 의문문인 경우, 대답에서 질문과 똑같이 부정할 때는 'Nein', 질문과 반대로 긍정할 때는 'Doch'를 사용한다.

→ **Kommst du nicht mit?** 너는 함께 가지 않니?
    → **Nein, ich komme nicht mit.** 나는 함께 가지 않아.
      Doch, ich komme mit. 아니, 나 함께 갈 거야.

2 의문사가 있는 의문문: '의문사＋동사＋주어 ～?'

(1) Wer? (2격 wessen, 3격 wem, 4격 wen) 누구?

→ **Wer ist bitte am Apparat?** 전화 받으시는 분은 누구신가요?

→ **Wessen Auto steht vor unserer Garage?** 누구의 차가 우리 차고 앞에 서 있지?

→ **Wem wollen Sie die Handschuhe schenken?**
그 장갑을 누구에게 선물하려고 하십니까?

→ **Wen hast du gestern Abend getroffen?** 어제 저녁에 누구를 만났었니?

> ※ '3격 지배 전치사 (mit, bei, ...) + wem / '4격 지배 전치사 (für, ...) + wen
>
> **Mit wem hast du telefoniert?** 누구랑 통화했니?
> **Bei wem wohnt Monika in Berlin?** 모니카는 베를린에서 누구의 집에서 살고 있는 거야?
> **Auf wen wartet ihr?** 너희들 누구를 기다리고 있는 거니?
> **Für wen hält er uns denn?** 그는 대체 우리를 누구라고 여기는 거지?

(2) Was? (4격 was) 무엇이 (무엇을)?

→ **Was ist denn mit dir los?** 너 대체 무슨 일이니?

→ **Was kann ich für Sie tun?** 무엇을 도와 드릴까요?

> ※ '전치사 + was' → wo(r)전치사
> 의문사 was가 전치사와 연결되는 경우는 격에 관계없이 'wo(r)전치사' 형태로 붙여 쓴다. 전치사가 자음으로 시작하면 'wo전치사', 전치사가 모음으로 시작하면 'wor전치사'가 된다.
>
> **Womit verbringt ihr eure Freizeit?** 너희는 여가시간을 무엇으로 보내니?
> **Wovon hat der Professor gesprochen?** 교수님이 무엇에 대해 얘기하셨니?
> **Worauf warten Sie?** 무엇을 기다리고 계십니까?

(3) 장소와 관계된 의문사: Wo? 어디에? Woher? 어디로부터? Wohin? 어디로?

→ **Wo bist du so lange gewesen?** 너 그렇게 오래 어디에 가 있었니?

→ **Woher weiß er das?** 그가 그것을 어떻게(어디로부터 들어) 알고 있지?

→ **Wohin führt diese Straße?** 이 길이 어디로 이어지나요?

(4) 시간과 관계된 의문사: Wann? 언제? Wie lange? 얼마나 오래?
Seit wann? 언제부터 Bis wann? 언제까지? Um wie viel Uhr? 몇 시에?

→ **Wann kommt Herr Bauer zurück?** 바우어 씨는 언제 돌아옵니까?

→ **Wie lange wollen Sie in Deutschland bleiben?**
독일에 얼마나 오래 머무르실 겁니까?

→ **Seit wann studierst du in Berlin?**
너는 언제부터 베를린에서 공부하고 있는 거니?

→ **Bis wann bleiben Sie in Seoul?** 서울에 언제까지 머무시나요?

→ **Um wie viel Uhr schließen Sie?** 몇 시에 문을 닫으십니까?

(5) 그 밖의 의문사: **Wie?** 어떻게, 얼마나? **Warum?/Wieso?/Weshalb?** 왜?
Wie viel? 얼마나 많이? **Wie viele?** 몇 개?

→ **Wie ist deine Handynummer?** 너 휴대폰 번호가 어떻게 되니?

→ **Warum kommt Laura noch nicht?** 왜 라우라가 아직 오지 않지?

→ **Wie viel macht das zusammen?** 다 합쳐서 얼마입니까?

→ **Wie viele Deutsche leben in Seoul?** 서울에 독일인이 몇 명 살고 있습니까?

> ※ wie + 형용사 ...?
> 나이, 거리, 높이, 크기, 무게, 빈도 등을 'wie + 형용사 ...?' 형태로 질문한다.
>
> **Wie alt ist dein Sohn?** 아들은 몇 살이니?
> **Wie hoch ist das höchste Gebäude in Berlin?**
> 베를린에서 가장 높은 건물은 높이가 어떻게 됩니까?
> **Wie oft fährst du im Jahr in Urlaub? Einmal oder zweimal?**
> 너는 1년에 휴가를 몇 번 가니? 한 번, 아니면 두 번?

3 Welch- ...? / Was für ein ...?

(1) Welch- ... 어떤 ...?

'Welch-'는 정관사처럼 어미 변화하며, 뒤에 명사가 있을 때나 없을 때나 형태가 같다. 2격은 거의 사용하지 않으므로 제외한다.

	m.	f.	n.	Pl.
1격	welcher	welche	welches	welche
3격	welchem	welcher	welchem	welchen
4격	welchen	welche	welches	welche

'Welch-'는 구체적으로 정해진 것, 이미 알고 있는 몇 가지 가능성 가운데 선택을 묻는 제한적인 질문이다. 대답할 때는 정관사, 소유대명사를 붙인 명사가 사용된다.

→ Welche Linie muss ich nehmen? - Die Linie 3 müssen Sie nehmen.
제가 어떤 노선을 타야하는 것입니까? – 3번 노선을 타셔야 합니다.

→ In welchem Hotel übernachtet ihr in München? - Im Hotel Astoria.
너희들 뮌헨에서 어떤 호텔에 묵니? – 아스토리아 호텔에.

→ Wo ist denn mein Buch? - Welches? - Der Roman von Thomas Mann.
내 책이 어디 있지? – 어떤 책? – 토마스 만의 장편소설.

(2) Was für ein- ... 어떤 종류의 ...?

'was für ein-'은 뒤에 명사가 있을 때와 뒤에 명사 없이 명사적 용법으로 쓰일
때 형태가 다르다. 역시 2격은 제외한다.

'was für ein-'은 미리 정해진 것 없이 어떤 종류나 특징을 묻는 열린 질문이다.
대답할 때의 명사는 부정관사와 함께, 또는 (물질명사, 추상명사, 복수에서는)
관사 없이 쓰인다.

① 명사와 함께 쓰이는 'was für ein-'

	m.	f.	n.	Pl.
1격	was für ein ...	was für eine ...	was für ein ...	was für ...
3격	was für einem ...	was für einer ...	was für einem ...	was für ...
4격	was für einen ...	was für eine ...	was für ein ...	was für ...

→ Was für eine Stadt ist Kiel? - Eine Hafenstadt im Norden
Deutschlands.
킬은 어떤 도시입니까? – 독일 북부의 항구도시입니다.

→ Was für eine Jacke hast du dir gekauft? - Eine kurze weiße Jacke.
어떤 재킷을 샀니? – 짧은 흰색 재킷을 샀어.

→ Was für Schuhe hast du dir gekauft? - Blaue Turnschuhe.
어떤 신발을 샀니? – 파란색 운동화를 샀어.

② 뒤에 오는 명사 없이 명사적 용법으로 쓰이는 'was für einer/eine/eins'

	m.	f.	n.	Pl.
1격	was für einer	was für eine	was für eins	was für welche
3격	was für einem	was für einer	was für einem	was für welchen
4격	was für einen	was für eine	was für eins	was für welche

* einer/eine/eins/welche에 대해서는 'Lektion 8' 'ein-/kein-의 대명사적 용법' 참조

→ Maria hat sich ein kleines rotes Auto gekauft.
  - Was für eins? (← Was für ein Auto?)
  마리아는 작은 빨간색 자동차를 샀어. - 어떤 자동차를 샀다고?

→ Ich habe ausländische Studenten kennengelernt.
  - Was für welche? (← Was für Studenten?)
  나는 외국인 대학생들을 알게 되었어. - 어떤 대학생들?

> ※ 'Was für ein- ...!', 'Welch ein- ...!'의 형태로 감탄을 표현하기도 한다.
> Was für ein schöner Tag! 날이 정말 좋구나!
> Welch ein sonderbarer Zufall! 얼마나 이상한 우연인지!

Ⅱ 부정문

1 nicht

(1) 문장 전체를 부정할 때, 또는 형용사, 부사, 전치사구를 부정할 때 **nicht**를 사용한다.

→ **Die Hose gefällt mir nicht.** 그 바지가 마음에 들지 않는다.

→ **Ich sehe nicht fern.** 나는 텔레비전을 보고 있지 않다.

→ **Moritz kann nicht mitkommen.** 모리츠는 함께 갈 수 없다.

→ **Der Baum ist nicht groß.** 그 나무는 크지 않다.

→ **Laura trinkt nicht gern Kaffee.** 라우라는 커피를 즐겨 마시지 않는다.

→ **Ich habe nicht daran gedacht.** 나는 그것을 생각하지 않았다.

(2) 목적어인 '정관사(/소유대명사/지시대명사)+명사'를 부정할 때 **nicht**가 명사 뒤에 위치한다.

→ **Ich konnte gestern die Freunde nicht treffen.**
  어제 그 친구들을 만날 수 없었다.

→ **Wir wollen unser Haus nicht kaufen.** 우리는 우리 집을 팔지 않으려고 한다.

2 kein-

'ein- +명사'와 '관사 없는 명사'를 부정할 때 'kein- + 명사'를 사용한다. 'kein-'
은 뒤에 나오는 명사의 성과 격에 따라서 소유대명사처럼 어미변화 한다.

* 'Lektion 8' 'ein-/kein-의 대명사적 용법' 참조

	m.	f.	n.	Pl.
1격	kein Gast	keine Stadt	kein Buch	keine Gäste
2격	keines Gastes	keiner Stadt	keines Buches	keiner Gäste
3격	keinem Gast	keiner Stadt	keinem Buch	keinen Gästen
4격	keinen Gast	keine Stadt	kein Buch	keine Gäste

뒤의 명사가 생략되고 kein-이 명사적 용법으로 쓰일 경우는 아래와 같이 변화한
다. 위의 표와 비교해보면 남성 1격과 중성 1격, 4격만 형태가 달라짐을 알 수 있다.

* 'Lektion 8' 'ein-/kein-의 대명사적 용법' 참조

	m.	f.	n.	Pl.
1격	keiner	keine	kein(e)s	keine
2격	keines	keiner	keines	keiner
3격	keinem	keiner	keinem	keinen
4격	keinen	keine	kein(e)s	keine

→ **Hast du einen neuen Computer gekauft?**
   - Nein, ich habe keinen neuen gekauft. (← keinen neuen Computer)
   새 컴퓨터를 샀니? – 아니, 새 것 사지 않았어.

→ **Habt ihr Kinder? - Nein, wir haben keine.** (← keine Kinder)
   너희들 자녀가 있니? – 아니, 우리는 애들 없어.

→ **Hast du Hunger? - Nein, ich habe keinen.** (← keinen Hunger)
   배고프니? – 아니, 배고프지 않아.

→ **Hat Maria kein Handy? - Nein, sie hat keins.** (← kein Handy)
   마리아는 휴대폰이 없니? – 그래, 휴대폰 없어.

→ **Haben wir noch Eier?**
   - Nein, im Kühlschrank sind keine mehr. (← keine Eier)
   우리 계란 아직 있나? – 아니, 냉장고에 계란이 없어.

3 부정을 의미하는 다른 표현들

(1) alles → nichts

→ Ich kann alles. Er kann nichts.
   나는 모든 것을 할 수 있다. 그는 아무것도 할 수 없다.

(2) etwas → nichts

→ Hast du schon etwas gegessen? - Nein, ich habe noch nichts
   gegessen.
   뭐 좀 먹었어? – 아니, 아직 아무것도 먹지 못했어.

(3) jemand → niemand

→ Ist da jemand? - Nein, niemand ist da.
   저기 누구 있어? – 아니, 아무도 없어.

(4) noch 아직, 더 → nicht mehr / kein- ~ mehr 더 이상 ~하지 않다

→ Wohnst du noch im Studentenwohnheim? - Nein, ich wohne nicht
   mehr im Studentenwohnheim.
   아직 기숙사에 살고 있니? – 아니, 지금은 기숙사에 살지 않아.

→ Haben Sie noch einen Tisch frei? - Nein, wir haben heute Abend leider
   keinen Tisch mehr frei.
   테이블 빈 곳이 있나요? – 유감이지만 오늘 저녁에는 더 이상 빈 테이블이 없습
   니다.

(5) schon 벌써 → noch nicht 아직 ~하지 않다

→ Hast du schon gefrühstückt? - Nein, ich habe noch nicht gefrühstückt.
   벌써 아침 먹었니? – 아니, 아직 먹지 않았어.

   * 그 외에 'nie / niemals(한 번도 ~하지 않다)', 'nirgendwo(어디에도 ~하지 않다)'와 같은 부사들도 부정
     의 의미를 갖는다.

Ⅲ 명령형 Imperativ

명령이나 권유, 부탁을 받는 상대가 누구인가에 따라서 명령형이 다르다.

	Sie	ihr	du
	__en Sie!	__t!	__(e)!
일반동사 1	Fragen Sie …!	Fragt …!	Frag …!
일반동사 2	Warten Sie …!	Wartet …!	Warte …!
분리 동사	Passen Sie auf!	Passt auf!	Pass auf!
재귀동사	Freuen Sie sich!	Freut euch!	Freu dich!
강변화동사 1	Lassen Sie das!	Lasst das!	Lass das!
강변화동사 2	Sprechen Sie …!	Sprecht …!	Sprich …!
haben	Haben Sie …!	Habt …!	Hab …!
sein	Seien Sie …!	Seid …!	Sei …!
werden	Werden Sie …!	Werdet …!	Werde …!

1 존칭 Sie 명령형: –en Sie …!

이름 앞에 Herr, Frau를 붙여 격식을 갖추는 사이, 또는 처음 만나는 사이에는 Sie 명령형을 쓴다.

→ **Rufen Sie mir bitte ein Taxi!** 택시를 좀 불러 주십시오.

→ **Rufen Sie mich morgen an!** 내일 저에게 전화해 주십시오.

→ **Ärgern Sie sich nicht so!** 그렇게 화내지 마십시오.
 (sich ärgern 화내다, 화나다. 재귀동사의 명령형)

→ **Bringen Sie Ihre Kinder mit!** 아이들을 데려오십시오.

→ **Seien Sie bitte pünktlich!** 시간 좀 엄수하십시오.

2 ihr 명령형: –t …!

가족, 친구, 친지 등 서로를 이름(Vorname)만 부르며 du로 지칭하는 사람이 2인 이상일 때 ihr에 대한 명령형을 쓴다. ihr는 생략해야 한다.

→ **Geht ins Bett, Kinder!** 얘들아, 침대로 가라.

→ **Schreibt bitte deutlicher!** (너희들) 좀 더 분명하게 써라.

→ **Redet bitte langsamer!** (너희들) 좀 더 천천히 얘기해라.

→ **Habt etwas Geduld!** (너희들) 인내심을 좀 가져라.

→ **Setzt euch!** (너희들) 앉아라. (sich setzen 앉다. 재귀동사의 명령형)

> ※ 명사나 부정형동사를 사용해서 명령을 표현할 수도 있다.
>
> **Hilfe!** 도와줘요!
> **Ruhe!** 조용히 하시오.
> **Einsteigen!** 승차하시오.
> **Nicht stehen bleiben!** 멈춰 서 있지 마시오.
> **Nicht bei Kindern unter 3 Jahren anwenden!** (약품 등의 지시사항에서)
> 3세 이하의 어린이에게는 사용하지 마시오.

3 du 명령형: −(e)...!

가족, 친구, 친지 등 서로를 이름(Vorname)만 부르며 du로 지칭하는 사람에게는 du 명령형을 사용한다. 이때 동사 형태가 현재형과 다르기 때문에 특히 주의해야 한다. du는 생략해야 한다.

(1) 일반 동사: − ...!
동사의 어간만으로 명령형이 된다. du는 생략한다.

→ **Lern Deutsch!** 독일어 공부해라.

→ **Trink Milch!** 우유 마셔라.

→ **Hör zu!** 잘 들어 봐라.

→ **Rauch nicht so viel!** 담배 많이 피우지 마라.

(2) 어간이 −d, −t, −chn, −fn 등으로 끝나는 일반 동사: −e ...!
동사의 어간에 '−e'를 붙여 명령형을 만든다.

> (du antwortest) Antworte...!   (du zeichnet) Zeichne ...!

→ **(du arbeitest) Arbeite nicht so viel!** 그렇게 많이 일하지 마라.

→ **(du öffnest) Sesam, öffne dich!** 열려라, 참깨!

(3) 분리동사: 분리전철이 분리하여 문장 끝에 위치한다.

→ **(aufhören) Hör mit dem Rauchen auf!** 담배 끊어라.

→ **(anrufen) Ruf mich an!** 내게 전화해.

(4) 재귀동사: 주어인 **du, ihr, Sie**에 맞춰 재귀대명사를 변화시킨다.

→ **Entscheide dich endlich!** (네가) 결정을 내려라.

→ **Ruh dich aus!** 쉬어라.

→ **Ziehe dir den Mantel an!** 외투를 입어라.

→ **Wasch dir die Hände!** 손을 씻어라.

> ※ 명령형 문장에 bitte, doch, mal, nur를 넣으면 좀 더 친절한 어조가 된다. 명령형 대신 조동사를 사용할 수도 있다.
>
> **Warte mal!** 좀 기다려라.
> **Komm mal her!** 이리 좀 와라.
> **Setz dich doch!** 좀 앉아라. = **Willst du dich nicht setzen?** 앉지 않을래?

(5) 강변화동사

---
① 현재형에서 a모음이 변하는 강변화 동사는 명령형에서는 변하지 않는다.

→ **(du fährst) Fahr langsamer!** 좀 천천히 운전해.

→ **(du lässt) Lass das!** 그것 그냥 둬.

→ **(du läufst) Lauf schneller!** 좀 더 빨리 달려.

→ **(du schläfst) Schlaf gut!** 잘 자.

---
② 현재형에서 e모음이 변하는 강변화 동사는 명령형에서도 변화한 어간을 쓴다.

→ **(du gibst) Gib mir noch eine Tasse Tee, bitte!** 차 한 잔만 더 줘.

→ **(du isst) Iss doch mal etwas!** 뭣 좀 먹어라.

→ **(du liest) Lies bitte weiter!** 계속 좀 읽어 봐라.

→ **(du nimmst) Nimm es nicht so ernst!** 그렇게 심각하게 받아들이지 마라.

→ **(du sprichst) Sprich bitte lauter.** 좀 크게 말해라.

→ **(du vergisst) Vergiss den Schlüssel nicht!** 열쇠 잊지 마.

(6) haben, sein, werden

→ **Hab doch Mitleid!** 동정심을 좀 가져라.

→ **Sei pünktlich, Lena!** 레나, 시간 좀 지켜라.

→ **Sei ruhig, Kind!** 애야, 조용히 있어라.

→ **Werde Mitglied!** 회원이 되어라.

[1~7] 빈칸에 적합한 것을 고르시오.

1

_____ beschäftigen Sie sich?

– Ich beschäftige mich _____ Gartenarbeit.

① Womit – mit   ② Mit wem – mit   ③ Worüber – über
④ Waran – an   ⑤ An wen – an

2

_____ erinnern Sie sich am liebsten?

– Ich erinnere mich am liebsten _____ Mutter.

① An wem – an meiner   ② Woran – an meiner
③ Woran – an meine   ④ An wessen – an meiner
⑤ An wen – an meine

3

_____ dort diesen See, Peter!

① Sehen Sie   ② Sieh   ③ Seht   ④ Seh   ⑤ Siehst

4

Gisela, bitte _____ ein!

① treten Sie   ② tretet   ③ tret   ④ tritt   ⑤ trat

5

_____ dir keine Sorgen um mich!

① Mach   ② Macht   ③ Machen Sie   ④ Machst   ⑤ Machte

6

Reg _____ doch nicht so auf!

① sich   ② euch   ③ dich   ④ dir   ⑤ mir

7

> Möchtest du noch ein Bier? – Danke, nein, _____.

① keins mehr   ② noch eins   ③ keine

④ keinen mehr   ⑤ noch welches

[8] 빈칸에 들어갈 수 없는 것을 고르시오.

> Hans, _____!

① Esst langsamer!   ② Sprich bitte lauter!

③ Trink nicht so viel!   ④ Schreib deutlicher!

⑤ Mach keine Fehler!

[9~10] 틀린 문장을 고르시오.

9   ① Lauf schnell!   ② Werf den Brief ein!

③ Hab keine Angst!   ④ Schlaf gut!

⑤ Nehmt den Taxi!

10   ① Welche Farbe ist deine Lieblingsfarbe?

② Was für ein Buch ist das gelbe auf dem Tisch?

③ An welcher deutschen Universität hat dein Sohn studiert?

④ Was für Schuhe willst du denn kaufen?

⑤ Was für ein Maler gefällt dir besser, Gustav Klimt oder Egon Schiele?

[11~15] 예와 같이 의문사를 사용하여 질문하시오.

> 예   Herr Miller kommt aus Australien. → Woher kommt er?

11 Das Auto gehört Peter.

_____

12 Dieses Geschenk ist für meine Schwester.

_____

13 Herr Miller ist seit einem halben Jahr in Deutschland.

_____

14 Maria hat 12 Jahre in einem Kaufhaus gearbeitet.

_____

15 Ich habe ein Buch gekauft.

_____

[16~25] kein-이나 **nicht**를 넣어 예와 같이 답하시오.

> 예   Haben Sie Geld bei sich? - Nein, ich habe kein Geld bei mir.

16 Hast du ein Stipendium bekommen?

– Nein, _____

17 Ist dein Vater in der Küche?

– Nein, _____

18 Haben Sie Schwierigkeiten?

– Nein, _____

19 Kannst du gut singen?

– Nein, _____

20 Hast du die Strafe bezahlt?

– Nein, _____

21 Macht Peter Fehler beim Schreiben?

– Nein, _____

22 Hat es gestern bei euch geschneit?

– Nein, _____

23 Bist du noch müde?

– Nein, _____

24 Ist dein Bruder schon verheiratet?

– Nein, _____

25 War heute jemand hier?

– Nein, _____

Lektion 16

부정형 Infinitiv ohne zu /
zu 부정형 Infinitiv mit zu

I zu 없는 부정형 (Infinitiv ohne zu)

미래형과 조동사에서 사용되는 부정형은 앞에서 이미 다루었다. *미래형 'werden … Inf.'
는 'Lektion 2 동사의 시제 II' 참조. / '조동사 … Inf.'와 'lassen … Inf.'는 'Lektion 3 조동사' 참조
그 외에 부정형이 연결되는 동사들은 다음과 같다.

1 gehen, fahren … Inf. ~하러 가다

→ Wir gehen am Samstagvormittag einkaufen.
우리는 토요일 오전에 장 보러 간다.

→ Meine Schwester fährt am liebsten mit ihrem Auto spazieren.
내 언니는 자기 차로 드라이브하는 것을 가장 좋아한다.

2 bleiben … Inf. ~인 채로 있다

→ Bleiben Sie ruhig sitzen. 조용히 앉아 계십시오.

→ Lena ist bis zum Mittag im Bett liegen geblieben.
레나는 점심 때까지 침대에 누운 채로 있었다.

3 sehen, hören, lernen … Inf. ~하는 것을 보다, 듣다, 배우다

→ Ich sehe ihn kommen. 그가 오는 것을 보고 있다.

→ Wir lernen Gitarre spielen. 우리는 기타 연주를 배우고 있다.

> ※ 'sehen/hören + … Inf.'의 완료형
> ① sehen, hören이 타동사로 쓰일 때는 완료형에서 과거분사가 gesehen, gehört이다.
> **Ich sehe meinen Freund.**
> → (현재완료) **Ich habe meinen Freund gesehen.** 나는 내 남자친구를 보았다.
> ② 'sehen/hören + … Inf.'의 완료형에서는 sehen, hören의 부정형이 과거분사로 쓰여
> 'haben … Inf. sehen/hören'이 된다.
> **Ich sehe meinen Freund kommen.**
> → (현재완료) **Ich habe meinen Freund kommen sehen.**
>   나는 남자친구가 오는 것을 보았다.
> **Ich höre einen Vogel singen.**
> → (현재완료) **Ich habe einen Vogel singen hören.** 나는 새가 노래하는 소리를 들었다.
> **Ich habe den ganzen Tag meine Nachbarin Klavier spielen hören.**
> 나는 온종일 이웃 여자가 피아노 치는 소리를 들었다.

※ 'gehen, bleiben, lernen + ... Inf.'의 완료형에서는 원래의 과거분사 gegangen, geblieben, gelernt가 그대로 쓰인다.

Meine Eltern sind einkaufen gefahren. 부모님께서는 장 보러 가셨습니다.

Ⅱ zu 부정형 (Infinitiv mit zu)

'zu Inf.'는 명사를 수식하는 형용사구의 역할을 하기도 하고, 비인칭주어 es와 연결하여 의미상의 주어가 될 수 있으며, 그밖에 여러 동사와 연결하여 특별한 의미를 나타낼 수 있다.

1 명사를 수식하는 'zu Inf.'

(1) Zeit haben ... zu Inf. ~할 시간이 있다

→ Ich habe keine Zeit, mit euch essen zu gehen.
나는 너희들과 식사하러 갈 시간이 없어.

(2) Lust haben ... zu Inf. ~하고 싶은 기분(욕구)이 있다

→ Er hatte keine Lust, im Garten zu arbeiten.
그는 정원에서 일할 기분이 들지 않았다.

(3) die Möglichkeit haben ... zu Inf. ~할 가능성이 있다

→ Es gibt viele Möglichkeiten, Kindern in armen Ländern zu helfen.
가난한 나라의 아동들을 도울 수 있는 많은 가능성들이 있다.

(4) den Wunsch (die Absicht / die Hoffnung) haben ... zu Inf. ~하고 싶은 소원 (의도 / 희망)이 있다

→ Er hat den Wunsch, Medizin zu studieren.
그는 의학을 전공하고 싶다는 소망이 있다.

2 es ist ~, ... zu Inf. ... 하는 것은 ~하다

(1) Es ist wichtig, ... zu Inf. ... 하는 것이 중요하다

→ Es ist ihm wichtig, regelmäßig Sport zu treiben.
그에게는 규칙적으로 운동을 하는 것이 중요한 일이다.

→ Es ist wichtig, sich gesund zu ernähren.
건강하게 음식을 섭취하는 것이 중요하다.

(2) Es ist gut (schlecht / richtig / falsch / üblich / notwendig), ... zu Inf. ...
하는 것이 좋다 (나쁘다 / 옳다 / 틀리다 / 일상적이다 / 꼭 필요하다)

→ Bei einer Grippe ist es gut, im Bett zu bleiben und sich auszuruhen.
감기에 걸렸을 때는 침대에 누워 휴식을 취하는 것이 좋다.

→ Es ist üblich, sich in einem solchen Fall zu entschuldigen.
그런 경우에는 사과를 하는 것이 일반적이다.

(3) Es ist erlaubt (verboten), ... zu Inf. ... 하는 것이 허용되어 (금지되어) 있다

→ Es ist verboten, hier zu parken. 이곳에 주차하는 것이 금지되어 있다.

→ Ist es erlaubt, hier zu rauchen?
이곳에서 담배 피우는 것이 허용되어 있습니까?

> ※ 'es ..., ... zu Inf.'에서 비인칭주어 es 없이 '... zu Inf.'가 주어 자리에 직접 들어갈 수도 있다.
> Es ist gut, alles zu planen. 모든 것을 계획하는 것이 잘하는 일이다.
> = Alles zu planen, ist gut.

3 동사와 연결된 'zu Inf.'

(1) anfangen/beginnen ... zu Inf. ~하기 시작하다

→ Er hat begonnen, sich auf die Prüfng vorzubereiten.
그는 시험을 준비하기 시작했다.

(2) aufhören ... zu Inf. ~하기를 중단하다, 끝내다

→ Bitte hör auf, so laut zu singen!
그렇게 큰 소리로 노래 부르는 것 좀 그만해라.

(3) bitten ... zu Inf. ~하기를 부탁하다

→ Wir bitten Sie, Ihre Handys auszuschalten.
여러분들의 휴대폰을 꺼 주시기를 부탁합니다.

→ Er hat mich darum gebeten, seiner Frau eine Tasse Kaffee zu bringen.
그는 자기 아내에게 커피 한 잔을 가져다 달라고 내게 부탁했다.

(4) versuchen ... zu Inf. ~을 시도하다, 해 보다

→ Ich habe versucht, dich telefonisch zu erreichen.
너에게 전화로 연결하려고 시도했었어.

(5) nicht umhinkönnen ... zu Inf. ~을 피할 수 없다, ~하지 않을 수 없다

→ Ich konnte nicht umhin, es ihm mitzuteilen.
나는 그에게 그것을 알리지 않을 수 없었다.

(6) **pflegen … zu Inf.** ~하곤 하다 (습관)

→ **Mein Großvater pflegt morgens früh aufzustehen.**
할아버지께서는 아침마다 일찍 일어나시곤 한다.

(7) **scheinen … zu Inf.** ~인 것 같다

→ **Markus scheint nicht zu Hause zu sein.** 마르쿠스가 집에 없는 것 같다.

→ **Das Wetter scheint besser zu werden.** 날씨가 더 좋아지는 것 같다.

(8) 그밖에 다음 동사들에도 위와 같이 'zu Inf.'를 연결할 수 있다.

> **beabsichtigen** 의도하다 / **empfehlen** 추천하다 / **erlauben** 허락하다 /
> **hoffen** 희망하다 / **gestatten** 승낙, 허가하다 / **raten** 조언하다 / **verbieten** 금지하다 /
> **vergessen** 잊다 / **versprechen** 약속하다 / **vorhaben** 의도하다, 계획하다 …

→ **Ich habe vor, weiter Deutsch zu lernen.**
나는 계속 독일어를 공부할 계획이다.

→ **Mein Arzt hat mir verboten, weiter zu rauchen.**
의사가 내게 계속 담배를 피우면 안 된다고 금지했다.

→ **Bei Halsweh empfiehlt meine Mutter, heiße Milch mit Honig zu trinken.**
어머니는 목이 아플 때 뜨거운 우유에 꿀을 타서 마시는 것을 추천하신다.

4 **haben … zu Inf. / sein … zu Inf. / brauchen (nur/nicht) … zu Inf.**

(1) **haben … zu Inf.** ~해야 한다
'haben … zu Inf.'는 'müssen … Inf.'로 바꿔 쓸 수 있다.

→ **Ich habe noch zu arbeiten.** 나는 더 일해야 한다.

→ **Ich habe die Mülltonnen auf die Straße zu stellen.**
= **Ich muss die Mülltonnen auf die Straße stellen.**
쓰레기통을 거리에 내놓아야 한다.

→ **Der Käufer hat den vereinbarten Preis zu zahlen.**
= **Der Käufer muss den vereinbarten Preis zahlen.**
구매자는 협정된 가격을 지불해야 한다.

(2) **sein … zu Inf.** ~될 수 있다, ~되어야 한다
'sein … zu Inf.'은 수동과 가능, 또는 수동과 필연의 의미로서 'können … p.p.
werden(~될 수 있다)', 또는 'müssen … p.p. werden(~되어야 한다)'로 바꿔
쓸 수 있다.

→ **Dieser Name ist sehr schwer auszusprechen.**

= Dieser Name kann sehr schwer ausgesprochen werden.

이 이름은 발음하기가 매우 어렵다. (직역하면 '이 이름은 매우 어렵게 발음될 수 있다.')

→ **Es ist noch viel zu tun.**

= Es muss noch viel getan werden.

아직 할 일이 많이 있다. (직역하면 '아직 많은 것이 행해져야 한다.')

(3) brauchen nicht / kein- ... zu Inf. ~할 필요 없다

brauchen nur ... zu Inf. ~만 하면 된다

→ **Wir brauchen heute nicht zu arbeiten.** 우리는 오늘 일할 필요 없다.

→ **Wir brauchen nur ein Wort zu sagen: Herzlichen Dank!**

우리는 그저 '진심으로 감사드립니다!'라는 한 마디만 하면 된다.

※ brauchen의 완료형

① brauchen이 '~을 필요로 하다'라는 타동사로 쓰일 때는 완료형에서 과거분사가 gebraucht이다.

Ich brauche einen neuen Computer. 나는 새 컴퓨터가 필요하다.

→ (현재완료) **Ich habe einen neuen Computer gebraucht.**

나는 새 컴퓨터가 필요했다.

② 'brauchen nicht/nur ... zu Inf.'의 완료형에서는 과거분사 gebraucht가 쓰이지 않고 부정형 brauchen이 과거분사 역할을 하여 'haben nicht/nur ... zu Inf. brauchen' 이 된다.

Wir brauchen heute nicht zu arbeiten. 우리는 오늘 일할 필요가 없다.

→ (현재완료) **Wir haben heute nicht zu arbeiten brauchen.**

우리는 오늘 일할 필요가 없었다.

---

5 '**dass 문장**' → '**zu Inf.**'

아래와 같은 경우에는 dass 문장의 주어를 생략하면서 dass 문장을 'zu Inf.'로 바꿀 수 있다.

(1) dass 문장 주어와 주문장 주어가 같을 경우

ⓐ **Ich hoffe, dass ich meinen alten Freund bald wiedersehe.**

나는 옛 친구를 곧 다시 만나기를 바라고 있다.

ⓑ **Ich hoffe, dass meine Tochter die Prüfung besteht.**

나는 딸이 시험에 합격하기를 바란다.

위의 두 문장 중 주문장과 부문장의 주어가 같은 ⓐ에서만 'zu Inf.'가 가능하다. 'zu Inf.' 구문을 쓸 때는 'dass'와 주어를 생략해야 한다.

ⓐ → **Ich hoffe, meinen alten Freund bald wiederzusehen.**

→ Du hast versprochen, dass du mich am Wochenende besuchst.

　　→ Du hast versprochen, mich am Wochenende zu besuchen.

　　　주말에 나를 방문하겠다고 네가 약속했었지.

(2) dass 문장 주어와 주문장의 목적어가 같은 사람일 경우

→ Er hat mich gebeten, dass ich mich um dich kümmere.

　　→ Er hat mich gebeten, mich um dich zu kümmern.

　　　너를 돌봐 주라고 그가 내게 부탁했다.

→ Der Vater erlaubt seiner Tochter, dass sie zu der Party geht.

　　→ Der Vater erlaubt seiner Tochter zu der Party zu gehen.

　　　아버지가 딸에게 파티에 가도록 허락한다.

(3) es ist ..., dass man ...

→ Es ist verboten, dass man hier telefoniert.

　　→ Es ist verboten, hier zu telefonieren. 이곳에서 전화 통화가 금지되어 있다.

→ Es ist üblich, dass man sich in einem solchen Fall entschuldigt.

　　→ Es ist üblich, sich in einem solchen Fall zu entschuldigen.

　　　그런 경우에는 사과를 하는 것이 일반적이다.

(4) dass 문장을 'zu Inf.'로 바꿀 수 없는 동사들

모든 dass 문장을 'zu Inf.'로 바꿔 쓸 수 있는 것은 아니다. 주문장에 다음의 동사들이 있을 경우에는 'zu Inf.'를 쓸 수 없다: wissen, sagen, erzählen, antworten, hören, sehen

→ Er weiß, dass er es besser konnte. (→ 'zu Inf.' 불가능)

　　그는 자기가 그것을 더 잘 할 수 있었다는 것을 알고 있다.

→ Thomas antwortete, dass er zur Party kommen kann. (→ 'zu Inf.' 불가능)

　　토마스는 파티에 올 수 있다고 답장했다.

6 um ... zu Inf. / statt ... zu Inf. / ohne ... zu Inf.

(1) um ... zu Inf. ~하기 위하여

→ Ich reise gerne, um mich zu entspannen.

　　나는 긴장을 풀기 위해 즐겨 여행한다.

→ Wir sind gerannt, um die Bahn nicht zu verpassen.

　　우리는 열차를 놓치지 않기 위해 달렸다.

→ Minsu lernt Deutsch, um in Deutschland studieren zu können.

　　민수는 독일에서 대학에 다닐 수 있기 위해서 독일어를 배우고 있다.

※ damit → um ... zu Inf.

'damit(~하기 위해서)'으로 이끌어지는 부문장에서의 주어가 주문장 주어와 같을 경우에는 damit과 주어를 생략하면서 'um ... zu Inf.'로 바꿔 쓸 수 있다.

Nina macht Urlaub, damit sie sich vom Stress erholen kann.
→ Nina macht Urlaub, um sich vom Stress erholen zu können.
　　니나는 스트레스에서 회복될 수 있도록 휴가를 갖는다.

(2) (an)statt ... zu Inf. ~하는 대신에

→ Er hat mir eine E-Mail geschrieben, anstatt mich anzurufen.
　　그는 내게 전화하는 대신에 이메일을 썼다.

→ Sie sitzt lange vor dem Computer, statt an die frische Luft zu gehen.
　　그녀는 신선한 공기를 마시러 가지 않고 오랫동안 컴퓨터 앞에 앉아 있다.

→ Mein Sohn isst nur Kuchen, statt sich gesund zu ernähren.
　　내 아들은 건강에 좋은 음식을 먹지 않고 케이크만 먹는다.

※ (an)statt dass → (an)statt ... zu Inf.

Sie hört Musik, statt dass sie für die Prüfung lernt.
→ Sie hört Musik, statt für die Prüfung zu lernen.
　　시험을 위해 공부하는 대신 음악을 듣고 있다.

(3) ohne ... zu Inf. ~하지 않고

→ Die Lehrerin verließ das Klassenzimmer, ohne den Computer auszuschalten.
　　선생님이 컴퓨터를 끄지 않고 교실을 나갔다.

→ Er ist nach Hause gegangen, ohne sich zu verabschieden.
　　그는 작별인사도 하지 않고 집으로 갔다.

→ Er hat den Drucker gekauft, ohne zu wissen, wie er funktioniert.
　　그는 어떻게 작동하는지도 알지 못한 채 그 프린터를 샀다.

※ ohne dass → ohne ... zu Inf.

Er darf das nicht entscheiden, ohne dass er uns vorher informiert.
→ Er darf das nicht entscheiden, ohne uns vorher zu informieren.
　　사전에 우리에게 알리지 않고 그가 그것을 결정해서는 안 된다.

[1~2] 빈칸에 적합한 것을 고르시오.

1

> Ohne Gruß trat er ins Zimmer ein.
>
> = Er trat ins Zimmer ein, _____.

① ohne uns zu grüßen   ② und er grüßte uns

③ ohne dass er grüßte uns   ④ ohne zu uns grüßen

⑤ ohne zu grüßte uns

2

> Sie haben gestern nicht kommen müssen.
>
> = Sie haben gestern nicht _____.

① kommen zu brauchen   ② kommen brauchen

③ zu kommen gebraucht   ④ zu kommen brauchen

⑤ kommen gebraucht

[3~5] 문법적으로 틀린 문장을 고르시오.

3   ① Ich höre meine Oma sprechen.

② Drei Stunden lang steht er auf der Straße bleiben.

③ Der Schuster hilft seinem Sohn die Schuhe machen.

④ Mein Freund lehrt mich Schi laufen.

⑤ Ich kann nicht umhin es ihm mitzuteilen.

4   ① Du brauchst nur fleißig lernen.

② Er beginnt Deutsch zu lernen.

③ Viel zu rauchen ist der Gesundheit schädlich.

④ Meine Mutter geht jetzt einkaufen.

⑤ Seine Aussprache ist gut zu verstehen.

5   ① Er hat uns Deutsch sprechen lehren.

② Professor Klein hat die Arbeit fertig machen müssen.

③ Er hat sich die Haare schneiden lassen.

④ Hans hat nicht zu arbeiten brauchen.

⑤ Sie hat das Kind kommen sehen.

[6~7] 두 문장을 바르게 연결한 것을 고르시오.

6

> Viele fahren wieder mit dem Rad. Sie wollen die Umwelt nicht belasten.

① Viele fahren wieder mit dem Rad, statt die Umwelt nicht zu belasten.
② Viele fahren wieder mit dem Rad, ohne die Umwelt nicht zu belasten.
③ Viele belasten die Umwelt nicht, um wieder mit dem Rad zu fahren.
④ Viele fahren wieder mit dem Rad, um die Umwelt nicht zu belasten.
⑤ Viele belasten die Umwelt nicht, ohne wieder mit dem Rad zu fahren.

7

> Wir verschwenden Energie. Wir denken nicht an die Folge.

① Wir verschwenden Energie, um an die Folge zu denken.
② Wir verschwenden Energie, statt nicht an die Folge zu denken.
③ Wir verschwenden Energie, ohne an die Folge zu denken.
④ Wir denken an die Folge, um Energie zu verschwenden.
⑤ Wir denken an die Folge, ohne Energie zu verschwenden.

[8~15] 'zu Inf.', 또는 'um ... zu Inf.'를 사용해서 문장을 완성하시오.

8 네가 내게 전화하겠다고 약속했었다. (anrufen)

Du hast versprochen, _____.

9 너에게 결정을 알려주는 것을 우리가 잊었다. (Bescheid sagen)

Wir haben vergessen, _____.

10 나는 어학코스에 다닐 생각이다. (einen Sprachkurs)

Ich beabsichtige, _____.

11 외국에서 대학 공부하는 것이 쉽지 않다.

Es ist nicht leicht, _____.

12 나는 아직 도시를 구경할 시간이 없었어. (sich etw. ansehen)

Ich hatte noch keine Zeit, _____.

13 그녀는 언젠가 유명해지기를 꿈꾸고 있다. (eines Tages)

Sie träumt davon, _____.

14 그는 책을 몇 권 빌리러 도서관에 갔다. (ausleihen)

Er ist in die Bibliothek gegangen, _____.

15 너희에게 무언가를 보여주려고 너희를 불렀어. (zeigen)

Ich habe euch gerufen, _____.

Lektion 17

수동태 Passiv

1 능동태 ↔ 수동태

수동태 문장은 'werden +... p.p.' 형태가 기본이다.
수동태 문장에서는 능동태 문장과 달리 행위자보다 사건이나 과정이 더 중요하다.
수동태 문장에서는 행위자가 누구인지 드러나지 않을 수도 있고 'von+3격 (~에 의해서)' 형태로 행위자를 드러낼 수도 있다.

> **Der Mechaniker repariert das Auto.** 기계공이 자동차를 수리한다. (능동태)
> **Das Auto wird repariert.** 자동차가 수리된다. (수동태)

(1) 능동태에서 수동태로의 변형

— 능동태에서의 4격 목적어가 수동태에서 주어(1격)가 된다.
— 능동태에서의 주어(행위자)는 수동태에서 'von+3격'이 된다.
— 3격이나 2격인 명사와 인칭대명사, 부사구, '전치사+명사' 등은 수동태 문장에 그대로 쓰인다.
— 수동태의 시제는 능동태의 시제를 따른다.

→ Die Männer tragen den schweren Schrank nach oben.
　→ Der schwere Schrank wird von den Männern nach oben getragen.

→ Der Onkel schenkte dem Kind eine Puppe.
　→ Eine Puppe wurde von dem Onkel dem Kind geschenkt.

> ※ man이 주어인 문장
> 일반적인 사람들을 나타내는 주어인 man은 수동태에서 'von+3격'으로 들어오지 않고 생략된다.
>
> **Was isst man in Deutschland zum Frühstück?**
> → **Was wird in Deutschland zum Frühstück gegessen?**
> 　독일에서는 아침식사로 무엇을 먹습니까?

(2) 수동태에서의 비인칭 주어 es

4격이 아닌 목적어는 수동태에서 주어가 될 수 없다. 4격 목적어가 없는 문장을 수동태로 만들 때는 비인칭 주어 es를 가주어로 사용한다. 이 es는 문장의 처음에만 위치할 수 있고, 도치나 후치되는 경우에는 생략된다.

→ Er hilft dem Patienten schnell. 그가 환자를 빨리 돕는다.
　→ Es wird von ihm dem Patienten schnell geholfen.
　→ Dem Patienten wird von ihm schnell geholfen. (es 생략)

→ **Die Studenten warten auf den Professor.**

학생들이 교수님을 기다리고 있다.

→ **Es** wird von den Studenten auf den Professor gewartet.

→ Auf den Professor wird von den Studenten gewartet. (es 생략)

2 수동태의 시제

수동태 문장의 기본 형태는 'werden + ... p.p.'이며, werden을 시제에 따라 변화시킨다.

현재	werden ... p.p.	(Er wird operiert.)
과거	wurde ... p.p.	(Er wurde operiert.)
현재완료	sein ... p.p. worden	(Er ist operiert worden.)
과거완료	war ... p.p. worden	(Er war operiert worden.)
미래	werden ... p.p. werden	(Er wird operiert werden.)
미래완료	werden ... p.p. worden sein	(Er wird operiert worden sein.)

조동사(현재/과거) + 수동태	조동사(현재/과거) ... p.p. werden
조동사(현재완료) + 수동태	haben ... p.p. werden + 조동사Inf.

(1) 현재 werden ... p.p.

→ **Man renoviert ab März das Theater.**

→ **Ab März wird das Theater renoviert.**

5월부터 극장을 수리한다.

→ **Der Junge bringt das Buch zurück.**

→ **Das Buch wird von dem Jungen zurückgebracht.**

소년이 책을 다시 가져온다.

※ 수동태 문장에서 'von jm.(누구에 의해서)'이 생략되는 경우

① 행위자가 중요한 것이 아니라 행위의 결과가 중요할 때

Das Museum wird um 20 Uhr geschlossen. 박물관은 20시에 닫습니다.

② 행위자를 거론하고 싶지 않을 때

Ich wurde leider nicht rechtzeitig informiert.

유감스럽게도 저는 제때에 안내를 받지 못했습니다.

(2) 과거 wurde … p.p.

→ Die Kollegen schätzten ihn.
  → **Er wurde von den Kollegen geschätzt.** 동료들이 그를 높이 평가했다.

→ Gestern entließ ihn sein Chef.
  → **Gestern wurde er von seinem Chef entlassen.**
  어제 사장이 그를 해고했다.

(3) 현재완료 sein … p.p. worden

→ Sie hat mir das Restaurant empfohlen.
  → **Das Restaurant ist mir von ihr empfohlen worden.**
  그녀가 내게 그 레스토랑을 추천했다.

→ Jemand hat uns die Taschen gestohlen.
  → **Die Taschen sind uns gestohlen worden.**
  누군가 우리 가방들을 훔쳐갔다.

(4) 과거완료 war … p.p. worden

→ Man hatte ihn entlassen.
  → **Er war entlassen worden.** 그는 해고 당했다.

→ Die betrunkenen Gäste hatten bis zum frühen Morgengrauen gefeiert.

→ Bis zum frühen Morgengrauen war von den betrunkenen Gästen gefeiert worden.

술 취한 손님들이 이른 아침 동이 틀 때까지 파티를 벌였다.

(5) 미래 werden ... p.p. werden

→ Meine Nachbarin wird meine Blumen gießen.

→ Meine Blumen werden von meiner Nachbarin gegossen werden.

내 이웃 사람이 내 꽃들에 물을 줄 것이다.

→ Um 19 Uhr wird man die Abendkasse öffnen.

→ Um 19 Uhr wird die Abendkasse geöffnet werden.

7시에 저녁 매표소를 열 것이다.

(6) 미래완료 werden ... p.p. worden sein

→ Bis dahin wird er das Fahrrad repariert haben.

→ Bis dahin wird das Fahrrad von ihm repariert worden sein.

그때까지는 그가 자전거를 다 수리할 거야.

→ Im Sommer werden wir unser Haus endlich fertig gebaut haben.

→ Im Sommer wird unser Haus von uns endlich fertig gebaut worden sein.

여름에는 우리 집을 마침내 완성하게 될 거야.

3 조동사가 있는 수동태

조동사 자체는 수동태로 만들 수 없고, 문장 끝의 본동사를 수동태 형태로 만든다.

(능동) 조동사 ... Inf. → (수동) 조동사 ... p.p. werden

(1) 현재형: 조동사 현재형 + ... p.p. werden

→ Man muss die Steuern senken.

→ Die Steuern müssen gesenkt werden. 세금을 내려야 한다.

→ Man kann die Sonnenenergie nutzen.

→ Die Sonnenenergie kann genutzt werden.

사람들은 태양에너지를 이용할 수 있다.

※ können/müssen ... p.p. werden
   = lassen sich ... Inf. = sein ... zu Inf. = sein ... ~bar (~lich)

Man kann das Wasser nicht trinken. 그 물을 마실 수 없다.
→ Das Wasser kann nicht getrunken werden.
 = Das Wasser ist nicht zu trinken.
 = Das Wasser läßt sich nicht trinken.
 = Das Wasser ist untrinkbar.

(2) 과거형: 조동사 과거형 + ... p.p. werden

→ Der Tierarzt musste den Hund sofort operieren.
   → Der Hund musste von dem Tierarzt sofort operiert werden.
      수의사가 개를 즉시 수술해야 했다.

→ Der Arzt konnte dem Verletzten helfen.
   → Dem Verletzten konnte von dem Arzt geholfen werden.
      의사가 부상자를 도울 수 있었다.

(3) 현재완료: haben ... p.p. werden + 조동사 Inf.

→ Man hat das Konzert verschieben müssen.
   → Das Konzert hat verschoben werden müssen. 콘서트를 연기해야 했다.

→ Er hat uns das Frühstück aufs Zimmer bringen können.
   → Das Frühstück hat uns von ihm aufs Zimmer gebracht werden
      können.
      그가 우리에게 아침식사를 방으로 가져다 줄 수 있었다.

(4) 미래: werden ... p.p. werden + 조동사 Inf.

→ Sie wird uns helfen können.
   → Uns wird von ihr geholfen werden können.
      그녀가 우리를 도와줄 수 있을 것이다.

→ Sie wird ihn um Hilfe bitten müssen.
   → Er wird von ihr um Hilfe gebeten werden müssen.
      그녀가 그에게 도움을 청해야 할 것이다.

4 상태수동: sein + ... 타동사의 p.p.

'sein + ... 타동사의 p.p.'는 '~되어 있다'라는 의미의 상태수동이다. 이때 과거분사
는 '~되어진'이라는 의미의 형용사 역할을 하고 있다고 볼 수 있다. 상태수동은 현
재와 과거, 두 가지 시제를 알아 두면 된다. * 상태수동 현재완료는 거의 사용하지 않는다.

→ **Hast du den Computer ausgeschaltet?** 컴퓨터 껐니? (능동태 현재완료)

　- **Ich habe ihn schon ausgeschaltet.** 이미 컴퓨터를 껐다. (능동태 현재완료)

　- **Er ist schon längst ausgeschaltet.** 컴퓨터는 벌써 꺼져 있다. (상태수동 현재)

→ **Für euch ist der Tisch gedeckt.** 너희들을 위해 식탁이 차려져 있다. (상태수동 현재)

→ **Das Geschirr war abgewaschen.** 그릇이 닦여 있었다. (상태수동 과거)

→ **Gestern war der Laden geschlossen.** 어제 그 가게가 닫혀 있었다. (상태수동 과거)

5 'zu Inf.'에서의 수동태

> 현재 : ... p.p. zu werden
> 과거 / 완료 : ... p.p. worden zu sein

→ **Ich hoffe, dass man mich begrüßt.**

　→ **Ich hoffe, dass ich begrüßt werde.**

　→ **Ich hoffe, begrüßt zu werden.**
　　나는 사람들이 나를 환영해 주기를 (내가 환영받기를) 희망한다.

→ **Ich hatte den Eindruck, dass mich alle ansehen.**

　→ **Ich hatte den Eindruck, dass ich von allen angesehen werde.**

　→ **Ich hatte den Eindruck, von allen angesehen zu werden.**
　　모두가 나를 보고 있다는 인상을 받았다.

→ **Ich war damit zufrieden, dass ich in dieser Firma angestellt worden bin.**

　→ **Ich war damit zufrieden, in dieser Firma angestellt worden zu sein.**
　　나는 이 회사에 채용되었다는 것에 만족했다.

※ 부문장에서의 수동태 위치
부문장에서 주어의 지배를 받는 제1동사를 후치시키면 된다.

In der Zeitung stand, dass der Mann gestern entlassen wurde. (과거형)
....., dass der Mann gestern entlassen worden ist. (현재완료형)
....., dass der Mann gerettet werden konnte. (조동사 있을 때)

※ 수동태가 불가능한 동사
재귀동사, 조동사, es gibt, kennen, wissen, 완료형이 sein과 연결되는 자동사(gehen, kommen ...) 등은 수동태로 만들 수 없다.

[1~2] 빈칸에 적합한 것을 고르시오.

1

> Das Geld ist auf sein Konto überwiesen _____.

① gekommen   ② worden   ③ gewesen   ④ geblieben   ⑤ geworden

2

> Die Verkäuferin hat das schwarze Kleid schon verkauft. Jetzt ist das schwarze Kleid schon _____.

① zu kaufen   ② verkauft   ③ zu verkaufen
④ verkaufend   ⑤ teuer

[3~4] 능동태를 수동태로 바르게 고친 것을 고르시오.

3

> Man dankte dem Spender.

① Der Spender wird von man gedankt.
② Der Spender wurde von man gedankt.
③ Es wird dem Spender gedankt.
④ Es wurde dem Spender von man gedankt.
⑤ Dem Spender wurde gedankt.

4
① Hans hilft mir.
　 → Ich werde von Hans geholfen.
② Am Samstag arbeitet man nicht.
　 → Am Samstag wird es nicht gearbeitet.
③ Der Vater kann den Stecker reparieren.
　 → Der Stecker kann vom Vater repariert werden.
④ Der Student liest die Zeitschrift.
　 → Die Zeitschrift wurde von dem Studenten gelesen.
⑤ Sie hat den Brief geschrieben.
　 → Den Brief ist von ihr geschrieben worden.

[5] 능동태를 수동태로 잘못 고친 것을 고르시오.

① Wo kauft man Getränke und Lebensmittel ein?

   → Wo werden Getränke und Lebensmittel eingekauft?

② Wir bringen die Geräte ins Haus.

   → Die Geräte werden von uns ins Haus gebracht.

③ Wir bedienen die Kunden höflich.

   → Die Kunden werden von uns höflich bedient.

④ Der Arzt untersucht den Patienten.

   → Die Patienten werden von dem Arzt untersucht.

⑤ Wann öffnet man das neue Lokal?

   → Wann wird das neue Lokal geöffnet?

[6] 다음 중 옳지 않은 문장을 고르시오.

① Der Fernseher lässt sich noch reparieren.

② Der Fernseher ist noch zu reparieren.

③ Der Fernseher kann noch repariert werden.

④ Der Fernseher ist noch reparierbar.

⑤ Man kann den Fernseher noch repariert werden.

[7~12] 능동태 문장을 수동태로 바꾸시오.

7   Sie erklärt dem Schüler die Grammatik.

   ----

8   Edison erfand die Glühbirne.

   ----

9   Wir werden unsere Freunde zum Essen einladen.

   ----

10 Der Student hat den Brief ins Deutsche übersetzt.

_____

11 Man hat den Verletzten schnell geholfen.

_____

12 Er musste eine hohe Strafe zahlen.

_____

[13~15] 수동태 문장을 능동태로 바꾸시오.

13 Die Tasche wurde mir von meinem Freund geschenkt.

_____

14 Die Ausstellung ist am 20. Juni eröffnet worden.

_____

15 Die Studiengebühren müssen abgeschafft werden.

_____

분사 Partizipien

Lektion 18

분사는 동사에서 파생되고 크게 현재분사(Partizip I)와 과거분사(Partizip II)로 구분한다. 현재분사는 동사 부정형에 '-d'를 붙인 형태이고, 과거분사는 완료형에서 배웠던 과거분사 형태이다. 분사가 명사를 수식하는 용법으로 쓰일 때 현재분사는 능동적인 의미로 쓰이고, 과거분사는 완료나 수동을 의미한다.

- 현재분사: kochend, laufend, singend ...
- 과거분사: gekocht, gelaufen, gesungen ...

I 현재 분사 (Partizip I)

1 형용사적 용법

현재분사는 '~하는, ~하고 있는'과 같은 능동적 의미를 갖는다.
현재분사가 형용사로서 명사를 수식하는 경우에는 형용사와 똑같이 어미변화한다.

> kochen: kochendes Wasser 끓는 물
> singen: singende Vögel 노래하는 새들
> spielen: spielende Kinder 놀고 있는 아이들
> kommen: am kommenden Wochenende 다가오는 주말에
> strahlen: mit strahlendem Gesicht 빛나는 (환한) 얼굴로
> sich nähern(접근하다): der sich nähernde Zug 접근하고 있는 기차
> * 재귀동사의 현재분사가 부가어로 쓰일 때는 재귀대명사가 함께 온다.

→ **Kennst du die lächelnde Frau da?** 너 저기 미소 짓는 여자 아니?

→ **Bellende Hunde beißen nicht.** 짖는 개들은 물지 않는다.

→ **Vor dem Bahnhof gehen sehr viele Menschen vorbei. Ich beobachte manchmal die vorbeigehenden Menschen.**
역 앞에는 아주 많은 사람들이 지나쳐간다. 나는 가끔 지나쳐가는 사람들을 관찰한다.

2 부사적 용법

현재분사가 명사를 수식하지 않고 단독으로 사용될 수 있는데 이때는 '~하면서'와 같은 동시성을 의미하며 어미변화하지 않는다.

Lektion 18 **391**

→ **Der Nachbar grüßte mich lächelnd.** 이웃사람이 미소 지으며 내게 인사했다.

→ **Sie ging telefonierend am Strand entlang.**
그녀는 전화를 하면서 해변을 따라 걸었다.

→ **Er ging laut lachend aus dem Zimmer.** 그는 크게 웃으면서 방에서 나갔다.

3 sein의 보족어로 사용되는 분사

세월이 지나면서 완전히 형용사가 된 현재분사만 sein동사의 보족어로 쓰일 수 있다. 예를 들어 fahrend, kochend, lachend 등을 sein의 보족어로 넣어서 영어의 진행형처럼 사용할 수 없다는 것이다. 'der fahrende Zug(달리는 기차)'는 가능하지만 'Der Zug ist fahrend.(×)'는 틀린 문장이다.
sein의 보족어로 사용될 수 있는 현재분사들은 의미가 한정적으로 쓰이는 것도 있다.

anstrengend 매우 힘이 드는	**aufregend** 자극적인, 재미있는
brennend 긴급한, 시급한	**erfrischend** 상쾌한, 시원한
faszinierend 매력적인, 매혹적인	**reizend** 매력적인
spannend 흥미진진한	**wütend** 몹시 화난

→ **Der Tag war anstrengend.** 하루가 매우 힘이 들었다.

→ **Er ist wütend.** 그는 크게 화난 상태이다.

→ **Das Spiel war sehr spannend.** 경기가 매우 흥미진진했다.

4 zu + 현재분사

현재분사 앞에 zu를 넣은 'zu + 현재분사' 형태는 미래분사라고 한다.
명사를 수식하는 용법으로만 사용되며, '~되어질 (수 있는), ~되어야 할'과 같은 의미를 갖는다.

→ **Das war ein nicht zu vergessendes Erlebnis.** 그것은 잊히지 않을 체험이었다.

→ **Das ist ein leicht zu lösendes Problem.** 그것은 쉽게 해결될 수 있는 문제이다.

> ※ 분리동사가 'zu +현재분사'로 사용될 때는 'zu 부정형'에서처럼 zu를 분리전철과 기본 동사 사이에 넣고 붙여 쓴다.
>
> **eine einzuladende Person** 초대될 사람
> **anzubietende Dienstleistung** 제공될 서비스

5 현재분사의 명사화 * Lektion 9 '형용사의 명사화' 참조

der/die Reisende 여행자   der/die Studierende 대학생
der/die Vorsitzende 의장   der/die Überlebende 생존자
der/die Auszubildende 직업훈련생

→ Häufig erkranken Reisende während des Urlaubs oder kurz danach.
여행자들은 흔히 휴가 중이나 그 직후에 병이 나곤 한다.

Ⅱ 과거분사 (Partizip II)

현재완료, 과거완료, 수동태에서 사용되는 과거분사는 앞에서 이미 다루었다. 여기에서는 형용사나 부사로 쓰이는 그 외의 용법에 대해 공부한다.

1 형용사적 용법

— 과거분사가 형용사로서 명사 앞에서 수식하는 경우에는 형용사와 똑같이 어미 변화한다.
— 과거분사가 명사를 수식하는 경우에 타동사의 과거분사는 '~된, ~되어진'과 같은 수동적 의미를 갖는다.
— sein과 연결되어 현재완료를 만드는 자동사의 과거분사는 완료의 의미를 갖는다.

verbotene Liebe 금지된 사랑
das neu eröffnete Hotel 새로 문을 연 그 호텔
versteckte Kamera 숨겨진 카메라 (몰래카메라)
gekochter Reis 밥 (직역하면 '조리된 쌀')
fein gemahlener Kaffee 곱게 간 (직역은 '곱게 갈아진') 커피
sein verstorbener Großvater 돌아가신 그의 할아버지
mit enttäuschtem Gesicht 실망한 얼굴로

→ Das sind reservierte Tische. 그것은 예약된 탁자들입니다.

→ Markus hat sich ein gebrauchtes Auto gekauft. 마르쿠스는 중고차를 샀다.

→ Sein gestohlenes Fahrrad wurde heute wiedergefunden.
도난당했던 그의 자전거가 오늘 다시 발견되었다.

※ haben과 함께 완료형을 만드는 자동사(예: helfen, liegen, sitzen ...)의 과거분사는 명사를 수식하는 부가어 용법으로 사용하지 않는다.

※ 비인칭동사(예: regnen, schneien ...)의 과거분사도 부가어로 사용하지 않는다.

2 부사적 용법

'kommen + p.p.'의 몇 가지 형태를 숙어로 암기해 두는 것이 좋다.

> (an)gelaufen kommen 달려서 오다   angerannt kommen 달려서 오다
> geflogen kommen 날아서 오다

→ **Dort kommt mein Freund gelaufen.** 저기 내 친구가 달려온다.

→ **Ein Vogel kam geflogen.** 새가 날아 왔다.

> ※ 이와 비슷한 용법으로 알아 두어야 할 단어
> **(von jemandem) etwas geschenkt bekommen** (누구로부터) 무엇을 선물로 받다
> **verloren gehen** 없어지다, 분실되다

3 sein의 보족어

타동사의 과거분사가 sein과 결합되면 상태수동 형태로서 '...되어져 있다'라는 의미가 된다는 것은 수동태에서 다루었다. 그밖에 한정적 의미로 제한되어 거의 형용사가 된 과거분사들이 있다.

> **ausgezeichnet** 뛰어난, 우수한   **befreundet** 친한 사이인
> **begabt** 재능 있는   **beliebt** 인기 있는
> **beschäftigt** 바쁜   **besetzt** (자리가) 차 있는
> **entschlossen** 단호한, 결연한   **erfahren** 경험 많은, 노련한
> **geeignet** 적합한, 유용한   **gelehrt** 박학다식한
> **gekonnt** 숙련된   **gewollt** 의도된

→ **Der Platz ist besetzt.** 그 자리에는 벌써 사람이 있습니다.

→ **Die Vorlesung ist bei den Studenten beliebt.**
그 강의는 학생들 사이에서 인기가 있다.

4 과거분사의 독립적 용법

> unter uns gesagt 우리끼리 말이지만   ehrlich gesagt 솔직히 말하자면
> offen gestanden 터놓고 고백하자면   streng genommen 엄격히 따지면

→ **Ich weiß es nicht. Und offen gestanden will ich es auch gar nicht wissen.**
  나는 그것을 알지 못한다. 그리고 솔직히 고백하자면 그것을 전혀 알고 싶지도 않다.

5 과거분사의 명사화

> der/die Angeklagte 피고   der/die Angestellte 직원
> der/die Gefangene 포로, 죄수   der/die Gelehrte 학자
> der/die Verletzte 부상자   der/die Vorgesetzte 상사, 상관

→ **Von den 30 Verletzten wurden 25 in Krankenhäuser gebracht.**
  30명의 부상자 중 25명이 병원으로 이송되었다.

Ⅲ 분사구문

분사구문은 일상 언어에서는 크게 쓰일 일이 없는 고급 언어 사용에 속하는 것으로서 대개 법이나 학문적 텍스트 등에서 사용된다.

1 분사와 관계문

— 명사를 수식하는 분사는 관계문으로 바꿔 쓸 수 있다.
— 현재분사는 능동태로 바꿔 쓸 수 있다.
— 과거분사는 타동사의 경우에는 수동태로, sein과 연결되는 자동사의 경우에는 완료로 바꿀 수 있다.
— 미래분사는 'sein ... zu Inf.', 또는 'können (müssen) ... p.p. werden'으로 바꿀 수 있다. 반대로 관계문을 분사로 단순화하여 쓸 수도 있다.

(1) 현재분사 – 능동태

> ein bettelnder Mann → ein Mann, der bettelt, 구걸하는 한 남자
> die ständig steigenden Preise → die Preise, die ständig steigen,
> 계속 오르는 물가

→ Der Student, der in Siegburg wohnt, musste täglich nach Bonn fahren.

→ Der in Siegburg wohnende Student musste täglich nach Bonn fahren.

Siegburg에 살고 있는 그 학생은 매일 Bonn으로 가야 했다.

(2) 과거분사 – 수동태 / 완료

das verkaufte Haus → das Haus, das verkauft wurde, 팔린 집
die gestern operierte Frau → die Frau, die gestern operiert wurde,
어제 수술 받은 그 부인
der geflohene Dieb → der Dieb, der geflohen ist, 도망친 도둑

→ Sind schon alle Gäste, die Sie eingeladen haben, gekommen?

→ Sind schon alle Gäste, die von Ihnen eingeladen worden sind, gekommen?

→ Sind schon alle von Ihnen eingeladenen Gäste gekommen?

당신에게 초대받은 손님들이 모두 왔습니까?

→ Gestern hat die Polizei meinen gestohlenen Wagen wiedergefunden.

도난당했던 내 차를 경찰이 어제 다시 찾았다.

(3) 미래분사

ein leicht zu verstehendes deutsches Buch 쉽게 이해될 수 있는 독일 책
→ ein deutsches Buch, das leicht zu verstehen ist,
= ein deutsches Buch, das leicht verstanden werden kann,
eine zu lösende Aufgabe 해결되어야 할 과제
→ eine Aufgabe, die gelöst werden muss,
= eine Aufgabe, die zu lösen ist,

2 부사적 용법 – 종속접속사

분사가 부사적으로 쓰이는 경우는 문맥에 따라 indem, weil, nachdem, als 등으로 이끌어지는 부문장으로 바꿔 쓸 수 있다.

→ Ein fröhliches Liedchen pfeifend, geht Lisa durch den Park spazieren.

→ Indem Lisa ein fröhliches Liedchen pfeift, geht sie durch den Park spazieren.

즐거운 노래를 휘파람으로 부르면서 리자가 공원을 통해 산책한다.

→ Durch den Unfall verletzt, musste er ins Krankenhaus eingeliefert werden.

   → Weil er durch den Unfall verletzt war, musste er ins Krankenhaus eingeliefert werden.

   사고로 부상을 당해 그는 병원으로 이송되어야 했다.

→ In Dresden angekommen, besuchte er sofort seinen alten Freund.

   → Nachdem (또는 Als) er in Dresden angekommern war, besuchte er sofort seinen alten Freund.

   드레스덴에 도착하자 그는 즉시 옛 친구를 찾아갔다.

[1~8] 빈칸에 적합한 것을 고르시오.

1

Wer gibt dem _____ Mann etwas?

① betteln   ② bettelnden   ③ bettelnde
④ gebettelten   ⑤ gebettelte

2

Das _____ Armband war sehr wertvoll.

① verlorene   ② zu verlierende   ③ verlorenen
④ verlierenden   ⑤ verlierende

3

Wo sind die _____ Bücher?

① leihende   ② leihenden   ③ geleihenen
④ geliehene   ⑤ geliehenen

4

Ich ärgere mich über die ständig _____ Preise.

① gesteigt   ② steigende   ③ gesteigte
④ steigenden   ⑤ gesteigten

5

Ich schicke Ihnen den _____ Vertrag.

① unterschrieben   ② unterschreibend   ③ unterschreibenden
④ unterschriebene   ⑤ zu unterschreibenden

6

Gestern ist der _____ Kühlschrank angekommen.

① bestellte   ② bestellt   ③ bestellend
④ bestellende   ⑤ zu bestelltende

7

> Autofahrer müssen auf _____ Kinder achten.

① spielend ② spielenden ③ spielende
④ gespielte ⑤ gespielten

8

> Er trägt immer eine sauber _____ Hose.

① wachsende ② waschende ③ gewachsene
④ gewaschene ⑤ gewaschen

[9] 분사의 용법이 바르지 못한 것을 고르시오.

① Ein wilder Hund kam laufend.
② Sie hat ein Armband geschenkt bekommen.
③ Sie begrüßte ihre Gäste lächelnd.
④ Meine Tasche ist verloren gegangen.
⑤ Peter stand schweigend neben seinem Freund.

[10] 다음 중 옳지 않은 문장을 고르시오.

① Die Frau ist reizend.
② Die Sache ist sehr dringend.
③ Der Film war spannend.
④ Der Lehrer ist sprechend.
⑤ Wir waren bei der Feier anwesend.

[11] 밑줄 친 부분을 옳게 바꾼 것을 고르시오.

> Er hat noch <u>eine Aufgabe, die gelöst werden muss</u>.

① Er hat noch eine gelöste Aufgabe.
② Er hat noch eine lösende Aufgabe.
③ Er hat noch eine zu lösen Aufgabe.
④ Er hat noch eine zu lösende Aufgabe.
⑤ Er hat noch eine gelöst werdende Aufgabe.

[12] 밑줄 친 부분이 옳지 않은 문장을 고르시오.

① In diesem Haus wohnen einige <u>Gelehrte</u>.
② Ich habe meine <u>Verwandten</u> in Berlin besucht.
③ Ein <u>Verletzter</u> schrie um Hilfe.
④ Die <u>Wartende</u> wurden allmählich nervös.
⑤ Ich habe mit einem <u>Reisenden</u> gesprochen.

[13] 주어진 두 문장을 분사구문으로 연결했을 때 옳은 것을 고르시오.

> Die Besucher verließen den Saal. Sie diskutierten lebhaft dabei.

① Die Besucher diskutierten, den Saal verließen, lebhaft.
② Die Besucher verließen, lebhaft diskutierend, den Saal.
③ Die Besucher verließen den Saal, um lebhaft zu diskutieren.
④ Die Besucher verließen, diskutiert lebhaft, den Saal.
⑤ Die Besucher verließen den lebhaft zu diskutierenden Saal.

[14~20] 현재분사형이나 과거분사형을 넣어 문장을 완성하시오.

14 나는 열린 문을 통해서 들어갔다. (öffnen)

Ich bin durch die _____ Tür gegangen.

15 도둑은 훔친 차를 타고 드라이브를 했다. (stehlen)

Der Dieb fuhr mit dem _____ Auto spazieren.

16 나는 세탁된 그 바지를 입겠어. (reinigen)

Ich ziehe die _____ Hose an.

17 그는 잃어버린 가방을 되찾기를 바라고 있다. (verlieren)

Er hofft, seine _____ Tasche wiederzufinden.

18 놀고 있는 아이들은 교통에 유의하지 않는다. (spielen)

_____ Kinder achten nicht auf den Verkehr.

19 달리는 기차에 타시면 안 됩니다. (fahren)

Sie dürfen nicht in einen _____ Zug einsteigen!

20 우리는 피어나는 꽃들을 보고 기뻐했다. (blühen)

Wir haben uns über die _____ Blumen gefreut.

Lektion 19 접속법 2식 Konjunktiv II

접속법은 말하려는 내용을 그대로 이야기하는 직설법과는 다른 용법을 갖는다.
접속법은 비현실 조건문, 비현실 희망문 같은 비현실화법이나 간접화법, 기타 몇 가지
특수 용법에 사용된다.

> ※ 접속법은 1식과 2식 두 가지가 있다.
>
> 접속법 1식은 간접화법과 몇 가지 기타 용법에 사용되는데 동사의 부정형(원형)을 기본으로 만
> 든다. 접속법 2식은 주로 비현실화법이나 공손한 표현에 사용되는데 과거형을 기본으로 만든다.
> → 부정형을 기본으로 만드는 1식과 과거형을 기본으로 만드는 2식은 용법이 다른 것이지 현
> 재와 과거 시제를 의미하는 것이 아님을 기억해야 한다.

접속법을 이해하고 바르게 사용하기 위해서는 이전에 배웠던 시제, 조동사, 수동태 등
을 숙지하고 있어야 한다.
많이 사용되는 2식을 먼저 공부하고 다음 과에서 1식을 공부하기로 한다.

I 접속법 2식 동사 형태와 시제

1 접속법 2식 동사 변화

부정형		gehen	sein	haben	werden	müssen	können
직설법 과거형		ging	war	hatte	wurde	musste	konnte

		접속법 어미						
접속법 II식	ich	_e	ginge	wäre	hätte	würde	müsste	könnte
	du	_est	gingest	wärest	hättest	würdest	müsstest	könntest
	er/sie/es	_e	ginge	wäre	hätte	würde	müsste	könnte
	wir	_en	gingen	wären	hätten	würden	müssten	könnten
	ihr	_et	ginget	wäret	hättet	würdet	müsstet	könntet
	sie	_en	gingen	wären	hätten	würden	müssten	könnten

※ würde 없이 동사 자체의 접속법 2식 형태로 주로 사용되는 아래 동사를 암기해 두어야 한다.

haben – ich hätte   sein – ich wäre
werden – ich würde   können – ich könnte
mögen – ich möchte   müssen – ich müsste
geben – ich gäbe   gehen – ich ginge
kommen - ich käme   lassen - ich ließe
wissen - ich wüßte

(1) 접속법 2식은 동사의 과거형 어간을 기본으로 하여 위의 표와 같이 어미를 붙인다.

> gehen – 과거형 ging → 접속법 2식 er ginge
> bleiben – 과거형 blieb → 접속법 2식 er bliebe

(2) 과거형이 불규칙 변화를 하면서 모음 **a, o, u**가 있는 경우에는 모음에 Umlaut (¨)를 붙여 **ä, ö, ü**로 변화시킨 후 접속법 어미를 붙인다.

> mögen – 과거형 mochte → 접속법 2식 er möchte
> dürfen – 과거형 durfte → 접속법 2식 er dürfte
> geben (gab) → er gäbe   kommen – kam → er käme
> sehen (sah) → er sähe   wissen – wusste → er wüsste

(3) 동사를 접속법으로 변화시켰는데 그 형태가 직설법과 같은 경우도 있다. 약변화동사들에서처럼 접속법 2식 형태와 과거형이 구분되지 않는 경우는 접속법 용법이라는 것을 분명히 나타내기 위해서 '**würde ... Inf.**' 형태를 사용한다.

> machen – 과거형 machte → 접속법 2식 er machte (과거형과 같음)
> → er würde ... machen
> lernen – 과거형 lernte → 접속법 2식 er lernte (과거형과 같음)
> → er würde ... lernen

2 접속법 2식의 시제

(1) 현재

현재 사실에 대한 접속법 2식 표현은 위에서와 같이 동사의 접속법 2식 형태를 사용한다. 약변화 동사처럼 접속법과 직설법이 구분되지 않는 경우는 'würde ... Inf.'를 사용한다.

직설법	접속법 2식
er fragt	er würde fragen
er sieht	er sähe
er hat	er hätte

(2) 과거

과거 사실에 대한 접속법 2식 표현은 완료형에서 'haben/sein'을 2식으로 나타내어 'hätte/wäre ... p.p.'가 된다.

* 직설법에서는 과거 사실을 과거, 현재완료, 과거완료로 구분하여 표현하지만 접속법에서는 그런 구분 없이 하나의 완료형(hätte/wäre ... p.p.)으로 표현한다.

	직설법	접속법 2식
과거	er sah	
현재완료	er hat gesehen	er hätte gesehen
과거완료	er hatte gesehen	
과거	er kam	
현재완료	er ist gekommen	er wäre gekommen
과거완료	er war gekommen	

Ⅱ 접속법 2식의 용법

1 비현실 희망

— wenn 문장 안에 doch나 nur를 넣고 문장 끝에 감탄 부호(!)를 넣는다.
— wenn을 생략하고 동사를 맨 앞에 둘 수도 있다.
— 현실과 다른 상태에 대한 소망을 표현한다.

(1) 현재

> Wenn + 주어 ... doch/ nur ... 동사(접속법 2식)!
> = 동사(접속법 2식) + 주어 ... doch/ nur ...! '...한다면/...라면 (좋을 텐데)!'
>
> 현실〉 **Es ist kalt.** 날씨가 춥다.
> 비현실 희망〉 **Wenn es doch warm wäre! = Wäre es doch warm!**
>   날씨가 좀 따뜻하다면 (좋겠는데...)!

→ **Es regnet stark. Der Bus kommt nicht.**
비가 심하게 온다. 버스가 오지 않는다.
  → **Wenn doch endlich der Bus käme!**
     = **Käme doch endlich der Bus!**
     = **Wenn doch endlich der Bus kommen würde!**
       버스가 제발 좀 와 준다면!
       * 접속법 2식이 과거형과 구분되는 경우에도 'würde ... Inf.' 형태를 사용할 수 있다.

→ **Wenn er doch nur nicht so schüchtern wäre!**
그가 그렇게 소심하지만 않으면 좋겠는데!

→ **Hätte ich doch eine Spülmaschine!** 식기세척기가 있다면 좋으련만!

(2) 과거

> Wenn + 주어 ... doch / nur ... p.p. hätte/wäre!
> = Hätte / Wäre + 주어 ... doch / nur ... p.p. '...했다면 / ...였다면 (좋았을 텐데)!'
>
> 현실〉 **Er hat mich nicht angerufen.** 그는 내게 전화하지 않았다.
> 비현실 희망〉 **Wenn er mich doch nur angerufen hätte!**
>   = **Hätte er mich doch nur angerufen!** 그가 내게 전화만 했더라면!

→ **Ich war nicht vorsichtig genug.** 내가 충분히 조심스럽지 못했다.
  → **Wenn ich nur vorsichtiger gewesen wäre!**
     = **Wäre ich nur vorsichtiger gewesen!**
       내가 좀 더 조심스러웠다면 좋았을 텐데!

→ **Wenn wir doch länger Urlaub gehabt hätten!**
   = **Hätten wir doch länger Urlaub gehabt!**
     우리가 좀 더 오래 휴가를 가졌다면 좋았을 텐데!

→ **Wenn ich doch langsamer gefahren wäre!**
내가 좀 천천히 운전했다면 좋았을 텐데!

→ **Hätte ich doch meinen Sonnenschirm mitgenommen!**
양산을 가져왔으면 좋았을 것을!

→ **Du hattest recht. Hätte ich doch auf dich gehört!**
네 말이 옳았어. 내가 네 말을 들었으면 좋았을 텐데.

2 비현실 조건문

(1) 현재 사실의 반대

> Wenn + 주어 ... 동사(접속법 2식), 동사(접속법 2식) + 주어 ....

* 접속법 동사가 과거형과 구분되지 않는 경우에는 'würde ... Inf' 형태를 쓴다. 과거형과 구분되는 경우에도 'würde ... Inf' 형태를 쓸 수 있다.

→ **Die Miete ist zu hoch. Ich miete das Zimmer nicht.**
방세가 너무 비싸다. 나는 그 방을 빌리지 않는다.

　→ **Wenn die Miete nicht zu hoch wäre, würde ich das Zimmer mieten.**
　방세가 너무 비싸지 않다면 내가 그 방을 빌릴 텐데.

→ **Du arbeitest nicht fleißig und hast im Beruf keinen Erfolg.**
너는 부지런히 일하지 않고 그 직업에서 성공하지 못하고 있다.

　→ **Wenn du fleißig arbeiten würdest, hättest du im Beruf Erfolg.**
　네가 부지런히 일한다면 직업에서 성공할 텐데.

→ **Wenn ich Millionär wäre, würde ich eine Villa am Meer kaufen.**
내가 백만장자라면 바닷가에 저택을 하나 살 것이다.

→ **Wenn wir Zeit und Geld hätten, würden wir nach Deutschland reisen.**
우리가 시간과 돈이 있다면 독일로 여행갈 텐데...

(2) 과거 사실의 반대

> Wenn + 주어 ... p.p. hätte / wäre. hätte / wäre + 주어 ... p.p.

→ **Sie hatte sich nicht gut auf die Prüfung vorbereitet. Sie ist durchgefallen.**
그녀는 시험을 제대로 준비하지 않았다. 그녀는 시험에 떨어졌다.

　→ **Wenn sie sich besser auf die Prüfung vorbereitet hätte, wäre sie nicht durchgefallen.**
　만일 그녀가 시험을 좀 더 잘 준비했더라면 떨어지지 않았을 것인데...

→ **Du hast lange geschlafen und bist zu spät zur Schule gekommen.**
너는 오래 잤고 학교에 너무 늦게 왔다.

　→ **Wenn du nicht lange geschlafen hättest, wärest du nicht zu spät zur Schule gekommen.**
　네가 오래 자지 않았다면 학교에 늦게 오지 않았을 텐데...

※ 전치사 'mit / ohne'와 함께 접속법 2식 문장이 쓰일 경우에, mit는 '~이 있(었)다면', ohne 는 '~이 없(었)다면'으로 해석되는 경우가 많다.

Ohne deine Hilfe hätte ich es nicht geschafft.
너의 도움이 없었다면 나는 그것을 해내지 못했을 것이다.

Ohne meine Familie wäre mir diese Karriere nie gelungen.
내 가족이 없었다면 나에게 이런 직업적 성공이 이루어지지 못했을 것이다.

3 충고, 조언

(1) 조동사 **sollte** (sollen의 접속법 2식) :
Du solltest … / Sie sollten … / Man sollte … '~하는 것이 좋을 텐데…'

→ **Du solltest unbedingt mal zum Augenarzt gehen.**
무조건 안과 의사한테 가 보는 것이 좋을 것 같다.

→ **Sie sollten weniger essen und mehr Sport treiben.**
당신은 덜 먹고 좀 더 운동을 해야 할 것입니다. (하는 것이 좋습니다.)

→ **Das hättest du nicht tun sollen.**
= **Es wäre besser gewesen, wenn du es nicht getan hättest.**
네가 그것을 하지 않았어야 했는데… (네가 그것을 하지 않았다면 더 좋았을 텐데.)

(2) **an deiner/Ihrer Stelle würde ich …** '내가 네 입장이라면 (당신이라면) ~할 텐데…'

→ **An deiner Stelle würde ich mehr sparen.**
네 입장이라면 나는 좀 더 절약할 것이다.

→ **An Ihrer Stelle würde ich eine zweite Fremdsprache lernen.**
내가 당신 입장이라면 제2외국어를 배울 것입니다.

(3) **Es wäre gut/schön, wenn du/Sie …** '네가 (당신이) ~한다면 좋을 텐데…'

→ **Es wäre gut, wenn du nicht mehr rauchen würdest.**
네가 금연한다면 좋을 텐데.

→ **Es wäre schön, wenn Sie sich dafür einsetzen würden.**
당신이 그것에 전력을 다한다면 좋을 텐데요.
(sich einsetzen für … ~을 위해 변호하다, 전력을 다하다)

4 비현실 비교 'als ob' 마치 ~인 것처럼

— '사실은 그렇지 않은데 마치 그런 것처럼'을 뜻하는 비현실적 비교는 동사를 후치시킨 부문장 'als ob 주어 + ... 동사(접속법 2식)'을 쓴다.

— ob을 생략하고 그 자리에 동사가 들어오면서 'als 동사(접속법 2식) + 주어 ...'로 쓸 수도 있다.

→ **Du benimmst dich, als ob du ein kleines Kind wär(e)st.**
= Du benimmst dich, als wär(e)st du ein kleines Kind.
너는 마치 어린애인 것처럼 행동한다.

→ **Er hat kein großes Einkommen. Aber er tut so, als ob er viel verdienen würde. (= Aber er tut so, als würde er viel verdienen.)**
그는 소득이 많지 않다. 그러나 그는 많이 버는 것처럼 행동한다.

→ **Er spricht so laut, als wären wir schwerhörig.**
그는 우리가 난청인 것처럼 큰 소리로 말한다.

→ **Er ist neu in seinem Job. Aber er tut so, als ob er schon alles könnte und wüsste.**
그는 그 일에 신참이다. 그런데 마치 모든 것을 할 수 있고 모든 것을 아는 것처럼 행동한다.

※ 'als ob'을 scheinen, aussehen, sich fühlen 등의 동사 뒤에 연결할 수도 있다.

Es scheint, als ob ... 마치 ~인 것 같다
Es sieht so aus, als ob ... 마치 ~인 것처럼 보이다
Ich fühle mich, als ob ... 마치 ~인 것처럼 느껴지다

Es sieht so aus, als ob es bald regnen würde. 곧 비가 올 것처럼 보인다.

---

5 겸손 화법, 정중한 질문, 조심스런 추측 würde, könnte, dürfte ...

→ **Würden Sie / Könnten Sie mir mal helfen?** 저를 좀 도와주시겠습니까?

→ **Würdet ihr bitte leiser sein?** 너희 좀 조용히 해 줄래?

→ **Im Märchen erfüllt eine gute Fee Wünsche. Was würden Sie sich wünschen?**
동화에서는 착한 요정이 소원을 이루어 줍니다. 당신이라면 무엇을 소망하시겠습니까?

→ **Könnten Sie bitte das Fenster öffnen?** 창문 좀 열어 주실 수 있을까요?

→ **Könnten Sie uns einen Kuchen empfehlen?**
(카페에서) 저희에게 케이크를 하나 추천해 주실 수 있을까요?

→ Vielleicht könnte uns die Polizei Auskunft geben.
아마 경찰이 우리에게 안내해 줄 수 있을 거야.

→ Hätten Sie nächste Woche Zeit? 혹시 다음 주에 시간이 있으실까요?

→ Dürfte ich Sie kurz stören? 잠깐 당신을 방해해도 될까요?

→ Der Schauspieler dürfte 25 Jahre alt sein. 그 배우 나이가 25세 정도일 거야.

6 소망 표현

접속법 2식 동사에 'gern(e)'을 연결해 소망, 소원을 표현한다.

(1) wäre gern … (어디)에 있고 싶다, ~이면 좋겠다

→ Ich wäre jetzt gern mit meiner Freundin am Meer.
지금 여자 친구와 바닷가에 있다면 좋겠는데…

→ Wo wärest du in diesem Moment am liebsten?
너는 지금 가장 있고 싶은 곳이 어디니?

→ Manchmal wäre ich gerne reich. 가끔 나는 부자이고 싶다.

(2) hätte gern + 4격 ~을 갖고 싶다, 가지면 좋겠다

→ Ich hätte gerne ein Auto. 자동차가 있으면 좋겠는데…

→ Ich hätte gern einen Kaffee. (주문할 때) 저는 커피 한 잔 하겠습니다.

→ Ich hätte so gerne wieder einen Freund. 다시 남자 친구가 있으면 좋겠다.

(3) würde gern … Inf. ~하고 싶다

→ Ich würde gerne in die Berge fahren und wandern.
산으로 가서 등산하고 싶다.

→ Ich würde jetzt gerne eine Stunde schlafen. 지금 한 시간 자면 좋겠는데…

→ Welche historische Persönlichkeit würdest du gern treffen?
너는 어떤 역사적 인물을 만나 보고 싶니?

(4) hätte/wäre gern … p.p. ~했으면/였으면 좋았을 텐데, ~하고 싶었는데…

→ Ich wäre sehr gern zu deinem Geburtstag gekommen.
네 생일에 너무나 오고 싶었었는데…

→ Ich hätte dir gern beim Umzug geholfen, aber es war leider nicht möglich.
네가 이사할 때 너를 도와주고 싶었지만 유감스럽게도 가능하지 않았어.

→ Wir hätten uns gern persönlich bei ihnen bedankt, aber leider hatten
wir bisher keine Gelegenheit dazu. 우리가 개인적으로 그들에게 고마움을
전하고 싶었어. 하지만 유감스럽게도 지금까지 그럴 기회가 없었어.

7 hätte/wäre ... fast/beinahe/um ein Haar ... p.p.
거의 (하마터면) ~할 뻔했다

→ Heute früh hätte ich fast den Bus versäumt. 오늘 아침에 버스를 놓칠 뻔했다.

→ Ich hätte es beinahe vergessen. 그것을 잊을 뻔했다.

→ Um ein Haar wäre es zu einem Unfall gekommen. 거의 사고가 날 뻔했다.

→ Ich wäre beinahe zu spät gekommen. 너무 늦게 올 뻔했다.

→ Auf der Rolltreppe wäre ich fast gestürzt. 에스컬레이터에서 넘어질 뻔했다.

8 zu ..., als dass ... '너무 ~해서 ~할 수 없다'

> zu 형용사(부사), als dass s. ... könnte (접속법 2식) ~할 수 있기에는 너무 ~하다
> = zu 형용사(부사), um ... zu Inf. (Inf. zu können) ~할 수 있기에는 너무 ~하다
> = so 형용사(부사), dass s. ... nicht ... kann (직설법) 너무 ~해서 ~할 수 없다

→ Er spricht leise. Man kann ihn nicht verstehen.
　→ Er spricht zu leise, als dass man ihn verstehen könnte.
　　그는 사람들이 그의 말을 알아들을 수 있기에는 너무 작은 소리로 말한다.

　→ Er spricht so leise, dass man ihn nicht verstehen kann.
　　그가 너무 작은 소리로 말해서 사람들이 그의 말을 알아들을 수 없다.

→ Er ist zu jung, als dass er so etwas tun könnte.
　그는 그런 어떤 것을 할 수 있기에는 너무 어리다.
　→ Er ist zu jung, um so etwas tun zu können.
　→ Er ist so jung, dass er so etwas nicht tun kann.
　　그는 어려서 그런 어떤 것을 할 수 없다.

[1~5] 빈칸에 적합한 것을 고르시오.

1

> Ich _____ Ihnen gern helfen, wenn ich könnte.

① hätte   ② wäre   ③ wurde

④ würde   ⑤ habe

2

> Dieser Unfall _____ sicher nicht passiert, wenn du besser aufgepaßt hättest!

① könnte   ② ist   ③ hätte

④ wäre   ⑤ würde

3

> Ich _____ gern kommen, wenn ich _____. Aber ich habe nun mal keine Zeit.

① wurde, könnte   ② würde, könnte   ③ kann, werde

④ könnte, würde   ⑤ könnte, werde

4

> Er tat so, als ob er_____, was los war. Dabei hatte er überhaupt keine Ahnung!

① sei   ② wäre   ③ wüßte

④ würde   ⑤ hätte

5

> _____ käme ich nicht dauernd zu spät zum Unterricht. Sie verpassen ja die Hälfte!

① An Ihrer Stelle   ② Auf deiner Stelle   ③ Auf Ihrer Stelle

④ An deiner Stell   ⑤ Unter seiner Stelle

[6] 예와 같이 문장을 바꾼 것 중 틀린 문장을 고르시오.

> 예   Er kommt nicht. → Wenn er doch käme!

① Wir haben keine Zeit. → Hätten wir doch viel Zeit!
② Du warst gestern nicht bei uns. → Wenn du gestern doch bei uns wärest!
③ Der Weg ist sehr weit. → Wäre der Weg doch nicht sehr weit!
④ Die Zeit vergeht zu langsam. → Wenn die Zeit doch schneller verginge!
⑤ Ich wußte das nicht. → Hätte ich doch das gewußt!

[7] "Lohmann 씨와 통화하고 싶은데요."를 독일어로 바르게 옮긴 것을 고르시오.

① Ich würde gern mit Herrn Lohmann gesprochen.
② Ich würde gern mit Herrn Lohmann sprechen.
③ Ich hätte gern mit Herrn Lohmann sprechen.
④ Ich könnte mit Herrn Lohmann sprechen.
⑤ Ich wäre gern mit Herrn Lohmann sprechen.

[8] 다음 문장을 같은 의미로 바르게 고쳐 쓴 것을 고르시오.

> Ich habe zu wenig Geld, um ein Haus kaufen zu können.

① Ich habe zu wenig Geld, als dass ich ein Haus kaufen konnte.
② Ich habe zu wenig Geld, als ich ein Haus kaufen konnte.
③ Ich habe zu wenig Geld, als dass ich ein Haus kaufen könnte.
④ Ich habe so wenig Geld, dass ich ein Haus kaufen kann.
⑤ Ich habe so wenig Geld, als dass ich ein Haus kaufen kann.

[9~10] 잘못된 문장을 고르시오.

9 ① An deiner Stelle würde ich mal mit dem Professor sprechen.
② Das Buch könnte im Bücherschrank stehen.
③ Er dürfte 70 Jahre alt sein.
④ Ich wäre gern noch länger bleiben, aber es ging leider nicht.
⑤ Es wäre besser, wenn du sofort kämest.

10 ① Wenn ich heute doch nicht krank wäre!
② Wenn er nur das gewusst wäre!
③ Wenn wir nur genug Zeit hätten!
④ Wenn meine Kinder doch höflich wären!
⑤ Wenn ich nur besser Deutsch könnte!

[11] 대답이 바르지 않은 것을 고르시오.

① Hast du das Haus gekauft?
  - Nein, aber beinahe hätte ich es gekauft.
② Bist du von ihm betrogen worden?
  - Nein, aber ich wäre fast von ihm betrogen worden.
③ Musstest du dein Geschäft verkaufen?
  - Nein, aber ich müßte beinahe mein Geschäft verkaufen.
④ Seid ihr zu spät gekommen?
  - Nein, aber fast wären wir zu spät gekommen.
⑤ Ist das Schiff untergegangen?
  - Nein, aber es wäre beinahe untergegangen.

[12] würde, hätte, wäre 중 적합한 것을 넣으시오.

(1) Ich _____ gern in München studieren.

(2) Ich _____ gern Frau Schultz gesprochen.

(3) Wenn Klaus doch nur eine Freundin _____!

(4) Ich _____ gern zu dir gekommen.

(5) Ich _____ beinahe eingeschlafen.

(6) Ich _____ gern kommen, wenn ich Zeit hätte.

(7) Wenn er doch nur die Tür nicht zugemacht _____!

(8) Wenn das Wetter besser gewesen _____, _____ ich spazieren gegangen.

접속법 1식 동사 형태와 시제

1 접속법 1식 동사

	접속법 어미	haben	können	geben	sein
ich	_e	habe	könne	gebe	sei
du	_est	habest	könnest	gebest	sei(e)st
er/sie/es	_e	habe	könne	gebe	sei
wir	_en	haben	können	geben	seien
ihr	_et	habet	könnet	gebet	seiet
sie / Sie	_en	haben	können	geben	seien

접속법 1식은 동사의 부정형(원형) 어간을 기본으로 접속법 어미를 붙인다. sein 동사의 접속법 1식은 예외로 암기해 두어야 한다.

  * 접속법 1식 형태가 직설법과 동일할 경우에는 접속법 2식을 쓰거나 'würde ... Inf.'로 고쳐 쓸 수 있다.

2 접속법 1식의 시제

(1) 현재

접속법 1식 동사를 쓴다. 접속법 1식 형태가 직설법과 동일할 경우에는 접속법 2식을 쓰거나 'würde ... Inf.'로 고쳐 쓸 수 있다.

→ Petra sagt: "Ich komme unbedingt."
  → Petra sagt, dass sie unbedingt komme.
    페트라는 꼭 오겠다고 한다.

→ Petra und Lisa sagen: "Wir kommen unbedingt."
  → Petra und Lisa sagen, dass sie unbedingt kommen.
  → Petra und Lisa sagen, dass sie unbedingt kämen.
  → Petra und Lisa sagen, dass sie unbedingt kommen würden.
    페트라와 리자는 꼭 오겠다고 한다.

  ※ 구어체에서는 접속법 1식 대신에 직설법을 사용할 수 있다.
    Er hat gesagt, dass er unbedingt komme. (접속법 1식 형태)
    Er hat gesagt, dass er unbedingt kommt. (직설법 형태)

(2) 과거

과거 사실에 대한 접속법 1식 표현은 완료형에서 'haben/sein'을 1식으로 나타내어 'habe/sei ... p.p.'가 된다.

＊ 직설법에서는 과거 사실을 과거, 현재완료, 과거완료로 구분하여 표현하지만 접속법에서는 그런 구분 없이 하나의 완료형(habe/sei ... p.p.)으로 표현한다.

→ **Maria kam gestern.(/Maria ist gestern gekommen./Maria war gestern gekommen.)**
　　→ **Ich habe gehört, dass Maria gestern gekommen sei.**
　　　마리아가 어제 왔다고 들었어.

→ **Maria hat mir geschrieben, dass sie ein Auto gekauft habe.**
　마리아가 차를 샀다고 내게 편지했어.

Ⅱ 간접화법

1 평서문 간접화법

— 주문장 뒤에 dass가 이끄는 부문장을 연결해 '..., dass 주어 ... 동사(접속법 1식)'로 쓴다.
— dass를 생략하고 '..., 주어+동사 ...'로 쓸 수도 있다.

(1) 현재

→ **Petra hat gesagt: "Ich habe am Samstag keine Zeit."**
　　→ **Petra hat gesagt, dass sie am Samstag keine Zeit habe.**
　　　= **Petra hat gesagt, sie habe am Samstag keine Zeit.**
　　　페트라는 토요일에 시간이 없다고 말했어.

→ **Petra und Lisa haben gesagt: "Wir haben keine Zeit."**
　　→ **Petra und Lisa haben gesagt, sie haben keine Zeit.**
　　→ **Petra und Lisa haben gesagt, sie hätten keine Zeit.**
　　　페트라와 리자는 시간이 없다고 말했어.

→ **Eure Mutter hat mir gesagt, ihr seiet krank.**
　너희 어머니께서 너희들이 아프다고 내게 말씀하셨다.

→ **Markus sagte, er habe heute etwas vor.**
　마르쿠스는 오늘 계획이 있다고 말했어.

→ **Markus meint, du sei(e)st dafür verantwortlich.**
　마르쿠스는 네가 그것에 책임이 있다고 생각한다.

→ Er behauptet von sich, er sei kein Lügner.
그는 자기가 거짓말쟁이가 아니라고 주장한다.

(2) 과거

→ Anna sagte: "Ich war am Wochenende bei meinen Eltern."
→ Anna sagte, dass sie am Wochenende bei ihren Eltern gewesen sei.
= Anna sagte, sie sei am Wochenende bei ihren Eltern gewesen.
안나는 주말에 부모님 댁에 있었다고 말했다.

→ Anna sagte: "Peter hat mich zum Abendessen eingeladen."
→ Anna sagte, dass sie Peter zum Abendessen eingeladen habe.
= Anna sagte, Peter habe sie zum Abendessen eingeladen.
안나는 페터가 자기를 저녁식사에 초대했다고 말했다.

2 의문문 간접화법

(1) 의문사가 있는 의문문: '... 의문사 + 주어 ... 동사(접속법 1식)'
주문장 뒤에 의문사가 이끄는 부문장을 연결하고 부문장 안의 동사를
접속법 1식으로 쓴다.

→ Markus fragte Anna: "Wann kommen Sie morgen zurück?"
→ Markus fragte Anna, wann sie morgen zurückkomme.
마르쿠스는 안나에게 내일 언제 돌아오냐고 물었다.

→ Der Polizist fragte Anna: "Was haben Sie gestern Abend gemacht?"
→ Der Polizist fragte Anna, was sie gestern Abend gemacht habe.
경찰이 안나에게 어제 저녁에 무엇을 했는지 물었다.

→ Mutter fragte Markus: "Mit wem bist du ins Kino gegangen?"
→ Mutter fragte Markus, mit wem er ins Kino gegangen sei.
어머니께서 마르쿠스에게 누구와 극장에 갔었는지 물으셨다.

→ Markus fragte uns: "Wo wart ihr gestern Abend?"
→ Markus fragte uns, wo wir gestern Abend gewesen seien.
마르쿠스는 우리에게 어제 저녁에 어디에 있었는지 물었다.

(2) 의문사가 없는 의문문: '..., ob +주어 ... 동사(접속법 1식)'
종속접속사 ob을 넣어 부문장으로 연결하고 부문장 안의 동사를
접속법 1식으로 쓴다.

→ Er fragte mich: "Sind Sie Arzt?"
→ Er fragte mich, ob ich Arzt sei. 그는 내게 의사냐고 물었다.

→ Peter fragte mich: "Kann mich Markus am Bahnhof abholen?"
  → Peter fragte mich, ob ihn Markus am Bahnhof abholen könne.
    페터는 마르쿠스가 자기를 역에서 데리러 올 수 있는지 내게 물었다.

→ Anna fragte uns: "Habt ihr schon das Hotel gebucht?"
  → Anna fragte uns, ob wir schon das Hotel gebucht haben.
  → Anna fragte uns, ob wir schon das Hotel gebucht hätten.
    안나는 우리가 벌써 호텔을 예약했는지 물었다.

3 명령문 간접화법

— 평서문처럼 dass가 이끄는 부문장으로 쓰거나 '주어+동사'의 정치 문장을 연결할 수 있다.
— 명령을 받는 사람이 dass 문장의 주어가 된다.
— 공손한 부탁일 경우에는 부문장 안에 조동사 mögen을 넣고, 명령일 경우에는 sollen(강한 명령일 경우는 müssen)을 접속법 1식으로 넣어 명령의 용법을 나타낸다.

(1) mögen

→ Regine sagte zu ihm: "Hilf mir, bitte!"
  → Regine sagte zu ihm, dass er ihr helfen möge.
    = Regine sagte zu ihm, er möge ihr helfen.
      레기네가 그에게 자기를 도와주면 좋겠다고 말했다.

→ Herr Lehmann sagte zu mir: "Bitte geben Sie mir Bescheid."
  → Herr Lehmann sagte zu mir, ich möge ihm Bescheid geben.
    레만 씨는 내게 결정을 알려달라고(확답을 달라고) 말했다.

(2) sollen

→ Karl sagte zu mir: "Ruf mich vorher an!"
  → Karl sagte zu mir, dass ich ihn vorher anrufen solle.
    내가 자기에게 미리 전화를 해야 한다고 칼이 말했다.

→ Er sagte zu ihr: "Ärgere dich doch nicht so!"
  → Er sagte zu ihr, sie solle sich nicht so ärgern.
    그가 그녀에게 그렇게 화내지 말라고 말했다.

Ⅲ 간접화법 이외의 접속법 1식 용법

1 sei es ~ oder ~ / sei es ~, sei es ~ ~이든(하든) ~이든(하든) 간에

> **sei es groß oder klein** 그것이 크든 작든 간에
> **sei es absichtlich oder versehentlich** 의도적이든 실수든 간에
> **sei es direkt, sei es indirekt** 직접적이든 간접적이든

→ **Man hört auf uns, sei es, dass wir schweigen, sei es, dass wir reden.**
우리가 침묵하든 아니면 말하든 간에 사람들은 우리의 말에 귀를 기울인다.

2 es sei denn, dass .... ~하지 않는 한

dass를 생략하고 정치 문장을 연결해 'es sei denn, ...'으로 쓸 수도 있다.

→ **Das kann ich nicht schaffen, es sei denn, dass du mir hilfst.**
네가 나를 도와주지 않는 한 나는 것을 해낼 수 없다.

→ **Das schaffen wir auf keinen Fall, es sei denn, es geschieht ein Wunder.**
기적이 일어나지 않는 한 우리는 절대로 그것을 해내지 못한다.

→ **Ich komme um 13 Uhr in Frankfurt an, es sei denn, dass der Flug ausfällt.**
비행이 취소되지 않는 한 13시에 프랑크푸르트에 도착합니다.

3 처방전, 요리법

처방전, 요리법, 사용법 등에서 man을 주어로 하는 접속법 1식 문장이 사용된다.

→ **Man nehme nach jeder Mahlzeit eine Tablette.**
매 식사 후에 알약 한 알을 복용하시오.

→ **Man erhitze das Öl in einer Bratpfanne und röste die Zwiebeln kurz an.**
프라이팬에 기름을 가열하고 양파를 살짝 볶으시오.

> ※ 요리법 등에서 요즘은 접속법 1식보다 부정형을 사용하는 경우가 더 흔하다.
>
> **Die gekochten Kartoffeln schälen und klein stampfen. Darüber den Käse einfach mit den Fingern zerbröseln und untermischen.**
> 삶은 감자를 껍질을 벗기고 으깹니다. 그 위에 치즈를 간단히 손가락으로 부숴 뿌리고 섞습니다.

4 **양보 용법**

— '~라 하더라도'와 같은 의미의 양보문에 접속법 1식을 사용할 수 있다. 이 용법
은 접속법으로 쓰지 않고 직설법 동사를 사용해도 된다.

— mögen 동사를 사용해서 양보 용법을 나타낼 수도 있다. mögen을 접속법 1식
으로 쓸 수도 있고 직설법으로 쓸 수도 있다.

> ※ 의문사 ... auch (/auch immer) ... 접속법 1식 동사
> = 의문사 ... auch ... Inf. möge
>
> **was er auch sage/sagt** = **was er auch sagen möge/mag** 그가 무엇을 말한다 해도
> **was auch geschehen möge(mag)** 어떤 일이 일어난다 해도
> **wo auch immer er sei/ist** = **wo auch immer er sein möge/mag** 그가 어디에 있다 해도

→ **Was auch kommen möge, wir sind immer vorbereitet.**
어떤 일이 일어난다 해도 우리는 늘 준비되어 있다.

> ※ 그밖에 'Gott sei Dank!(천만다행으로 / 다행스럽게)' 같은 표현에도 접속법 1식이 들어 있다.
> ※ 소원을 나타내는 문학적 표현에서도 접속법 1식이 사용되곤 한다.
>
> **Lang lebe der König!** 왕이여 만수무강하소서!
> **Ewig sei die Liebe!** 사랑이 영원하기를!

[1~2] 빈칸에 적합한 것을 고르시오.

1

> Man sagte uns, dass Günter Grass 1999 den Nobelpreis für Literatur
> _____ .

① bekommen haben   ② bekäme   ③ bekommt habe

④ bekomme   ⑤ bekommen habe

2

> Warum ist Jochen nicht zu der Party gekommen?
> – Er sagt, er _____ nichts von der Einladung gewußt.

① sei   ② wäre   ③ würde

④ habe   ⑤ hätte

[3~9] 간접화법으로 바르게 고친 것을 고르시오.

3

> Er sagte zu mir: "Ich fuhr gestern nach Bonn."

① Er sagte zu mir, er sei gestern nach Bonn gefahren.
② Er sagte zu mir, er fahre gestern nach Bonn.
③ Er sagte zu mir, dass er gestern nach Bonn fuhr.
④ Er sagte zu mir, ich sei gestern nach Bonn gefahren.
⑤ Er sagte zu mir, er führe gestern nach Bonn.

4

> Er fragte: "Werde ich nicht eingeladen?"

① Er fragte, er werde nicht eingeladen.
② Er fragte, ob er nicht eingeladen wurde.
③ Er fragte, ob er nicht eingeladen werde.
④ Er fragte, dass er wird nicht eingeladen.
⑤ Er fragte, dass er nicht eingeladen wird.

5

> Er sagte zu seiner Mutter: "Ich habe dich schon zweimal angerufen."

① Er sagte zu seiner Mutter, ich habe dich schon zweimal angerufen.

② Er sagte zu seiner Mutter, er hat dich schon zweimal angerufen.

③ Er sagte zu seiner Mutter, dass er habe sie schon zweimal angerufen.

④ Er sagte zu seiner Mutter, er habe ihr schon zweimal angerufen.

⑤ Er sagte zu seiner Mutter, er habe sie schon zweimal angerufen.

6

> Er fragte zu seiner Tochter: "Mit wem warst du im Kino?"

① Er fragte zu seiner Tochter, mit wem sie im Kino sei.

② Er fragte zu seiner Tochter, mit wem sie sei im Kino.

③ Er fragte zu seiner Tochter, mit wem sie sei im Kino gewesen.

④ Er fragte zu seiner Tochter, mit wem sie im Kino gewesen sei.

⑤ Er fragte zu seiner Tochter, ob sie mit wem im Kino gewesen sei.

7

> Karl fragte mich: "Von wem wurdest du eingeladen?"

① Karl fragte mich, von wem ich eingeladen werde.

② Karl fragte mich, von wem ich eingeladen geworden sei.

③ Karl fragte mich, von wem würde ich eingeladen.

④ Karl fragte mich, von wem ich eingeladen worden sei.

⑤ Karl fragte mich, von wem ich eingeladen würde.

8

> Der Deutsche sagte: "Damals musste ich fleißig arbeiten."

① Der Deutsche sagte, er müsse damals fleißig arbeiten.

② Der Deutsche sagte, er habe damals fleißig arbeiten.

③ Der Deutsche sagte, er habe damals fleißig arbeiten müssen.

④ Der Deutsche sagte, dass er damals fleißig arbeiten müssen habe.

⑤ Der Deutsche sagte, dass er habe damals fleißig arbeiten müssen.

9

> Er sagte zu mir: "Nachdem ich gefrühstückt hatte, begann ich zu arbeiten." → Er sagte zu mir, _____

① nachdem er gefrühstückt hätte, habe er zu arbeiten begonnen.

② nachdem er gefrühstückt gehabt habe, begänne er zu arbeiten.

③ nachdem er gefrühstückt habe, habe er zu arbeiten begonnen.

④ nachdem er gefrühstückt hätte, begänne er zu arbeiten.

⑤ nachdem er gefrühstückt habe, werde er zu arbeiten beginnen.

[10] 다음 내용을 간접화법으로 바꾼 것 중 옳지 않은 것은?

> Herr Mann erzählt: "Wir waren im Sommer an der See. Das Wetter war meistens gut, nur zweimal hat es geregnet. Die Kinder spielten im Sand. Wir haben eine Menge Fotos gemacht."
> → Herr Mann erzählt, ① dass sie im Sommer an der See gewesen seien. ② Das Wetter wäre meistens gut, ③ nur zweimal habe es geregnet. ④ Die Kinder hätten im Sand gespielt. ⑤ Sie hätten eine Menge Fotos gemacht.

[11~15] 빈칸에 적합한 말을 넣어 간접화법으로 문장을 완성하시오.

11 Er sagte: "Dort kann man nicht viel lernen."

→ Er sagte, man _____ dort nicht viel lernen.

12 Jochen sagte: "Ich begegnete vor dem Kino dem Lehrer."

→ Jochen sagte, dass _____ vor dem Kino dem Lehrer _____.

13 Er sagte zu mir: "Du hast mich belogen."

→ Er sagte zu mir, _____.

14 Er sagte zu mir: "Beeil dich mal ein bisschen!"

→ Er sagte zu mir, _____.

15 Julia wurde beim Vorstellungsgespräch gefragt:

(1) "Wann können Sie anfangen?"

→ Sie wurde gefragt, _____.

(2) "Warum haben Sie in Ihrer alten Firma gekündigt?"

→ Sie wurde gefragt, _____.

(3) "Warum haben Sie sich um den Job beworben?"

→ Sie wurde gefragt, _____.

(4) "Wie verbringen Sie Ihre Freizeit?"

→ Sie wurde gefragt, _____.

Lösungen 문법편 정답

Lektion 1
동사의 시제 I - 현재형

1 ④   2 ④
3 ③   4 ④
5 (1) wartest, wartet (2) sammelt, sammeln
   (3) liest, lesen   (4) nimmt, nehmt
   (5) gibt, geben   (6) wirst, wird
   (7) trifft, trefft   (8) wäscht, wascht
   (9) hältst, hält
   (10) lädst, ladet
6 Mein Freund spricht gut Deutsch.
7 Fährst du zum Bahnhof?
8 Isst du morgens Brötchen?
9 Peter hilft mir nicht.
10 Wen bittet ihr um Hilfe?
11 Es regnet im Sommer viel.
12 Hast du heute Abend Zeit?
13 Wann heiratet ihr?
14 Was empfiehlst du mir?
15 Peter spricht lange mit seinem Vater.
16 Vielleicht weiß Peter etwas.
17 Warum schläfst du nicht gut?
18 Wo trocknet ihr die Wäsche?

Lektion 2
동사의 시제 II

1 ④   2 ②
3 ⑤   4 ④
5 kannte   6 brachte

7 Hattet   8 Warst
9 gab
10 Wir sind langsam müde geworden.
11 Hattet ihr manchmal Tischtennis gespielt?
12 Er ist spät nach Hause gekommen.
13 Hast du nichts von seinen Plänen gewusst?
14 Die Arbeiter haben dagegen protestiert.
15 Ich bin zu spät aufgewacht.
16 Er hat den Wecker nicht gehört.
17 Wir sind in den Zug eingestiegen.
18 (1) hatte ... gebeten
   (2) geworden war
   (3) bekommen hatte

Lektion 3
조동사

1 ④   2 ⑤
3 ②   4 ④
5 ③   6 ④
7 ①   8 ②
9 ②
10 Sie wollten nach Rom fliegen. / Sie haben nach Rom fliegen wollen.
11 Sie wollte nichts von dir. / Sie hat nichts von dir gewollt.
12 Diese Touristen konnten kein Deutsch. / Diese Touristen haben kein Deutsch gekonnt.
13 Wir mussten eine Strafe zahlen. / Wir haben eine Strafe zahlen müssen.
14 Ich ließ meinen Anzug reinigen. / Ich habe meinen Anzug reinigen lassen.

15 (1) konnte   (2) Möchtest

    (3) kann, muss   (4) konnte

    (5) lasse

Lektion 4
분리 동사와 비분리 동사

1 ④   2 ③

3 ①   4 ③

5 Ich rufe jeden Samstag meine Eltern an.

6 Die Flasche enthält Olivenöl.

7 Die Mutter liest den Kindern das Märchen vor.

8 Welches Restaurant empfiehlst du uns?

9 Gestern habe ich den Mietvertrag unterschrieben.

10 Alle haben ihm zugehört.

11 Hast du alles verstanden?

12 Der Arzt hat die Patienten behandelt.

13 Max ist in ein Taxi eingestiegen.

14 Die Familie Meyer haben eine Ferienreise unternommen.

15 Die Freunde haben sich nach langer Zeit wiedergesehen.

16 Wann hat der Film begonnen?

17 Niemand hat mich verstanden.

18 Anna hat mich zur Party eingeladen.

Lektion 5
재귀동사 / 비인칭동사

1 ④   2 ③

3 ⑤   4 ②

5 ②   6 ②

7 ⑤   8 ①

9 (1) dich   (2) sich

    (3) euch   (4) mich

    (5) dir   (6) mir

    (7) dir   (8) uns

    (9) mich   (10) sich

10 Warum interessierst du dich nicht für Fußball?

11 Warum wundern Sie sich über meinen Vorschlag?

12 Kannst du dir die Welt ohne Internet vorstellen?

13 Wir müssen uns auf die Reise vorbereiten.

14 Die ganze Nacht hat es geschneit.

15 Letzte Woche war es sehr heiß.

16 Es hat mir gut in Wien gefallen.

Lektion 6
명사의 성과 복수

1 ①   2 ⑤

3 ①   4 ④

5 (1) die Ansagerin

    (2) die Bäuerin

    (3) die Beamtin

    (4) die Flugbegleiterin

    (5) die Köchin

    (6) die Malerin

    (7) die Rechtsanwältin

    (8) die Zahnärztin

    (9) die Koreanerin

    (10) die Amerikanerin

    (11) die Chinesin

    (12) die Französin

    (13) die Asiatin

    (14) die Europäerin

6
(1) die	(2) der
(3) das	(4) die
(5) die	(6) die
(7) der	(8) das
(9) der	(10) die
(11) das	(12) der
(13) die	(14) das
(15) die	(16) der

7
(1) der - Teller 접시

(2) das - Gläser 컵

(3) der - Löffel 수저

(4) die - Gabeln 포크

(5) das - Messer 나이프

(6) die - Ergebnisse 결과

(7) die - Assistentinnen 조교

(8) der - Zeugen 증인

(9) der - Kollegen 동료

(10) die - Katzen 고양이

(11) das - Autos 자동차

(12) der - Ausdrücke 표현

(13) die - Krankheiten 질병

(14) das - Monumente 기념비

(15) die - Religionen 종교

Lektion 7
명사의 격 변화 / 동사의 격 지배

1	④	**2**	③
3	④	**4**	③
5	②	**6**	⑤

7
(1) der Assistentin (2) des Kindes

(3) des Studenten (4) des Herrn

8 Frau Metzler hat die Haustür geöffnet.

9 Die Schülerin hat den Lehrer gefragt.

10 Gestern habe ich einen Roman gelesen.

11 Ich habe den Namen des Professors vergessen.

12 Die Ärztin hat den Patienten untersucht.

13 Der Arzt hat dem Patienten das Rauchen verboten.

14 Wo hast du deinen Freund kennen gelernt?

15 Er hat dem Kind ein Geschenk geschickt.

16 Dieses Buch hat dem Studenten gehört.

17 Ich habe keine Menschen auf der Straße gesehen.

Lektion 8
인칭대명사 / 소유대명사

1	①	**2**	②
3	②	**4**	①
5	⑤	**6**	①

7
(1) es	(2) ihn
(3) sie	(4) ihr
(5) ihn	(6) Ihnen, mir
(7) sie ihm	(8) es ihnen
(9) sie uns	(10) es Ihnen
(11) sie ihm	(12) sie euch

8 Der Kaffee schmeckt nicht. Ich trinke ihn nicht.

9 Hast du am Freitag Zeit? Schreib mir eine E-Mail oder ruf mich an!

10 Peter hat uns eingeladen. Was bringen wir ihm mit?

11 Hast du deinen Eltern schon dein Zeugnis gezeigt?

12 Er leiht oft seinen Freunden sein Auto.

13 Er schreibt jeden Tag seiner Tochter eine E-mail.

14 Kannst du mir dein Fahrrad leihen?

15 Wir haben unser Haus selbst renoviert.

16 Was möchtet ihr eurer Mutter zum Geburtstag schenken?

17 Wo wohnt Herr Müller? Kennen Sie seine Adresse?

Lektion 9
형용사 I - 형용사의 어미변화

1 ③   2 ①
3 ⑤   4 ③
5 ④   6 ②
7 ④   8 ③
9 ⑤   10 ②
11 ②
12 (1) e, en, e   (2) en
   (3) en   (4) es, en, e
   (5) e, e   (6) er, er, es
   (7) en, er   (8) e
13 Neues   14 Bekannter
15 Verwandten   16 Deutschen
17 Angestellter   18 Arbeitslosen

Lektion 10
형용사 II - 비교급과 최상급

1 ③   2 ③
3 ⑤   4 ①
5 ③   6 ③
7 ②   8 ①
9 teuere   10 meisten
11 größte   12 kälter
13 Mein Bruder joggt gern, er wandert noch lieber, aber am liebsten spielt er Fußball.
14 Meine Mutter geht oft ins Museum gehen, sie geht öfter ins Kino gehen, aber sie geht am öftesten ins Theater.

15 Herr Bauer spricht gut Französisch, er spricht besser Deutsch, aber am besten spricht er Englisch.
16 Der Student hat viele Bücher. Der Lehrer hat mehr Bücher. Der Professor hat die meisten Bücher.
17 Das Theater ist nah. Das Kino ist näher. Der Stadtpark ist am nächsten.
18 Herr Kim zahlt eine hohe Miete. Maria zahlt eine höhere Miete. Ich zahle die höchste Miete.

Lektion 11
전치사

1 ①   2 ④
3 ④   4 ②
5 ③   6 ③
7 ②   8 ③
9 ②
10 (1) den   (2) einem
   (3) einen   (4) ihren
   (5) der   (6) seiner
   (7) seine   (8) das
   (9) den   (10) die, der (= zur)
11 von, bis   12 des Unterrichts
13 nach dem   14 seit der, seiner
15 die Hilfe
16 (1) an sie   (2) darauf
   (3) davon   (4) mit ihm darüber
   (5) bei ihm danach
17 Wir haben den Tisch an die Wand geschoben.
18 Sie sitzt lieber im Schatten als in der Sonne.
19 Wir müssen gegen den Terrorismus kämpfen.
20 Ich habe über deinen Vorschlag nachgedacht.
21 Ich diskutiere mit meinen Freunden oft über

politische Themen.

Lektion 12
수사, 척도 및 시간

1	②	2	①
3	②	4	①
5	④	6	②
7	⑤	8	④

9 (1) eine Million zweihundertvierunddreißigtausend

(2) zweihunderteinundfünfzig Euro fünfzig

(3) Viertel nach zwölf

(4) fünf nach halb zwei

10 (z.B.) Ich bin am ersten Januar neunzehnhundertdreiundneunzig geboren.

Lektion 13
관계대명사

1	③	2	③
3	④	4	③
5	③	6	④
7	③	8	②
9	④		

10 (1) die   (2) der

(3) dessen   (4) dem

(5) denen   (6) der

(7) deren

11 das wunderschön ist.

12 die wir ausfüllen müssen.

13 der diese Tasche gehört.

14 mit dem wir nach Haus fahren können.

15 von dem du so viel erzählt hast.

16 Ich wohne bei einer Frau, deren Sohn zurzeit in Amerika ist.

17 Morgen fliege ich nach Rom, wo ein Freund von mir wohnt.

Lektion 14
접속사

1	⑤	2	③
3	③	4	④
5	②	6	②
7	④	8	②
9	③		

10 (1) wenn   (2) als

(3) Wenn

11 Marko ist sauer, weil Sandra nicht gekommen ist.

12 Bevor Mira abgereist ist, hat sie die Wohnung aufgeräumt.

13 Nachdem wir zu Mittag gegessen hatte, machten wir einen Spaziergang.

14 Seitdem meine Eltern auf dem Land leben, schlafen sie besser.

15 Es ist nicht schön, dass du so oft in die Kneipe gehst.

16 Das Foto wurde nicht in Hamburg, sondern in Bremen aufgenommen.

17 Seine Mutter kam zu Besuch. Deshalb konnte er zu uns nicht kommen.

18 Weil es stark schneite, musste ich sehr langsam fahren.

19 Finden Sie, dass Geld einen glücklich macht?

20 Glauben Sie, dass alles früher besser war?

21 Meinen Sie, dass alle Deutschen immer pünktlich sind?

22 Ich möchte gern wissen, ob der Zug einen Speisewagen hat.

Lektion 15
의문문 / 부정문 / 명령형

1	①	2	⑤
3	②	4	④
5	①	6	③
7	①	8	①
9	②	10	⑤

11 Wem gehört das Auto?

12 Für wen ist dieses Geschenk?

13 Seit wann ist er in Deutschland?

14 Wie lange hat sie in einem Kaufhaus gearbeitet?

15 Was hast du gekauft? / Was für ein Buch (Was für eins) hast du gekauft?

16 ich habe kein Stipendium bekommen.

17 mein Vater ist nicht in der Küche.

18 ich habe keine Schwierigkeiten.

19 ich kann nicht gut singen.

20 ich habe die Strafe nicht bezahlt.

21 er macht keine Fehler beim Schreiben.

22 es hat gestern bei uns nicht geschneit.

23 ich bin nicht mehr müde.

24 er ist noch nicht verheiratet.

25 heute war niemand hier.

Lektion 16
부정형 / zu 부정형

1	①	2	④
3	②	4	①
5	①	6	④
7	③		

8 mich anzurufen.

9 dir Bescheid zu sagen.

10 einen Sprachkurs zu besuchen.

11 im Ausland zu studieren

12 mir die Stadt anzusehen.

13 eines Tages berühmt zu werden.

14 um einige Bücher auszuleihen.

15 um euch etwas zu zeigen.

Lektion 17
수동태

1	②	2	②
3	⑤	4	③
5	④	6	⑤

7 Die Grammatik wird von ihr dem Schüler erklärt.

8 Die Glühbirne wurde von Edison erfunden.

9 Unsere Freunde werden von uns zum Essen eingeladen werden.

10 Der Brief ist von dem Studenten ins Deutsche übersetzt worden.

11 Den Verletzten ist schnell geholfen worden.

12 Eine hohe Strafe musste von ihm gezahlt werden.

13 Mein Freund schenkte mir die Tasche.

14 Man hat die Ausstellung am 20. Juni eröffnet.

15 Man muss die Studiengebühren abschaffen.

Lektion 18
분사

1	②	2	①
3	⑤	4	④
5	⑤	6	①
7	③	8	④

9 ①   10 ④

11 ④   12 ④

13 ②

14 geöffnete   15 gestohlenen

16 gereinigte   17 verlorene

18 Spielende   19 fahrenden

20 blühenden

13 ich hätte ihn belogen.

14 ich solle mich ein bisschen beeilen.

15 (1) ..., wann sie anfangen könne.

   (2) ..., warum sie in ihrer alten Firma gekündigt habe.

   (3) ..., warum sie sich um den Job beworben habe.

   (4) ..., wie sie ihre Freizeit verbringe.

Lektion 19
접속법 2식

1 ④   2 ④

3 ②   4 ③

5 ①   6 ②

7 ②   8 ③

9 ④   10 ②

11 ③

12 (1) würde   (2) hätte

   (3) hätte   (4) wäre

   (5) wäre   (6) würde

   (7) hätte   (8) wäre, wäre

Lektion 20
접속법 1식 - 간접화법

1 ⑤   2 ④

3 ①   4 ③

5 ⑤   6 ④

7 ④   8 ③

9 ③   10 ②

11 könne

12 er, begegnet sei.

부록

Infinitiv (Vokalwechsel im Präsens) – Präteritum – Partizip II
부정형 (3인칭 단수 불규칙 현재형) – 과거 – 과거분사

backen 빵을 굽다 (er bäckt) – backte/buk – gebacken
befehlen 명령하다 (er befiehlt) – befahl – befohlen
beginnen 시작하다 – begann – begonnen
beißen 물다 – biss – gebissen
biegen 구부리다 – bog – gebogen
bieten 제공하다 – bot – geboten
binden 묶다 – band – gebunden
bitten 부탁하다 – bat – gebeten
bleiben 머물다 – blieb – geblieben
braten 굽다 (er brät) – briet – gebraten
brechen 깨다 (er bricht) – brach – gebrochen
brennen 불타다 – brannte – gebrannt
bringen 가져오다 – brachte – gebracht
denken 생각하다 – dachte – gedacht
dürfen …해도 좋다 (er darf) – durfte – gedurft
empfehlen 추천하다 (er empfiehlt) – empfahl – empfohlen
erschrecken 놀라다 (er erschrickt) – erschrak – erschrocken
essen 먹다 (er isst) – aß – gegessen
fahren 타고 가다 (er fährt) – fuhr – gefahren
fallen 떨어지다 (er fällt) – fiel – gefallen
fangen 잡다 (er fängt) – fing – gefangen
finden 발견하다 – fand – gefunden
fliegen 날다 – flog – geflogen
fliehen 도망치다 – floh – geflohen
fließen 흐르다 – floss – geflossen

fressen (동물이) 먹다 (er frisst) - fraß - gefressen

frieren 얼다 - fror - gefroren

gebären 낳다 - gebar - geboren

geben 주다 (er gibt) - gab - gegeben

gehen 가다 - ging - gegangen

gelingen 이루어지다 - gelang - gelungen

gelten 유효하다 (er gilt) - galt - gegolten

genesen 낫다 - genas - genesen

genießen 누리다 - genoss - genossen

geschehen (일이) 발생하다 (es geschieht) - geschah - geschehen

gewinnen 얻다 - gewann - gewonnen

gießen 물을 주다 - goss - gegossen

gleichen 비슷하다 - glich - geglichen

graben 파다 (er gräbt) - grub - gegraben

greifen 잡다, 쥐다 - griff - gegriffen

haben 갖고 있다 - hatte - gehabt

halten 유지하다 (er hält) - hielt - gehalten

hängen 걸려 있다 - hing - gehangen

heben 들어 올리다 - hob - gehoben

heißen …라 불리다 - hieß - geheißen

helfen 돕다 (er hilft) - half - geholfen

kennen 알다 - kannte - gekannt

klingen (소리가) 울리다 - klang - geklungen

kommen 오다 - kam - gekommen

können …할 수 있다 (er kann) - konnte - gekonnt

kriechen 기어가다 - kroch - gekrochen

laden 싣다 (er lädt) - lud - geladen

lassen …하게 하다 (er lässt) - ließ - gelassen

laufen 달리다 (er läuft) - lief - gelaufen

leiden 시달리다 - litt - gelitten

leihen 빌려주다 - lieh - geliehen

lesen 읽다 (er liest) - las - gelesen

liegen 놓여 있다 - lag - gelegen

lügen 거짓말하다 - log - gelogen

meiden 피하다 - mied - gemieden

messen 재다 (er misst) – maß – gemessen

misslingen 실패하다 – misslang – misslungen

mögen 좋아하다 (er mag) – mochte – gemocht

müssen …해야 하다 (er muss) – musste – gemusst

nehmen 받다, 잡다 (er nimmt) – nahm – genommen

nennen 명명하다 – nannte – genannt

raten 조언하다 (er rät) – riet – geraten

reiben 문지르다 – rieb – gerieben

reißen 찢다 – riss – gerissen

reiten 말 타고 가다 – ritt – geritten

rennen 달리다 – rannte – gerannt

riechen 냄새 맡다 – roch – gerochen

ringen 격투하다 – rang – gerungen

rufen 부르다 – rief – gerufen

schaffen 창조하다 – schuf – geschaffen

scheiden 가르다 – schied – geschieden

scheinen 빛나다 – schien – geschienen

schelten 꾸짖다 (er schilt) – schalt – gescholten

schieben 밀다 – schob – geschoben

schießen 쏘다 – schoss – geschossen

schlafen 자다 (er schläft) – schlief – geschlafen

schlagen 치다 (er schlägt) – schlug – geschlagen

schließen 닫다 – schloss – geschlossen

schmelzen 녹다 (er schmilzt) – schmolz – geschmolzen

schneiden 자르다 – schnitt – geschnitten

schreiben 쓰다 – schrieb – geschrieben

schreien 소리치다 – schrie – geschrien

schreiten 걸어가다 – schritt – geschritten

schweigen 침묵하다 – schwieg – geschwiegen

schwimmen 수영하다 – schwamm – geschwommen

schwinden 감소하다 – schwand – geschwunden

sehen 보다 (er sieht) – sah – gesehen

sein 있다, …이다 (er ist) – war – gewesen

singen 노래하다 – sang – gesungen

sinken 가라앉다 – sank – gesunken

sitzen 앉아 있다 – saß – gesessen

spinnen 짜다 – spann – gesponnen

sprechen 말하다 (er spricht) – sprach – gesprochen

springen 뛰어오르다 – sprang – gesprungen

stechen 찌르다 (er sticht) – stach – gestochen

stehen 서 있다 – stand – gestanden

stehlen 훔치다 (er stiehlt) – stahl – gestohlen

steigen 올라가다 – stieg – gestiegen

sterben 죽다 (er stirbt) – starb – gestorben

streichen 칠하다 – strich – gestrichen

streiten 다투다 – stritt – gestritten

tragen 나르다 (er trägt) – trug – getragen

treffen 만나다 (er trifft) – traf – getroffen

treiben 몰다, 쫓다 – trieb – getrieben

treten 내딛다 (er tritt) – trat – getreten

trinken 마시다 – trank – getrunken

trügen 속이다 – trog – getrogen

tun 하다 – tat – getan

verderben 부패하다 (er verdirbt) – verdarb – verdorben

vergessen 잊다 (er vergisst) – vergaß – vergessen

verlieren 잃어버리다 – verlor – verloren

wachsen 자라다 (er wächst) – wuchs – gewachsen

waschen 세탁하다, 씻다 (er wäscht) – wusch – gewaschen

weisen 가리키다 – wies – gewiesen

werben 광고하다 (er wirbt) – warb – geworben

werden 되다 (er wird) – wurde – geworden

werfen 던지다 (er wirft) – warf – geworfen

wiegen 무게를 재다 – wog – gewogen

wissen 알다 (er weiß) – wusste – gewusst

ziehen 끌다, 가다 – zog – gezogen

zwingen 강요하다 – zwang – gezwungen

국가이름, 국민

나라 Land	형용사 Adjektiv	국민 Einwohner (남자/여자)
Ägypten 이집트	ägyptisch	Ägypter / Ägypterin
Australien 오스트레일리아	australisch	Australier / Australierin
Belgien 벨기에	belgisch	Belgier / Belgierin
Brasilien 브라질	brasilianisch	Brasilianer / Brasilianerin
Chile 칠레	chilenisch	Chilene / Chilenin
China 중국	chinesisch	Chinese / Chinesin
Dänemark 덴마크	dänisch	Däne / Dänin
Deutschland 독일	deutsch	Deutsche / Deutsche
England 영국	englisch	Engländer / Engländerin
Finnland 핀란드	finnisch	Finne / Finnin
Frankreich 프랑스	französisch	Franzose / Französin
Griechenland 그리스	griechisch	Grieche / Griechin
Indien 인도	indisch	Inder / Inderin
Indonesien 인도네시아	indonesisch	Indonesier / Indonesierin
Iran 이란	iranisch	Iraner / Iranerin
Irland 아일랜드	irisch	Ire / Irin
Israel 이스라엘	israelisch	Israeli / Israeli
Italien 이탈리아	italienisch	Italiener / Italienerin
Japan 일본	japanisch	Japaner / Japanerin
Kanada 캐나다	kanadisch	Kanadier / Kanadierin
Korea 한국 (Südkorea 한국	koreanisch südkoreanisch	Koreaner / Koreanerin Südkoreaner / Südkoreanerin)
Kroatien 크로아티아	kroatisch	Kroate / Kroatin

Mexiko 멕시코	mexikanisch	Mexikaner / Mexikanerin
Neuseeland 뉴질랜드	neuseeländisch	Neuseeländer / Neuseeländerin
die Niederlande (Holland) 네덜란드	holländisch	Holländer / Holländerin
Norwegen 노르웨이	norwegisch	Norweger / Norwegerin
Österreich 오스트리아	östereichisch	Österreicher / Österreicherin
Pakistan 파키스탄	pakistanisch	Pakistaner / Pakistanerin
die Philippinen 필리핀	philippinisch	Filipino / Filipina
Polen 폴란드	polisch	Pole / Polin
Portugal 포르투갈	portugiesisch	Portugiese / Portugiesin
Russland 러시아	russisch	Russe / Russin
Schweden 스웨덴	schwedisch	Schwede / Schwedin
die Schweiz 스위스	schweizerisch	Schweizer / Schweizerin
Singapur 싱가포르	singapurisch	Singapure / Singapurerin
Spanien 스페인	spanisch	Spanier / Spanierin
Taiwan 타이완	taiwanesisch	Taiwanese / Taiwanesin
Thailand 태국	thailändisch	Thailänder / Thailänderin
die Tschechische Republik 체코	tschechisch	Tscheche / Tschechin
die Türkei 터키	türkisch	Türke / Türkin
Ungarn 헝가리	ungarisch	Ungar / Ungarin
die Vereinigten Staaten (die USA) 미국	amerikanisch	Amerikaner / Amerikanerin
Vietnam 베트남	vietnamesisch	Vietnamese / Vietnamesin
Afrika 아프리카	afrikanisch	Afrikaner / Afrikanerin
Asien 아시아	asiatisch	Asiat / Asiatin
Europa 유럽	europäisch	Europäer / Europäerin

Bundesländer 연방주

Die Bundesrepublik Deutschland besitzt 16 Bundesländer.
독일연방 공화국에는 16개 주가 있다.

Bundesland (Landeshauptstadt) 연방주 (주도)

Baden-Württemberg (Stuttgart)

Bayern (München)

Berlin (Berlin)

Brandenburg (Potsdam)

Bremen (Bremen)

Hamburg (Hamburg)

Hessen (Wiesbaden)

Mecklenburg-Vorpommern (Schwerin)

Niedersachsen (Hannover)

Nordrhein-Westfalen (Düsseldorf)

Rheinland-Pfalz (Mainz)

Saarland (Saarbrücken)

Sachsen (Dresden)

Sachsen-Anhalt (Magdeburg)

Schleswig-Holstein (Kiel)

Thüringen (Erfurt)

첫걸음 끝내고 보는

독일어
중고급의
모든 것

외국어 출판 40년의 신뢰
외국어 전문 출판 그룹
동양북스가 만드는 책은 다릅니다.

40년의 쉼 없는 노력과 도전으로 책 만들기에 최선을 다해온 동양북스는
오늘도 미래의 가치에 투자하고 있습니다.
대한민국의 내일을 생각하는 도전 정신과 믿음으로 최선을 다하겠습니다.

동양북스

📖 동양북스 추천 교재

일본어 교재의 최강자, 동양북스 추천 교재

회화 코스북

일본어뱅크 다이스키
STEP 1 · 2 · 3 · 4 · 5 · 6 · 7 · 8

일본어뱅크
좋아요 일본어 1 · 2 · 3 · 4 · 5 · 6

일본어뱅크 도모다찌
STEP 1 · 2 · 3

분야서

일본어뱅크
좋아요 일본어 독해 STEP 1 · 2

일본어뱅크
일본어 작문 초급

일본어뱅크
사진과 함께하는
일본 문화

일본어뱅크
항공 서비스 일본어

가장 쉬운 독학
일본어 현지회화

수험서

일취월장 JPT
독해 · 청해

일취월장 JPT
실전 모의고사 500 · 700

일단 합격하고 오겠습니다
JLPT 일본어능력시험
N1 · N2 · N3 · N4 · N5

일단 합격하고 오겠습니다
JLPT 일본어능력시험
실전모의고사 N1 · N2 · N3 · N4/5

단어 · 한자

특허받은
일본어 한자 암기박사

일본어 상용한자 2136
이거 하나면 끝!

일본어뱅크
좋아요 일본어 한자

가장 쉬운 독학
일본어 단어장

일단 합격하고 오겠습니다
JLPT 일본어능력시험
단어장 N1 · N2 · N3

중국어뱅크 북경대학 신한어구어
1 · 2 · 3 · 4 · 5 · 6

중국어뱅크 스마트중국어
STEP 1 · 2 · 3 · 4

중국어뱅크 집중중국어
STEP 1 · 2 · 3 · 4

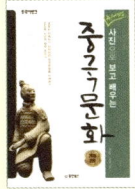

중국어뱅크
뉴! 버전업 사진으로
보고 배우는 중국문화

중국어뱅크
문화중국어 1 · 2

중국어뱅크
관광 중국어 1 · 2

중국어뱅크
여행실무 중국어

중국어뱅크
호텔 중국어

중국어뱅크
판매 중국어

중국어뱅크
항공 실무 중국어

정반합 新HSK
1급 · 2급 · 3급 · 4급 · 5급 · 6급

일단 합격 新HSK 한 권이면 끝
3급 · 4급 · 5급 · 6급

버전업! 新HSK
VOCA 5급 · 6급

가장 쉬운 독학
중국어 단어장

중국어뱅크
중국어 간체자 1000

특허받은
중국어 한자 암기박사

📖 동양북스 추천 교재

기타외국어 교재의 최강자, 동양북스 추천 교재

중고급 학습

첫걸음 끝내고 보는
프랑스어
중고급의 모든 것

첫걸음 끝내고 보는
스페인어
중고급의 모든 것

첫걸음 끝내고 보는
독일어
중고급의 모든 것

첫걸음 끝내고 보는
태국어
중고급의 모든 것

첫걸음 끝내고 보는
베트남어
중고급의 모든 것

단어장

버전업! 가장 쉬운
프랑스어 단어장

버전업! 가장 쉬운
스페인어 단어장

버전업! 가장 쉬운
독일어 단어장

가장 쉬운 독학
베트남어 단어장

여행 회화

NEW 후다닥
여행 중국어

NEW 후다닥
여행 일본어

NEW 후다닥
여행 영어

NEW 후다닥
여행 독일어

NEW 후다닥
여행 프랑스어

NEW 후다닥
여행 스페인어

NEW 후다닥
여행 베트남어

NEW 후다닥
여행 태국어

수험서 · 교재

한 권으로 끝내는 DELE
어휘 · 쓰기 · 관용구편 (B2~C1)

수능 기초 베트남어
한 권이면 끝!

버전업!
스마트 프랑스어

일단 합격하고 오겠습니다
독일어능력시험
A1 · A2 · B1 · B2